Künstliche Intelligenz im Business

Bernd Heesen

Künstliche Intelligenz im Business

Erstellung eigener Anwendungen mit Python

Bernd Heesen
Hochschule Ansbach
Ansbach, Deutschland

ISBN 978-3-658-49544-2   ISBN 978-3-658-49545-9 (eBook)
https://doi.org/10.1007/978-3-658-49545-9

Die Deutsche Nationalbibliothek verzeichnet diese Publikation in der Deutschen Nationalbibliografie; detaillierte bibliografische Daten sind im Internet über https://dnb.d-nb.de abrufbar.

Springer Gabler ist ein Imprint der eingetragenen Gesellschaft Springer Fachmedien Wiesbaden GmbH und ist ein Teil von Springer Nature.
Die Anschrift der Gesellschaft ist: Abraham-Lincoln-Str. 46, 65189 Wiesbaden, Germany

Wenn Sie dieses Produkt entsorgen, geben Sie das Papier bitte zum Recycling.

Vorwort

Machine Learning und Künstliche Intelligenz sind vieldiskutierte und aktuelle Themenfelder, weil mit ihnen spannende Chancen und schwer abzuschätzende Risiken verbunden sein können. CEOs weltweit gehen davon aus, dass Machine Learning und Künstliche Intelligenz die Welt nachhaltig verändern werden. Trotzdem wird es von sehr vielen Unternehmen noch nicht umfassend genutzt. Woran liegt das?

Zunächst sind Entscheider in Organisationen oft nicht vertraut mit den Prinzipien, Methoden, Algorithmen und Anwendungsbereichen dieser Innovationen. Viele warten lieber ab, ob sich die Investitionen bei anderen Organisationen als lohnend erweisen, bevor Geld ausgegeben wird. Wer weiß schon, ob es nicht wieder nur ein Hype ist? Die Investition in Machine Learning und Künstliche Intelligenz benötigt vor allen Dingen Know-how. Leistungsfähige Softwarelösungen, wie das hier im Buch vorgestellte Python, stehen inzwischen kostenlos als Open-Source zur Verfügung.

Ich möchte in diesem Buch mögliche Anwendungsmöglichkeiten für Unternehmen aufzeigen, u. a. die Vorhersage numerischer Kennzahlen via Regression am Beispiel von Hauspreisen, die Risikoklassifikation am Beispiel von Krediten, die Kundensegmentierung via Clustering, die Anwendung einer Empfehlungsmaschine für das Cross-Selling und Dynamic Pricing via Bestärkendem Lernen.

Schlussendlich kann Machine Learning aber nur dann effektiv funktionieren, wenn die dem Lernprozess zugrundeliegenden Daten von ausreichender Qualität sind und die Methoden des Machine Learnings bekannt sind. Daher stelle ich auch Best Practices der Datenvorverarbeitung vor und die Methodik des Machine Learnings vor.

Da ein Buch niemals so aktuell sein kann, wie die Inhalte einer Webseite und ich Ihnen auch über das Buch hinaus aktuelle Anwendungen und Lösungen des Machine Learnings und der Künstlichen Intelligenz vorstellen möchte, lade ich Sie ein die **Webseite zum Buch** (URL: http://www.prescient.pro) zu besuchen. Darüber hinaus finden Sie Videos zu Anwendungslösungen auf meinem **YouTube**-Kanal profheesen (URL: https://www.youtube.com/profheesen). Die in den Codebeispielen verwendeten Daten als auch den Python-Code von Funktionen wie `ml_summary()` oder `ml_plot()` können Sie Sich von der **GitHub**-Webseite des Buches https://github.com/bheesen/pythonforbusiness aus dem Verzeichnis „Python" herunterladen. Tutorials zu der Programmiersprache Python stelle ich Ihnen über mein **R-Paket** pythonforbusiness zur Verfügung (siehe Abschn. 4.12).

Es würde mich freuen, wenn Sie sich durch die Lektüre inspirieren lassen und die Innovationen des Machine Learnings und der KI zum Wohle Ihrer Organisation zum Einsatz bringen.

Inhalte in den Kap. 1 und 2 zu den Grundlagen der Künstlichen Intelligenz und Machine Learning sind in Ausschnitten übernommen aus meiner Buchpublikation „Künstliche Intelligenz und Machine Learning mit R: Anwendungen im Bereiche Business Analytics"[1].

Wolframs-Eschenbach   Prof. Dr. (University of Phoenix)
im Oktober 2025   Bernd Heesen

---

[1] Heesen, B. (2023). *Künstliche Intelligenz und Machine Learning mit R*. Wiesbaden: Springer Gabler.

Interessenkonflikt Der/die Autor*in hat keine für den Inhalt dieses Manuskripts relevanten Interessenkonflikte.

Inhaltsverzeichnis

Abbildungsverzeichnis

Nutzen von Machine Learning und KI

1

Zusammenfassung

Dieses Kapitel untersucht den praktischen Nutzen von künstlicher Intelligenz (KI) und Machine Learning (ML) für Unternehmen. Es erläutert grundlegende Konzepte wie menschliche und künstliche Intelligenz, rationale Entscheidungen sowie Entscheidungsautomatisierung. Der Fokus liegt auf der Verbesserung der Geschwindigkeit und Qualität von Entscheidungen, der Rolle von Datenbasis und Business Intelligence sowie dem Einfluss von KI auf Innovation und Wettbewerbsfähigkeit.

Die Digitalisierung verändert die Welt, die Märkte, die Konkurrenten und die Erwartungen der Kunden. Die Geschwindigkeit, in der sich Märkte verändern, hat sich so erhöht, dass es immer wichtiger wird relevante Informationen bezüglich der eigenen Organisation, der Konkurrenz und der Kunden zeitnah zur Disposition zu haben.

Schon lange werden diese Daten in Organisationen mit Hilfe von Software, sogenannten Data-Science-Werkzeugen, analysiert und visualisiert. Umso erfahrener die Benutzer dieser Systeme sind, umso mehr lassen sich die Fähigkeiten der Softwareprodukte nutzen. Die Software ist von Programmierern entwickelt und die Programmierer lernen im Laufe der Zeit effizientere und leistungsfähigere Software zu entwickeln. Gleichzeitig lernen die Anwender der Software die Software immer effektiver zu nutzen. Das Lernen erfolgt also bei den Menschen. Damit einher geht ein gewisser Fortschritt, das ist nichts Neues.

Neu ist hingegen in den letzten Jahren, dass auch die Computer, Maschinen, eigenständig lernen können. Dies wird als Machine Learning bezeichnet oder auch als Künstliche Intelligenz, denn die Maschinen können teilweise ganz eigenständig die Probleme lösen. Daher spricht man in diesen Fällen von KI.

Das Machine Learning und die Künstliche Intelligenz sind nichts ganz Neues, denn beides wurde von großen Organisationen bereits im letzten Jahrhundert genutzt. Was sich allerdings in den letzten Jahren geändert hat ist die Tatsache, dass die Computer im-

B. Heesen, *Künstliche Intelligenz im Business*,
https://doi.org/10.1007/978-3-658-49545-9_1

mer leistungsfähiger geworden sind, dass immer mehr Daten als Basis für das Machine Learning zur Verfügung stehen und dass auch die Algorithmen für das Machine Learning sich weiterentwickelt haben. Einige leistungsfähige Softwarewerkzeuge zur Nutzung von Machine Learning sind sogar kostenfrei als Open-Source-Lösungen verfügbar, z. B. R, Python oder andere. Daher ist jetzt die Zeit für die Nutzung von Machine Learning und KI gekommen. Jedermann kann von dieser Innovation profitieren, sofern das Grundlagenwissen hierfür vorhanden ist.

Künstliche Intelligenz, basierend auf Machine Learning, ist bereits an vielen Stellen in unserem Alltag angekommen, ohne dass wir uns dessen vielleicht so bewusst sind. Bei der Suche im Internet Browser werden uns geeignete, personalisierte Suchergebnisse präsentiert, das Navigationsgerät schlägt uns die beste Route vor, Kameras wählen automatisch die besten Einstellungen für ein Motiv (Bundesregierung 2020), Sprachassistenten beantworten Fragen, Rasenmäher finden ihren Weg alleine, intelligente oder sogenannte aktive Prothesen nehmen Nervenimpulse auf und verbessern die Beweglichkeit von Menschen (Shaer 2014), intelligente Verkehrssteuerung hilft bei der Vermeidung von Staus, Menschen werden basierend auf Kamerabildern identifiziert, Krankheiten wie Brustkrebs werden frühzeitig erkannt oder die Festlegung von Preisen erfolgt durch Maschinen, so dass der Gewinn optimiert werden kann.

Die Medikation von Patienten kann mit Hilfe von KI erfolgen, was die medizinische Versorgung von Patienten verbessert und lebensbedrohliche Situationen zu vermeiden hilft (Müller und Massaron 2018). In Großbritannien wurde ein KI-System mit Daten von knapp 300.000 Patienten mit Herzerkrankungen und Herzinfarkten trainiert (Rittershaus 2020). Es zeigte sich, dass Erkrankungen teilweise durch Künstliche Intelligenz signifikant besser vorhergesagt werden konnten als dies durch Menschen möglich ist. Im Rahmen des Machine Learnings wurden dabei auch Indikatoren herangezogen, die auf den Checklisten der Ärzte nicht zu finden waren und so konnten wertvolle neue Zusammenhänge erkannt werden.

Schlaglöcher in Straßen können inzwischen auf Basis von Fahrzeugdaten mit Hilfe von KI erkannt und zeitnah behoben werden (bitkom 2019). Karies lässt sich proaktiv erkennen, so dass eine Behandlung mit Medikamenten ausreichend sein kann. Das Kaufverhalten von Kunden lässt sich vorhersagen und Marketingkampagnen lassen sich durch Kundensegmentierung effektiver gestalten.

Wie leistungsfähig KI ist, das zeigt sich immer wieder aufs Neue, wenn über Innovationen berichtet wird, wie in dem folgenden Beispiel: „Als AlphaGo 2016 die besten Go-Spieler (Go ist ein hochkomplexes strategisches Brettspiel) der Welt deklassierte, ging ein Ruck durch die KI-Community. Denn Go ist erheblich komplexer als Schach und aufgrund der Vielzahl möglicher Züge nicht durch brachiale Rechenleistung zu meistern. In den Analysen der Wettkampfpartien zwischen AlphaGo und seinen menschlichen Gegenspielern machte es diverse Manöver, die von beobachtenden Experten als völlig überraschend bezeichnet wurden. Es waren Manöver, die ein Mensch so niemals spielen würde. Doch AlphaGo hat offensichtlich während seiner Millionen von Trainings-Partien, die er gegen sich selbst spielte, neue Manöver entdeckt, die funktionieren" (Rittershaus 2020).

Natürlich nutzen auch die Sprachassistenten wie Alexa, Siri und Cortana bei der Sprachverarbeitung Künstliche Intelligenz.

All dies und viel mehr ist durch Machine Learning und Künstliche Intelligenz möglich. Künstliche Intelligenz wird daher als eine der Zukunftstechnologien betrachtet, die unser Leben, beruflich und privat, massiv beeinflussen wird. Wie bei allen Innovationen gibt es auch bei dieser Innovation sowohl Vor- als auch Nachteile, Chancen und Risiken. Die Abwägung der Vor- und Nachteile hängt wesentlich von der Situation und den Interessen des Einzelnen ab. In diesem Buch soll dies nicht vertieft behandelt werden. Der Fokus dieses Buches liegt darauf die Grundlagen des Machine Learning und KI vorzustellen und aufzuzeigen, wie KI-Anwendungen basierend auf Machine Learning erstellt werden können. Darüber hinaus werden den Lesern Nutzungsmöglichkeiten aufgezeigt.

Darum geht es auch in Organisationen. Es gilt zu prüfen, ob und ggfs. an welchen Stellen in der Organisation Data Science, Machine Learning und Künstliche Intelligenz Nutzen stiften können. Um dies entscheiden und abwägen zu können, bedarf es eines Grundlagenwissens dieser Zukunftstechnologien. Dazu sollen die nachfolgenden Ausführungen beitragen.

1.1 Künstliche Intelligenz

Der Begriff der Künstlichen Intelligenz (KI) kann zu Missverständnis beitragen. Künstliche Intelligenz basiert letztlich auf Algorithmen, die von Menschen programmiert wurden und KI unterscheidet sich nur in einem wesentlichen Aspekt von herkömmlichen Computerprogrammen, nämlich dass die Programme mit Hilfe der Algorithmen selbst lernen können, was als Machine Learning bezeichnet wird. Es wird also nicht konventionell programmiert, welche Anweisung ein Programm ausführen soll, sondern es wird programmiert, wie ein Programm selbständig lernen soll. Dass hierfür trotzdem ein Mensch ein Programm erstellen muss, bedeutet, dass die Maschine nicht gänzlich alleine lernen kann.

Dem Programm wird vorgegeben, wie es lernen soll. Anschließend werden ihm Daten zur Verfügung gestellt, anhand derer es lernen kann, z. B. indem es versucht ein Muster zu erkennen oder die Korrelation von Attributen und Verhaltensalternativen zu ermitteln. So lernt der Computer mit jedem weiteren Datensatz dazu. Autonomes Fahren erlernt ein Computer zum Beispiel dadurch, dass ein Auto zunächst von einem Menschen gesteuert wird und das Programm die relevanten Daten aufzeichnet und analysiert. Wenn dann „ausreichend" gelernt wurde, kann dieses Erfahrungswissen angewendet werden, um das Fahrverhalten des Fahrers nachzuahmen. Durch die Qualität und Anzahl der Sensoren ist es sogar möglich, dass das autonome Fahren einem menschlichen Fahrer in gewissen Situationen durch umfassendere sensorische Fähigkeiten überlegen ist, z. B. beim Rückwärts-Einparken mit mehreren Kameras und Entfernungssensoren. Mit Hilfe von KI können gewisse Aufgaben daher besser und andere Aufgaben schlechter gelöst werden als von einem Menschen.

Starke KI oder **Künstliche Allgemeine Intelligenz** bezeichnet die Wunschvorstellung, dass die KI eines intelligenten Agenten jede intellektuelle Aufgabe verstehen oder erlernen kann, die der Mensch bewältigen kann. **Schwache KI** beschränkt sich dagegen darauf, dass KI konkrete Anwendungsprobleme meistern kann und dabei das menschliche Denken und Handeln unterstützt.

1.2 Menschliche Intelligenz

An welchen Stellen die sogenannte Künstliche Intelligenz denn Vorteile verspricht und an welchen Stellen man von ihr keinen Beitrag erwarten sollte lässt sich leichter abschätzen, nachdem der Begriff der Intelligenz besser verstanden wird. Howard Gardner (2008) von der Universität Harvard unterscheidet Intelligenz in:

- Sprachlich-linguistische Intelligenz
- Logisch-mathematische Intelligenz
- Musikalisch-rhythmische Intelligenz
- Bildlich-räumliche Intelligenz
- Körperlich-kinästhetische Intelligenz
- Naturalistische Intelligenz
- Interpersonale Intelligenz oder auch Soziale Intelligenz
- Intrapersonelle Intelligenz

KI hat mit menschlicher Intelligenz nicht viel zu tun. In jedem Fall ist menschliche Intelligenz eine Kombination aus angeborener Intelligenz via Vererbung und erlernter Intelligenz. Im Fall von Computern ergibt sich deren Intelligenz allein aus den technischen Fähigkeiten, der Leistungsfähigkeit der programmierten Software und neuerlich der durch Machine Learning erlernten KI.

Wie aber erfolgt das Lernen und in welche Kategorien lässt sich das Lernen unterteilen? Das Taxonomiemodell von Bloom (Anderson und Krathwohl 2000) unterscheidet die drei Lernbereiche des kognitiven, affektiven und psychomotorischen Lernens. **Kognitive Lernziele** beziehen sich auf das Wissen und die intellektuellen Fertigkeiten (Ruhr-Universität Bochum 2022). **Affektive Lernziele** beziehen sich auf Änderungen der Interessen, Gefühle, Einstellungen und Werthaltungen. Werthaltungen ergeben sich durch die Integration von Werten in der Persönlichkeit, den Aufbau einer Wertordnung, Dingen und Handlungen einen emotionalen Wert beizumessen, dem Handeln nach erkannten bzw. bekannten Wertvorstellungen und dem Erkennen der Bewertung von Dingen oder Verhaltensweisen durch andere Menschen. **Psychomotorische Lernziele** beziehen sich auf das Erlernen von Bewegungsabläufen durch das Ausführen und die Koordination von Bewegungsabläufen und die Nachahmung von Bewegungsabläufen.

Da es bei der Betrachtung der KI besonders um die Frage geht, wo die kognitiven Fähigkeiten von Menschen eventuell durch KI ergänzt bzw. ersetzt werden können, wird nachfolgend auf diesen Bereich fokussiert. Die **Kognitiven Fähigkeiten** lassen sich un-

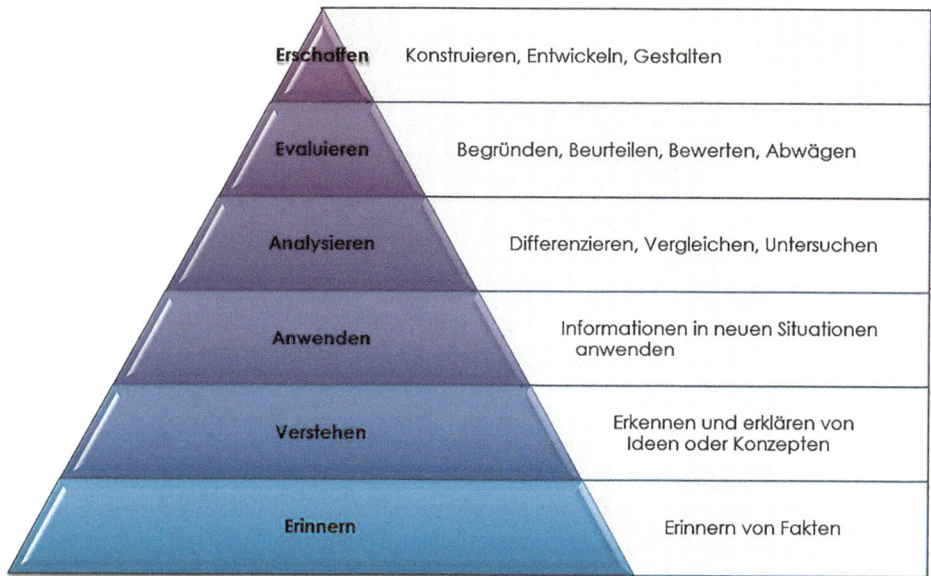

Abb. 1.1 Taxonomie des Lernens nach Bloom

tergliedern in Erinnern, Verstehen, Anwenden, Analysieren, Evaluieren und Erschaffen (siehe Abb. 1.1).

Bloom geht davon aus, dass die kognitive Fähigkeit einer Ebene jeweils die Voraussetzung für das Erreichen der nächsthöheren Ebene in der Taxonomiepyramide ist. Das kognitive Potenzial nimmt nach oben hin stetig zu. Die kognitive Kompetenz des Entscheidens liegt in etwa auf der Ebene zwischen Evaluieren und Erschaffen (bitkom 2017a, S. 13) und gerade bei der Unterstützung von Entscheidungen oder sogar beim autonomen Treffen von Entscheidungen kann KI besonders hilfreich sein.

1.3 Rationale Entscheidungen

Klar ist, dass täglich viele Entscheidungen in Organisationen getroffen werden und dass diese Entscheidungen bestmöglich erfolgen sollten. Rational und nachvollziehbar getroffene Entscheidungen erscheinen dafür empfehlenswert. In Abb. 1.2 wird der Entscheidungsprozess nach dem rationalen Modell der Entscheidungsfindung dargestellt.

Der Entscheidungsprozess besteht aus folgenden Schritten (Heesen 2024, S. 136):

1. Identifizieren des Problems und Einschätzen der Situation:
   Ob eine Situation als ein Problem betrachtet wird, hängt von der Einschätzung einer Person ab und kann sich sehr unterscheiden. Ist z. B. eine Produktivitätssteigerung von 2 % ein Problem, wenn die Konkurrenz diese um 5 % steigern konnte?

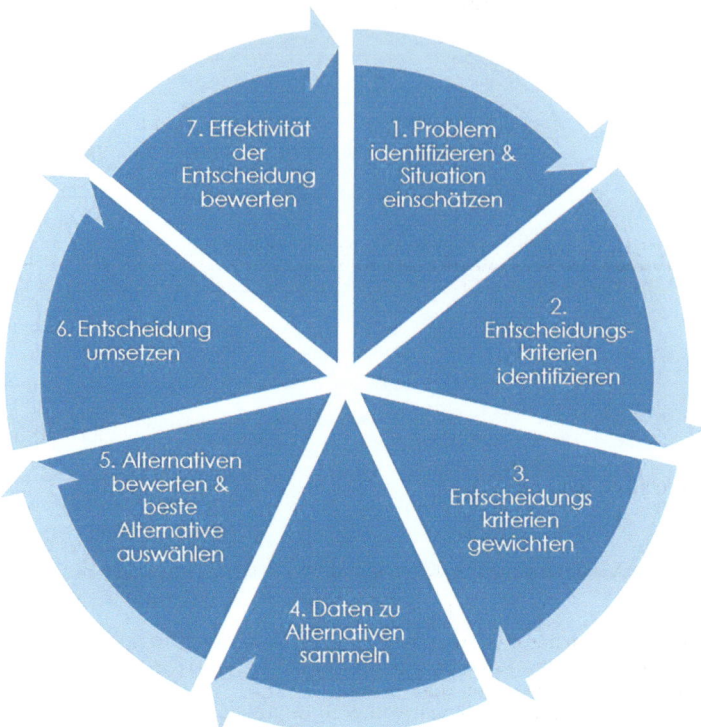

Abb. 1.2 Rationaler Entscheidungsprozess

2. Identifikation der Entscheidungskriterien:
   Wird bei einer Produktivitätssteigerung von 2 % angestrebt die Belegschaft und somit die Personalkosten um 2 % zu reduzieren, weil das Entscheidungskriterium und Ziel eine Kosteneinsparung ist? Oder soll das durch die Produktivitätssteigerung verfügbare Personal in der Forschung und Produktentwicklung eingesetzt werden, weil zukünftige Wachstumschancen durch neue, innovative Produkte realisiert werden sollen? In letzterem Falle würde sich als Entscheidungskriterium der Anteil der Gewinne anbieten, die in Forschung und Entwicklung investiert werden.
3. Gewichtung der Entscheidungskriterien:
   Oft sollen mehrere Ziele gleichzeitig erreicht werden, z. B. Kostenreduktion und Steigerung der Forschungs- und Entwicklungsquote oder Kostensenkung und Umsatzwachstum. Welches dieser Ziele hat welche Priorität und sollte demnach in welchem Ausmaß gewichtet werden?
4. Entwicklung von Alternativen:
   Bei sich wiederholenden Problemen kann hier auf eine Menge bereits bekannter Alternativen zurückgegriffen werden. Bei neuen Problemen oder auch wenn neue Alternativen existieren, ist Kreativität gefragt.

5. Bewertung der Alternativen und Auswahl der besten Alternative:
   Wenn sich alle Entscheidungskriterien für jede der Alternativen ermitteln lassen und diese objektiv quantifizierbar sind, dann ist die Bewertung und Auswahl der besten Alternative begründbar. Für Entscheider stellt es jedoch eine Herausforderung dar, möglichst perfekt vorherzusagen, welche Alternative die optimale Zielerreichung bewirkt. Dies erfordert umfassendes Wissen über die Wirkungszusammenhänge vieler Variablen untereinander, z. B. der Variablen Kosten, Umsatz, Gewinn, Reputation, Qualität, Kundenbindung. In Unwissenheit der zu erwartenden kurzfristigen und langfristigen Auswirkungen einer Entscheidung auf diese Variablen ist die Auswahl der besten Alternative unmöglich.
6. Umsetzung der Alternative
7. Bewertung der Effektivität der Entscheidung:
   Eine Ex-post-Bewertung der Auswirkungen vergangener Entscheidungen, egal ob von Personen oder Maschinen getroffen, ist die Grundlage für eine permanente Verbesserung durch Lernen. Wenn jedoch nur eine Alternative umgesetzt wurde ist unbekannt, welche Auswirkungen die Alternativen gehabt hätten. In diesem Fall ist eine nachträgliche Feststellung, dass eine Entscheidung richtig war, nicht möglich.

Wenn KI im Entscheidungsprozess genutzt werden kann, stellt sich die Frage, welche Entscheidungen denn weiterhin von Personen getroffen werden sollten und welche Entscheidungen von Maschinen (Computern, basierend auf Machine Learning und KI) getroffen werden sollten? Daraus ergibt sich der Grad der Entscheidungsautomation.

1.4 Entscheidungsautomation

Welcher Automatisierungsgrad angemessen ist, hängt von den Umständen ab. Das Ausmaß der Nutzung von KI kann stufenweise gewählt werden, wie in Abb. 1.3 dargestellt (bitkom 2017a, S. 21–23).

In der Stufe 0 entscheidet der Mensch alleine ohne eine Maschine, die ihn unterstützt. In Stufe 1 nutzt der Mensch eine Maschine z. B., um im Vorfeld der Entscheidung Daten zu analysieren und damit den Kontext besser zu verstehen. Dies wird auch als evidenzbasiertes Management (**EBM**) beschrieben. In Stufe 2 führt die Maschine bestimmte Aktionen aus, die Kontrolle und Verantwortung bleibt jedoch beim Menschen, so z. B., wenn Alexa auf Zuruf des Menschen eine Kauftransaktion erledigt. In Stufe 3 generiert die Maschine Entscheidungsvorschläge, z. B. Bestellvorschläge. Die Entscheidung, ob die Vorschläge angenommen oder abgelehnt werden, das verbleibt in der Hand des Menschen. In Stufe 4 delegiert der Mensch Entscheidungen in bestimmten Grenzen an eine Maschine, z. B. die automatisierte Steuerung des An- und Ausschaltens der Heizung und der erforderlichen Heizleistung, nachdem die gewünschte Raumtemperatur vom Menschen eingestellt wurde. In Stufe 5 übernimmt die Maschine auch komplexe Entschcidungen und benötigt zur

Abb. 1.3 Stufenmodell der
Entscheidungsautomation

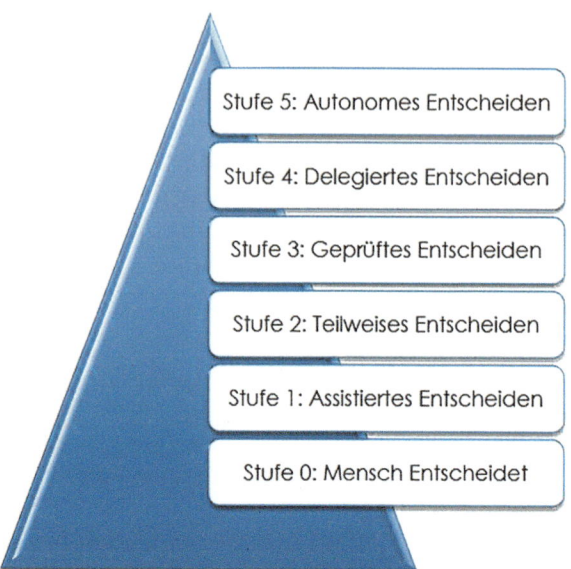

Stufe 5: Autonomes Entscheiden

Stufe 4: Delegiertes Entscheiden

Stufe 3: Geprüftes Entscheiden

Stufe 2: Teilweises Entscheiden

Stufe 1: Assistiertes Entscheiden

Stufe 0: Mensch Entscheidet

Erledigung einer Aufgabe keinen Menschen mehr, z. B. beim autonomen Fahren. Es sollte dem Menschen jedoch jederzeit die Option gegeben sein, der Maschine die Entscheidungshoheit wieder zu entziehen und selbst die Kontrolle und Steuerung zu übernehmen.

Um zu entscheiden, welche Entscheidungen sich für welchen Grad an Automation anbieten, sollten im Vorfeld die Stärken von Menschen und Maschinen bei der Entscheidungsfindung betrachtet werden. Es lassen sich u. a. folgende kognitiven Stärken von Menschen und Maschinen nennen (bitkom 2017b, S. 61):

Mensch:
- Unerwartete Stimuli wahrnehmen
- Kreativ neue Lösungen zu Problemen entwickeln
- Schwierige Entscheidungen bei unvollständiger Datenlage treffen

Maschine:
- Große Mengen an Daten speichern und darauf zugreifen
- Aufgaben schnell und mehrere Aufgaben auch parallel ausführen
- Routine-Entscheidungen schnell treffen
- Komplexe Algorithmen zuverlässig anwenden

Eine Frage, die es im Vorfeld noch zu klären gilt ist, ob Menschen und Maschinen eigentlich dem zuvor vorgestellten rationalen Entscheidungsprozess folgen und wie sich die Entscheidungsfindung bei Personen und Maschinen unterscheidet.

1.5 Entscheidungsprozess bei Mensch und Maschine

Welche Faktoren beeinflussen die Entscheidungsfindung? Folgende Aufzählung unterscheidet die Einflussfaktoren bei Menschen und Maschinen:

Mensch:
- **Situation** (Wahrnehmung)
- **Interessenskonflikte zwischen Person und Organisation** (was ist am besten für die Entscheider, was ist am besten für die Organisation):
  Basierend auf der **Principal-Agent-Theory** (Heesen 2024, S. 42–43) können Zielkonflikte zwischen den Interessen des beauftragten Agenten (z. B. Mitarbeiter) und den Interessen der beauftragenden Organisation bestehen, z. B. wenn ein Mitarbeiter sich für eine Entscheidungsalternative ausspricht, von welcher er sich mehr individuelle Vorteile verspricht, obwohl eine andere Entscheidungsvariante mehr Vorteile für die Organisation erwarten lässt.
- **Interessenskonflikte zwischen Zielen** (wenn die Verbesserung einer Zielvariablen zu einer Verschlechterung anderer Zielvariablen führt):
  Wenn eine Reduktion des Personals im Kundendienst kurzfristig zu einer Kostensenkung und Gewinnsteigerung führt, jedoch mittelfristig zu einer geringeren Kundenzufriedenheit und damit zu geringerer Kundenloyalität und langfristig zu einem geringeren Umsatz und Gewinn, dann liegt ein solcher Interessenskonflikt zwischen Zielen vor. Hier stellt sich die Frage, welche Zielvariable soll kurzfristig bzw. langfristig optimiert werden und welche Ziele haben welche Priorität (Heesen 2024, S. 41, 141–143).
- **Interessenskonflikte Interpersonell** (wenn ein Konflikt zwischen Personen die Entscheidungsfindung beeinflusst).
- **Werte**
- **Gefühle**
- **Tageszeit** (Leone et al. 2017)
- **Zeitdruck**: Zeit, bis eine Entscheidung getroffen werden muss
- **Erwartete Konsequenzen** (basierend auf Erfahrungswissen und Intuition)

Maschine:
- **Situation** (verfügbare Daten zu der Situation)
- **Erwartete Konsequenzen** (Optimierung der definierten Zielvariablen)

Offensichtlich werden Entscheidungen von Menschen in der Regel nicht rational getroffen und ignorieren oft sogar verfügbare Daten (**Selection-Bias**), da auch Interessenskonflikte, Werte, Gefühle und andere Aspekte eine Entscheidung beeinflussen. Im Unterschied dazu treffen Maschinen ihre Entscheidungen basierend auf den zur Verfügung stehenden Daten rational und optimieren die Zielvariablen entsprechend den verwendeten Algorithmen (Müller und Massaron 2018).

Angenommen eine Maschine soll anhand von Daten ableiten, welche Handlungsempfehlungen für die Bevölkerung ausgesprochen werden sollen, um das Risiko von Haiattacken zu minimieren. Wenn den Maschinen mit der Fähigkeit der KI zu Beginn nur die beiden Variablen des konsumierten Eises in Litern und der Anzahl der Haiattacken im zeitlichen Verlauf der letzten 10 Jahre mit Angaben je Stunde zur Verfügung stehen, dann kommt die Maschine zu der Konklusion, dass die Bevölkerung nicht ins Wasser gehen sollte, wenn viele Personen beim Eis essen gesehen werden. Das würde dafürsprechen, dass man nachts oder im Winter schwimmen gehen sollte. Wenn zusätzlich noch die Variable Temperatur zur Verfügung gestellt wird, dann würde sich daraus als neue Empfehlung ableiten, dass die Bevölkerung nicht ins Wasser gehen sollte, wenn es warm ist. Wenn man die Lokation der Haiattacken noch mit als Variable zur Verfügung stellt, dann würde sich daraus ableiten, dass man an Stränden, die sehr beliebt und deshalb gut besucht sind, nicht ins Wasser gehen sollte (wenn dort in der Regel mehr Haiattacken festzustellen sind) und dass es sicherer ist, wenn man an einsamen, wenig besuchten Stränden ins Wasser geht. All diese Empfehlungen würden sich als Optimierungen entsprechend den Algorithmen und Daten ergeben und trotzdem wären sie mehr als fraglich und definitiv nicht optimal. Wenn dann aber noch die Variable der wasseraufsuchenden Personenanzahl je Lokation zur Verfügung gestellt würde, dann würde sich ein sinnvolleres Ergebnis einstellen, denn die Anzahl der Haiattacken hängt u. a. wesentlich davon ab, wie viele Personen ins Wasser gehen. Wenn im Winter, nachts, an kalten Tagen und an einsamen Stränden keine Person ins Wasser geht, dann ist dort die Wahrscheinlichkeit einer Haiattacke natürlich geringer. Dieses Beispiel soll aufzeigen, dass Maschinen trotz schneller Rechnerleistung und bester Algorithmen extrem davon abhängen, welche unabhängigen Variablen (Kontextvariablen) als auch abhängige (Zielvariablen) Variablen für das Machine Learning zur Verfügung gestellt werden. KI ist daher kein Allheilmittel, sondern muss sinnvoll und kontextadäquat eingesetzt werden. Darüber hinaus ist die Selektion und Qualität der für das Machine Learning bereitgestellten Daten von besonderer Bedeutung.

1.6   Geschwindigkeit der Entscheidungsfindung

Ein weiterer Faktor bei der Entscheidungsfindung ist die Zeit. Durch die Vielfalt der im vorangehenden Abschnitt vorgestellten Einflussfaktoren einer Entscheidung bei Menschen ist dessen Entscheidung in der Regel langsamer als die einer Maschine. Eine Verzögerung kann sich z. B. wegen der Abstimmung mehrerer an der Entscheidung beteiligter Personen ergeben. Der Wert einer Entscheidung wird neben der Qualität aber eben auch von der Zeitdauer bestimmt, wie in Abb. 1.4 sichtbar (Heesen 2024, S. 107).

Wenn Maschinen weniger Zeit für eine Entscheidungsfindung benötigen, dann stellt die Automatisierung von Entscheidungen einen zusätzlichen Vorteil dar. Neben der Geschwindigkeit der Entscheidungsfindung (Schritt 4) gilt dies auch für eine zügige Datenverfügbarkeit (Schritt 2), Datenanalyse (Schritt 3) und Umsetzung der Entscheidung (Schritt 5).

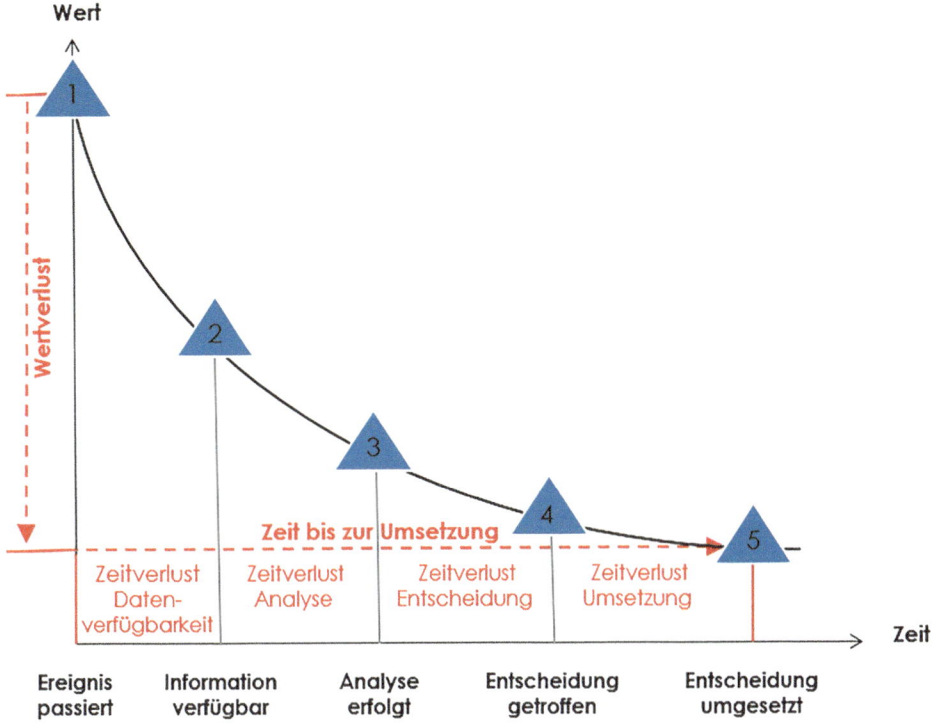

Abb. 1.4 Wertverlust einer Entscheidung im Zeitverlauf

Welche Datenbasis sollte den Entscheidern für eine bestmögliche Entscheidungsfindung zur Verfügung gestellt werden? Verlässliche Datengrundlagen, sowohl quantitativ als auch qualitativ, sind sowohl für Personen als auch für Maschinen von essenzieller Bedeutung. Das Beispiel mit den Haiattacken hat dies deutlich gemacht. Eine perfekte Informationsverfügbarkeit gibt es bei keiner Entscheidung, denn die Informationssuche wird aus Gründen der Zeit, des Aufwands und des Selection-Bias immer beschränkt sein. Letztlich gilt es zu akzeptieren, dass Entscheidungen, sowohl bei Menschen als auch Maschinen, immer basierend auf unvollständigen Informationen getroffen werden, was auch als **begrenzte Rationalität** (Bounded Rationality) bezeichnet wird (Heesen 2024, S. 137–138).

Aufgrund der besonderen Bedeutung der Datenbasis für die Qualität von Entscheidungen entwickeln sich viele Unternehmen zu sogenannten Data Driven Companies, in denen Data Science, Machine Learning und auch KI eine ganz neue, zentrale Bedeutung erlangen. Um eine bestmögliche Datenverfügbarkeit und Datenqualität zu gewährleisten, gilt es Best Practices der Data Science anzuwenden, die in Kap. 3 vorgestellt werden.

1.7   Datenbasis für Entscheidungen

Folgende Aspekte spielen bezüglich der Verfügbarkeit und dem Zustand von Datenquellen, die für eine Entscheidung benötigt werden u. a. eine Rolle: Vollständigkeit, Strukturiertheit, Ambivalenz, Echtzeitverfügbarkeit oder zeitversetzte Verfügbarkeit. Bei unzureichender Quantität oder Qualität der Daten leidet auch die Qualität der Entscheidungen (bitkom 2017a, S. 17).

Hardware und Software werden immer leistungsfähiger und ermöglichen dadurch eine zunehmend einfachere Nutzung der Vorteile von Analytics auch von größeren Datenmengen. Die weltweiten Datenmengen nehmen permanent zu (**Volume**) und damit auch die Möglichkeiten diese Daten auszuwerten (siehe Abb. 1.5). Besonders der Anteil der Daten aus Sozialen Medien und dort insbesondere der Anteil von nicht- bzw. teilstrukturierten Text-, Bild- und Videodaten nimmt besonders zu. Im Gegensatz dazu sinkt der Anteil der strukturierten Daten aus ERP-Systemen wie Buchhaltungs-, Personal- oder Logistikdaten. Insofern gewinnt die Analyse unstrukturierter Daten zunehmend an Bedeutung (statista 2020).

Aus der Perspektive einer Organisation spielt jedoch die Menge (Volumen) der analysierten Daten nicht die vorrangige Rolle, sondern der Mehrwert, der durch die Analytik entsteht, der sogenannte **Value** (siehe Abb. 1.6). Durch die Analyse von Daten lassen sich bessere Entscheidungen treffen, wenn entscheidungsrelevante Fakten zur Verfügung gestellt werden.

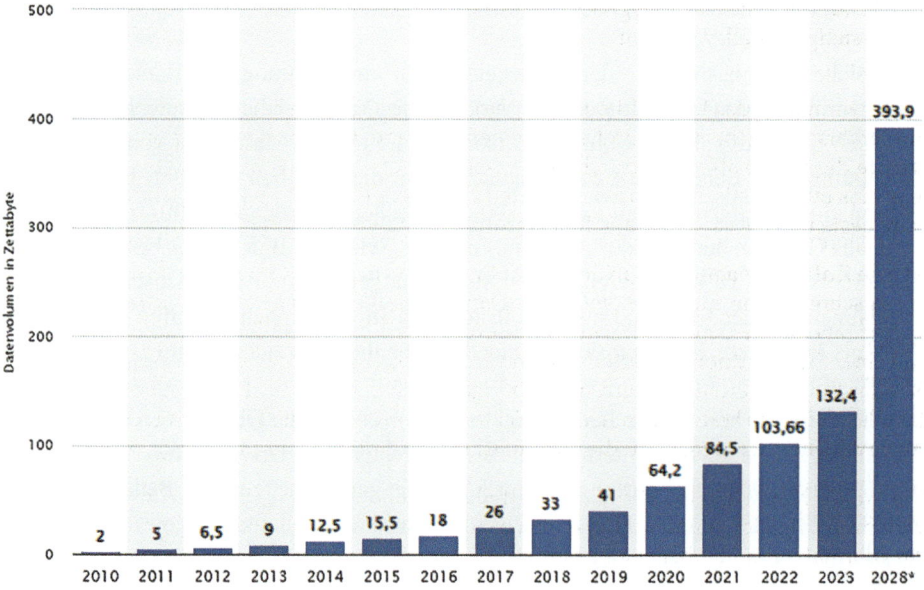

Abb. 1.5 Volumen der jährlich generierten/replizierten digitalen Datenmenge weltweit von 2010 bis 2023 und Prognose für 2028. (statista 2025)

Abb. 1.6 Die Fünf V's von
Big Data

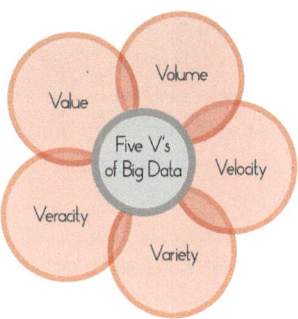

Neben dem Volumen und dem Value zeichnet sich das neue Zeitalter der vielen Daten noch durch weitere Eigenschaften aus, die gemeinsam als die **5 V's von Big Data** bezeichnet werden: **Volume, Velocity, Variety, Veracity und Value** (siehe Abb. 1.6).

Velocity bezeichnet die zunehmende Geschwindigkeit, in der neue Daten entstehen. Durch die permanent in großen Mengen neu verfügbaren Daten ergibt sich, dass die aus den Datenanalysen gewonnenen Erkenntnisse eine verkürzte Halbwertszeit besitzen, denn permanent sind noch aktuellere Daten verfügbar und die „alten" Daten und Analysen verlieren an Wert. Daraus ergibt sich die Notwendigkeit und der Druck die Analysen regelmäßig zu wiederholen, um aktuell zu bleiben. Auch die leistungsfähigeren Rechner kommen so erneut an ihre Grenzen. Eine effiziente Analyse ist aus diesem Grund bei wachsenden Datenmengen und häufigerer Ausführung der Analysen trotz der erhöhten Leistungsfähigkeit der Rechner weiterhin von Relevanz. Daten sollten daher in effizienten Datenstrukturen gespeichert werden und mittels effizienten Machine Learnings für KI-Anwendungen genutzt werden.

Variety bezeichnet die Heterogenität der vorliegenden Datenformate. Unstrukturierte Daten werden vor der Analyse in der Regel über einen sogenannten ETL-Prozess aus den Quellsystemen extrahiert (E), anschließend in das Zielformat bzw. Datenmodell transformiert (T) und abschließend in ein System geladen (L), in dem die Daten dann analysiert und dargestellt werden können. Im Machine Learning bezeichnet man diesen Prozess gerne auch als **Datenvorverarbeitung** (siehe Abschn. 6.2).

Hinterher stehen die Daten in einem für die Analyse geeigneten Format zur Verfügung (siehe Transformed Data in Abb. 3.2). Beispielsweise werden Audiodaten, z. B. das Transkript eines YouTube-Videos, in Text konvertiert, so dass dieser anschließend analysiert werden kann. Wenn ein Vorverarbeitungsprozess jedoch zu zeitaufwendig ist und die Aktualität der Auswertung Vorrang hat, dann können alternativ auch schon einmal die Primärdaten direkt, unverändert und ohne Konvertierung analysiert werden, sofern die Datenqualität der Primärdaten hierfür als ausreichend erachtet wird (siehe Original Data in Abb. 3.2).

Veracity bezeichnet die Datenqualität. Zum Beispiel sind Texte in Sozialen Medien oft grammatikalisch inkorrekt, in Umgangssprache formuliert und mit Rechtschreibfehlern oder Abkürzungen gespickt. Damit die Textanalyse, z. B. die Sentimentanalyse von positiven und negativen Gefühlen, nicht zu ungenauen Ergebnissen führt, erfolgt im Vorfeld einer Analyse bei Bedarf ein Cleaning der Daten, in dessen Prozess Rechtschreibfehler und andere Fehler eliminiert werden. Dieser Schritt ist ein Bestandteil der Vorverarbeitung bzw. Transformation der Daten. Ebenso bedeutsam für die Datenqualität ist u. a. auch der Umgang mit fehlenden Daten.

1.8   Business Intelligence

Daten isoliert, für sich betrachtet, besitzen keinen Wert. Sie stiften erst Nutzen, wenn sie dazu dienen bessere Entscheidungen zu treffen. So kann z. B. ein besseres Verständnis der Kundenpräferenzen zu zielgerichteten und effektiv auf die Zielgruppe abgestimmten Marketingmaßnahmen beitragen. In einem solchen Fall lohnt sich der Aufwand der Datenspeicherung und Datenanalyse, um die Business Intelligence zu erhöhen. Machine Learning kann für diesen Zweck sinnvoll eingesetzt werden.

Um den erwarteten Nutzen einer Analyse den entsprechenden Kosten gegenüberzustellen, sollte ein entsprechender **Business Case** erstellt werden. Vergleicht man eine Entscheidung ohne das Vorliegen der Information mit der Entscheidung bei Vorliegen der Information und der sich daraus ergebenden Konsequenzen, so kann abgewogen werden, welches der beiden Szenarien für die Organisation besser ist. Kennt man z. B. die Wahrscheinlichkeit, dass ein Kunde für ein Produkt (z. B. Ticket für ein Konzert) einen gewissen Preis zu zahlen bereit ist, kann man diesen variabel, personenspezifisch (z. B. in Abhängigkeit von Alter, Familienstand, Einkommen, vergangenen Kauftransaktionen …) und zeitabhängig (Uhrzeit, Wochentag, Jahreszeit, zeitlicher Abstand zum Event, zeitlicher Abstand zum letzten Suchvorgang mit gleichem Datum und Produkt) anpassen und damit den Profit maximieren. Mit Hilfe von Machine Learning und KI ist dies zeitnah möglich und so nutzen Sears, Amazon und Best Buy eine **Dynamische Preisermittlung** via Machine Learning, um im Verlauf eines Tages die Produktpreise in Abhängigkeit von Marktparametern teilweise mehrfach zu ändern (Campbell 2022). Dies gilt gleichermaßen für Fluggesellschaften, Hotels, E-Commerce-Seiten und Tankstellen.

Detaillierte Markt- und Kundenanalysen tragen zu neuen Erkenntnissen bei, die nachfolgend zu Wettbewerbsvorteilen führen können. Wichtige Fragen können durch Machine Learning basierte Analysen beantwortet werden, z. B. wer sind die profitabelsten Kunden, welche Kundengruppen sind zur Konkurrenz abgewandert, gibt es neue Verhaltensmuster der Käufer, welchen Einfluss hat der Preis auf den Umsatz oder wie wirkt sich eine Sortimentsanpassung oder Veränderung der Vertriebskanäle auf den Umsatz aus.

Die Fähigkeit von Unternehmen, die vielen verfügbaren Daten zeitnah auszuwerten und Business Intelligence daraus abzuleiten, hält mit dem rasanten Datenwachstum kaum Schritt. Wie in Abb. 1.7 dargestellt, werden viele Entscheidungen nicht basierend auf rationalen Entscheidungskriterien und Analytik getroffen und es werden auch bei weitem nicht alle verfügbaren Daten genutzt. So entsteht die sogenannte **Kritische Lücke** und ein **Business Intelligence Gap** (Strategy & Transformation Consulting 2020).

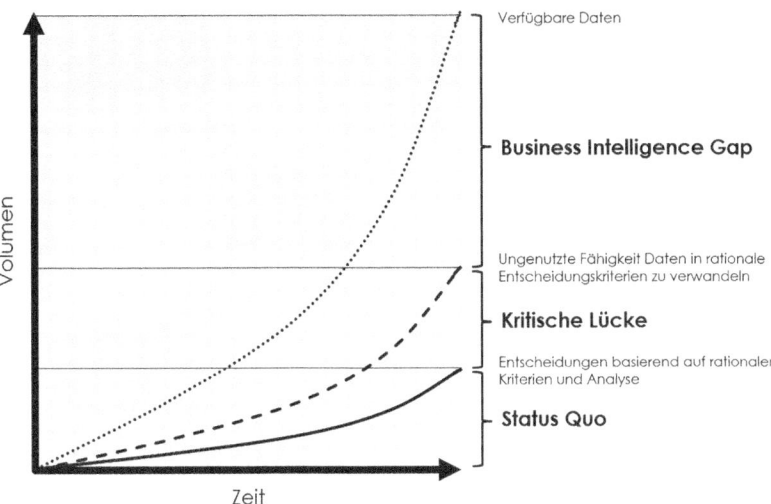

Abb. 1.7 Kritische Lücke und Business Intelligence Gap. (Eigene Abbildung in Anlehnung an Strategy & Transformation Consulting 2020)

1.9 Innovation

Offensichtlich bietet es sich an die Innovation des Machine Learning und der KI daraufhin zu prüfen, ob und ggfs. wo sich deren Einsatz in einer Organisation anbietet. Grundsätzlich bieten sich Veränderungen nur dann an, wenn damit ein Problem gelöst werden kann. Die Wahrnehmung eines Problems ist daher auch die Voraussetzung für die Nutzung der Innovation des Machine Learnings und der KI.

Empirische Wissenschaften, zu denen auch die Sozial- und Wirtschaftswissenschaften gehören, basieren auf dem Beobachten, Messen und Erheben von Daten und der Durchführung von Experimenten, um einen Untersuchungsgegenstand besser zu verstehen. Der Erkenntnisgewinn erfolgt über Beobachtung, Beschreibung, Erklärung und die Vorhersage von Phänomenen. Fragen oder Probleme in der Realität motivieren dazu Dinge zu hinterfragen, um Erklärungen, Vorhersagen oder Theorien daraus abzuleiten. Data Science inklusive Machine Learning und KI können auf Basis von Daten zur Lösung von Problemen und der Beantwortung von Fragen sinnvoll eingesetzt werden (siehe Abb. 1.8).

Gerade in einer Zeit des stetigen Wandels und der Veränderung ist es zunehmend wichtig für Organisationen Herausforderungen schnell zu erkennen, zu lösen, innovative Antworten für Fragen und Probleme zu finden und dazu kann auch Data Science, Machine Learning und KI beitragen.

Abb. 1.8 Problemlösungsprozess. (Heesen 2021, S. 28)

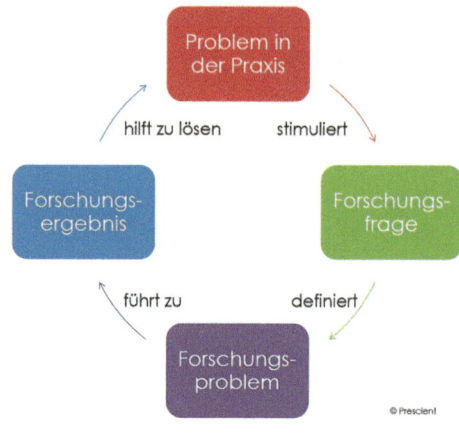

Literatur

Anderson, L. W., & Krathwohl, D. R. (2000). *Taxonomy for Learning Teaching: A Revision of Bloom's Taxonomy of Educational Objectives.* München: Langenscheidt ELT.

bitkom. (2017a). *Künstliche Intelligenz verstehen als Automation des Entscheidens: Leitfaden.* Abgerufen am 04. Dezember 2022 von https://www.bitkom.org/sites/default/files/file/import/Bitkom-Leitfaden-KI-verstehen-als-Automation-des-Entscheidens-2-Mai-2017.pdf

bitkom. (2017b). *Künstliche Intelligenz: Wirtschaftliche Bedeutung, gesellschaftliche Herausforderungen, menschliche Verantwortung.* Abgerufen am 27. Dezember 2021 von https://www.bitkom.org/sites/default/files/file/import/171012-KI-Gipfelpapier-online.pdf

bitkom. (2019). *Konkrete Anwendungsfälle von KI & Big-Data in der Industrie.* Abgerufen am 27. Dezember 2020 von https://www.bitkom.org/sites/default/files/2020-02/200203_lf_ki-in-der-industrie_0.pdf

Bundesregierung (Hrsg.). (2020). *Schwarzrotgold 03/2019: Wie uns künstliche Intelligenz hilft.* Abgerufen am 25. Dezember 2020 von https://www.bundesregierung.de/breg-de/suche/schwarzrotgold-03-2019-wie-uns-kuenstliche-intelligenz-hilft-1643006

Campbell, P. (28. April 2022). *How does dynamic pricing work? Examples, strategies, and models.* Abgerufen am 05. Dezember 2022 von https://www.priceintelligently.com/blog/bid/198355/how-to-implement-a-dynamic-pricing-strategy-without-the-pr-backlash

Gardner, H. (2008). *Intelligenzen: Die Vielfalt des menschlichen Geistes.* Stuttgart: Klett-Cotta.

Heesen, B. (2021). *Wissenschaftliches Arbeiten: Methodenwissen für Wirtschafts-, Ingenieur- und Sozialwissenschaftler* (4. Ausg.). Heidelberg: Springer-Gabler.

Heesen, B. (2024). *Effective Strategy Execution: Improving Performance with Business Intelligence* (3. Ausg.). Berlin: Springer.

Leone, M. J., Slezak, D. F., Golombek, D., & Sigman, M. (2017). Time to Decide: Diurnal Variations on the Speed and Quality of Human Decisions. *Cognition*(158), 44–55.

Müller, J. P., & Massaron, L. (2018). *Artificial Intelligence For Dummies.* Hoboken: John Wiley & Sons.

Rittershaus, A. (5. Mai 2020). *Was Sie zum Thema KI wissen müssen.* Abgerufen am 26. Dezember 2020 von https://www.computerwoche.de/a/was-sie-zum-thema-ki-wissen-muessen,3544140

Ruhr-Universität Bochum. (2022). *Typen und Stufen von Lernzielen*. Abgerufen am 04. Dezember 2022 von https://dbs-lin.ruhr-uni-bochum.de/lehreladen/planung-durchfuehrung-kompetenzorie ntierter-lehre/lehr-und-lernziele/typen-und-stufen/

Shaer, M. (2014). *Is This the Future of Robotic Legs?* Abgerufen am 26. Dezember 2020 von https:// www.smithsonianmag.com/innovation/future-robotic-legs-180953040/

statista. (2020). *Internet Traffic.* Abgerufen am 25. Dezember 2020 von https://de.statista.com/stati stik/daten/studie/266885/umfrage/prognose-zum-datenvolumen-des-privaten-und-geschaeftlich en-ip-traffics-weltweit/

statista. (2025). *Volumen der jährlich generierten/replizierten digitalen Datenmenge weltweit in den Jahren 2012 und 2020 und Prognose für 2025 (in Zettabyte).* Abgerufen am 17. Juli 2025 von https://de.statista.com/statistik/daten/studie/267974/umfrage/prognose-zum-weltweit-generierten-datenvolumen/

Strategy & Transformation Consulting. (2020). *Fachkompetenzen: Business Analytics.* Abgerufen am 27. Dezember 2020 von https://www.strategy-transformation.com/kompetenzen-business-analytics/

Zusammenfassung

Hier werden die grundlegenden Lernparadigmen des Machine Learning vorgestellt: überwachtes, unüberwachtes und bestärkendes Lernen. Das Kapitel beschreibt deren Funktionsweise, Einsatzgebiete und Beispiele aus der Wirtschaft, wie Prognosen, Mustererkennung und adaptive Preisgestaltung.

Es existieren drei Methoden des Machine Learnings (siehe Abb. 2.1):

- **Überwachtes Lernen** (Supervised Learning)
  Lernen auf Basis von Trainingsdaten, deren Input (unabhängige Variablen) und Output (abhängige Variable) bekannt ist. Der Algorithmus vergleicht sein auf Basis der unabhängigen Variablen prognostiziertes Output der abhängigen Variable mit dem realen Wert und optimiert dann seine Vorgehensweise.
  - Vorteil: Nachvollziehbarkeit, Vergleichbarkeit.
  - Nachteil: Aufwand bei Datenaufbereitung.
  - Anwendung: Vorhersagen, Chatbots, Übersetzer, Erkennung von Spam-Emails, Empfehlung für proaktive Maschinenwartung, Dynamisches Preismanagement.

Überwachtes Lernen (Supervised Learning)	Unüberwachtes Lernen (Unsupervised Learning)	Bestärkendes Lernen (Reinforcement Learning)
Zielvariable bekannt (z.B. Korrelation von zwei Variablen wie Preis und Kaufverhalten)	Zielvariable nicht vorgegeben (z.B. Clustering, Data Mining, Wer kauft das eine und das andere gemeinsam -> Kaufempfehlung)	Auf Basis von **Versuch-und-Irrtum-Verfahren** (Trial-and-Error-Method) und **Belohnungssystem** (z.B. Preisänderung -> was führt zu mehr Umsatz und Gewinn)

Abb. 2.1 Machine-Learning-Methoden

B. Heesen, *Künstliche Intelligenz im Business*,
https://doi.org/10.1007/978-3-658-49545-9_2

- **Unüberwachtes Lernen** (Unsupervised Learning)
  Ermittlung unbekannter Strukturen in Daten, ohne das Zieloutput im Vorfeld zu kennen. Erkennt Unbekannte Muster aus den Daten und leitet Regeln ab.
  – Vorteil: Wenig Aufwand, hohe Flexibilität.
  – Nachteil: Komplexität, manuelle Bewertung der Ergebnisse erforderlich.
  – Anwendung: Clustering, Pattern Mining, Personalisierte Werbung, Market-Basket-Analyse (wer dies kauft, kauft auch jenes …).
- **Bestärkendes Lernen** (Reinforcement Learning)
  Ermittlung von Lösungen und Strategien für komplexe Fragestellungen ohne Ausgangsmaterial auf Basis des Versuch-und-Irrtum-Verfahrens (Trial-and-Error-Method) und einem Belohnungssystem. Wissen und Intelligenz entsteht durch möglichst viele Wiederholungen des Verfahrens.
  – Vorteil: Wenig Aufwand, Optimierung der Zielvariable ohne Eingriff.
  – Nachteil: Irrtum/Fehler, Erklärung der Entscheidung eingeschränkt transparent.
  – Anwendung: Dynamische Preisanpassung auf Online-Stores (welcher Preis optimiert Umsatz/Gewinn), autonome Roboter (Saugen, Rasenmähen), autonomes Fahren.

Das Überwachte Machine Learning basiert auf dem Konzept, dass eine Maschine aus Daten lernt und diese nach Beendigung der Lernphase auf andere Daten und Situationen überträgt. Algorithmen bauen beim maschinellen Lernen ein statistisches Modell auf, das auf Trainingsdaten beruht. Das heißt, das Modell merkt sich nicht einfach nur die Daten, mit denen es trainiert wurde, sondern es erkennt Muster und Gesetzmäßigkeiten in den **Trainingsdaten**. So kann das Modell ggfs. auch etwas Neues aus Daten lernen oder Gelerntes auf andere Daten (aktuelle Daten) anwenden, z. B. Vorhersagen machen. Bevor ein Modell als „trainiert" gilt und auf andere Daten angewendet wird, werden die Muster und Gesetzmäßigkeiten mit Hilfe von **Testdaten** evaluiert. Wenn die **Modellgüte** als ausreichend betrachtet wird, dann wird das trainierte Modell (**Trainiertes Modell**) angewendet. Auch die Ergebnisse des trainierten Modells sollten weiter geprüft werden, um zu erkennen, wenn sich z. B. alte Muster auf die neuen Daten nicht mehr sinnvoll anwenden lassen und somit ein neues Trainieren des Modells (**Re-Training**) veranlasst werden sollte.

Eine Frage, die sich oft stellt, ist, ob man der Maschine wirklich vertrauen kann. Trifft die Maschine gute Entscheidungen und produziert gute Ergebnisse, z. B. verlässliche Vorhersagen? Menschen vertrauen einer Maschine eher dann, wenn sie zuverlässig arbeitet und die Menschen ein **Verständnis** davon haben, wie und weshalb die Maschine sich so oder anders verhält (bitkom 2017a, S. 10). Es ist daher wichtig zu verstehen, wie eine Maschine Machine Learning nutzt und wie Machine Learning funktioniert.

Es ist ein **Irrglaube, dass Machine Learning ganz autonom und ohne menschlichen Einfluss geschieht**, denn auch das Machine Learning wird durch Softwareentwickler bestimmt (siehe Symbol ⬓). Klassische Programmierung von Software verarbeitet Daten

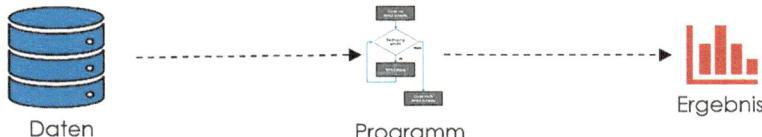

Abb. 2.2 Programmieren

basierend auf einer expliziten Folge von Anweisungen in einer Programmiersprache, welche spezifische Verarbeitungsschritte und Algorithmen von der Maschine ausführen lässt (siehe Abb. 2.2).

Beim Überwachten Machine Learning ist dies nicht grundsätzlich anders, denn auch hier wird eine explizite Folge von Anweisungen in einer Programmiersprache vorgegeben. Im Falle des Machine Learnings ist dies u. a. die Datenvorverarbeitung, das Erzeugen von Trainings- und Testdaten, die Modellwahl, die Erzeugung von Zwischenergebnissen, die Validierung der Zwischenergebnisse (Metriken z. B. Accuracy, Precision, F1-Score, RMSE) und das Parametertuning. Die finale Entscheidung, ob ein Modell eine ausreichende Modellgüte besitzt, den Qualitätsansprüchen der Anwender genügt, obliegt dann aber weiterhin den Menschen. Das Trainierte Modell kann anschließend beim Treffen von Entscheidungen genutzt werden, muss aber von Zeit zu Zeit mit aktuellen Daten erneut trainiert werden (siehe Abb. 2.3). In abgewandelter Form gilt dies auch für die anderen Formen des Machine Learnings.

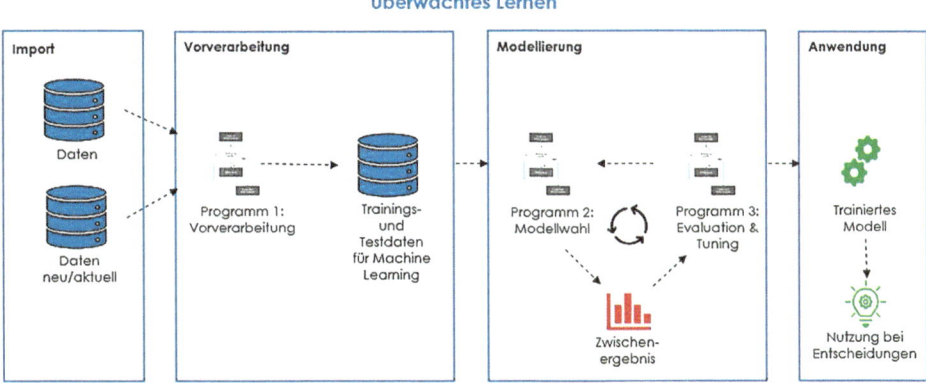

Abb. 2.3 Prozess: Überwachtes Machine Learning

2.1 Überwachtes Lernen

Um Machine-Learning-Modelle zu trainieren (siehe Abb. 2.3), erfolgt zunächst ein **Import** der Daten gefolgt von der **Datenvorverarbeitung**. Die Daten beinhalten sowohl die **Zielvariable** (**abhängige Variable**), welche vorhergesagt werden soll (z. B. bei einer Klassifikation von Spam die Klassen Spam oder No-Spam, bei einer Regression den Preis einer Immobilie) als auch **beschreibende Variablen (unabhängige Variablen)**. Nach der Datenvorverarbeitung werden die Daten aufgeteilt in **Trainings- und Testdaten**. Das Modell analysiert dann die Beziehung dieser Variablen und merkt sich signifikante Beziehungen im sogenannten **trainierten Modell**. In einem nächsten Schritt wird basierend auf Testdaten geprüft, welche Vorhersage das trainierte Modell für die Testdaten erzeugt und in welchem Ausmaß dies den realen Zielvariablen aus den Testdaten entspricht. Das Ausmaß des Vorhersagefehlers gilt hier als wesentliches Gütekriterium, um zu entscheiden, ob das Modell für die praktische Anwendung geeignet ist. Die Anwendung erlaubt dann, basierend auf der Verfügbarkeit der unabhängigen Variablen die Zielvariable vorherzusagen.

Beim Überwachten Lernen sind die beiden wesentlichsten Anwendungen die **Regression** (siehe Abschn. 7.1.1) und die **Klassifikation** (siehe Abschn. 7.1.2).

2.2 Unüberwachtes Lernen

Im Gegensatz zu dem Überwachten Lernen existiert beim Unüberwachten keine Zielvariable. Daher gibt es auch keine Trennung in Trainings- und Testdaten. Das Ergebnis ist auch kein Trainiertes Modell. Das Unüberwachte Machine Learning versucht tatsächlich komplett neue Zusammenhänge in den Daten zu erkennen. Die Evaluation der Ergebnisse ist nicht quantitativ messbar, sondern obliegt einer subjektiven Einschätzung. Aus diesem Grund ist auch kein automatisiertes Parametertuning möglich (siehe Abb. 2.4).

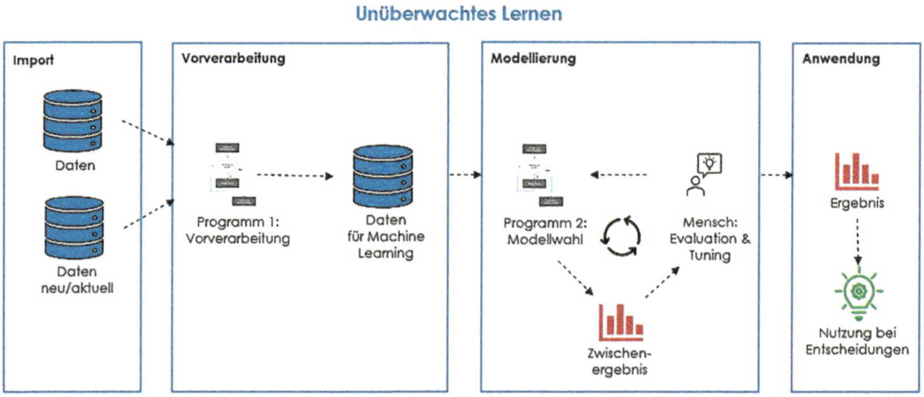

Abb. 2.4 Prozess: Unüberwachtes Machine Learning

Beim Unüberwachten Lernen sind wesentliche Anwendungen z. B. das Clustering, die Dimensionsreduktion und die Warenkorbanalyse (Market-Basket-Analyse).

Beim **Clustering** (siehe Abschn. 7.2.1) geht es darum alle Daten einer bestimmten Anzahl von Clustern zuzuordnen, die sich möglichst ähnlich sein sollen, also möglichst nah in dem n-dimensionalen Raum (n = Anzahl der verwendeten Variablen) an den ihnen zugeordneten Clusterzentren liegen sollen. Die Anzahl der Cluster muss nicht im Vorfeld definiert sein, sondern kann durch das Machine-Learning-Modell selbst ermittelt werden. In Organisationen wird Clustering u. a. zur Kunden- und Marktsegmentierung eingesetzt, bei der Kunden mit ähnlichem Kaufverhalten zu Gruppen zusammengefasst werden, die dann mit auf sie zugeschnittenen Marketingkampagnen angesprochen werden.

Bei der **Dimensionsreduktion** handelt es sich um Machine-Learning-Modelle, welche die Relevanz von Faktoren auf eine abhängige Variable untersuchen und solche Faktoren eliminieren, welche von geringer Relevanz sind. Dies kann u. a. gut eingesetzt werden, um die Variablen vorzuselektieren und zu reduzieren, die beim Training von Machine-Learning-Modellen des Überwachten Lernens von Bedeutung sind.

Der **Warenkorbanalyse** (siehe Abschn. 7.2.2) geht es um die Erstellung von Kundenprofilen basierend auf der Analyse bisheriger Wareneinkäufe. Dabei wird die Kaufwahrscheinlichkeit für ein Produkt in Abhängigkeit vom Kauf eines anderen Produkts (Assoziationsregeln) oder einer Kundentypzuordnung vorhergesagt. Im stationären Einzelhandel werden zum Sammeln von Daten unter anderem Kundenkarten verwendet, um zusätzliche persönliche und demographische Daten als unabhängige Variablen mit dem Einkaufsverhalten kombinieren zu können. Im Onlinehandel wird das Kaufverhalten mit Hilfe von Cookies und über Benutzerkonten erfasst. Verwendung finden die Ergebnisse dieser Machine-Learning-Methode u. a. bei Empfehlungen auf Webseiten, so z. B. bei Amazon unter „Verwandte Produkte zu diesem Artikel" oder „Ähnliche Produkte". Diese Hinweise führen nachweislich zu einem erhöhten Umsatz in Online-Stores.

2.3 Bestärkendes Lernen

Bei dem Bestärkenden Lernen soll ein Agent selbständig auf Basis von **Belohnung (Reward)** via Versuch und Irrtum eine eigene **Strategie (Policy)** erlernen, um eine maximale Belohnung zu erzielen. Ein sogenannter Interpreter analysiert die Umgebungsvariablen und ermittelt auf Basis einer durchgeführten **Aktion** sowohl den nächsten **Zustand (State)** als auch die Höhe der Belohnung. Dies wird endlos ausgeführt, es sei denn ein **Endzustand** ist als Ziel definiert, z. B. Sieg oder Zielort erreicht, und wurde erreicht.

Beim Bestärkenden Machine Learning werden die Daten live in einer interaktiven Umgebung gesammelt und der Agent beeinflusst durch seine Handlungen die Zustände der Umgebung und das Ausmaß der Belohnung. Der Agent bemüht sich dabei eine Balance zwischen der Erkundung neuer Strategien (**Exploration**) und der Nutzung bekannter guter Strategien (**Exploitation**) zu finden. Grundlage für die Entscheidungen des Agenten ist die **Liste der möglichen Zustände** der Umgebung und der **möglichen Aktionen**. Die

Abb. 2.5 Prozess: Bestärkendes Machine Learning

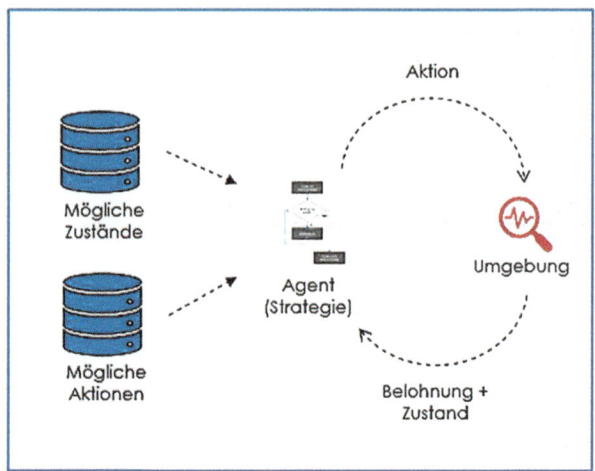

Evaluierung des Lernens erfolgt nach jeder Aktion (Entscheidung) über die Messung der kumulierten Belohnung je Episode. Durch jede Aktion kann sich auch der Zustand der Umgebung ändern (siehe Abb. 2.5). Bestärkendes Lernen ist dynamisch, sequenziell und zielgerichtet, es eignet sich für Probleme, bei denen Entscheidungen kontinuierlich angepasst und Langzeitfolgen (Erwartung der kurzfristigen versus langfristigen Belohnung) berücksichtigt werden müssen.

Im Falle eines autonomen Fahrzeugs wäre die Aufgabe z. B. abgeschlossen, wenn der Zielort erreicht wurde. Belohnungen wären z. B. bei einem Saugroboter, wenn dieser viel Schmutz lokalisieren und beseitigen konnte. Bestrafungen können bei einem Saugroboter z. B. sein, wenn er wiederholt an eine Stelle fährt, in der sich wenig Schmutz befindet oder wiederholt gegen eine Wand oder ein Tischbein fährt. Ohne vorherige Kenntnis des Raumes erlernt der Saugroboter im Laufe der Zeit ganz alleine, wo Wände und Möbel stehen und dass im Eingangsbereich mehr Schmutz zu finden ist. Eine Anwendung in einem Online-Store ist die dynamische Anpassung des Verkaufspreises (siehe Abschn. 7.3) in Abhängigkeit vom Kundenprofil, Land des Besuchers, Uhrzeit, Datum und der Knappheit des Gutes und dem Erlernen via Belohnung, wenn eine Transaktion zum Erfolg geführt hat. Eine weitere Anwendung ist die Evaluierung der Effizienz von Marketingmaßnahmen wie Rabatten, Gutscheinen etc. Viele weitere Anwendungsmöglichkeiten für Machine Learning sind denkbar.

Literatur

bitkom. (2017). *Künstliche Intelligenz verstehen als Automation des Entscheidens: Leitfaden.* Abgerufen am 04. Dezember 2022 von https://www.bitkom.org/sites/default/files/file/import/Bitkom-Leitfaden-KI-verstehen-als-Automation-des-Entscheidens-2-Mai-2017.pdf

Best Practices

3

Zusammenfassung

Dieses Kapitel liefert bewährte Methoden für erfolgreiche ML-Projekte. Themen sind Datenqualität, Visualisierungstechniken, Wahl geeigneter Entwicklungsumgebungen und Programmierprinzipien für robuste KI-Anwendungen. Es zeigt, wie methodische Standards die Effizienz und Genauigkeit von Modellen verbessern.

Eine Datenanalyse, auch das Machine Learning, folgt im Idealfall einem systematischen, nachvollziehbaren und standardisierten Prozess. Ein etablierter Standard für das Management von Data-Science-Projekten ist u. a. der **Cross Industry Standard Process for Data Mining** (Crisp-DM; Data Science Project Management 2025).

Der **CRISP-DM** Prozess besteht aus sechs Prozessphasen:

1. Business Understanding – Geschäftsverständnis: Ziele definieren.
2. Data Understanding – Verständnis der Daten: Daten sammeln, beschreiben, erkunden, validieren.
3. Data Preparation – Datenvorbereitung: Daten selektieren, von Fehlern bereinigen (cleansing), transformieren, integrieren, formatieren.
4. Modeling – Datenmodellierung: Modellierungstechniken auswählen, Modelle erstellen und deren Geeignetheit prüfen.
5. Evaluation – Auswertung: Ergebnisse ermitteln.
6. Deployment – Betrieb und Präsentation: Überwachung des Betriebs, Wartung und Aktualisierung, Kommunikation der Erkenntnisse.

Das Prozessmodell unterstützt Data-Science-Projekte strukturiert anzugehen. Ein speziell für die Erstellung von KI-Anwendungen unter Nutzung von Überwachtem und Unüberwachtem Machine Learning geeignetes Prozessmodell wird in Abb. 3.1 beschrieben.

© Der/die Autor(en), exklusiv lizenziert an Springer Fachmedien Wiesbaden GmbH, ein   25
Teil von Springer Nature 2025
B. Heesen, *Künstliche Intelligenz im Business*,
https://doi.org/10.1007/978-3-658-49545-9_3

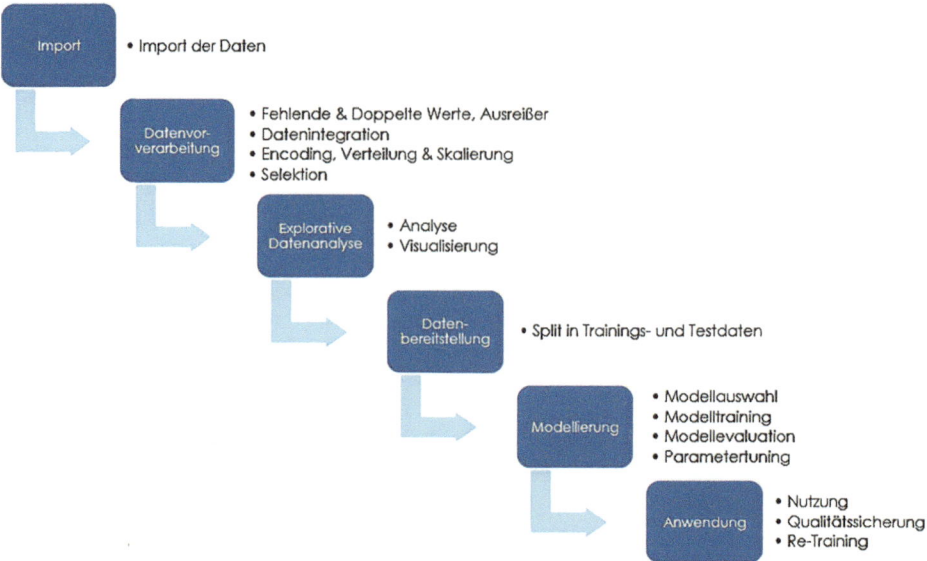

Abb. 3.1 Prozess für Überwachtes- und Unüberwachtes ML

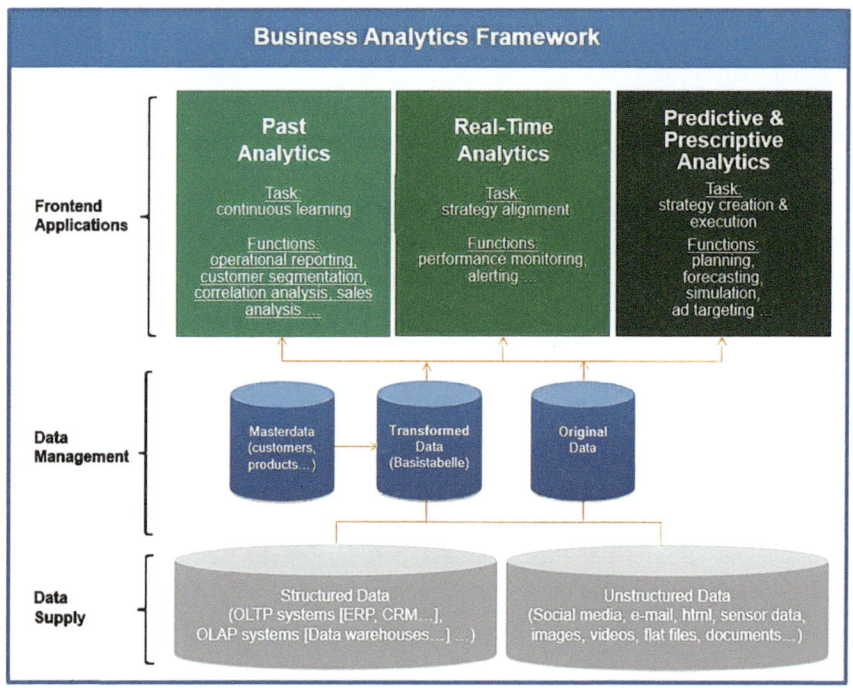

Abb. 3.2 Business Analytics Framework

Bevor Daten für das Machine Learning genutzt werden können (siehe Frontend-Applications-Schicht in Abb. 3.2), gilt es eine Datenvorverarbeitung zu leisten (siehe Data-Management-Schicht in Abb. 3.2). Wie im **Business Analytics Framework** dargestellt, werden dazu sowohl strukturierte als auch unstrukturierte Daten und Datenströme (siehe Data-Supply-Schicht in Abb. 3.2) genutzt. In der **Data-Management-Schicht** werden sowohl die Stammdaten (Masterdata) hinterlegt, die für eine Systemintegration und die Harmonisierung heterogener Datenstrukturen erforderlich sind als auch vorverarbeitete Daten (**Basistabellen**), die bereits über Transformationsprozesse für die Auswertung optimiert sind. Wenn jedoch auf Echtzeit-Daten zugegriffen werden soll, die noch keinen Transformationsprozess durchlaufen haben, sogenannte **Originaldaten**, so kann der Zugriff sowohl physisch, via Cloud, embedded Application Programming Interface (API) oder Datenbanken auch direkt erfolgen. Eine Vielzahl von Frontend-Anwendungen kann die Daten dann für Past (**Analyse von historischen Daten**), Realtime (**Analyse von Echtzeitdaten**), Predictive (**Vorhersagen & Planung**) oder Prescriptive (**Handlungsanweisungen gebend**) Analysen nutzen.

3.1 Datenqualität

Wenn Daten mit anderen Personen und Organisationen ausgetauscht werden, dann zahlt es sich aus, wenn etablierte Standards für den Datenaustausch verwendet werden. Wer Data Science betreibt, der verwendet oft u. a. Daten von Behörden, Organisationen oder Zulieferern. Nicht alle dieser Daten verwenden unbedingt weltweit einheitliche Codierungen von Ländern, Industrien, Produkten, Währungen und vielem mehr. Wenn diese Grundlagen nicht übereinstimmen, dann ist eine Datenintegration in der Datenvorverarbeitung unerlässlich, bevor eine gesamtheitliche Auswertung möglich ist. Für den Austausch von Datenstrukturen und darauf aufbauend Datenaustauschprozessen und Datensammlungen hat sich der ISO-Standard **SDMX (Statistical Data and Metadata Exchange**, ISO 17369:2013; Stahl und Staab 2017) etabliert.

Daten versprechen oft Objektivität und geben Sicherheit, jedoch gilt es den Daten auch zu vertrauen und als Data Scientist dafür zu sorgen, dass die Daten korrekt und aussagekräftig sind. Wenn z. B. in den Daten interne Codierungen für Produkte, Kostenstellen, Kunden, Lieferanten, Orte verwendet werden, dann sollten diese Codierungen (**Stammdaten**) bei allen verwendeten Datasets zur Validierung der Daten (**Bewegungsdaten**) genutzt werden. Durch diesen Prozess der Validierung können dann z. B. Datensätze mit Umsatzdaten herausgefiltert werden, die sich auf ungültige Produktnummern oder ungültige Länder beziehen. Aus diesem Grund leisten viele Organisationen große Anstrengungen zur **Datenintegration**, indem sie die Daten verschiedener Datenquellen zu einer einheitlichen, hochwertigen Datenbasis integrieren. Diese Integration erst ermöglicht die systematische und verlässliche Analyse der Datenbasis (siehe Abschn. 6.2.4).

Scannerkassen in Geschäften speichern z. B. Daten (Bewegungsdaten) bezüglich des Einkaufs der Kunden mit Produkt, Menge, Preis, Zeit, Datum und Ort. Wenn man diese Daten integrieren kann mit den Daten des Kunden (Stammdaten) wie Name, Adresse, E-Mail, Telefonnummer, Alter, Geschlecht, Beruf, Einkommen und vielem mehr, dann kann durch die Verknüpfung (Integration) der Informationswert gesteigert werden. Diese zusätzliche Information zum Kunden kann u. a. zur Kundensegmentierung, für Vorhersagen von Umsatz je Altersgruppe, Geschlecht, Beruf und Einkommen genutzt werden oder um Werbung zielgerichtet an Kunden zu schicken. Der Wert der Daten lässt sich durch weitere Datenintegration noch steigern, wenn man z. B. Informationen zum Konsumverhalten der Kunden an anderen Orten, bei Tankstellen, Fluggesellschaften etc. verfügbar hat. Derlei Daten können u. a. über Bonuspunktprogrammkarten der Kunden erfasst werden. Eine Datenintegration ist aber nur dann effizient realisierbar, wenn gewisse Anforderungen von den Datenquellen erfüllt werden, z. B. die einheitliche Codierung der Bewegungsdaten auf Basis der Stammdaten wie Kundennummer, Währung, Produktnummer (siehe Abb. 3.3).

Für die Interpretation des gemessenen Umsatzes eines Kunden benötigt es u. a. die einheitlichen Angaben zur Kundennummer, der Produkt-Codierung und des Preises mit einer Währungs-Codierung. Liegen die Daten in einem solchen Format als Bewegungsdaten für jeden Kauf vor, so lassen sich die Daten unabhängig von dem Ort der Erfassung und der Datenquelle (Supermarkt, Tankstelle, Apotheke ...) integriert auswerten.

Der **Statistical Data and Metadata eXchange** Standard (SDMX 2025) liefert ein Datenmodell, das dem verbreiteten Stern- oder Schneeflockenschema entspricht. Die eigentlichen Informationen (Fakten im Sternschema) wie Anzahl und Preis der Produkte stehen im Zentrum und sind von den Identifikatoren bzw. Schlüsselfeldern (Dimensionen im Sternschema, Schlüsselfeld zu einer Stammdatentabelle) sternförmig umgeben (siehe Abb. 3.4). Bei diesem Datenmodell spricht man auch von einem mehrdimensionalen Datenwürfel, **OLAP-Cube**, einer **Faktentabelle** oder **Basistabelle**. Wichtig ist, dass

Abb. 3.3 Anforderungen an Datenquellen

Abb. 3.4 Sternschema (Basistabelle) mit Fakten und
Dimensionen

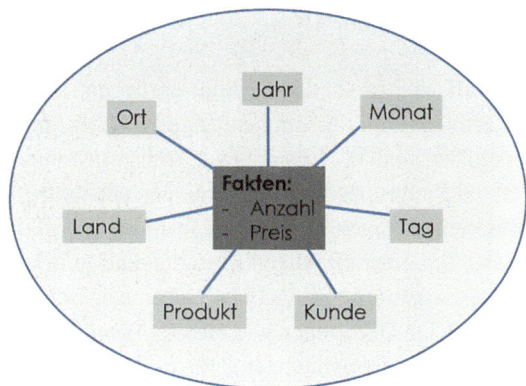

für die Dimensionen standardisierte Codelisten in den Stammdaten vorliegen wie zum
Beispiel ISO-Länderschlüssel, Produktschlüssel, Postleitzahlen, GPS-Koordinaten (siehe
Abb. 3.4).

Dieser standardisierte Aufbau und die Nutzung von Codelisten (Dimensionen) ermöglicht dann Analysen in diesem multidimensionalen Datenwürfel, den man sich als Datentabelle vorstellen kann (siehe Abb. 3.5).

Wie ein solcher OLAP-Cube in Form einer Basistabelle mit Python erstellt werden
kann, wird im Abschn. 6.2.4 vorgestellt.

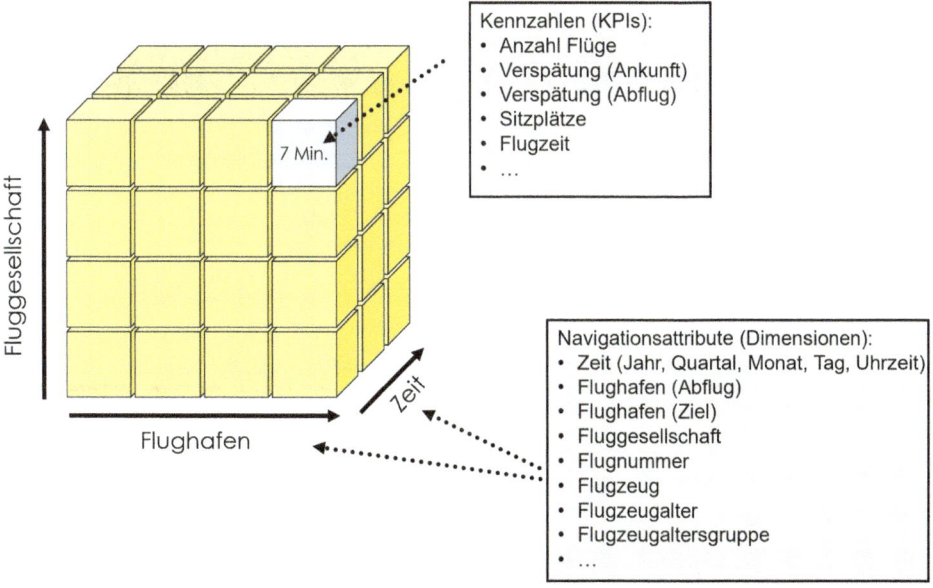

Abb. 3.5 Datenwürfel Flugdaten

3.2   Visualisierung

Wenn Daten in solider Qualität vorliegen, kann zunächst eine Explorative Datenanalyse erfolgen. Um Zusammenhänge in Daten, insbesondere bei großen Datenmengen, zu
erkennen, sind Visualisierungen auch zur Kommunikation neuer Erkenntnisse an die relevanten Zielgruppensehr wertvoll. Visualisierung erleichtert das intuitive Verständnis von
Zusammenhängen besser als jede andere Form der Darstellung und ist daher ein wesentlicher Teil einer effektiven Kommunikation, wie z. B. in einem Dashboard bzw. Management Cockpit mit Navigationsfunktionen (siehe Abb. 3.6).

   In vielen Disziplinen wie Musik (Noten …), Verkehr (Verkehrszeichen …), beim Bau
(Konstruktionszeichnungen), für die Navigation (Karten) etc. haben sich Standards bei
der Visualisierung bewährt. Für die Welt des Business beschreibt die Organisation **International Business Communication Standards** (IBCS Association 2017) Standards,
denen Data Scientists folgen können. Darin wird beschrieben, wie Beschriftungen, Zei-
ten, Szenarien, Abweichungen, Hervorhebungen und Schriftgrößen adäquat abgebildet
werden können. Auch die Gestaltung und Formatierung von Tabellen wird dort beschrieben. Bezogen auf Beschriftungen werden Empfehlungen gegeben zu Position und Format
gegeben und empfohlen, dass Abkürzungen und Einheiten einheitlich verwendet werden
sollten (Hichert und Faisst 2019, S. 67). Eine korrekte Skalierung und Angabe der Maßgröße wie €, $ etc. bei Abbildungen mit der angewandten Einheit wie k für Tausend,
m für Million und b für Milliarde (billion) oder vergleichbar bietet sich an (Hichert und
Faisst 2019, S. 138). Beim Vergleich von Plan-, Vorjahres- oder sonstigen Abweichungen

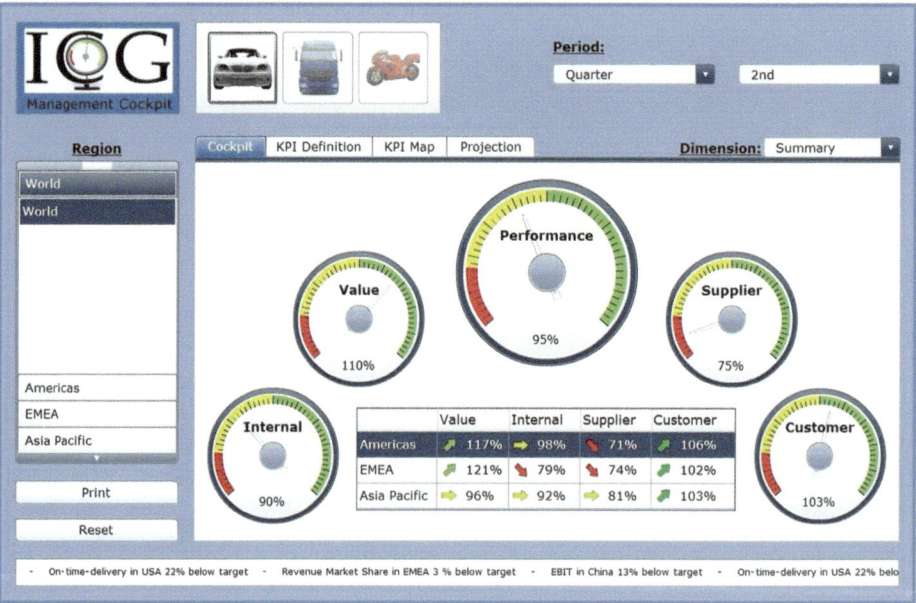

Abb. 3.6   Management Cockpit

können z. B. positive Abweichungen immer grün und negative Abweichungen immer rot dargestellt werden (Hichert und Faisst 2019, S. 89). Empfehlungen für die Umsetzung von Visualisierungsstandards mit Python werden im Abschn. 6.3.3 vorgestellt.

3.3 Entwicklungsumgebung

Aus großen Datenmengen wertvolle Informationen zu gewinnen, erfordert leistungsfähige Data-Science-Werkzeuge. **Python** behauptet dort seine Spitzenposition als eine der weltweit beliebtesten Programmiersprachen, wie verschiedene renommierte Rankings und Berichte belegen:

- Python erreichte im Mai 2025 einen historischen Höchststand im TIOBE Programming Community Index (Tiobe 2025) mit einem Anteil von 25,35 %. Der Abstand zur zweitplatzierten Sprache C++ beträgt über 15 %, was die Dominanz von Python unterstreicht.
- Im RedMonk-Ranking, das GitHub-Aktivität und Stack-Overflow-Diskussionen kombiniert, belegte Python im Juni 2024 den zweiten Platz hinter JavaScript (O'Grady 2024). Diese Platzierung reflektiert Pythons starke Präsenz sowohl in der Entwicklungspraxis als auch in der Entwicklergemeinschaft.
- Laut dem PYPL (PopularitY of Programming Language) Index (PYPL 2025) führte Python im Mai 2025 mit einem Anteil von 30,41 % die Rangliste der beliebtesten Programmiersprachen an. In Ländern wie Deutschland, Frankreich und dem Vereinigten Königreich liegt der Anteil von Python an den Suchanfragen über 50 %, was seine dominante Stellung in der Entwicklerausbildung und -praxis bestätigt.

Python gilt heute auch als die bevorzugte Entwicklungsumgebung für Anwendungen im Bereich der KI. Ein entscheidender Vorteil liegt in der breiten Verfügbarkeit spezialisierter Bibliotheken. Frameworks wie **TensorFlow** und **PyTorch** ermöglichen den Aufbau leistungsfähiger Deep-Learning-Modelle, während Bibliotheken wie **scikit-learn** klassische Machine-Learning-Verfahren effizient umsetzen. Ergänzt werden diese durch Tools wie **Pandas** und **NumPy** für die Datenverarbeitung sowie **Matplotlib** und **Seaborn** für die Visualisierung von Ergebnissen.

Hinzu kommt die aktive Community, die Python gerade im KI-Bereich kontinuierlich weiterentwickelt. Neue Forschungsergebnisse, Open-Source-Projekte und Tutorials erscheinen oft zuerst in Python, was den Zugang zu aktuellen Entwicklungen erleichtert und Innovationen beschleunigt.

Python überzeugt außerdem durch seine hohe Integrationsfähigkeit. Es lässt sich problemlos mit anderen Sprachen, Datenbanksystemen, Cloud-Plattformen oder Webschnittstellen verbinden. Dadurch eignet es sich nicht nur für die Forschung und Prototypenentwicklung, sondern auch für den Einsatz in produktiven Systemen. Insgesamt bietet Python eine Kombination aus technischer Leistungsfähigkeit, Benutzerfreundlichkeit und Flexibilität, die es zur idealen Wahl für die Entwicklung von KI-Anwendungen macht.

3.4   Programmierung

Für Python hat sich der **Styleguide PEP 8** (van Rossum et al. 2013) etabliert. Anbei folgt eine Auswahl wichtiger darin enthaltener Empfehlungen:

- Verwende eine Einrückung von 4 Leerzeichen für eingerückten Code anstatt Tabs. Dies trägt zur leichteren Lesbarkeit des Codes bei.
- Zeilen sollten nicht mehr als 79 Zeichen lang sein. Dies ist hilfreich auf kleinen Bildschirmen oder ermöglicht es mehrere Dateien nebeneinander zu betrachten.
- Benutze Leerzeilen, um Funktion und Klassen, sowie größere Codeblöcke innerhalb von Funktionen zu trennen.
- Füge Kommentare ein.
- Benutze Leerzeichen um Operatoren herum und nach Kommas, jedoch nicht direkt innerhalb von Klammerkonstrukten: `a = f(1, 2) + g(3, 4)`.
- Benenne Deine Klassen und Funktionen konsistent: Die Konvention schlägt CamelCase für Klassen und klein_geschrieben_mit_Unterstrichen für Funktionen und Methoden vor.
- Code sollte in Pythons Standardkodierung UTF-8 oder als einfaches ASCII gespeichert werden.

Folgende Best Practices sind für die Programmierung mit Python darüber hinaus empfehlenswert:

- **Namenskonventionen**:
  - Objektnamen sollten möglichst kurz sein.
  - Objektnamen sollten aus Kleinbuchstaben bestehen, da Python zwischen Groß- und Kleinschreibung unterscheidet. Trennzeichen wie „_" eignen sich zur Angabe von Details wie der Jahreszahl, z. B. „umsatz_2024". Variablen (Spalten) in einer Tabelle (Dataframe, Array) können entweder einheitlich in Kleinschreibung oder mit einem Großbuchstaben beginnend definiert werden. Dabei sollte bedacht werden, dass die Spaltennamen später auch in der tabellarischen oder graphischen Ausgabe mit ihrem Spaltennamen angezeigt werden.
- **Strukturkonventionen**:
  - **Basistabellen** (Dataframe, Array), welche die Grundlage für Auswertungen bilden, sollten aus Spalten bestehen, die jeweils eine Variable repräsentieren (Schlüsselfeld oder beschreibendes Merkmal), und aus Zeilen, die jeweils eine Beobachtung (Datensatz) enthalten. Die Ausprägungen oder Werte der Variablen stehen in den Zellen der Tabelle. Schlüsselfelder in Tabellen, welche zur Identifikation von Datensätzen dienen, z. B. Kundennummer oder Auftragsnummer, sollten der Übersichtlichkeit halber in den ersten Spalten (links in der Tabelle) stehen.

- **Selektionskonventionen**:
  - Nicht für die Analyse erforderliche Spalten (Variablen) sollten aus Basistabellen gelöscht bzw. deselektiert werden.
  - Nicht für die Analyse erforderliche Zeilen (Datensätze, Beobachtungen) sollten aus Basistabellen gelöscht werden.

Wie diese Best Practices in Python bei der Datenvorverarbeitung angewendet werden, wird in Abschn. 6.2 näher beschrieben.

3.5 Künstliche Intelligenz

Im Jahr 2022 publizierte die DKE (Deutschen Kommission Elektrotechnik Elektronik Informationstechnik) die zweite Ausgabe der **Normungsroadmap KI** (Wahlster und Winterhalter 2022), um innovationsfreundliche Bedingungen für die Technologie der KI in Deutschland zu schaffen. Folgende Handlungsempfehlungen werden darin gegeben (Wahlster und Winterhalter 2022, S. 6):

- Entwicklung, Validierung und Standardisierung eines horizontalen Konformitätsbewertungs- und Zertifizierungsprogramms für vertrauenswürdige KI-Systeme
- Aufbau von Dateninfrastrukturen und Erarbeitung von Datenqualitätsstandards zur Entwicklung und Validierung von KI-Systemen
- Betrachtung des Menschen als Teil des Systems in allen Phasen des KI-Lebenszyklus
- Entwicklung von Vorgaben für die Konformitätsbewertung von kontinuierlich oder stufenweise lernenden Systemen im Bereich der Medizin
- Entwicklung und Einsatz sicherer und vertrauenswürdiger KI-Anwendungen in der Mobilität durch Best Practices und Absicherung
- Entwicklung übergreifender Datenstandards und dynamischer Modellierungsverfahren zur effizienten und nachhaltigen Gestaltung von KI-Systemen.

Die Normungsroadmap beschreibt auch die Methoden der KI, des Maschinellen Lernens und Hybriden Lernens (Wahlster und Winterhalter 2022, S. 62–69) und die Fähigkeiten der KI im Wahrnehmen, Verarbeiten, Handeln und Kommunizieren (S. 69–74). Darüber hinaus beschreibt das **Datenlebenszyklusmodell** (S. 89–90) für das Management der Datenqualität folgende Schritte:

1. Datenmotivation und Konzeptualisierung: Basierend auf der intendierten Nutzung von Daten werden Konzepte zum Datenmanagement abgeleitet, die die Relevanz der Daten, Compliance-Anforderungen und ggf. ethische Anforderungen berücksichtigen.
2. Datenspezifikation umfasst die Beschreibung erforderlicher Daten, verwendbarer Datenformate, die Identifikation von fehlerhaften oder widersprüchlichen Anforderungen der Spezifikation.

3. Datenplanung umfasst die Planung der Implementierung der Datenspezifikation einschließlich der Planung spezifischer Tasks zur Datenbeschaffung und -verarbeitung und
   die Bereitstellung der hierfür notwendigen Ressourcen.
4. Datenbeschaffung umfasst die Sammlung von Daten, ggf. im Fall synthetischer Daten
   ihre Erzeugung, und die Kombination mit existierenden Daten.
5. Datenvorbereitung umfasst Aktivitäten wie die Reinigung und Filterung der Rohdaten
   oder die Reduktion des Datenumfangs.
6. Datenanreicherung umfasst die Ergänzung von Daten mit Metadaten, die Kategorisie-
   rung von Daten (Labeling) usw.
7. Datenbereitstellung umfasst die Verwendung von Daten für den vorgesehenen Zweck,
   z. B. für das Anlernen eines Machine-Learning-Modells.
8. Datendekommissionierung umfasst die Löschung von Daten bzw. den Transfer der pro-
   jektbezogenen Daten in eine allgemeine Datenbasis.

Auch die **Qualitätskriterien für Daten** (S. 90) entsprechend der ISO/IEC 5259-2 werden
zusammengefasst als:

1. Portierbarkeit: Übertragbarkeit von Daten von einem System auf ein anderes.
2. Verständlichkeit: Grad der Verständlichkeit von Daten für den Nutzenden.
3. Auditierbarkeit: Verfügbarkeit von Daten für interne oder externe Audits.
4. Identifizierbarkeit: Grad der Identifizierbarkeit von Personen, mit denen Daten asso-
   ziiert werden können.
5. Aktualität: Grad der zeitlichen Angemessenheit von Daten.
6. Glaubhaftigkeit: Grad des Vertrauens, das ein Nutzer oder eine Nutzerin in den Wahr-
   heitsgehalt von Daten setzen kann.
7. Vollständigkeit: Grad der Abdeckung der erwarteten Informationen durch einen Datensatz.
8. Skalierbarkeit: Grad, in dem die Datenqualität bei einer Erhöhung der Datenmenge
   oder Dateneingangsgeschwindigkeit erhalten bleibt.
9. Generalisierbarkeit: Grad, in dem Daten in einem Kontext verwendet werden können,
   für den sie ursprünglich nicht gesammelt wurden.
10. Wirksamkeit: Grad, in dem Daten bestimmte Anforderungen erfüllen.
11. Akkuratheit: Grad, in dem Daten einen bestimmten Sachverhalt korrekt wiedergeben.
12. Präzision: Grad der Genauigkeit, in der Daten einen bestimmten Sachverhalt von an-
    deren Sachverhalten unterscheidbar machen.
13. Konsistenz: Grad der Widerspruchsfreiheit von Daten.
14. Relevanz: Grad der Angemessenheit von Daten für einen bestimmten Zweck.
15. Rechtzeitigkeit: Grad der Verzögerung der Datenverfügbarkeit in Bezug auf den Zeit-
    punkt ihrer Erhebung.
16. Repräsentativität: Grad, in dem Daten alle relevanten Aspekte eines gegebenen Sach-
    verhalts beschreiben.

17. Ausgewogenheit: Grad, in dem alle relevanten Aspekte eines gegebenen Sachverhalts durch ausreichende Datenmengen beschrieben werden.
18. Ähnlichkeit: Grad, in dem relevante Sachverhalte durch ähnlich strukturierte Daten beschrieben werden.
19. Diversität: Grad der Vielfältigkeit von Daten

Der **Bedarf weiterer Entwicklungen von Standards** (S. 101) wird gefordert, so z. B. Bedarf 01–16: **Standardisierung der Messung von Performanz, Korrektheit, Präzision und Plausibilität** großer Sprachmodelle sowie der Datenqualität. Sprachmodelle stellen derzeit für viele sprachtechnologische Anwendungen den Stand der Forschung und Technik dar, allerdings existieren noch keine Standards bzw. Messung grundsätzlicher Eigenschaften wie z. B. Korrektheit, Präzision, Faktizität, Selbstkonsistenz etc., u. a., um ein Sprachmodell einschätzen und unterschiedliche Sprachmodelle vergleichen zu können.

Auf europäischer Ebene wurde der **AI-Act** (European Commission 2024) publiziert, um vertrauenswürdige KI in Europa und darüber hinaus zu fördern, indem sichergestellt wird, dass KI-Systeme Grundrechte, Sicherheit und ethische Grundsätze respektieren. Die Kernanforderungen an KI-Systeme sind:

- Vorrang menschlichen Handelns und menschliche Aufsicht
- Technische Robustheit und Sicherheit
- Datenschutz und Datenqualitätsmanagement
- Transparenz
- Vielfalt, Nichtdiskriminierung und Fairness
- Gesellschaftliches und ökologisches Wohlergehen
- Rechenschaftspflicht

Weitere Standards in diesem sich schnell entwickelnden Bereich werden sicher etabliert und tragen hoffentlich einerseits zur Sicherheit und Qualität bei, während sie andererseits die weitere Entwicklung nicht über Gebühr erschweren.

Literatur

Data Science Project Management. (2025). *What is CRISP DM?* Abgerufen am 18. Mai 2025 von https://www.datascience-pm.com/effective-data-science-process/

European Commission. (2024). *AI Act.* Abgerufen am 02. Oktober 2024 von https://digital-strategy.ec.europa.eu/en/policies/regulatory-framework-ai

Hichert, R., & Faisst, J. (2019). *Gefüllt, gerahmt, schraffiert: Wie visuelle Einheitlichkeit die Kommunikation mit Berichten, Präsentationen und Dashboards verbessert.* München: Vahlen.

IBCS Association. (2017). *International Business Communication Standards.* Charleston, VA: CreateSpace.

ISO. (2013). *ISO 17369:2013.* Abgerufen am 23. November 2025 von https://www.iso.org/standard/52500.html

O'Grady, S. (12. September 2024). *The RedMonk Programming Language Rankings: June 2024*. Abgerufen am 18. Mai 2025 von https://redmonk.com/sogrady/2024/09/12/language-rankings-6-24/

PYPL. (Mai 2025). *PopularitY of Programming Language*. Abgerufen am 18. Mai 2025 von https://pypl.github.io/PYPL.html

van Rossum, G., Warsaw, B., & Coghlan, A. (2013). *PEP 8 – Style Guide for Python Code*. Abgerufen am 11. September 2024 von https://peps.python.org/pep-0008

SDMX. (2025). *Statistical Data and Metadata eXchange*. Abgerufen am 17. Juli 2025 von https://sdmx.org/

Stahl, R., & Staab, P. (2017). *Die Vermessung des Datenuniversums: Datenintegration mithilfe des Statistikstandards SDMX*. Berlin: Springer-Vieweg.

Tiobe. (2025). *TIOBE Index for May 2025*. Abgerufen am 18. Mai 2025 von https://www.tiobe.com/tiobe-index//

Wahlster, W., & Winterhalter, C. (Dezember 2022). *Deutsche Normungsroadmap Künstliche Intelligenz*. Abgerufen am 02. Oktober 2024 von https://www.dke.de/resource/blob/2008010/11faae856dd4332e5a5c62f3447fd06f/nr-ki-deutsch---download-data.pdf

Entwicklungsumgebung

4

Zusammenfassung

Dieses Kapitel gibt eine praxisorientierte Einführung in die Einrichtung von Entwicklungsumgebungen für ML. Beschrieben werden Tools wie Anaconda, Jupyter Notebook, Spyder und RStudio sowie die Installation und Verwaltung von Paketen in R und Python. Ziel ist es, eine reproduzierbare und flexible Arbeitsumgebung zu schaffen.

Wie eine Entwicklungsumgebung gestaltet wird, hängt wesentlich davon ab, welche Werkzeuge Verwendung finden sollen. Im Folgenden wird vorgestellt, wie die Installation erfolgt, wenn Python (Python Software Foundation 2025) in Verbindung mit der Integrated Development Environment (**IDE**) von **Spyder** (Spyder 2024) und auch **RStudio Desktop** (Posit 2025) genutzt werden sollen. Um auch Funktionen und Daten aus R-Paketen nutzen zu können, sind auch **R** (R Foundation 2025) und **R-Tools** (R CRAN Team 2024) Bestandteil der Entwicklungsumgebung.

Besonders geschickt ist die Installation der obigen Werkzeuge mit Hilfe des Distributionspakets **Anaconda**, welche die Programmiersprachen Python und R, die Entwicklungsumgebung Spyder und die Webanwendung Jupyter Notebook enthält. Das Anaconda Distributionspaket kann unter folgender URL https://www.anaconda.com/download (Anaconda 2025) heruntergeladen werden (siehe Abb. 4.1).

Wenn Sie auf „Download" klicken können Sie die Installationsdatei speichern oder auch direkt ausführen. Bestätigen Sie, dass Sie die Installation ausführen möchten (siehe Abb. 4.2).

Klicken Sie auf „Next", um das Setup auszuführen. Stimmen Sie den Lizenzbedingungen zu, wählen das Installationsverzeichnis aus und registrieren Sie Anaconda3 als Ihre Standard-Python Umgebung (siehe Abb. 4.3).

B. Heesen, *Künstliche Intelligenz im Business*,
https://doi.org/10.1007/978-3-658-49545-9_4

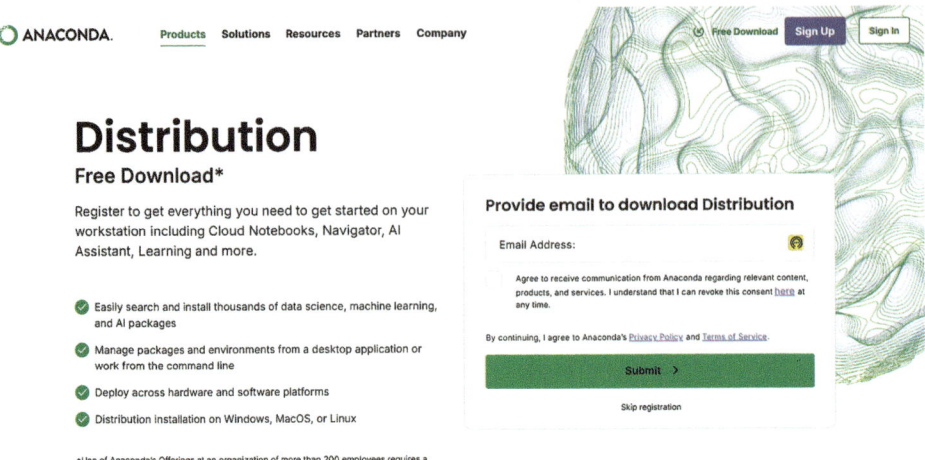

Abb. 4.1 Download

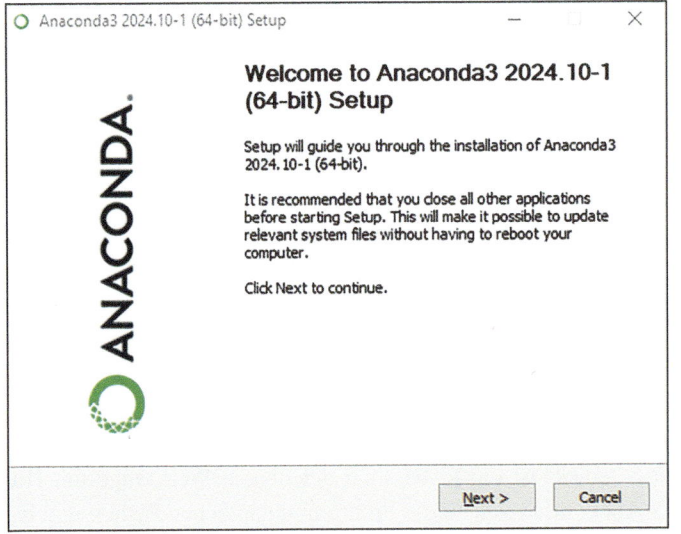

Abb. 4.2 Setup

Nach der Installation wird diese als „completed" bestätigt. Eine weitere Bestätigung wird angezeigt, nachdem Sie auf „Next" geklickt haben (siehe Abb. 4.4).

Klicken Sie auf „Next", um fortzufahren. Auf dem nächsten Fenster können Sie die Webseite mit „Getting Started" öffnen. Dies können Sie bestätigen und fortfahren (siehe Abb. 4.5).

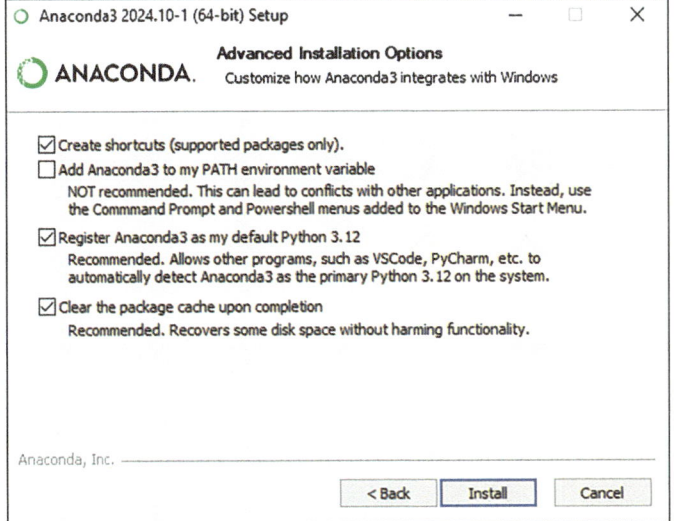

Abb. 4.3 Installationsoptionen

Abb. 4.4 Bestätigung

Auf der angezeigten Webseite finden Sie Tutorials und die Dokumentation zu Anaconda. Sie können jetzt alle Browser-Fenster schließen. Wenn Sie auf die Windows-Taste
klicken, werden Ihnen die neu installierten Applikationen angezeigt: Anaconda Navigator,
Anaconda Prompt, Jupyter Notebook und Spyder (siehe Abb. 4.6).

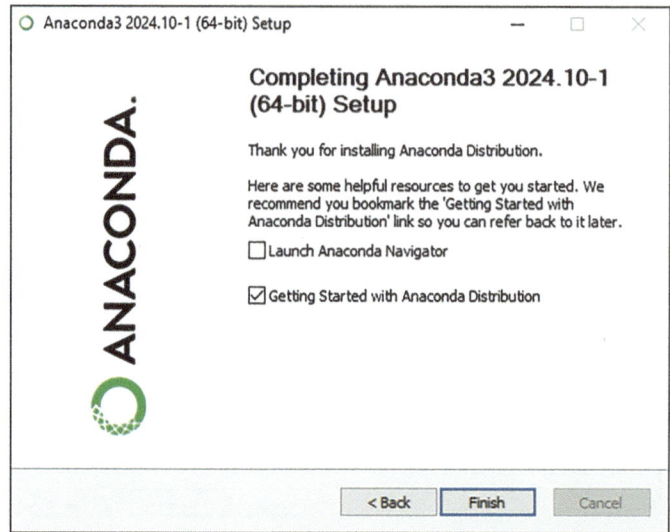

Abb. 4.5 Getting started

Abb. 4.6 Programme
aufrufbar

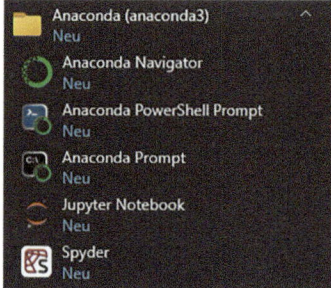

4.1 Anaconda Navigator

Starten Sie auch den Anaconda Navigator über die Windows-Schaltfläche (siehe Abb. 4.7).
Sie könnten hier noch weitere Programme installieren. Dies ist jedoch nicht erforderlich
und die Version von RStudio, die hier zur Installation angeboten wird, ist oft eine ältere
Version. Verlassen Sie den Navigator daher wieder.

Führen Sie jetzt einen Neustart Ihres Rechners aus, um u. a. die PATH-Einstellungen
wirksam zu machen.

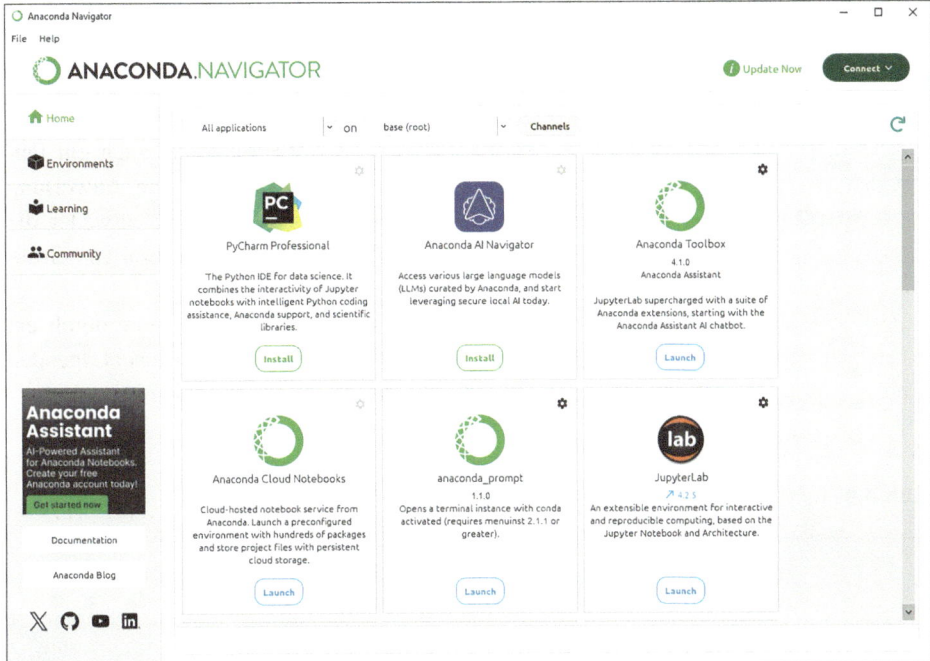

Abb. 4.7 Anaconda Navigator

4.2   Jupyter Notebook Editor

Nach dem Restart starten Sie das Jupyter Notebook über die Windows-Schaltfläche. Ein Logfile wird angezeigt (siehe Abb. 4.8).

Anschließend öffnet sich ein Fenster, in dem Ihnen die Verzeichnisstruktur ihres Rechners angezeigt wird (siehe Abb. 4.9).

Klicken Sie oben rechts im Menü auf „File/New/Notebook". So entsteht ein neues Notebook für Python-Entwicklungen. Da es möglich ist mit verschiedenen Programmiersprachen und Versionen zu arbeiten, gilt es diese zunächst auszuwählen und als soge-

```
    File "C:\Users\bernd\anaconda3\Lib\site-packages\tornado\web.py", line 1790, in _execute
        result = await result
                 ^^^^^^^^^^^^^
    File "C:\Users\bernd\anaconda3\Lib\site-packages\aext_assistant_server\handlers.py", line 117, in get
        raise HTTPError(403, reason="missing nucleus_token")
tornado.web.HTTPError: HTTP 403: missing nucleus_token
[W 2025-02-12 11:23:07.680 ServerApp] 403 GET /aext_assistant_server/nucleus_token?1739355787471 (e72670cb222746019c68d2
88b42f736d@::1) 15.99ms referer=http://localhost:8888/tree
```

Abb. 4.8 Log von Jupyter Notebook

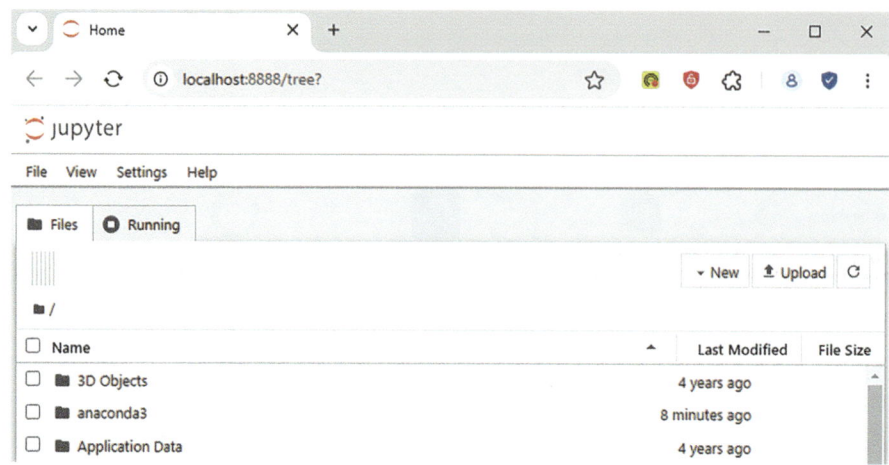

Abb. 4.9 Jupyter Notebook

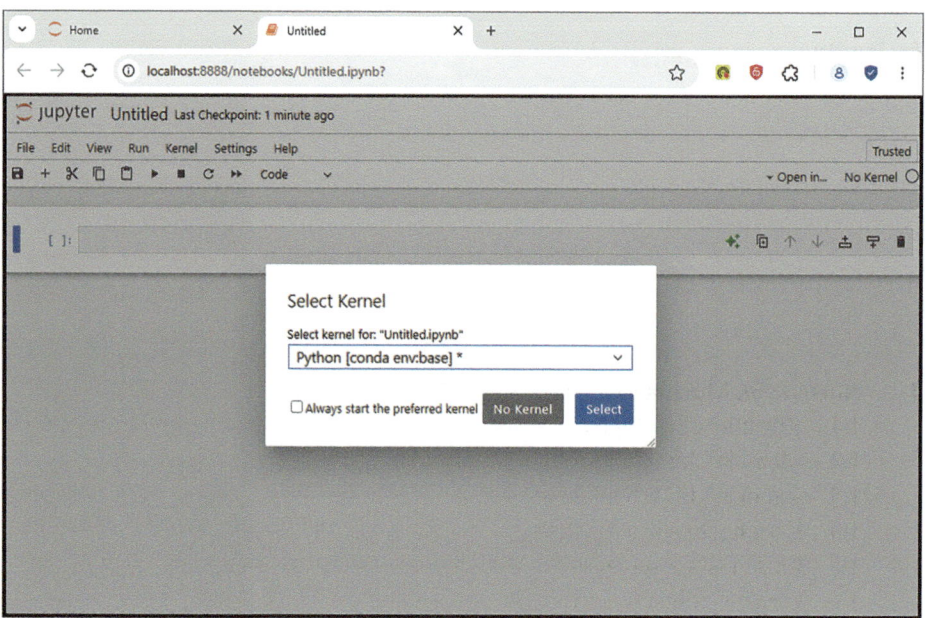

Abb. 4.10 Neues Notebook für Python

nannten Kernel für diese Datei zuzuordnen. Bestätigen Sie Python als Kernel mit „Select"
(siehe Abb. 4.10).

Jetzt können Sie im Jupyter Notebook Ihren Python-Code erfassen. Geben Sie
`print("Hochschule Ansbach")` ein und führen es aus, indem Sie auf den Button
„Run" klicken (siehe Abb. 4.11).

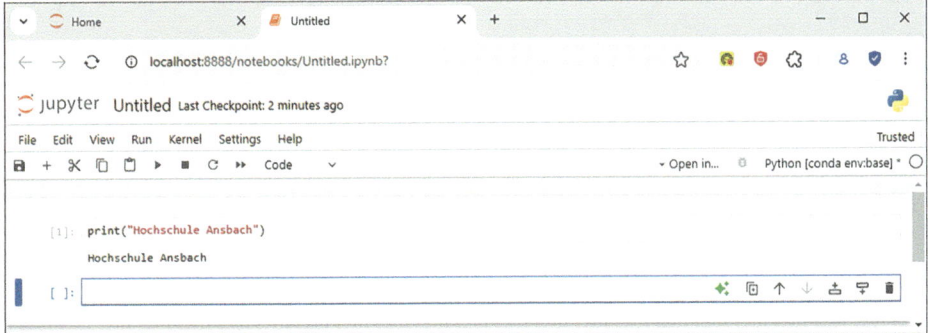

Abb. 4.11 Python-Code ausführen

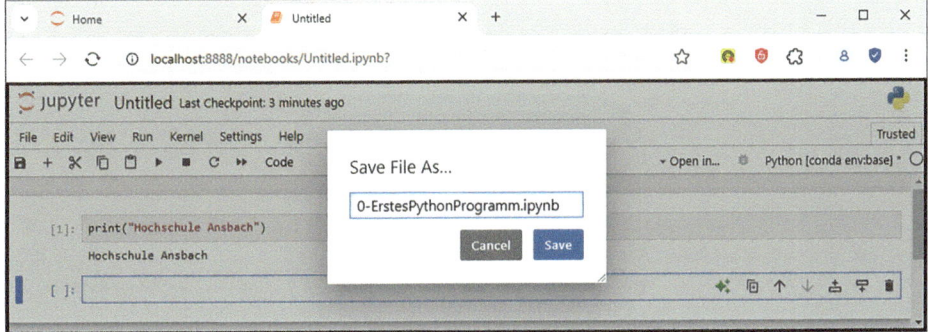

Abb. 4.12 Python-Code speichern

Klicken Sie im Menü „File" auf „Save Notebook as" und speichern Sie Ihr erstes Programm ab unter dem Namen „0-ErstesPythonProgramm" (siehe Abb. 4.12). Die Dateiendung von Jupyter Notebook ist „.ipynb".

In einem Notebook kann auch ausführbarer Code (Code-Zelle) mit Text (Markdown-Zelle) kombiniert werden. Ob es sich um Markdown oder Code handelt, wird in der Befehlszeile im Dropdown ausgewählt. Überschriften-Ebenen lassen sich in Markdown über die Anzahl der vorangestellten „#"-Zeichen festlegen. Ergänzen Sie Markdown-Zellen mit Hilfe des „+" vor und nach der Print-Anweisung und speichern Sie das Notebook mit „Save Notebook as" unter dem Namen „1-ErstesPythonProgramm" ab (siehe Abb. 4.13 und 4.14).

Um das Verzeichnis zu modifizieren, welches von Jupyter Notebook beim Start geöffnet werden soll, legen Sie Sich zunächst einen Shortcut der Anwendung auf den Desktop. Über das Kontextmenü des Shortcuts können Sie anschließend die Eigenschaften zur Angabe von dem „Ziel" modifizieren (siehe Abb. 4.15).

Als integrierte Entwicklungsumgebung wird nachfolgend jedoch mit Spyder gearbeitet, da Spyder einige Vorteile bietet.

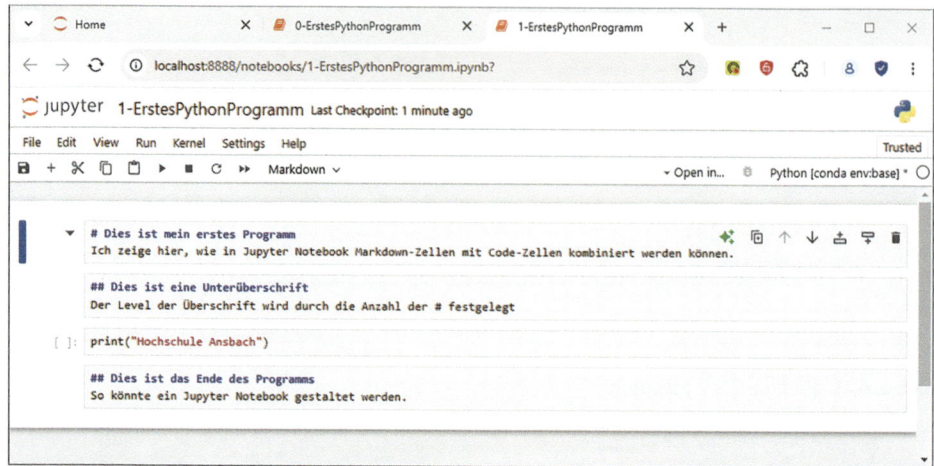

Abb. 4.13 Python Notebook mit Markdown vor Ausführung

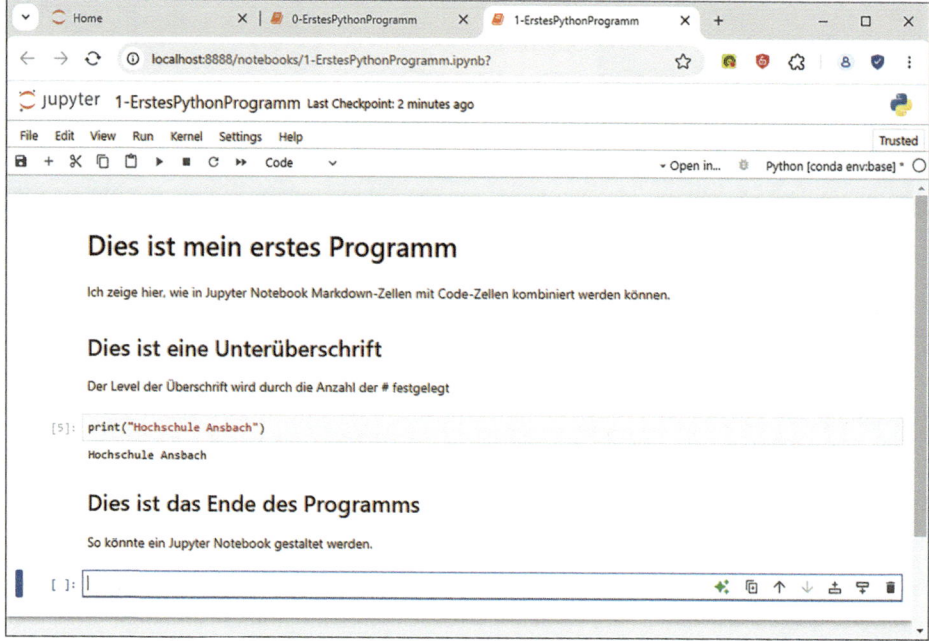

Abb. 4.14 Python Notebook mit Markdown nach Ausführung

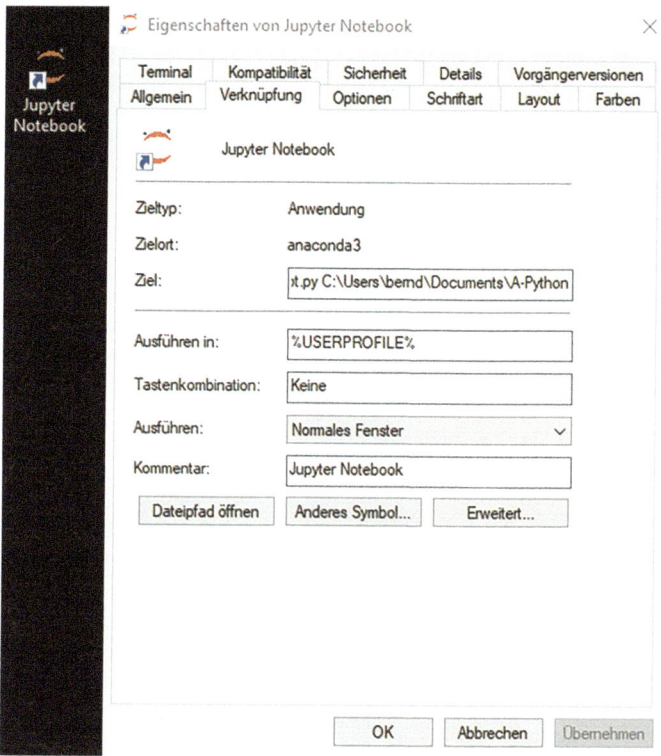

Abb. 4.15 Standardverzeichnis anpassen

4.3 Spyder Editor

Klicken Sie auf Spyder, um den Python Editor zu öffnen (siehe Abb. 4.16). Wenn Ihnen angezeigt wird, dass eine neue Version von Spyder existiert, folgen Sie den vorgeschlagenen Installationsanweisungen.

Um den Befehl `conda install spyder=5.5.1` im Terminal auszuführen, öffnen Sie den Anaconda Prompt (gerade unter neu installierten Applikationen angezeigt) und führen den Befehl aus (siehe Abb. 4.17). Auf Nachfrage bestätigen Sie ggfs., dass ein Update erfolgen soll.

Wenn Sie anschließend Spyder erneut starten und die Funktion `print("Hochschule Ansbach"` eingeben und den Code ausführen, indem Sie auf F5 oder „Run file" klicken, dann sollte die Ausgabe in der Konsole erscheinen (siehe Abb. 4.18).

In der Konsole (unten rechts) wird „Hochschule Ansbach" angezeigt und damit haben Sie Ihr erstes Python-Programm erstellt.

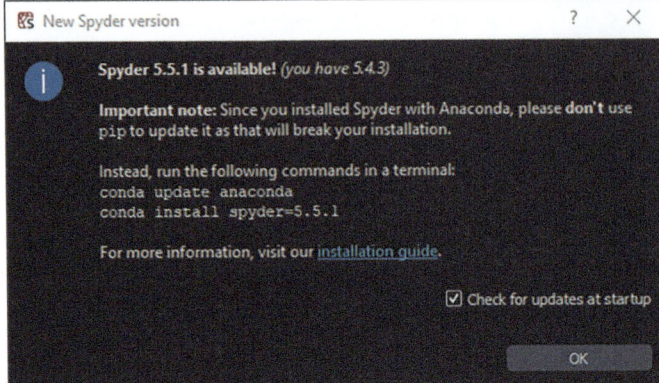

Abb. 4.16 Neue Spyder Version verfügbar

Die Dokumentation zu der Spyder Entwicklungsumgebung inklusive Videoanleitungen finden Sie unter der URL https://docs.spyder-ide.org/current/index.html (Spyder 2025), wie in Abb. 4.19 dargestellt.

Das Layout von Spyder ist wie folgt geordnet in die Bereiche (siehe Abb. 4.20):

1. Zeilennummer und Codeanalyse-Warnungen. Click auf einer Zeile erzeugt einen Breakpoint (Debugger).
2. Scrollbalken.
3. Kontextmenü (Rechtsklick) zeigt mögliche Aktionen.
4. Optionsmenü-Icon erlaubt Editor-Einstellungen.
5. Pfad und Dateiname.
6. Tab-Bar zeigt alle geöffneten Dateien.

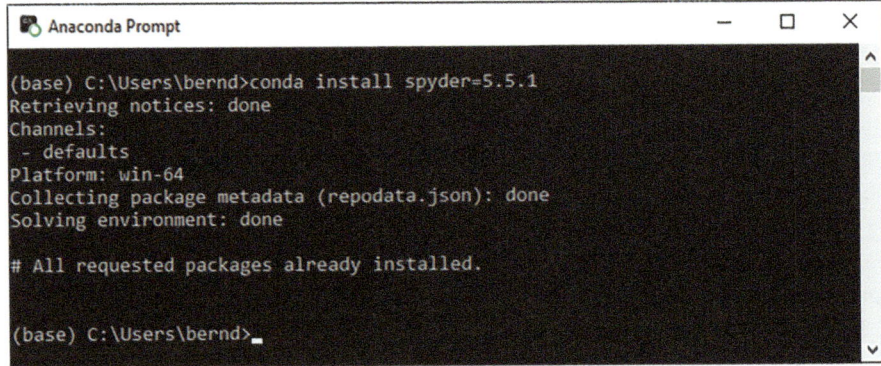

Abb. 4.17 Anaconda Prompt

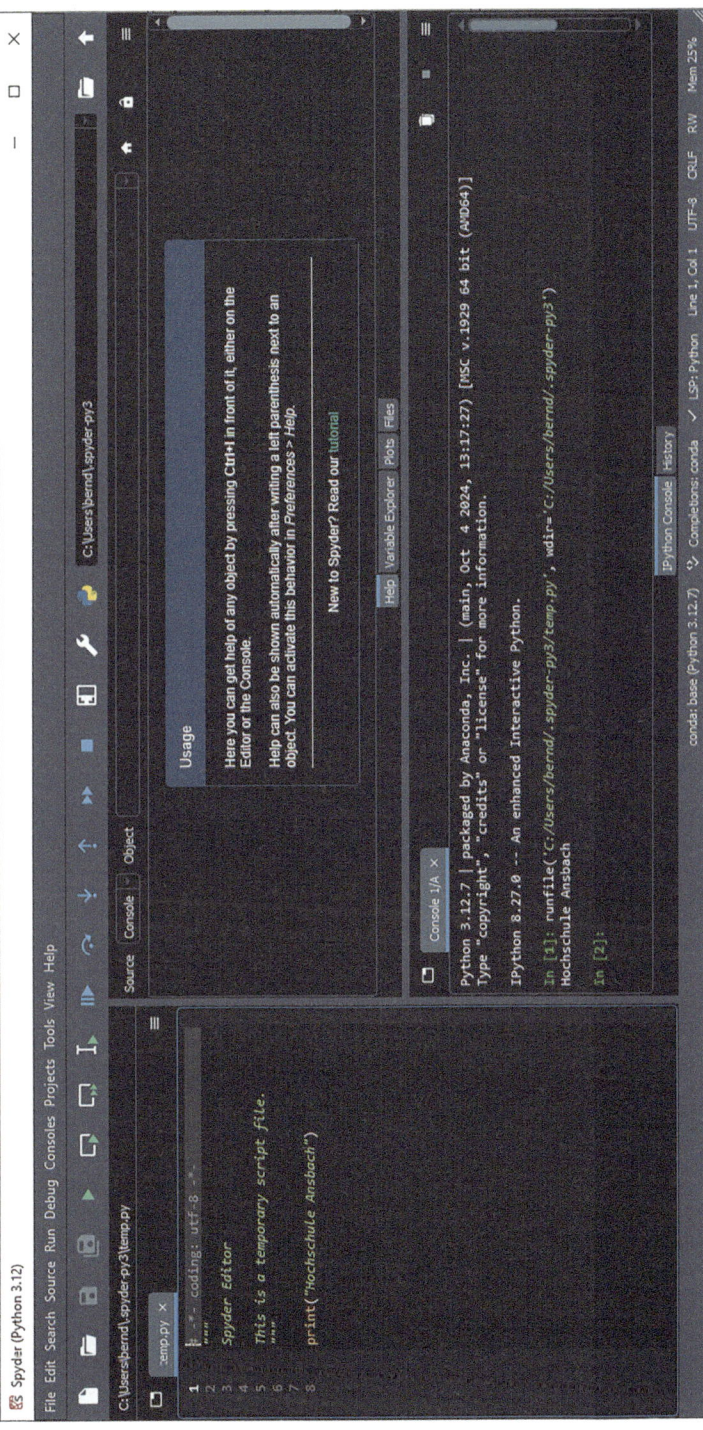

Abb. 4.18 Python Editor

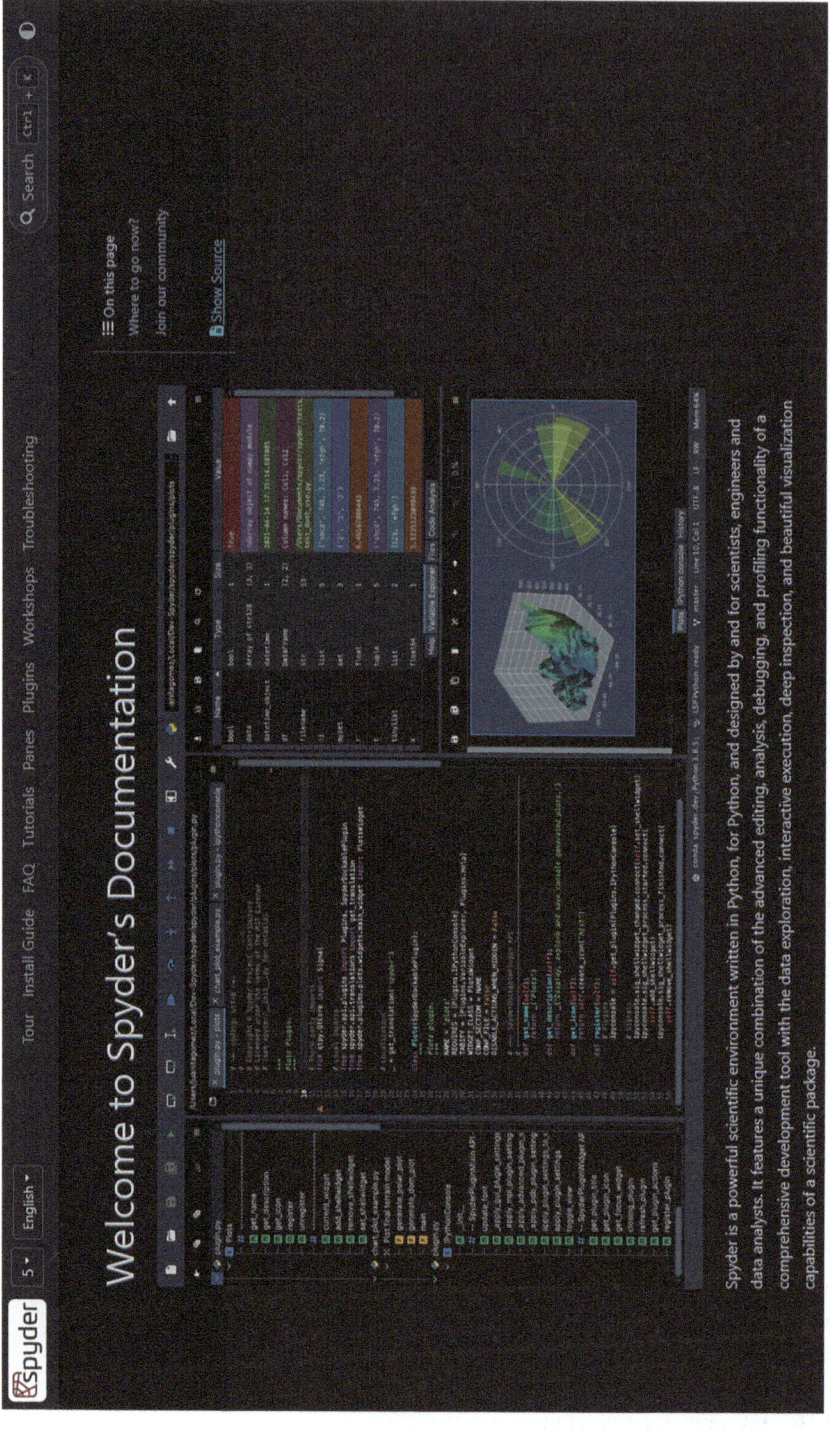

Abb. 4.19 Spyder Bedienungsanleitung. (Spyder 2025)

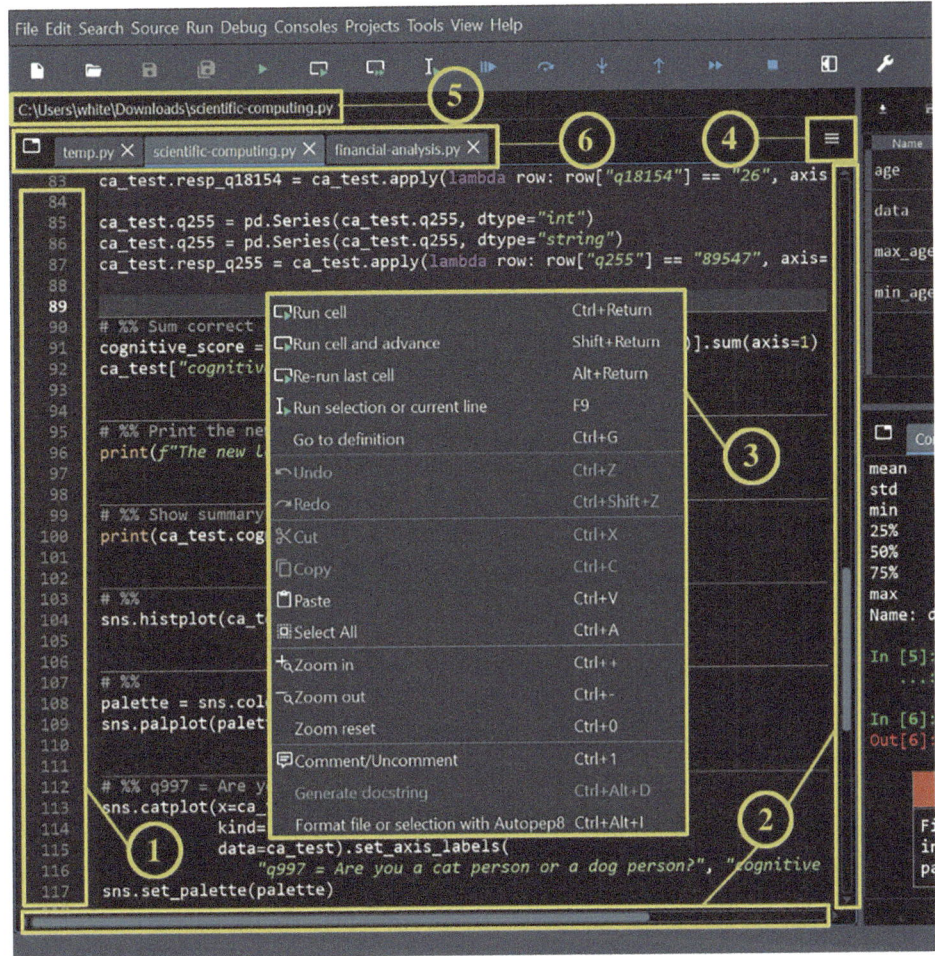

Abb. 4.20 Spyder Layout. (Spyder 2025)

Die Fenster in Spyder, sogenannte Panes, können beliebig angeordnet werden (Auswahl via Menü View/Panes). Auch die Anzeige der Toolbars kann individuell gestaltet werden (Auswahl via Menü View/Toolbars, siehe Abb. 4.21).

Blöcke von Code (Code-Zellen) lassen sich in Spyder mit der Zeichenfolge `#%%` Name anlegen und werden in der Outline-Pane mit ihrem Namen und vorangestelltem % angezeigt. Blöcke können durch zusätzliche %-Zeichen untergeordneten Gliederungsebenen zugeordnet werden, z. B. `#%%%` Name für die dritte Ebene bzw. `#%%%%` Name für die vierte Ebene. Die Navigation zu Blöcken im Outline-Pane ist durch Click auf den Namen möglich (siehe Abb. 4.22).

Speichern Sie den obigen Code mit „File/Save as" als „2-Codeblöcke" ab. Die Skriptdateien mit Code werden von Spyder mit der Dateiendung „.py" gespeichert.

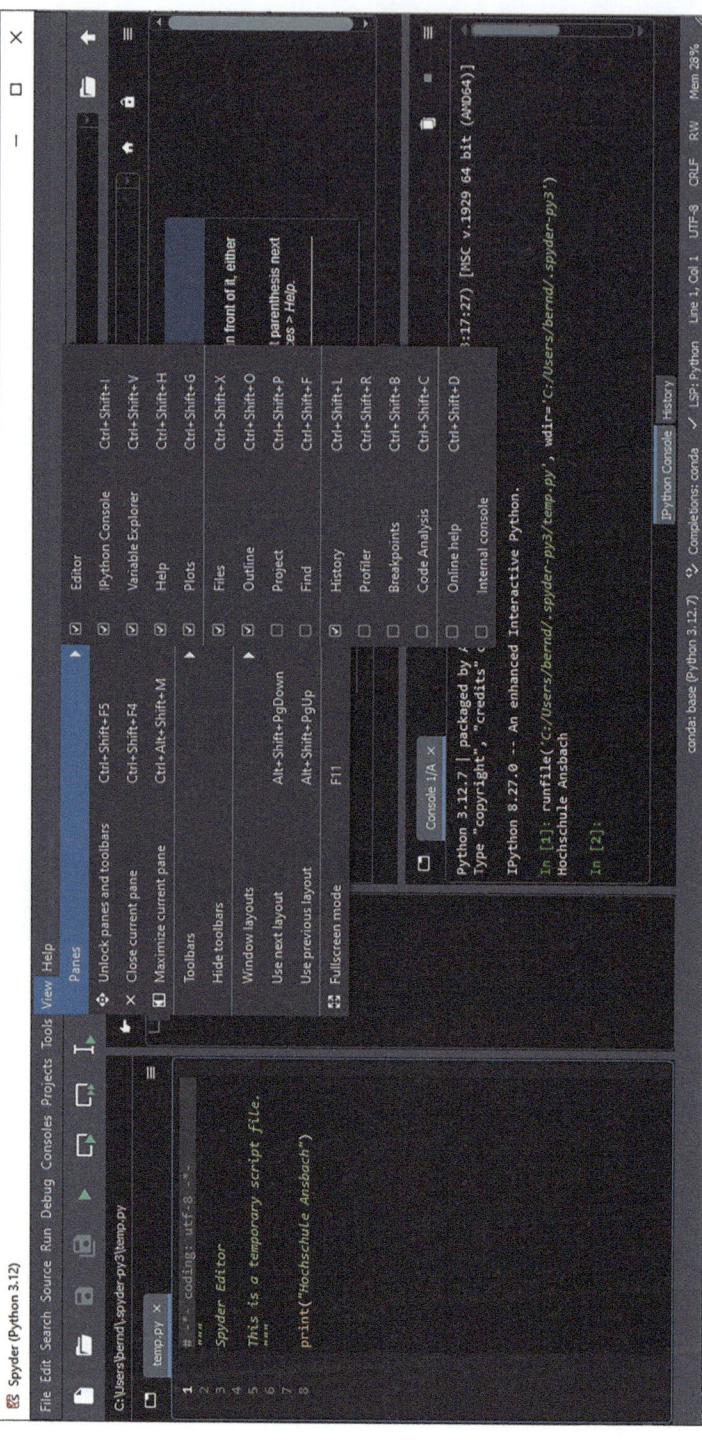

Abb. 4.21 Panes Optionen

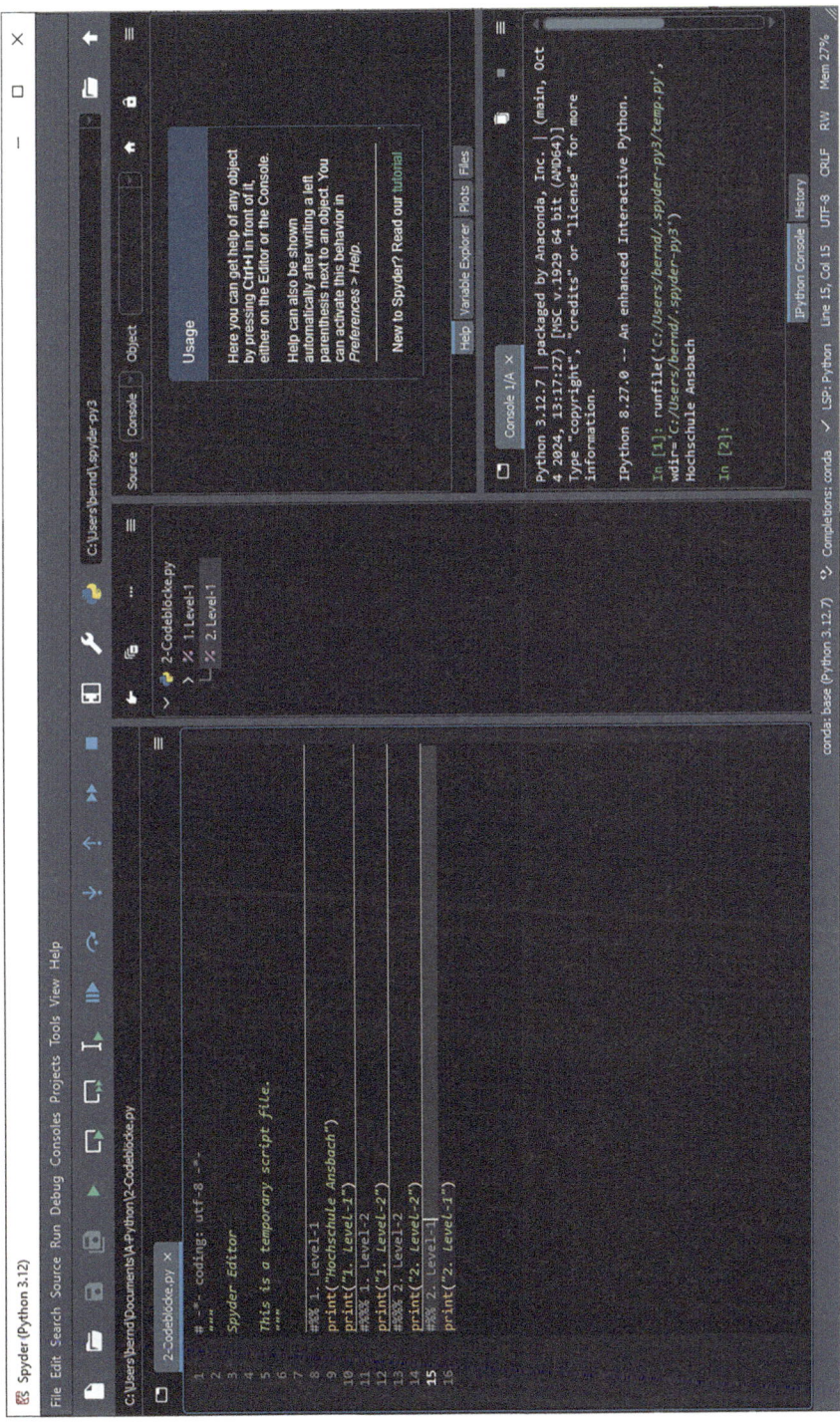

Abb. 4.22 Code-Blöcke und Outline-Pane vor Ausführung

Mit den Icons „Run current cell" bzw. „Run current cell and go to the next one" oder via Tastatur mit Ctrl-Return bzw. Shift-Return können alle Anweisungen eines Blockes ausgeführt werden. Durch die Anweisungen erzeugte textuelle Ausgaben werden in der Konsole angezeigt (siehe Abb. 4.23).

Durch Anweisungen erzeugte grafische Ausgaben werden in der **Plots-Pane** angezeigt (siehe Abb. 4.24). Die Variablen im Arbeitsspeicher werden in der **Variable Explorer-Pane** angezeigt (siehe Abb. 4.25). Im Variable Explorer werden der Name, Typ, Größe und Inhalt der Variablen angezeigt. Mit einem Doppelklick auf ein Objekt werden weitere Details zu einem Objekt angezeigt. Über die Toolbar ist auch die Speicherung aller aktuellen Variablen in einer .spydata-Datei möglich, so dass dieser Zustand zu einem späteren Zeitpunkt wiederhergestellt werden kann. Die Toolbar erlaubt auch das Löschen von Variablen.

Auf der **Help-Pane** kann die Dokumentation zu Python angezeigt werden (siehe Abb. 4.26). Die Dokumentation findet sich auch unter der URL https://www.python.org/doc/ (Python Software Foundation 2025).

Wenn Dateien geöffnet oder gespeichert werden, so erfolgt dies im **Arbeitsverzeichnis** (**Working Directory**). Dies kann im Menü Tools/Preferences festgelegt werden (siehe Abb. 4.27). Im File-Pane werden die Dateien des Arbeitsverzeichnisses dann angezeigt.

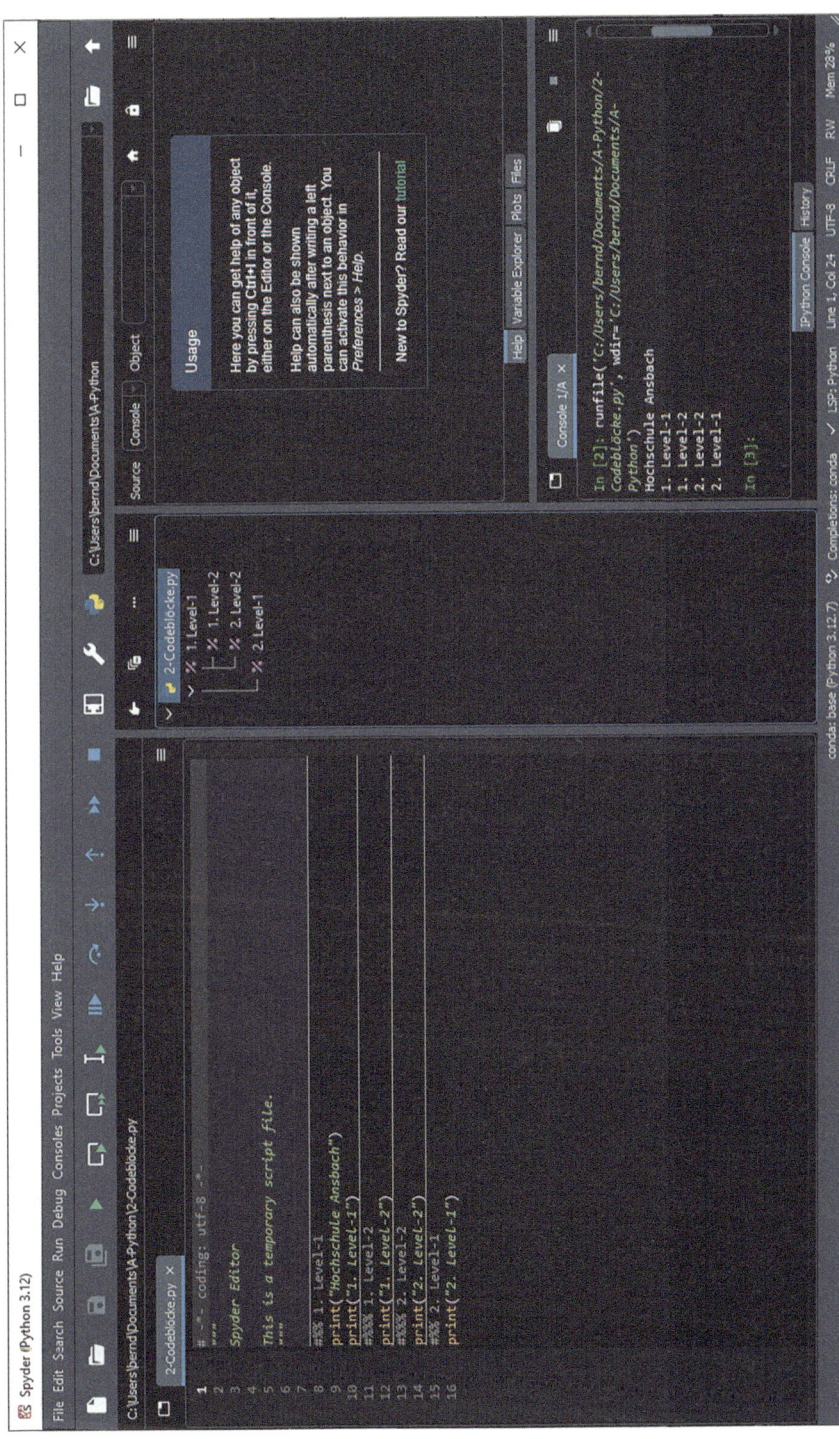

Abb. 4.23   Code-Blöcke, Outline-Pane und Konsole nach Ausführung

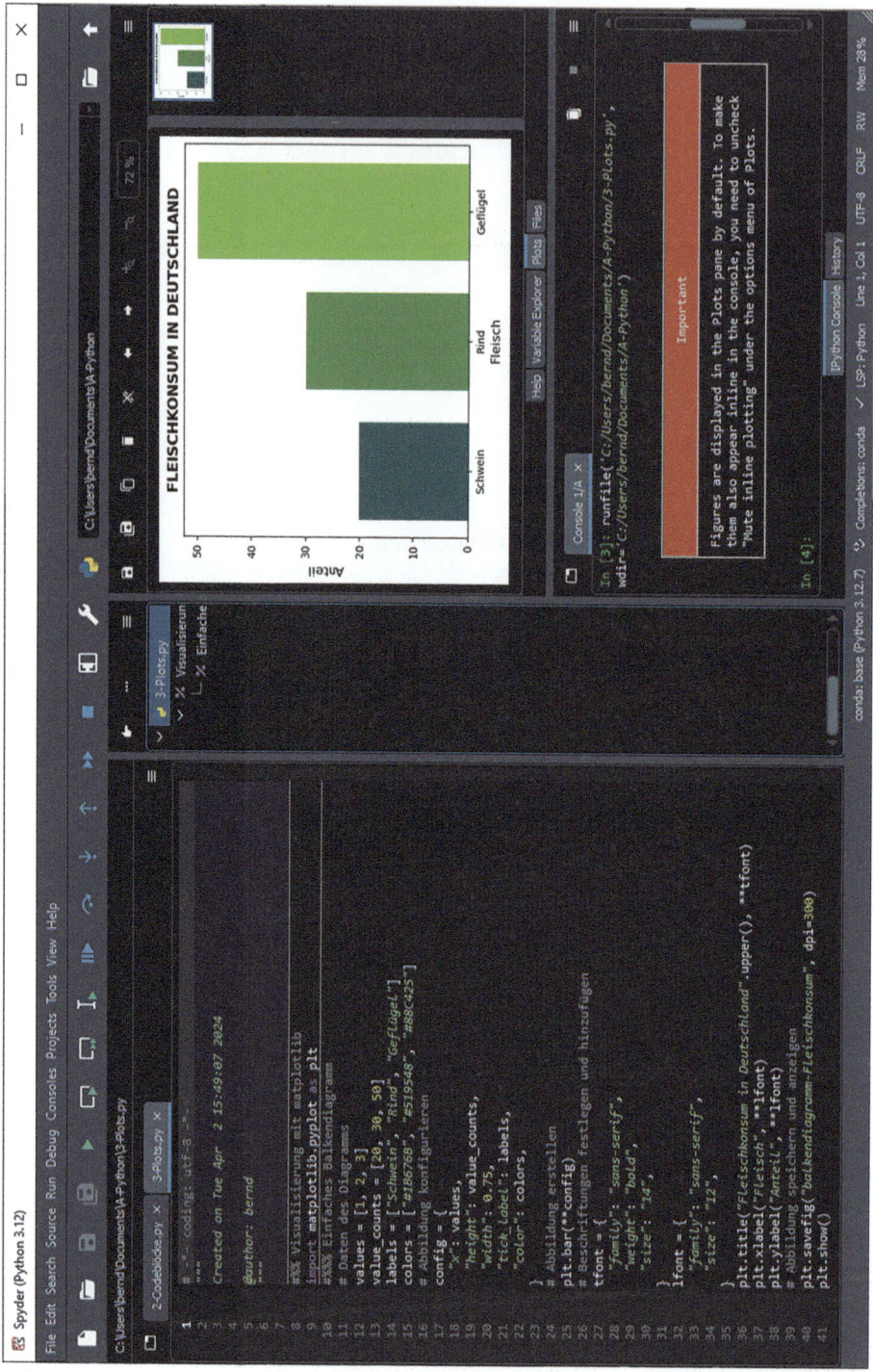

Abb. 4.24 Plots-Pane

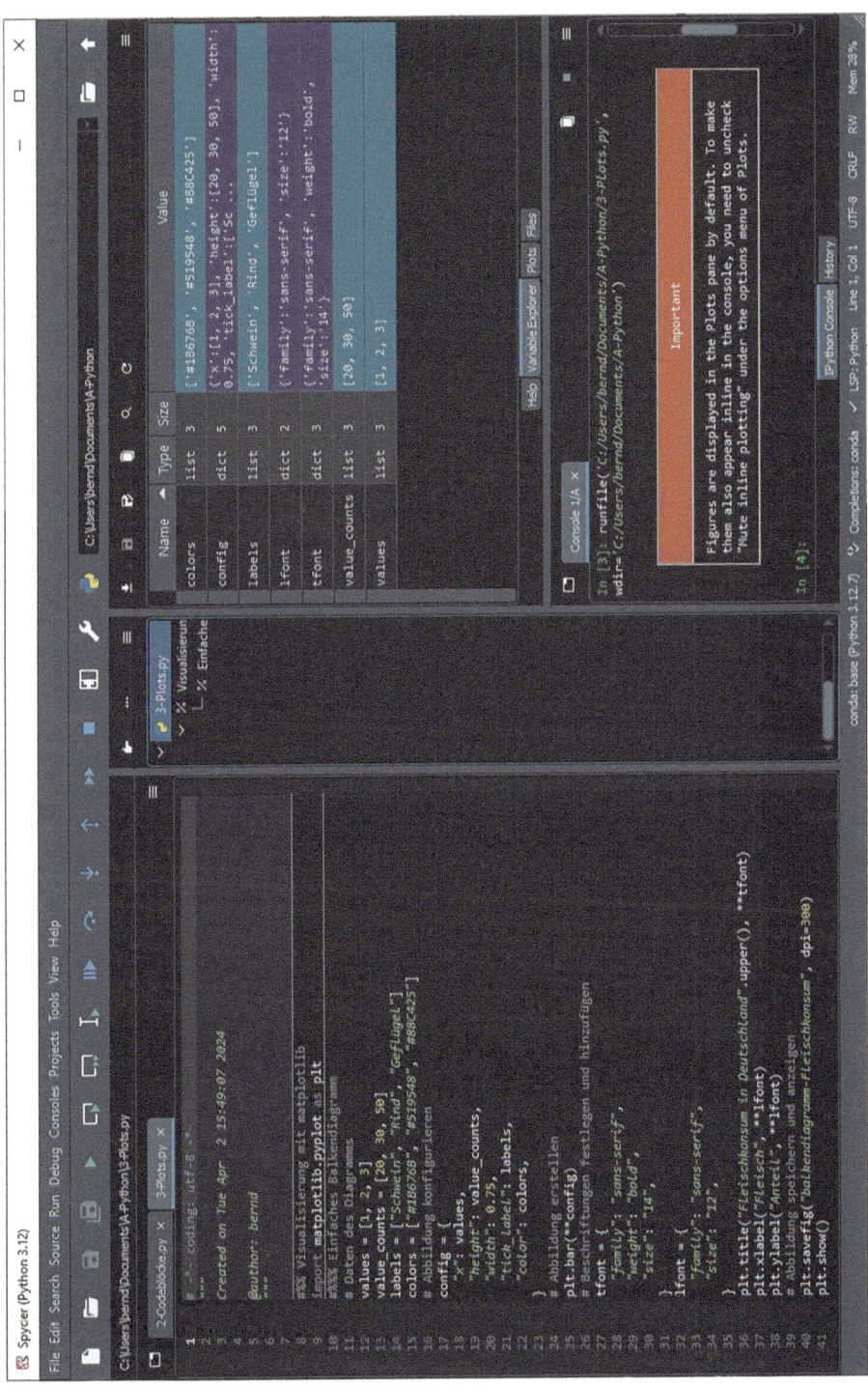

Abb. 4.25 Variable Explorer-Pane

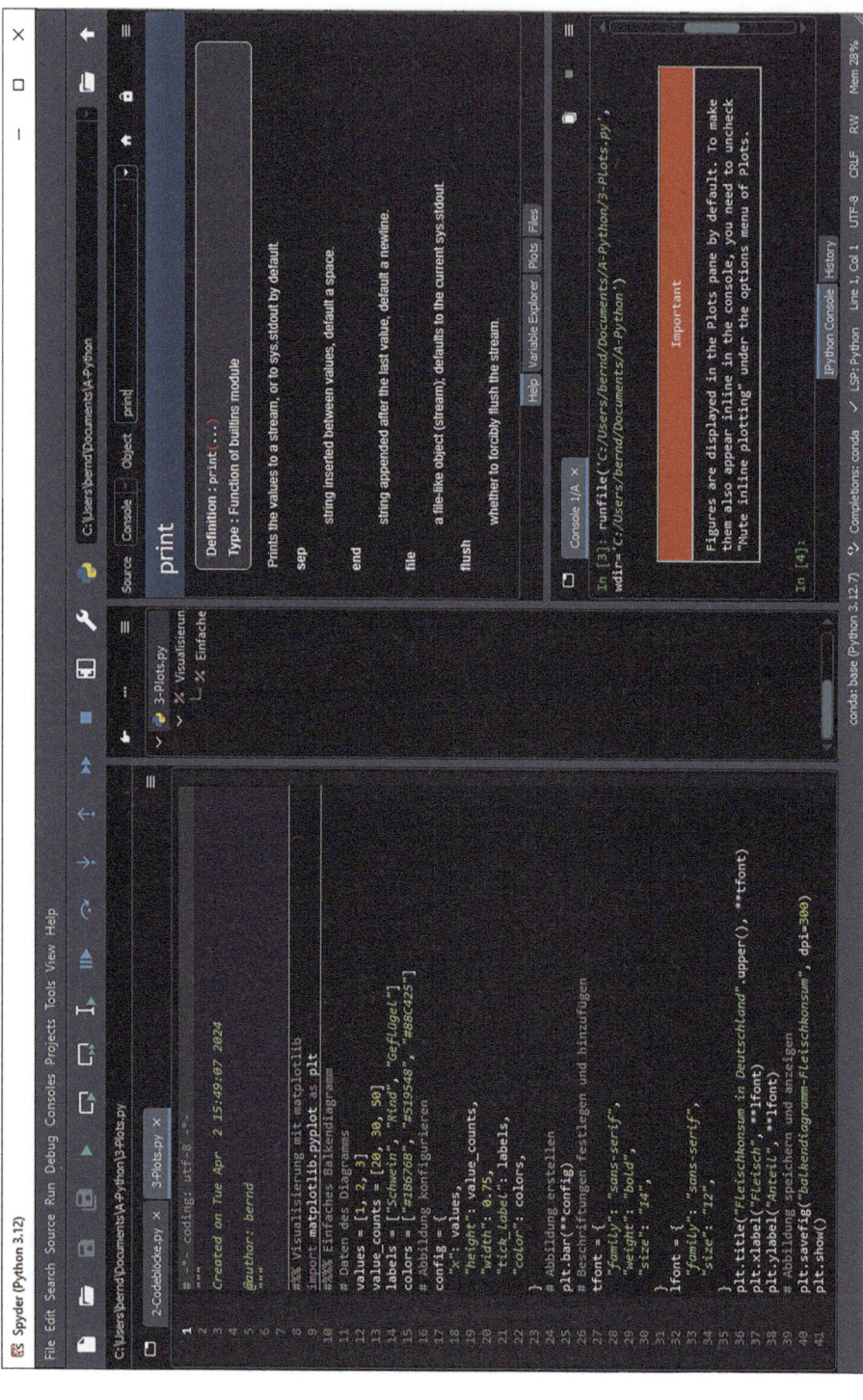

Abb. 4.26 Help-Pane

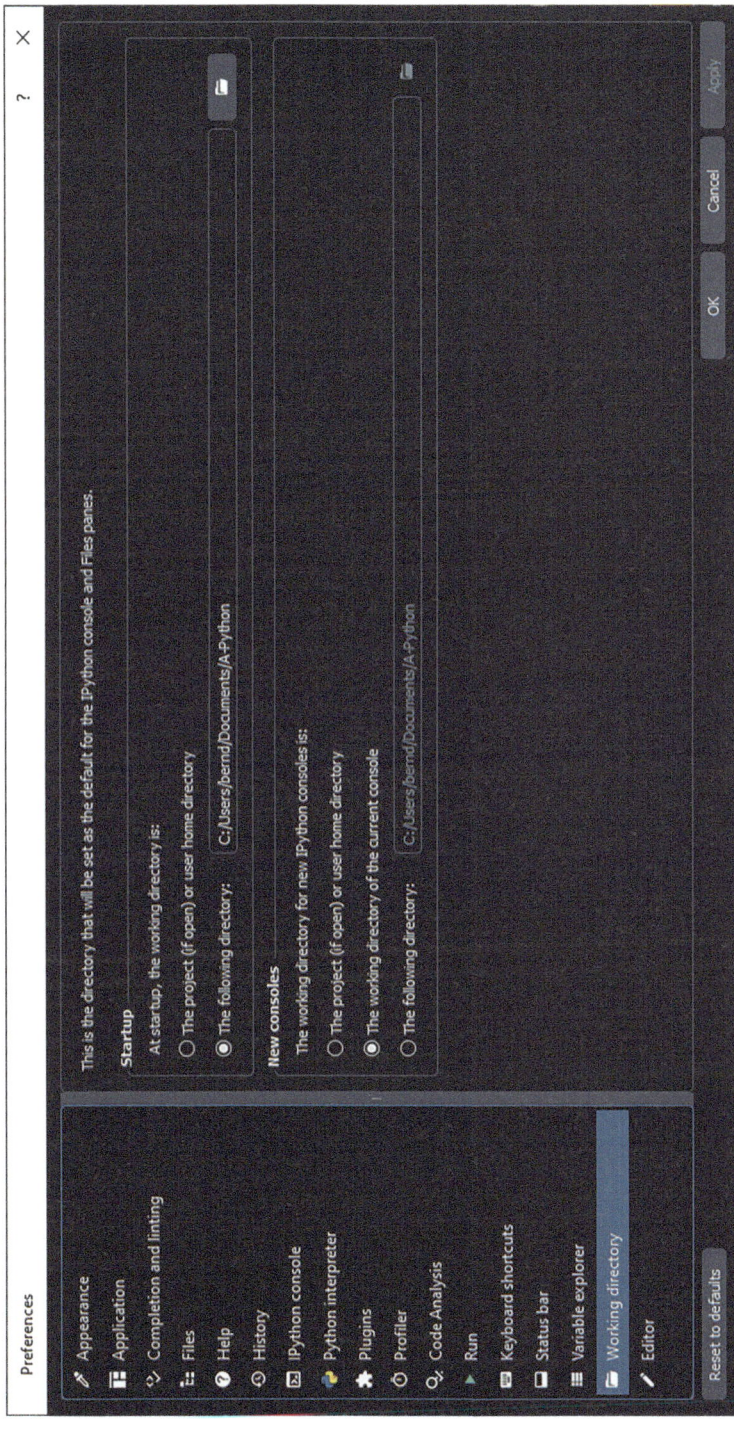

Abb. 4.27 Arbeitsverzeichnis

4.4   R

Um auch Daten und Funktionen von R in Python verwenden zu können, gilt es im Vorfeld R zu installieren. Die aktuelle Version kann von der Webseite des R-Projects (R Foundation 2025) heruntergeladen werden (siehe Abb. 4.28).

Klicken Sie zunächst auf den Link „download R". Ihnen wird dann eine Liste der Server des CRAN-Netzwerks angezeigt, von denen R geladen werden kann. Wählen Sie einen Server in ihrer Nähe aus, indem Sie z. B. auf den Link „https://ftp.fau.de/cran" der FAU Universität klicken (siehe Abb. 4.29).

The R Project for Statistical Computing

Getting Started

R is a free software environment for statistical computing and graphics. It compiles and runs on a wide variety of UNIX platforms, Windows and MacOS. To **download R**, please choose your preferred CRAN mirror.

If you have questions about R like how to download and install the software, or what the license terms are, please read our answers to frequently asked questions before you send an email.

News

- The useR! 2025 conference will take place at Duke University, in Durham, NC, USA, August 8-10.
- **R version 4.4.2 (Pile of Leaves)** has been released on 2024-10-31.
- We are deeply sorry to announce that our friend and colleague Friedrich (Fritz) Leisch has died. Read our tribute to Fritz here.
- **R version 4.3.3 (Angel Food Cake)** (wrap-up of 4.3.x) was released on 2024-02-29.
- You can support the R Foundation with a renewable subscription as a supporting member.

News via Mastodon

 useR_conf
UseR! 2025 Call for Proposals is now open! We invite R users and developers from around our region and the world to submit abstracts for useR! 2025.
Deadline: Monday 3rd March 2025

[Home]

Download

CRAN

R Project

About R
Logo
Contributors
What's New?
Reporting Bugs
Conferences
Search
Get Involved: Mailing Lists
Get Involved: Contributing
Developer Pages
R Blog

R Foundation

Foundation
Board
Members
Donors
Donate

Abb. 4.28   Das R Projekt

Germany

https://mirror.howtolearnalanguage.info/	dogado GmbH
https://ftp.fau.de/cran/	Friedrich-Alexander-Universität Erlangen-Nürnberg (FAU)
https://cran.datenrettung360.de/	Hetzner Online GmbH
https://ftp.gwdg.de/pub/misc/cran/	GWDG Göttingen
https://mirror.dogado.de/cran/	dogado GmbH
https://cran.uni-muenster.de/	University of Münster, Germany
https://mirror.clientvps.com/CRAN/	ClientVPS
https://mirror.kamp.de/cran/	KAMP Netzwerkdienste GmbH

Abb. 4.29   Wahl des CRAN Servers

Die R-Software wird dann von dem ausgewählten Server heruntergeladen, wenn Sie
auf den Link „Download R for …" (Wählen Sie Ihr Betriebssystem) klicken (siehe
Abb. 4.30).

Klicken Sie anschließend auf „install R for the first time" (siehe Abb. 4.31).

Es wird Ihnen automatisch die aktuelle Version von R zum Download angeboten. Klicken Sie auf den entsprechenden Link, z. B. „Download R 4.4.2 for Windows" (siehe
Abb. 4.32).

Klicken Sie anschließend auf „Öffnen", um die Installation fortzuführen. Wählen Sie
anschließend die Sprache aus, in der die Installation erfolgen soll. Dann werden Ihnen
die Lizenzbedingungen angezeigt. Bestätigen Sie diese durch Klicken auf „Weiter", um
die Installation fortzusetzen. Wählen Sie den Zielordner aus und bestätigen Sie dies mit
„Weiter". Wählen Sie anschließend die Komponenten aus, die Sie installieren möchten.
Es ist empfehlenswert die Einstellungen wie vorgeschlagen zu installieren. Sie können
die Startoptionen unverändert lassen. Um einen Ordner im Startmenü anlegen zu lassen,
klicken Sie auf den Button „Weiter". Die Versionsnummer sollte im Registry gespeichert
werden und die Dateien mit der Endung .RData sollten mit R verknüpft werden, so dass
diese später mit R geöffnet werden. Die erfolgreiche Installation wird Ihnen bestätigt und
Sie können dies mit „Fertigstellen" bestätigen.

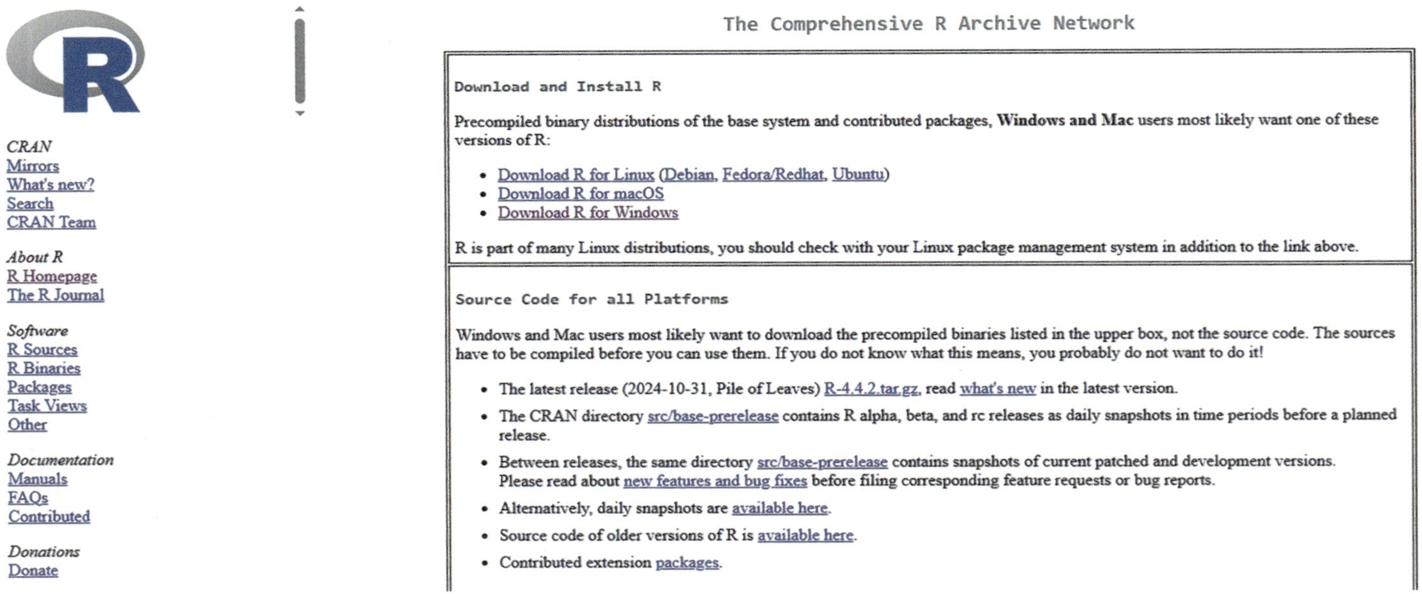

CRAN
Mirrors
What's new?
Search
CRAN Team

About R
R Homepage
The R Journal

Software
R Sources
R Binaries
Packages
Task Views
Other

Documentation
Manuals
FAQs
Contributed

Donations
Donate

The Comprehensive R Archive Network

Download and Install R

Precompiled binary distributions of the base system and contributed packages, **Windows and Mac** users most likely want one of these versions of R:

- Download R for Linux (Debian, Fedora/Redhat, Ubuntu)
- Download R for macOS
- Download R for Windows

R is part of many Linux distributions, you should check with your Linux package management system in addition to the link above.

Source Code for all Platforms

Windows and Mac users most likely want to download the precompiled binaries listed in the upper box, not the source code. The sources have to be compiled before you can use them. If you do not know what this means, you probably do not want to do it!

- The latest release (2024-10-31, Pile of Leaves) R-4.4.2.tar.gz, read what's new in the latest version.
- The CRAN directory src/base-prerelease contains R alpha, beta, and rc releases as daily snapshots in time periods before a planned release.
- Between releases, the same directory src/base-prerelease contains snapshots of current patched and development versions. Please read about new features and bug fixes before filing corresponding feature requests or bug reports.
- Alternatively, daily snapshots are available here.
- Source code of older versions of R is available here.
- Contributed extension packages.

Abb. 4.30 Download R for …

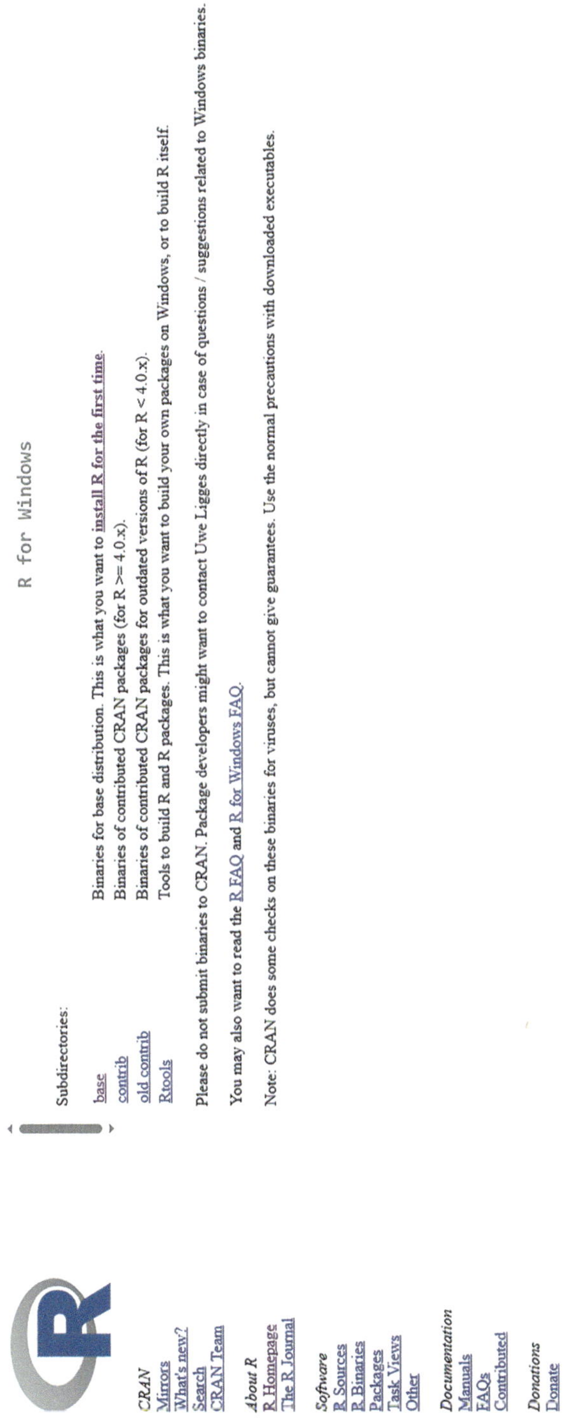

R for Windows

Subdirectories:

base — Binaries for base distribution. This is what you want to install R for the first time.
contrib — Binaries of contributed CRAN packages (for R >= 4.0.x).
old contrib — Binaries of contributed CRAN packages for outdated versions of R (for R < 4.0.x).
Rtools — Tools to build R and R packages. This is what you want to build your own packages on Windows, or to build R itself.

Please do not submit binaries to CRAN. Package developers might want to contact Uwe Ligges directly in case of questions / suggestions related to Windows binaries.

You may also want to read the R FAQ and R for Windows FAQ.

Note: CRAN does some checks on these binaries for viruses, but cannot give guarantees. Use the normal precautions with downloaded executables.

CRAN
Mirrors
What's new?
Search
CRAN Team

About R
R Homepage
The R Journal

Software
R Sources
R Binaries
Packages
Task Views
Other

Documentation
Manuals
FAQs
Contributed

Donations
Donate

Abb. 4.31 Installieren von R

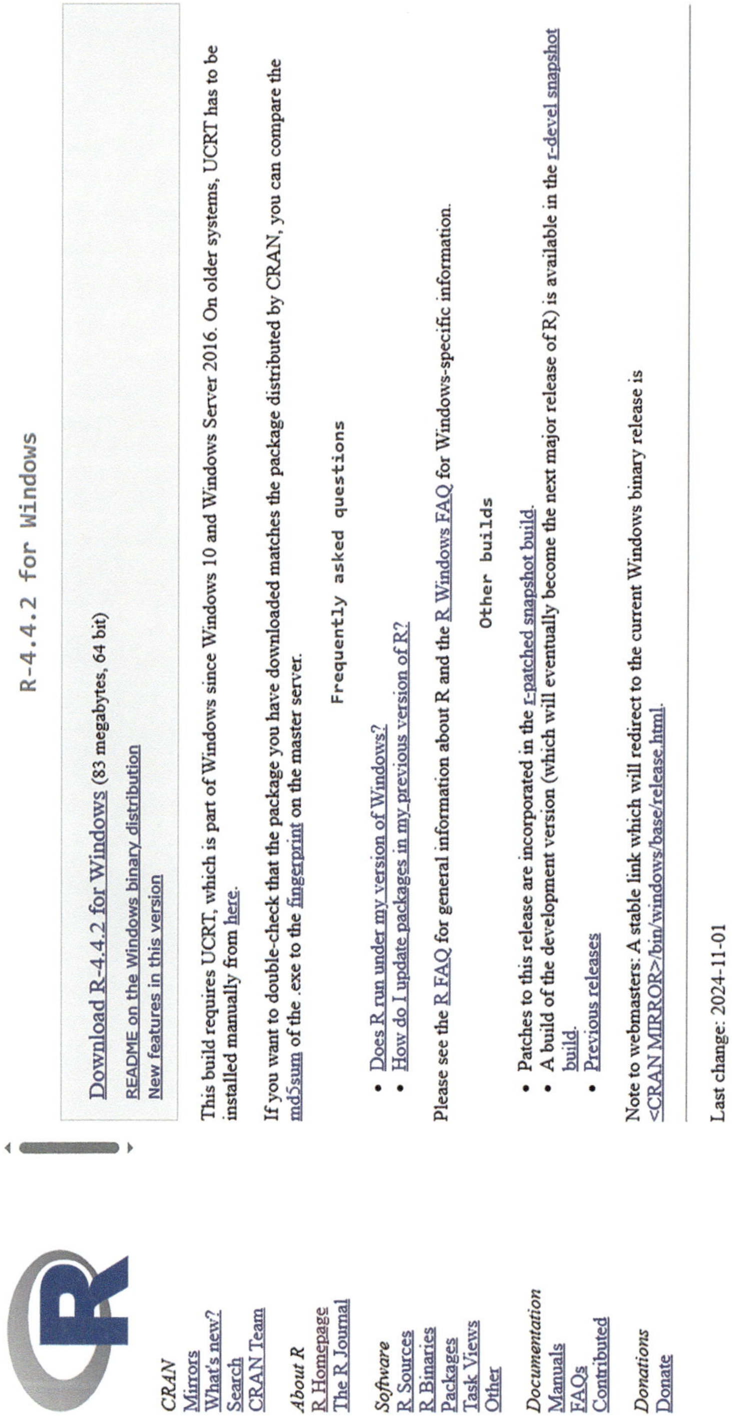

R-4.4.2 for Windows

CRAN
Mirrors
What's new?
Search
CRAN Team

About R
R Homepage
The R Journal

Software
R Sources
R Binaries
Packages
Task Views
Other

Documentation
Manuals
FAQs
Contributed

Donations
Donate

Download R-4.4.2 for Windows (83 megabytes, 64 bit)
README on the Windows binary distribution
New features in this version

This build requires UCRT, which is part of Windows since Windows 10 and Windows Server 2016. On older systems, UCRT has to be installed manually from here.

If you want to double-check that the package you have downloaded matches the package distributed by CRAN, you can compare the md5sum of the .exe to the fingerprint on the master server.

Frequently asked questions

- Does R run under my version of Windows?
- How do I update packages in my previous version of R?

Please see the R FAQ for general information about R and the R Windows FAQ for Windows-specific information.

Other builds

- Patches to this release are incorporated in the r-patched snapshot build.
- A build of the development version (which will eventually become the next major release of R) is available in the r-devel snapshot build.
- Previous releases

Note to webmasters: A stable link which will redirect to the current Windows binary release is <CRAN MIRROR>/bin/windows/base/release.html.

Last change: 2024-11-01

Abb. 4.32 Download starten

4.5 Rtools

Für einige der Funktionalitäten von R und dessen Pakete sind spezielle Werkzeuge er-forderlich. Laden Sie Sich daher die aktuelle Version von Rtools (R CRAN Team 2024) herunter (siehe Abb. 4.33).

Klicken Sie z. B. auf den Link „Rtools43_installer" (siehe Abb. 4.34) und führen Sie die Installationsdatei anschließend aus.

Wählen Sie den Zielordner aus und bestätigen Sie dies mit „Weiter" (siehe Abb. 4.35).

Wählen Sie anschließend die Optionen so, dass die Rtools-Version zur Registry hinzu-gefügt wird (siehe Abb. 4.36).

Bestätigen Sie den Start der Installation mit „Install" (siehe Abb. 4.37).

Die erfolgreiche Installation wird Ihnen bestätigt und Sie können dies mit „Finish" bestätigen (siehe Abb. 4.38).

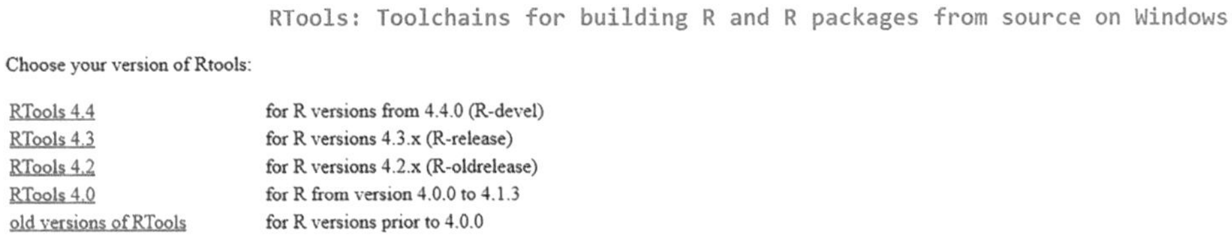

RTools: Toolchains for building R and R packages from source on Windows

Choose your version of Rtools:

RTools 4.4	for R versions from 4.4.0 (R-devel)
RTools 4.3	for R versions 4.3.x (R-release)
RTools 4.2	for R versions 4.2.x (R-oldrelease)
RTools 4.0	for R from version 4.0.0 to 4.1.3
old versions of RTools	for R versions prior to 4.0.0

Abb. 4.33 R-Tools Versionen

```
Rtools43 for Windows
```

Rtools is a toolchain bundle used for building R packages from source (those that need compilation of C/C++ or Fortran code) and for build R itself. Rtools43 is used for R 4.3.x and for R-devel, the development version of R.

Rtools43 consists of Msys2 build tools, GCC 12/MinGW-w64 compiler toolchain, libraries built using the toolchain, and QPDF. Rtools43 supports 64-bit Windows and UCRT as the C runtime.

Compared to Rtools42, Rtools43 has newer versions of three core components: GCC, MinGW-w64, and binutils. It is therefore recommended to re-compile all code with the new toolchain to avoid problems. The code compiled by even earlier versions of Rtools is incompatible due to use of MSVCRT and has to be recompiled with Rtools43 for use in R packages.

```
Installing Rtools43
```

Rtools43 is only needed for installation of R packages from source or building R from source. R can be installed from the R binary installer and by default will install binary versions of CRAN packages, which does not require Rtools43.

Moreover, online build services are available to check and build R packages for Windows, for which again one does not need to install Rtools43 locally. The Winbuilder check service uses identical setup as the CRAN incomming packages checks and has already all CRAN and Bioconductor packages pre-installed.

Rtools43 may be installed from the Rtools43 installer. It is recommended to use the defaults, including the default installation location of c:\rtools43.

When using R installed by the installer, no further setup is necessary after installing Rtools43 to build R packages from source. When using the default installation location, R and Rtools43 may be installed in any order and Rtools43 may be installed when R is already running.

```
Additional information
```

A detailed tutorial on how to build R and packages using Rtools43 for R package authors and R developers is available for R-4.3.x and R-devel.

From the user perspective, Rtools43 is the same as Rtools42. It uses newer versions of the compiler toolchain and libraries, and hence some package authors will have to extend their make files to link additional libraries. Maintainers of CRAN and Bioconductor packages may use these patches for reference or re-use them in their code.

A change log for Rtools43 vs Rtools42 and of individual revisions of Rtools43 is available here

Rtools43 is also available in base and full toolchain tarballs suitable for users who have their own installation of Msys2. The base toolchain tarball is smaller and includes only what is needed to build R and the recommended packages. All Rtools files are available here.

Sources are available for the toochain tarballs and the Rtools43 installer.

Abb. 4.34 Rtools Installation

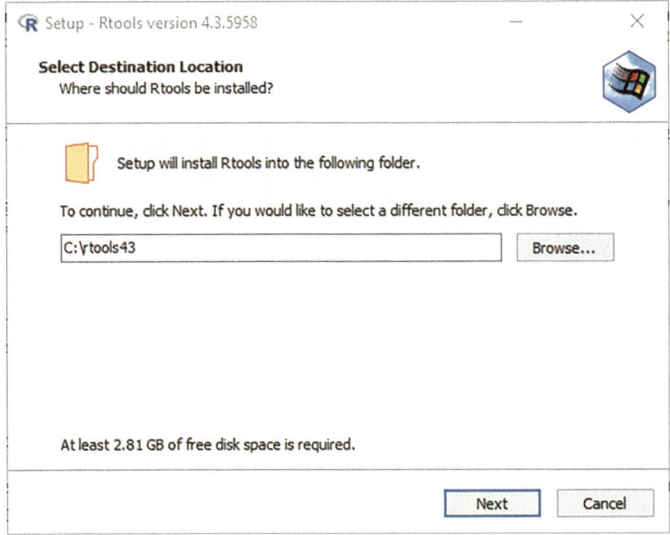

Abb. 4.35 Zielordner für Installation

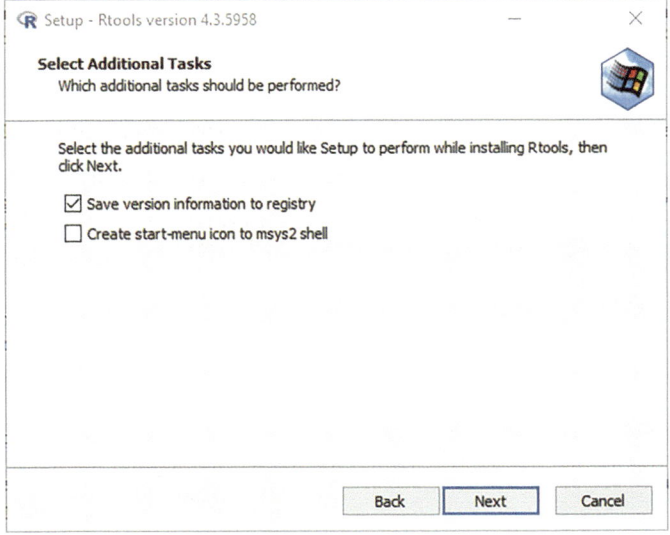

Abb. 4.36 Rtools-Version zu Registry hinzufügen

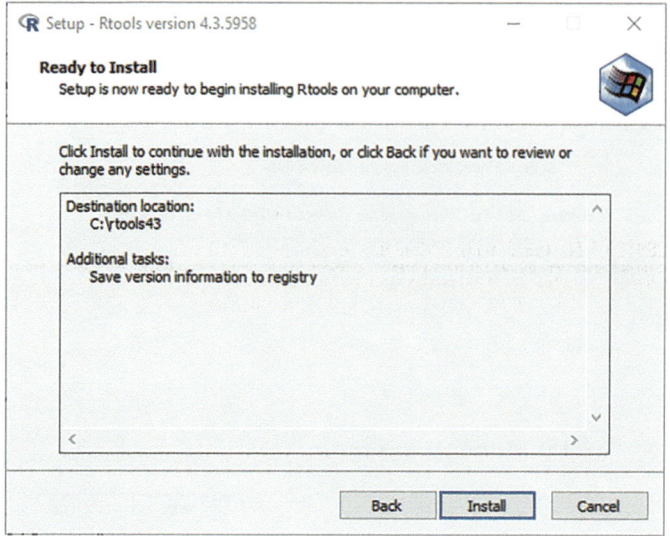

Abb. 4.37   Installation ausführen

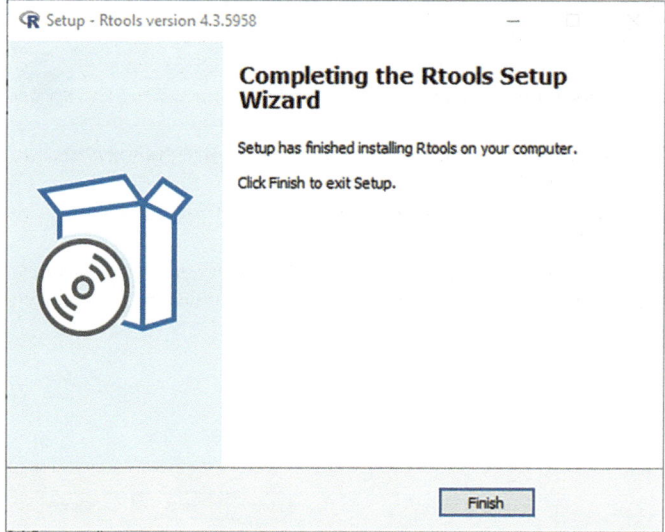

Abb. 4.38   Rtools erfolgreich installiert

4.6   RStudio

Eine etablierte Benutzeroberfläche für Anwender von R und Python ist RStudio, welches Sie Sich von der Webseite von RStudio (Posit 2025) herunterladen können. Klicken Sie auf „Products" und wählen dann „RStudio IDE" aus (siehe Abb. 4.39).

Auf dem nächsten Bildschirm scrollen Sie nach unten und wählen dann „Download RStudio Desktop". Diese Anwendung ist für den Einzelplatzrechner geeignet (siehe Abb. 4.40).

Wählen Sie auch auf dem nachfolgenden Screen die Version für Ihr Betriebssystem aus und klicken auf den entsprechenden Link, z. B. „RStudio-2024.12.0+467.exe". Klicken Sie auf den Button „Weiter", um die Installation zu starten. Bestimmen Sie das Zielverzeichnis für die Installation. Wählen Sie anschließend den Ordner des Startmenüs aus, in dem RStudio hinzugefügt werden soll und klicken Sie dann auf „Installieren". Die erfolgreiche Installation wird Ihnen bestätigt und Sie können dies mit „Fertigstellen" bestätigen.

Nachfolgend wird Ihnen vorgestellt, wie Sie RStudio starten und beenden können und erweiterte Funktionalitäten mit Hilfe von Paketen nutzbar machen. Wenn Sie die Basisversion von R starten, dann erscheint die RGui (Gui = Graphical User Interface) mit der Konsole und ein einfaches Menü (siehe Abb. 4.41).

Die einfachste Möglichkeit mit R zu arbeiten ist die Eingabe von Befehlen in die Konsole. Nach der Ausführung eines Befehls wird dann dessen Ausgabe, sofern der Befehl etwas ausgibt, in der Konsole angezeigt.

Eine komfortablere Benutzeroberfläche als das Gui der R-Basisversion ist RStudio. Im Folgenden wird daher RStudio verwendet (siehe Abb. 4.42).

Auch in RStudio werden Befehle entweder in der Konsole, einem Fenster zur Befehlseingabe, oder in einer Skriptdatei eingegeben. Eine **Skriptdatei** hat den Vorteil, dass

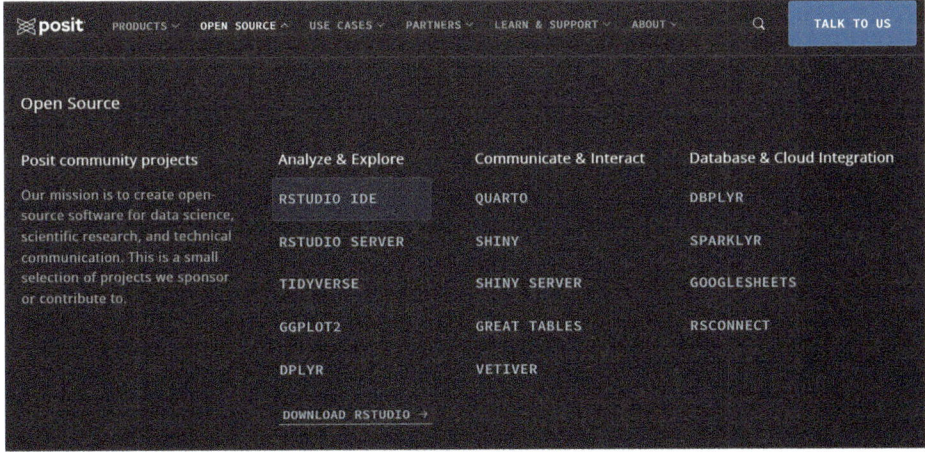

Abb. 4.39 RStudio

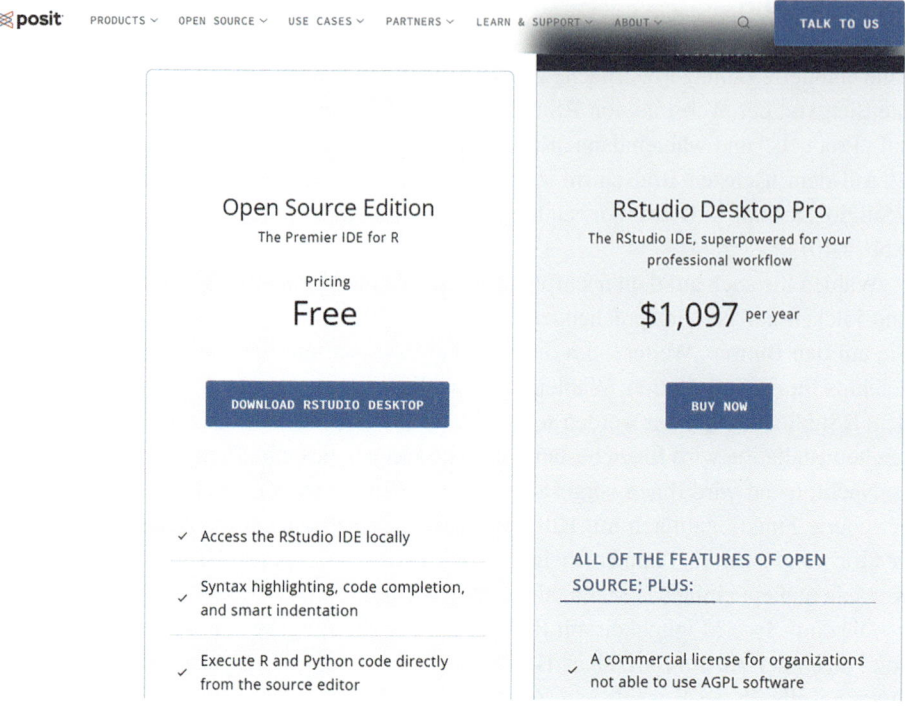

Abb. 4.40 RStudio Desktop

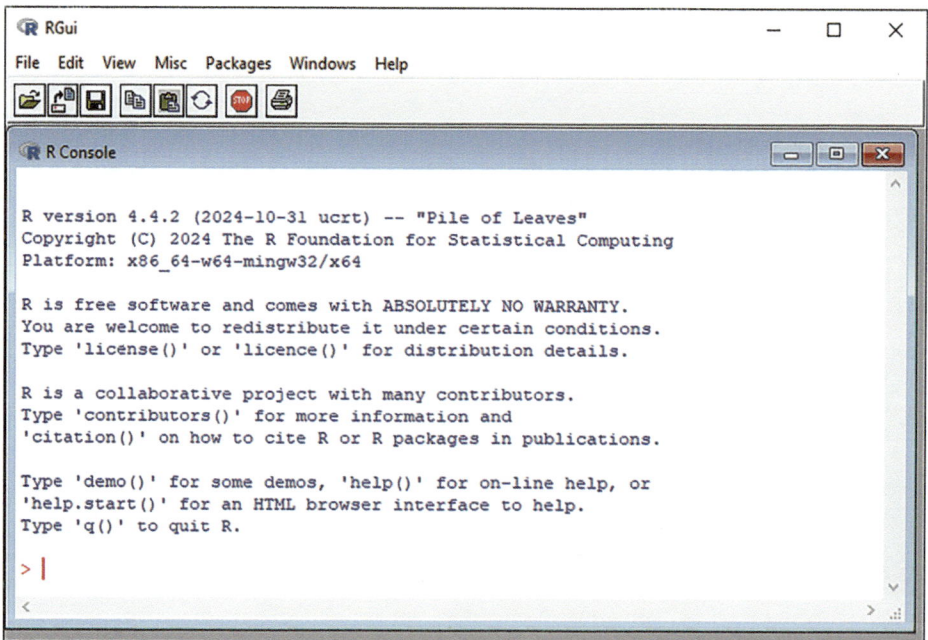

Abb. 4.41 Gui der R-Basisversion

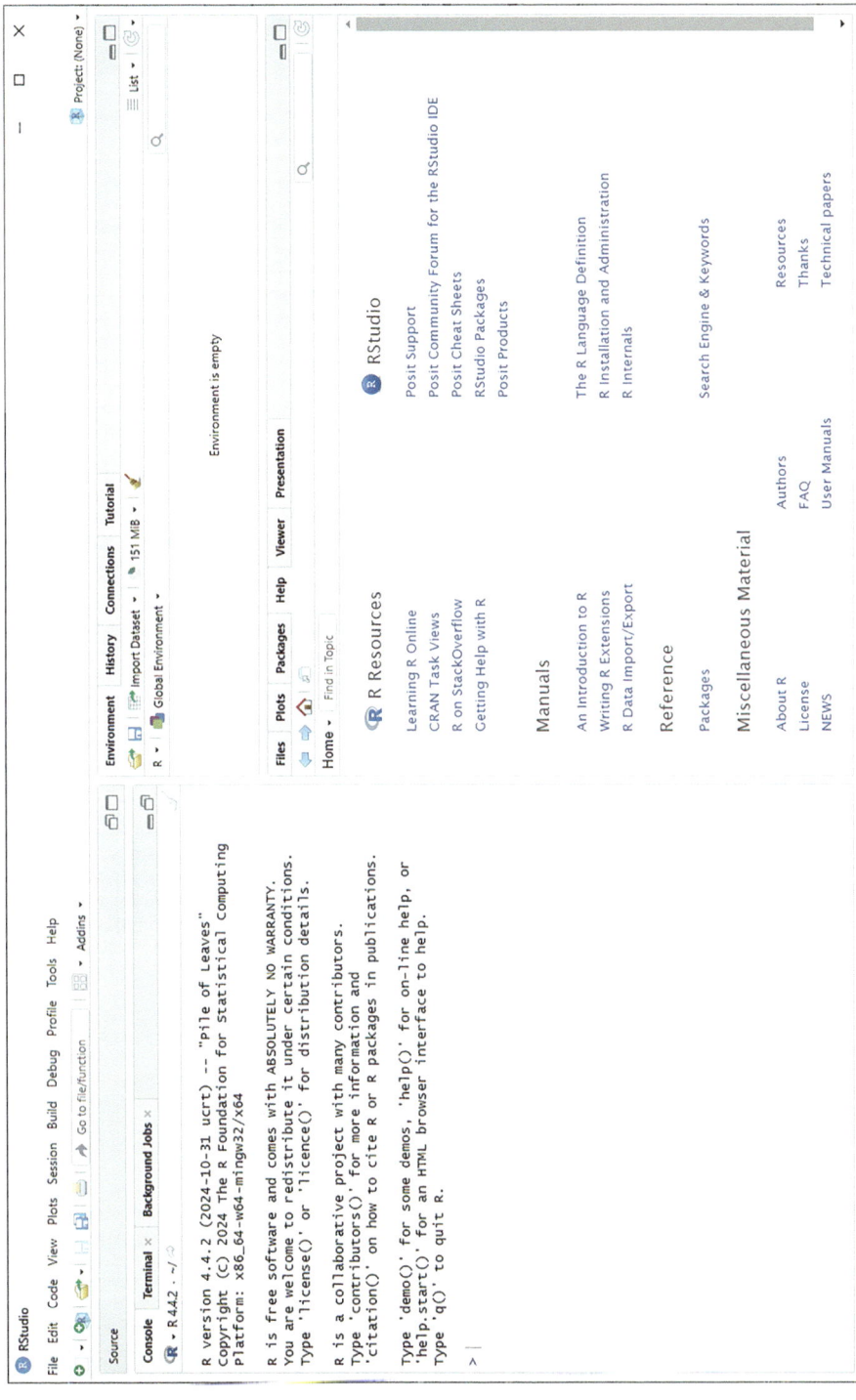

Abb. 4.42 Gui von RStudio

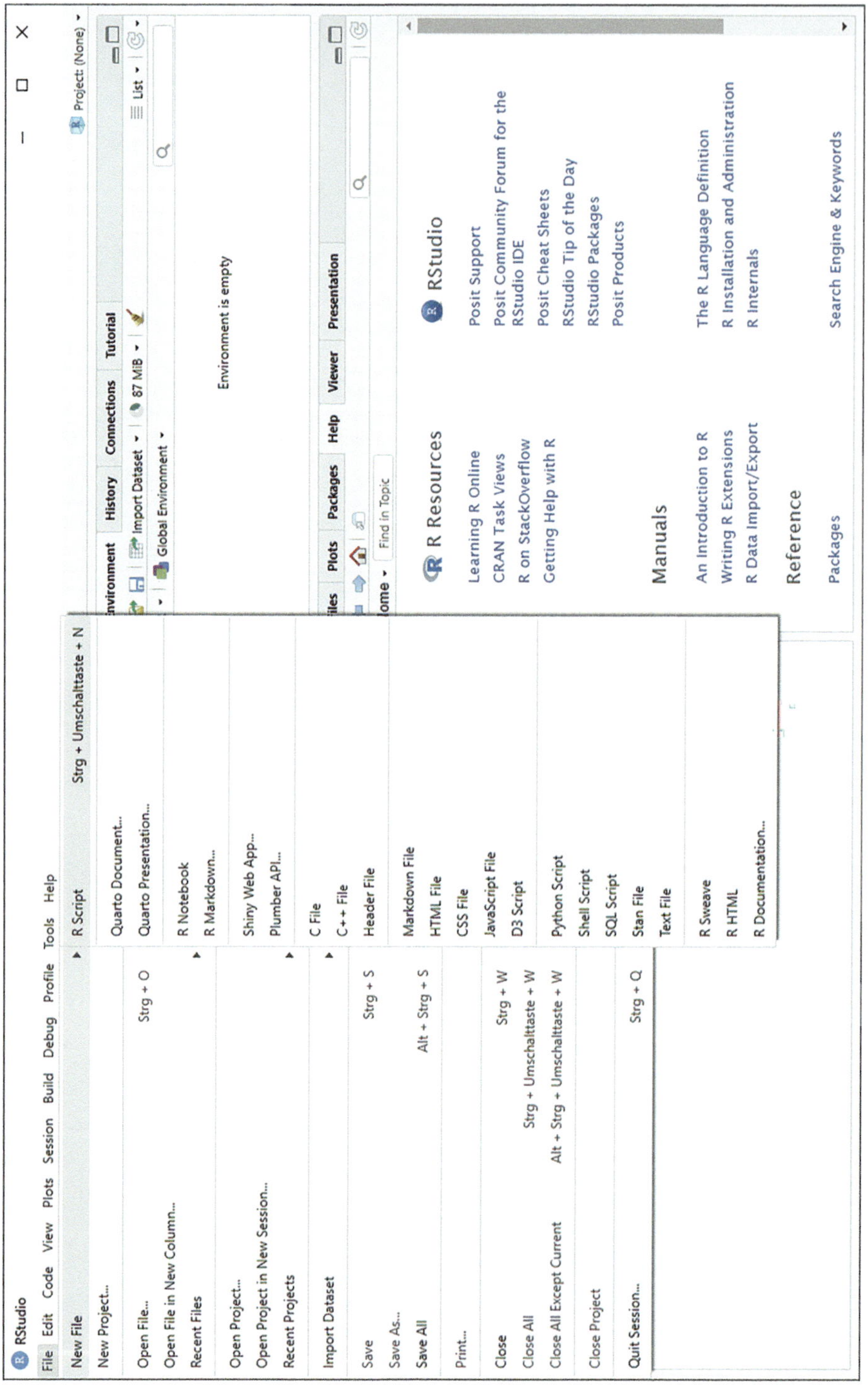

RStudio

File   Edit   Code   View   Plots   Session   Build   Debug   Profile   Tools   Help

| New File | ▶ | R Script | Strg + Umschalttaste + N |

New Project...

Open File...   Strg + O   Quarto Document...
Open File in New Column...   Quarto Presentation...
Recent Files   R Notebook
   R Markdown...

Open Project...   Shiny Web App...
Open Project in New Session...   Plumber API...
Recent Projects

Import Dataset   C File
   C++ File

Save   Strg + S   Header File
Save As...
Save All   Alt + Strg + S   Markdown File
   HTML File
Print...   CSS File

   JavaScript File
Close   Strg + W   D3 Script
Close All   Strg + Umschalttaste + W
Close All Except Current   Alt + Strg + Umschalttaste + W   Python Script
   Shell Script
Close Project   SQL Script
   Stan File
Quit Session...   Strg + Q

   Text File

   R Sweave
   R HTML
   R Documentation...

Environment   History   Connections   Tutorial

Import Dataset ▾   87 MiB ▾   List ▾

Global Environment ▾

Environment is empty

Project: (None) ▾

Files   Plots   Packages   Help   Viewer   Presentation

Home ▾   Find in Topic

R Resources   RStudio

Learning R Online   Posit Support
CRAN Task Views   Posit Community Forum for the
R on StackOverflow   RStudio IDE
Getting Help with R   Posit Cheat Sheets
   RStudio Tip of the Day
   RStudio Packages
   Posit Products

Manuals

An Introduction to R   The R Language Definition
Writing R Extensions   R Installation and Administration
R Data Import/Export   R Internals

Reference

Packages   Search Engine & Keywords

Abb. 4.43 Neue Skriptdatei anlegen

Abb. 4.44 RStudio mit Skriptfenster

die darin enthaltenen Befehle für eine spätere erneute Ausführung gespeichert und somit wiederverwendet werden können. Wenn ein Befehl in der Konsole (Quadrant links
in Abb. 4.42) eingegeben wird, dann erfolgt dessen Ausführung nach Drücken der Enter-
Taste. Kann der Befehl nach der Eingabe von Enter nicht abgeschlossen werden, z. B. weil
eine Klammer oder ein Parameter fehlt, zeigt R statt der Ausgabe ein + an, weil der Befehl so nicht ausgeführt werden kann. Um einen Befehl aus einer Skriptdatei auszuführen,
gilt es zunächst eine Skriptdatei über das Menü **File/New File/R Script** anzulegen (siehe
Abb. 4.43).

In dem neu geöffneten Fenster mit dem R-Skript kann ein Befehl, z. B. 1 + 2, ausgeführt
werden, indem der Cursor auf die Zeile positioniert (Quadrant oben links in Abb. 4.44)
und dann Ctrl+Enter gedrückt wird oder alternativ durch Drücken auf den Button **Run**.
Nach der Ausführung eines Befehls wird dann dessen Ausgabe, sofern der Befehl etwas
ausgibt, in der Konsole angezeigt. Um eine R-Anweisung abzubrechen, wenn Sie zu lange
zur Ausführung benötigt, kann die Esc-Taste gedrückt werden.

Wenn einer der zuletzt verwendeten Befehle erneut ausgeführt werden soll, kann die
Taste ↑ verwendet werden. Um eine Abfolge von Prozessschritten bei der Datenanalyse
immer wieder auszuführen, empfiehlt sich auf jeden Fall das Arbeiten mit Skriptdateien.
Die Befehle aus dem Skriptfenster können über das Menü **File/Save As...** als Skriptdatei
gespeichert werden und zu einem späteren Zeitpunkt über das Menü **File/Open File...**
wieder geladen werden (siehe Abb. 4.45).

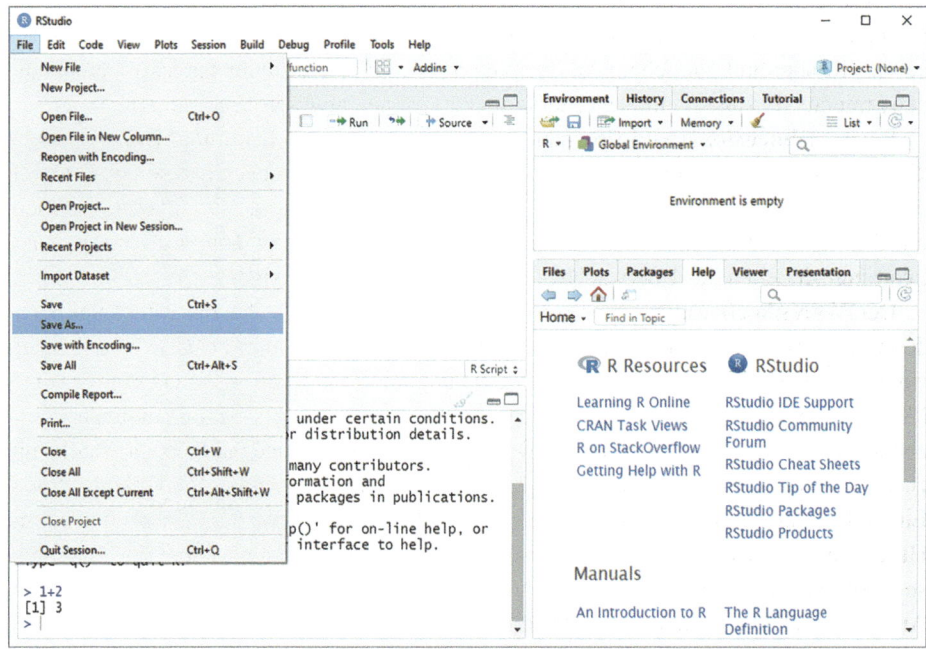

Abb. 4.45 Skriptdatei speichern

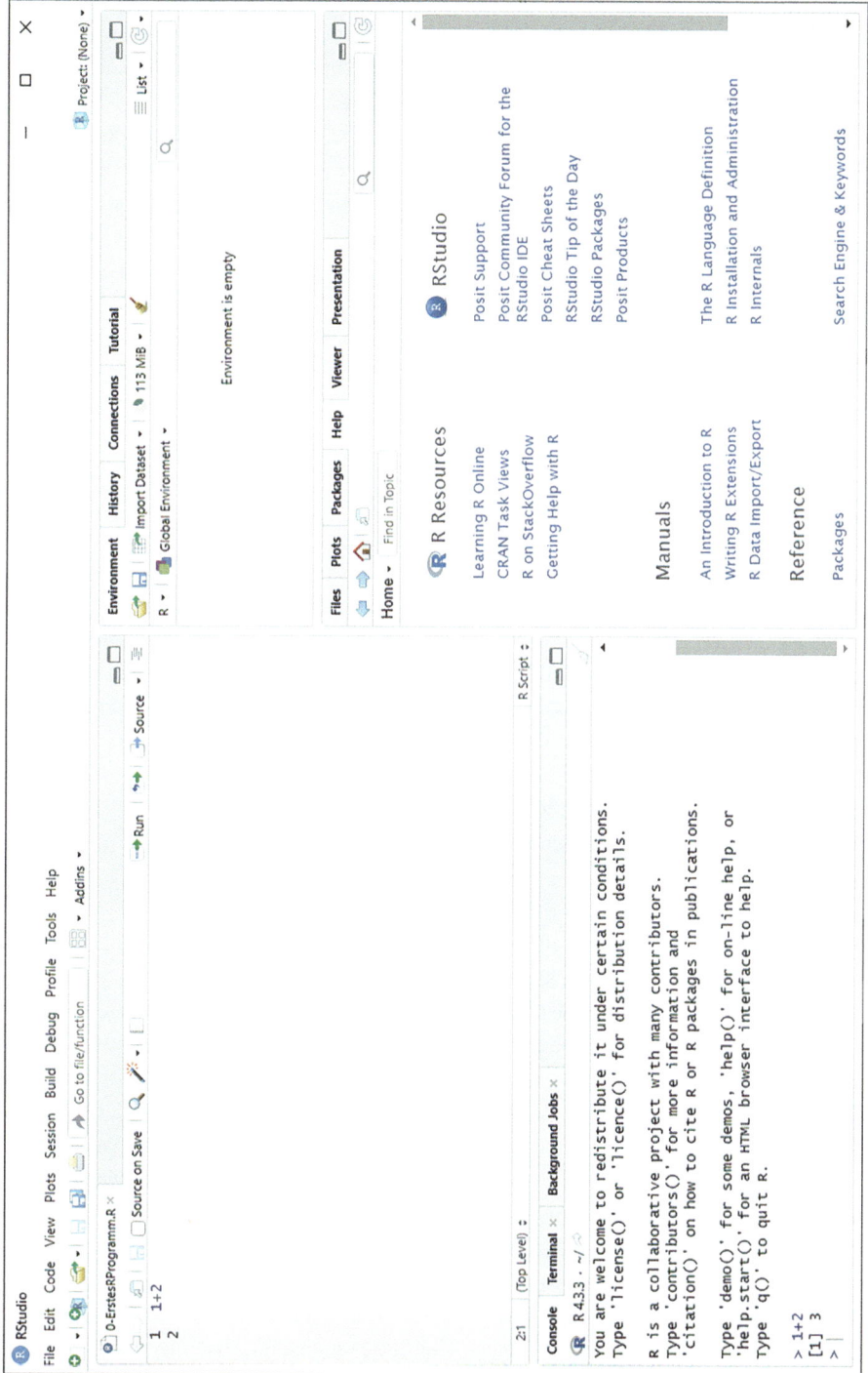

Abb. 4.46 Skriptdatei 0-ErstesRProgramm.R

Speichern Sie das Skript mit dem Namen „0-ErstesRProgramm" ab. Die Dateierweiterung für R-Skriptdateien ist „.R". Im Rahmen des Skriptfensters steht nach dem Speichern der Name der Skriptdatei (siehe Abb. 4.46). Es ist möglich mehrere Skriptdateien gleichzeitig zu öffnen. Diese werden dann nebeneinander angezeigt.

Eine R-Session kann in RStudio über das Menü mit **File/Quit Session** oder mit der Funktion `q()` beendet werden. Wenn R beendet wird, folgt im Standard die Frage, ob der Workspace (alle Objekte/Variablen/Funktionen im Global Environment) gespeichert werden sollen. Bei jedem Start von R wird der Workspace geladen. Wenn es also gewünscht ist, dass die Arbeit später an gleicher Stelle fortgesetzt werden soll, wo diese aufgehört wurde, dann ist es sinnvoll den Workspace zu speichern. Möchte man nicht bei jedem Beenden von R gefragt werden, ob der Workspace gespeichert werden soll, kann man dies auch im Menü **Tools/Global Options/General** dauerhaft einstellen (Optionen: Always, Never, Ask).

4.7   Pakete in R installieren

Es existieren mehr als 15.000 sogenannte Pakete (Packages) mit erweiterten Funktionen für R, die üblicherweise über das CRAN abrufbar sind und mit der Funktion `install.packages(„Paket")` von dort abgerufen und in das Dateiverzeichnis R-Library auf dem lokalen Rechner kopiert werden können. Die Angabe des Paketnamens muss bei dieser Funktion in Anführungszeichen erfolgen. Die Installation ist auf einem Rechner nur ein einziges Mal erforderlich. Es empfiehlt sich den Parameter `dependencies=TRUE` zu verwenden, so dass automatisch auch alle anderen Packages installiert werden, auf deren Funktionen und Inhalte das installierte Paket zurückgreift.

Eine Liste der bereits installierten Pakete kann mit der Funktion `installed.packages()` angezeigt werden.

Nach jedem Start von R muss die Funktion `library(Paket)` aufgerufen werden, um das Paket in den Arbeitsspeicher zu laden bzw. dies zu aktivieren. Vor Ausführung dieses Befehls können die in einem Package enthaltenen Funktionen nicht genutzt werden. Ist ein Paket für die Ausführung eines Skriptes erforderlich, so ist die Funktion `require()` geeignet, um bei Bedarf sowohl die Installation als auch das Laden eines Paketes zu veranlassen.

Das Paket **tidyverse** (Posit 2024b) ist ein sogenanntes Kompositpaket, welches die Pakete ggplot2, dplyr, tidyr, readr, purr, tibble, stringr und forcats beinhaltet. Anstatt diese einzeln installieren und laden zu müssen wird dies mit einer Anweisung über das Paket **tidyverse** erreicht. Es ist empfehlenswert dieses Paket für Data-Science-Projekte zu laden. Für wesentliche Funktionen des Machine Learnings empfiehlt sich ebenfalls die Installation des Kompositpakets `tidymodels` (Posit 2024a), welches die Pakete rsample, parsnip, recipes, workflows, tune, yardstick, broom und dials beinhaltet.

Werden bei dem Laden eines Pakets Konflikte angezeigt, wie nachfolgend beim Laden von `tidyverse`, dass die Funktion `filter` nicht nur im Paket **dplyr**, sondern auch im Paket **stats** existiert, dann gilt es bei Bedarf dem Funktionsaufruf von filter aus dem jeweiligen Paket den Paketnamen mit zwei Doppelpunkten voranzustellen, z. B. `dplyr::filter()` bzw. `stats::filter()`. Dies stellt sicher, dass die jeweils gewünschte filter-Funktionen vom System ausgeführt wird.

Packages installieren und aktivieren, Hilfe zu Packages

```
#- Pakete-------------------------------------------------------------
#install.packages("tidyverse")      # Installation Package (einmalig)
library(tidyverse)                  # Aktivieren Package (bei jedem R-Start)
#?tidyverse                         # Hilfe zu Package
#help(tidyverse)                    # Hilfe zu Package
#install.packages("tidymodels")     # Installation Package (einmalig)
library(tidymodels)                 # Aktivieren Package (bei jedem R-Start)
```

Wenn ein Package geladen bzw. aktiviert ist, können die darin enthaltenen Funktionen aufgerufen werden. Mit `?Paket` bzw. `help(Paket)` kann die Hilfe zu einem Package oder mit `?Funktion` bzw. `help(Funktion)`g die Hilfe zu einer Funktion aus dem Paket aufgerufen werden, z. B. `?tidyverse` für die Hilfe zu dem Paket **tidyverse** oder `?geom_boxplot` für die Hilfe zu der Funktion `geom_boxplot()` aus dem Paket **ggplot2**.

Da sich die Funktionalität der R-Pakete permanent weiterentwickelt, ist es ab und zu sinnvoll die installierten Pakete auf den neuesten Stand zu bringen. Dies ist mit der Funktion `update.packages()` möglich.

Sollte man gewisse Pakete nicht mehr benötigen, so kann man diese mit der Funktion `remove.packages()` jederzeit entfernen.

Die Installation, Aktualisierung, Aktivierung oder das Entfernen von Paketen ist ebenso über RStudio möglich (Quadrant unten rechts in Abb. 4.47).

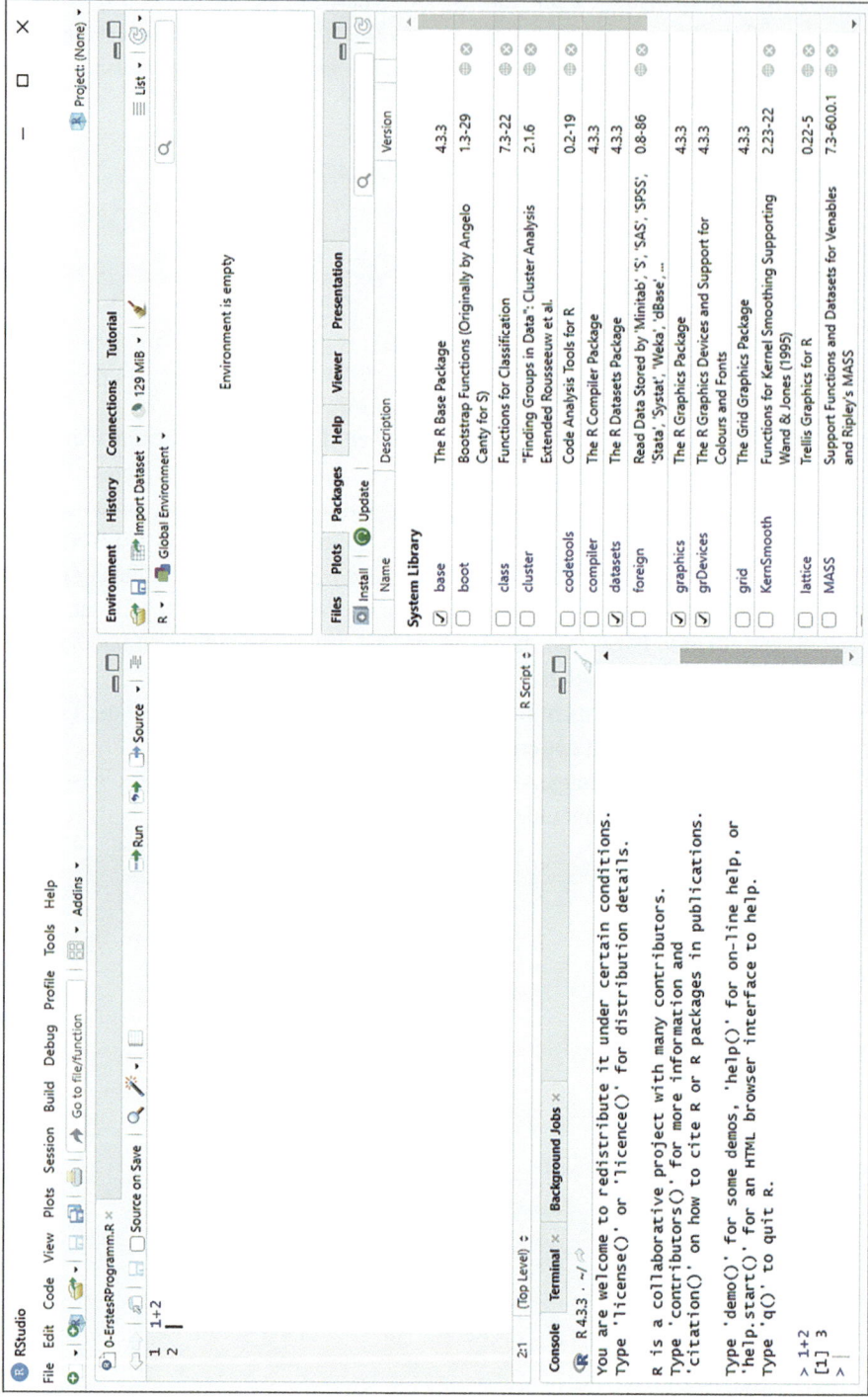

Abb. 4.47 Installation und Aktivierung von Paketen

4.8   Pakete in Python installieren

Ebenso wie in R gilt es auch in Python Pakete zu installieren (einmalig) und zu aktivieren (nach jedem Start einer Python-Session). Die Installation von Paketen erfolgt
über den Anaconda Prompt (siehe Abb. 4.6). In der Kommandozeile wird die Funktion
`python -m pip install paketname` ausgeführt (siehe Abb. 4.48). Der Upgrade eines
Pakets kann mit der Funktion `python -m pip install -upgrade paketname` erreicht
werden.

Die Aktivierung eines Pakets erfolgt im Python-Code mit der Funktion `import`
`paketname`. Sollen die Funktionen des Pakets über eine Abkürzung leichter aufgerufen werden, so ist es möglich bei der Funktion mit dem Parameter as eine Abkürzung zu
bestimmen, z. B. `import paketname as pt`. Wie dies mit Spyder umgesetzt wird ist in
Abb. 4.49 ersichtlich.

In RStudio kann dies gleichermaßen erfolgen, wenn zuvor die Konfiguration von RStudio abgeschlossen wurde, die in Abschn. 4.11 beschrieben ist (siehe Abb. 4.50).

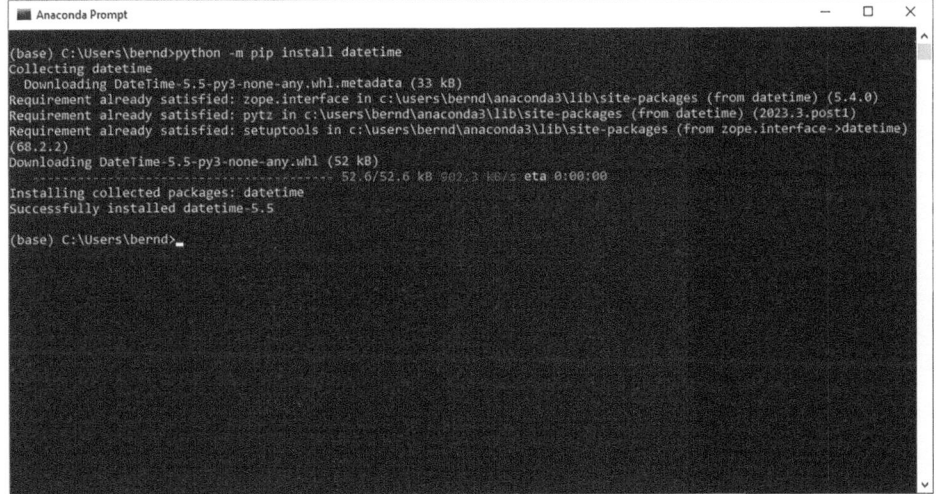

Abb. 4.48 Installation von Paket über Anaconda Prompt

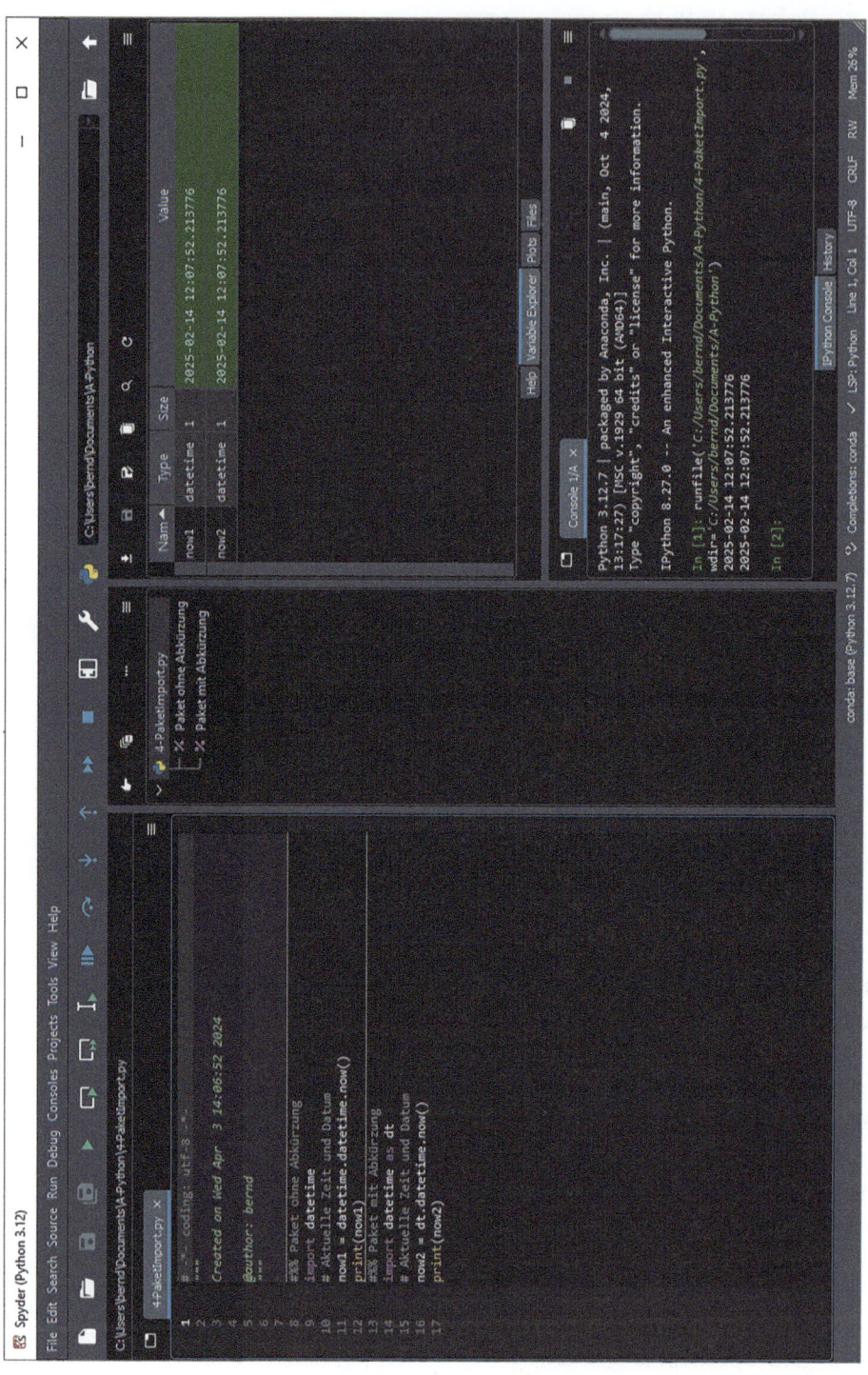

Abb. 4.49   Aktivierung und Ausführung von Paket in Spyder

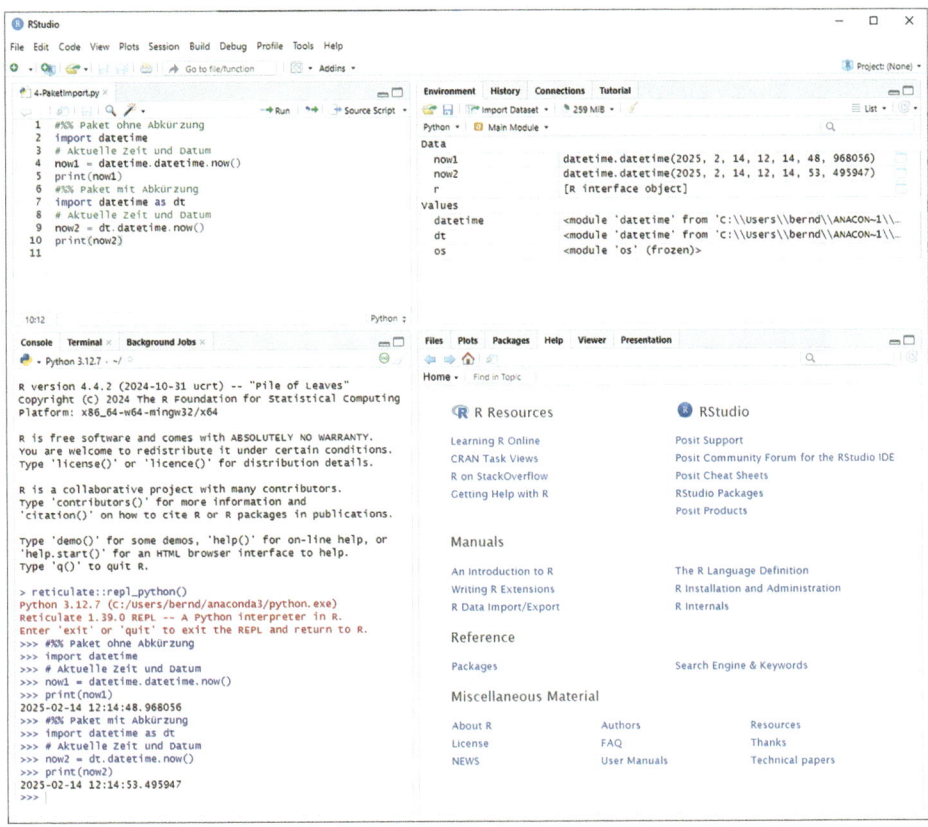

Abb. 4.50 Aktivierung und Ausführung von Paket in RStudio

4.9   Python in Anaconda Prompt ausführen

Wenn Sie in Spyder eine Python-Skriptdatei mit dem Namen 5-TestScatter.py speichern (Python-Code siehe Abb. 4.51), dann lässt sich dieses Skript anschließend entweder in Spyder ausführen oder alternativ auch aus der Kommandozeile über den Anaconda Prompt (siehe Abb. 4.6).

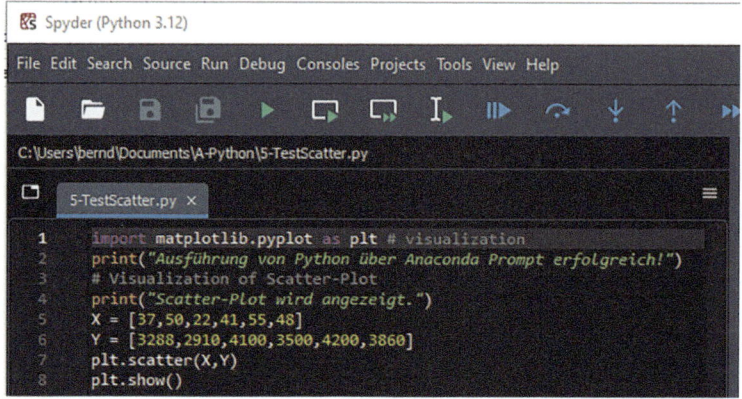

Abb. 4.51 Python Skript

Abb. 4.52 Pfadangabe der
Python Skriptdatei

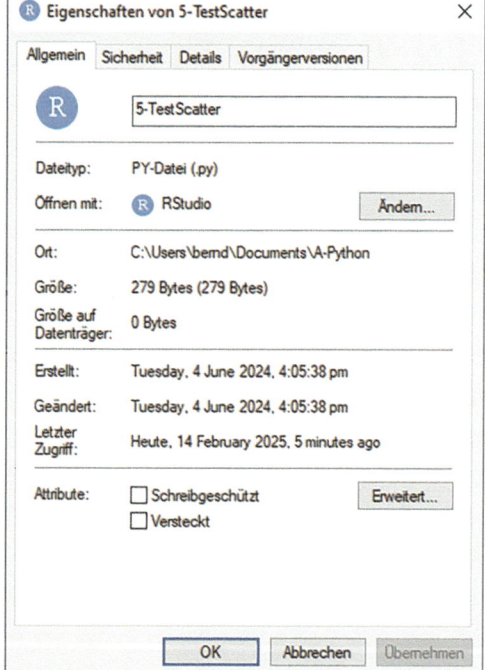

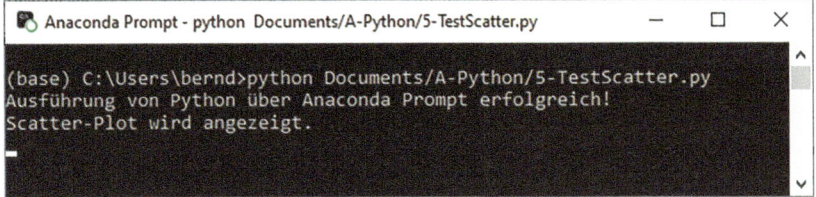

Abb. 4.53 Anaconda Prompt Ausführung von Python Skript

Der Pfad, in dem das Python Skript gespeichert wurde, wird in Spyder angezeigt. Alternativ kann im Datei-Explorer die Skriptdatei markiert werden und mit der linken Maustaste lassen sich dann die Eigenschaften anzeigen (siehe Abb. 4.52).

Die Angabe des Ortes (Verzeichnis) muss dann korrekt in die folgende Anweisung übernommen werden. In der Kommandozeile des Anaconda Prompt wird die Funktion `python Documents/A-Python/5-TestScatter.py` ausgeführt (siehe Abb. 4.53).

Neben der Textausgabe erfolgt auch die Ausgabe des Scatter-Plots (siehe Abb. 4.54).

So lässt sich Python-Code auch ohne den Aufruf einer Entwicklungsumgebung wie Spyder ausführen.

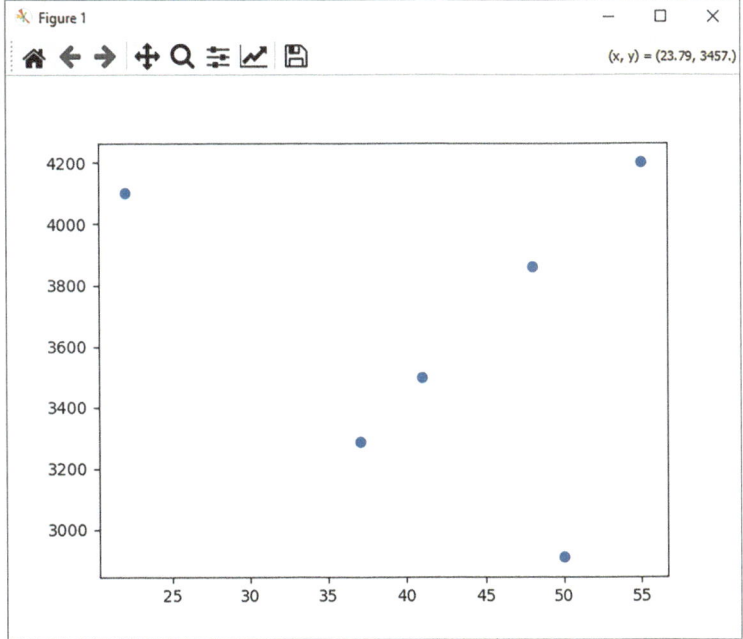

Abb. 4.54 Scatter-Plot

4.10   Python als Executable in Windows Prompt ausführen

Um eine Python Skriptdatei in eine ausführbare .exe-Datei zu konvertieren kann das
Paket **pyinstaller** verwendet werden. Dazu sollten Sie zunächst im Anaconda Prompt
die Anweisung `pip install pyinstaller` ausführen. Anschließend kann die im letzten Abschnitt erstellte Python Skriptdatei mit der Anweisung `pyinstaller --onefile`
`Documents/A-Python/5-TestScatter.py` (der Parameter onefile gibt an, dass wir nur
eine Datei umwandeln wollen) in eine .exe-Datei konvertieren. Wenn nach einer Weile
die Meldung „Building EXE from EXE-00.toc completed successfully" erscheint, dann
war die Umwandlung erfolgreich. Die ausführbare Datei wird in dem Verzeichnis dist
abgelegt, welches auch im Anaconda Prompt angezeigt wird (siehe Abb. 4.55).

Die ausführbare Datei lässt sich jetzt aus diesem Verzeichnis auch in ein anderes Verzeichnis verschieben. Dort, wo die Datei abgelegt ist, kann sie dann jederzeit über die
Windows Kommandozeile ausgeführt werden (siehe Abb. 4.56).

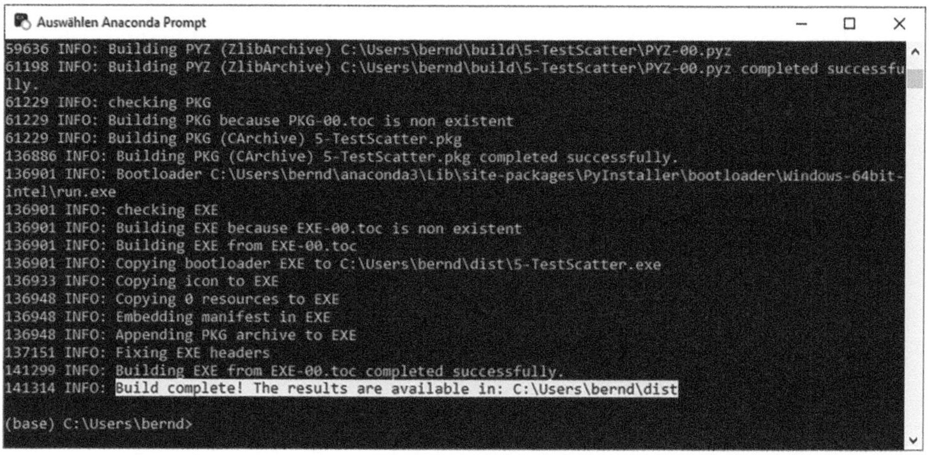

Abb. 4.55 Anaconda Prompt

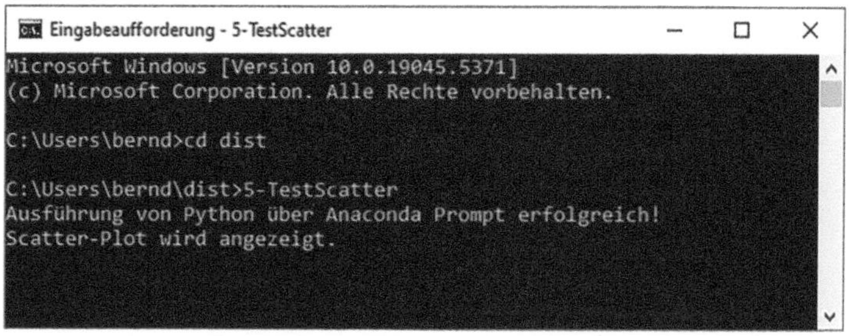

Abb. 4.56 Ausführung von TestScatter.exe-Datei

Nach dem Schließen des Abbildungsfensters ist das Fenster der Eingabeaufforderung bereit für weitere Kommandoeingaben.

4.11 Python in RStudio ausführen

Um mit RStudio auch Python-Anweisungen ausführen zu können gilt es in RStudio über das Menü „Tools/Global Options/Python" mit „Select" die installierte Python-Version zu selektieren (siehe Abb. 4.57) und anschließend mit „Apply" zu bestätigen.

Darüber hinaus muss das R-Paket **reticulate** installiert und aktiviert werden.

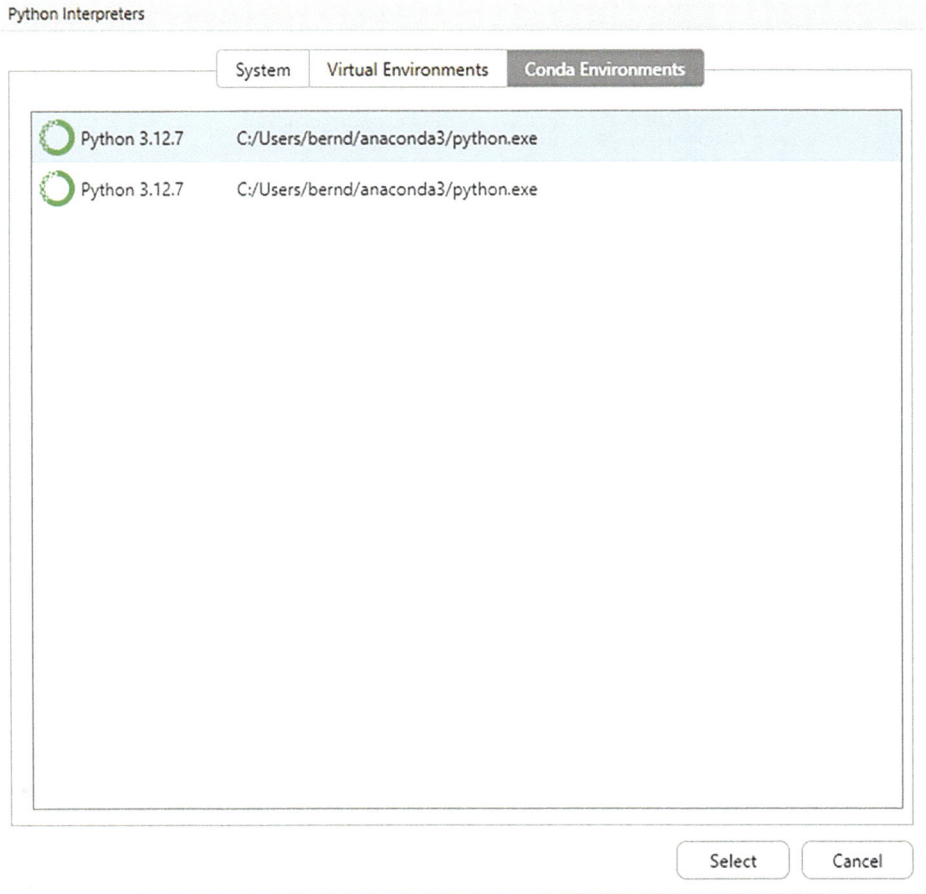

Abb. 4.57 Python-Pfad in RStudio

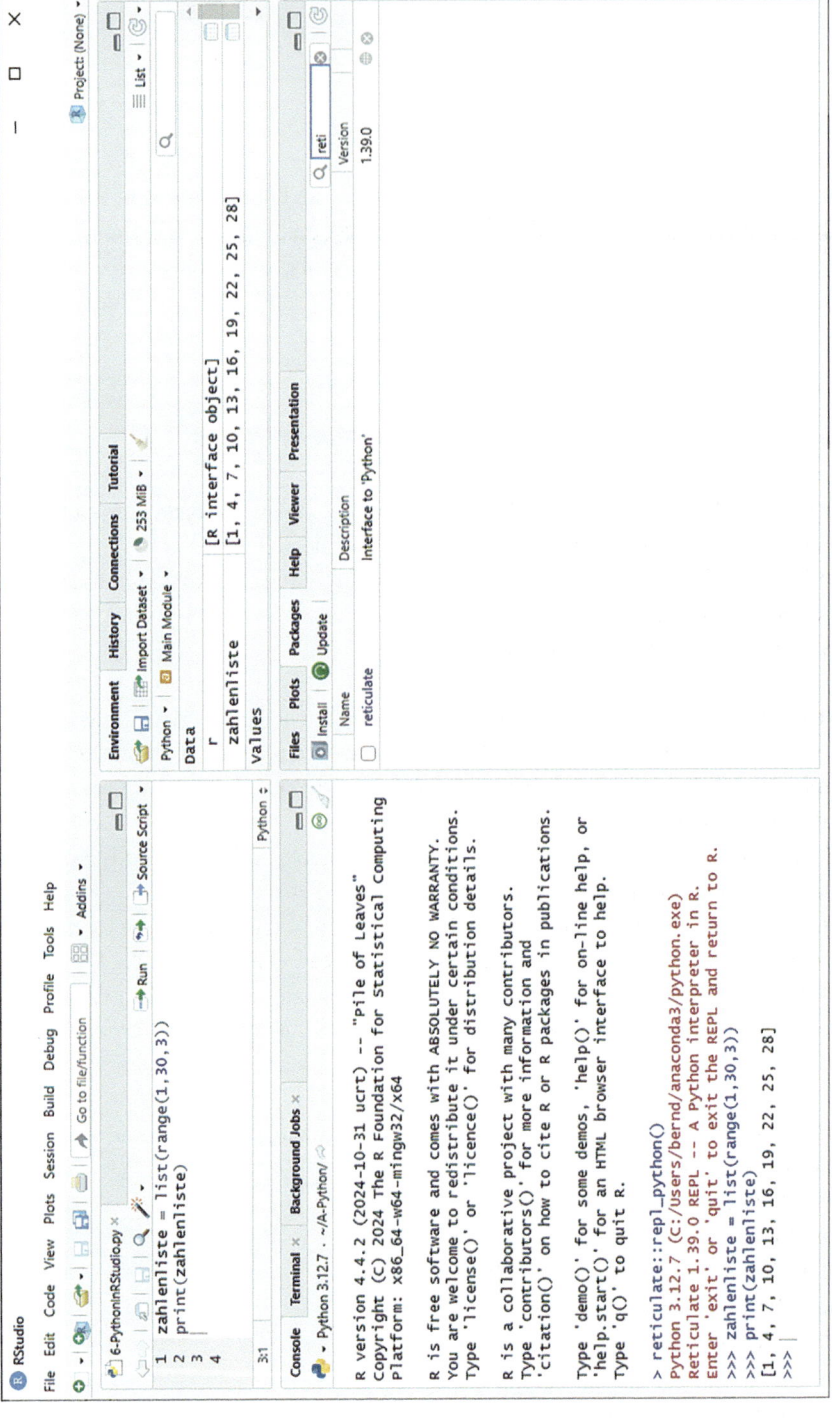

Abb. 4.58 Python-Code in RStudio

Ausführung von Python-Code in RStudio vorbereiten

```
#install.packages("reticulate")      # Installation Package (einmalig)
library(reticulate)                  # Aktivieren Package (bei jedem R-Start)
```

Um Python-Code in R-Studio auszuführen, muss zunächst Python als Skriptsprache ausgewählt werden. Dies erfolgt über das Menü mit „File/New File/Python Script". Der dort
eingefügte Python-Code kann dann wie gewohnt mit Run ausgeführt werden.

Python-Code in RStudio ausführen

```
zahlenliste = list(range(1,30,3))
print(zahlenliste)
## [1, 4, 7, 10, 13, 16, 19, 22, 25, 28]
```

Die neu erstellte Variable wird im Environment unter Main Module angezeigt und die
Ausgabe erfolgt in der Konsole (siehe Abb. 4.58).

4.12   Paket pythonforbusiness

Die hier im Buch verwendeten Datasets, sofern nicht explizit auf andere Pakete verwiesen
wird, befinden sich in dem von mir erstellten R-Paket **pythonforbusiness**. Sie können
dieses Paket mit den folgenden Anweisungszeilen in RStudio installieren:

- `install.packages("devtools")`
- `install.packages("learnr")`
- `install.packages("reticulate")`
- `library(reticulate)`
- `reticulate::py_install("pandas")`
- `reticulate::py_require("pandas")`
- `py_module_available("pandas") # Sollte TRUE anzeigen`
- `library(learnr)`
- `install.packages("devtools")`
- `library(devtools)`
- `devtools::install_github("bheesen/pythonforbusiness",force=TRUE)`
- `library(pythonforbusiness)`

Nach erfolgreicher Installation können Sie die enthaltenen Daten und Funktionen im Ausschnitt „Global Environment" nach Auswahl des Pakets „package pythonforbusiness"
anzeigen lassen und mit diesen arbeiten (siehe Abb. 4.59).

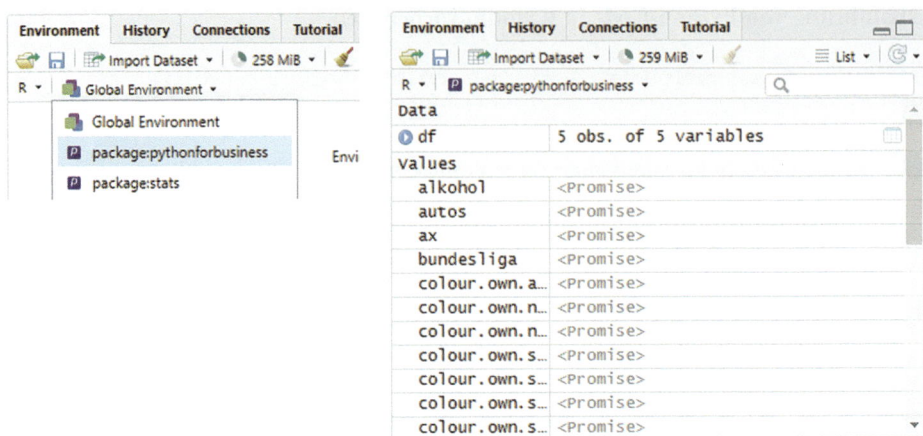

Abb. 4.59 R-Paket pythonforbusiness

Begleitend zu den Inhalten des Buches sind auch Tutorials zum Erlernen der Programmiersprache Python in dem R-Paket **pythonforbusiness** enthalten. Sie können die Tutorials, die mit dem Paket **learnr** (Schloerke 2024) erstellt wurden, mit den folgenden Anweisungszeilen in RStudio starten:

- `ml.tutorial(name = "py.syntax")`
- `ml.tutorial(name = "py.datenstrukturen")`
- `ml.tutorial(name = "py.operationen")`
- `ml.tutorial(name = "py.kontrollstrukturen")`
- `ml.tutorial(name = "py.funktionen")`
- `ml.tutorial(name = "py.standardfunktionen")`

Wenn Sie ein Tutorial starten, dann öffnet sich ein Browser-Fenster, welches Ihnen interaktiv Inhalte präsentiert und auch die Ausführung von Anweisungen unterstützt (siehe Abb. 4.60).

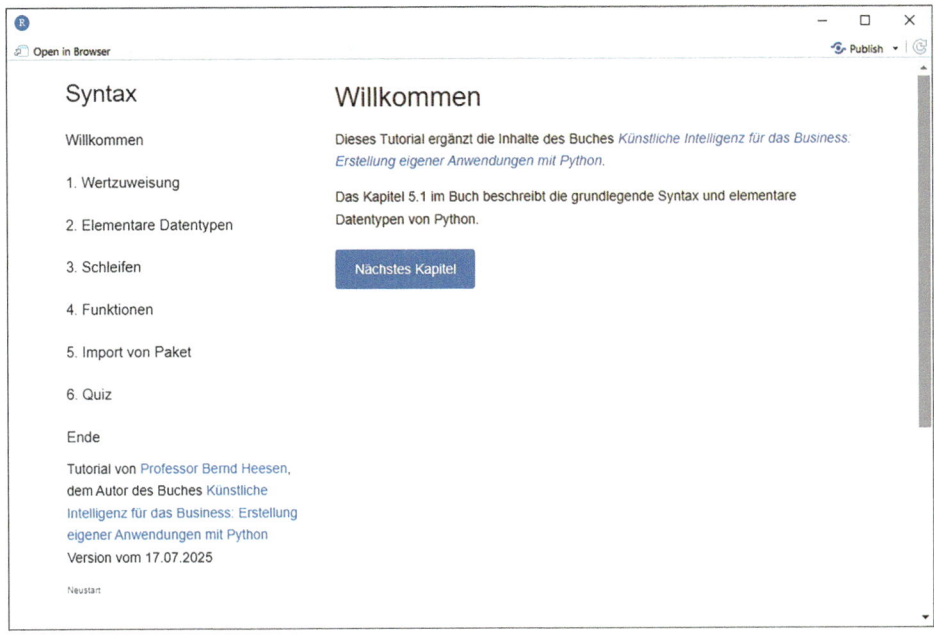

Abb. 4.60 Python Tutorial aus dem R-Paket pythonforbusiness

Literatur

Anaconda. (2025). *Anaconda*. Abgerufen am 12. Februar 2025 von https://www.anaconda.com/download

Posit. (2024a). *Tidymodels*. Abgerufen am 02. April 2024 von https://www.tidymodels.org/

Posit. (2024b). *Tidyverse*. Abgerufen am 02. April 2024 von https://www.tidyverse.org/

Posit. (2025). *RStudio IDE: The most trusted IDE for open source data science*. Abgerufen am 12. Februar 2025 von https://posit.co/products/open-source/rstudio

Python Software Foundation. (2025). *Python*. Abgerufen am 18. Mai 2025 von https://www.python.org

R CRAN Team. (2024). *RTools: Toolchains for building R and R packages from source on Windows*. Abgerufen am 24. March 2024 von https://cran.r-project.org/bin/windows/Rtools

R Foundation. (2025). *The R Project for Statistical Computing*. Abgerufen am 12. Februar 2025 von https://www.r-project.org

Schloerke, B. (2024). *Learnr*. Abgerufen am 24. March 2024 von Learnr: https://rstudio.github.io/learnr

Spyder. (2024). *Spyder: The scientific Python development environment*. Abgerufen am 23. March 2024 von https://www.spyder-ide.org/

Spyder. (2025). *Welcome to Spyder's Documentation*. Abgerufen am 12. Februar 2025 von https://docs.spyder-ide.org/current/index.html

Python-Grundlagen

5

Zusammenfassung

Dieses Kapitel vermittelt die zentralen Grundlagen der Programmiersprache Python für den Einsatz in ML-Projekten. Es behandelt Datentypen, Datenstrukturen, mathematische und statistische Operationen, Kontrollstrukturen, Funktionen und Klassen sowie die Erstellung eigener Module. Der Fokus liegt auf praxisnaher Umsetzung von Datenanalysen.

Ein Tutorial für die Programmiersprache findet sich auf der Webseite der Python Software Foundation (2025). Python-Anweisungen bestehen aus Ausdrücken, also aus **Wertzuweisungen** (arithmetischen oder logischen Operatoren) oder **Funktionsaufrufen**. Wertzuweisungen erfolgen in Python mit Hilfe des Zuweisungsoperators =. Um einer Variablen mitarbeiterdeutschland den Wert 3237 zuzuweisen wäre daher die Anweisung `mitarbeiterdeutschland = 3237` korrekt.

Der Inhalt einer Variablen lässt sich in der Konsole anzeigen, indem der Name der Variablen eingegeben und diese Anweisung dann ausgeführt wird. Auf die Elemente einer Vektorvariablen kann durch Indizierung in eckigen Klammern zugegriffen werden, wobei die Indizierung in Python bei 0 startet, z. B. `mitarbeiter[1]` gibt den zweiten Wert der Vektorvariablen mit dem Namen mitarbeiter aus.

Wenn Anweisungen nicht in eine Zeile passen, können diese auch durch den Backslash am Ende einer Zeile (es darf kein Zeichen, auch kein Leerzeichen folgen) umgebrochen werden; eine sogenannte explizite Mehrzeilenanweisung. Eine implizite Mehrzeilenanweisung ist möglich, wenn eine offene Klammer (, [oder { noch nicht durch das Gegenstück abgeschlossen wurde.

Das Zusammenfügen mehrerer Anweisungen in einer Zeile ist mit dem Semikolon; möglich, z. B. `a = 1; b = 3; c = 59`.

© Der/die Autor(en), exklusiv lizenziert an Springer Fachmedien Wiesbaden GmbH, ein Teil von Springer Nature 2025
B. Heesen, *Künstliche Intelligenz im Business*,
https://doi.org/10.1007/978-3-658-49545-9_5

Schleifen haben den Vorteil, dass eine Reihe von Anweisungen, nachdem sie selektiert wurden, mit Run Selected Line(s) im Menü bzw. der Funktionstaste F9 ausgeführt werden können.

Funktionsaufrufe beziehen sich oft auf Funktionen, die in Paketen enthalten sind. Um ein Paket zu aktivieren, wird die Anweisung `import paketname` verwendet. Um den Paketnamen nicht immer in voller Länge in Anweisungen angeben zu müssen, wird der Parameter „as" verwendet, z. B. `import numpy as np`. Wenn nur einzelne Teilpakete, Funktionen, Klassen oder Daten aus einem Paket importiert werden sollen, ist dies mit der Anweisung `from paket import objekt` möglich. So wird kein unnötiger Platz im Arbeitsspeicher verschwendet. Um einen Überblick aller Objekte eines Pakets zu erhalten ist es möglich den Paketnamen gefolgt von dem Punktoperator und der Tab-Taste einzugeben.

Funktionsaufrufe sind daran erkennbar, dass nach dem Namen des Paketes, einem Punkt und dem Namen der Funktion Klammern folgen, in denen der Funktion ggfs. Parameter mitgegeben werden können, z. B. `np.mean(mitarbeiter)`, um den Mittelwert für die Variable „mitarbeiter" zu berechnen. Die Hilfe zu einer Funktion lässt sich durch Voranstellen eines Fragezeichens aufrufen, z. B. `?np.mean`.

Python ist case-sensitiv, bei den Namen von Funktionen und Objekten wird also die Groß- und Kleinschreibung unterschieden, so dass `np.mean(mitarbeiter)` nur dann funktioniert, wenn es eine Funktion `mean()` in dem Paket **numpy** und auch ein Objekt `mitarbeiter` gibt, die beide keine Großbuchstaben beinhalten. Die Anweisung `np.Mean(Mitarbeiter)` würde eine Fehlermeldung verursachen, wenn entweder die Funktion `Mean()` oder das Objekt `Mitarbeiter` nicht in dieser Kombination von Groß-/Kleinschreibung existieren.

Um die Befehle in Skriptdateien zu kommentieren, können Kommentare durch ein vorangestelltes „#" eingefügt werden. Alle in der entsprechenden Zeile nachfolgenden Zeichen werden dann nicht als Python-Anweisung, sondern als Kommentar betrachtet.

Wertzuweisung, Kommentar, Schleife, Funktionsaufruf

```
## Wertzuweisung und Kommentar----------------------------------------------
mitarbeiterdeutschland = 3237      # Wertzuweisung
mitarbeiterdeutschland             # Ausgabe der Variable
## 3237
mitarbeiterholland = 259           # Wertzuweisung
## Funktion [] fügt Variablen zu einer Liste zusammen
mitarbeiter = [mitarbeiterdeutschland, mitarbeiterholland]
mitarbeiter                        # Ausgabe der Liste
## [3237, 259]
mitarbeiter[0]                     # Erstes Element der Liste (beginnt mit Index 0)
## 3237
mitarbeiter[1]                     # Zweites Element der Liste
## 259
## Anweisung über mehr als eine Zeile---------------------------------------
mitarbeiterinsgesamt = mitarbeiterdeutschland \
                    + mitarbeiterholland
mitarbeiterinsgesamt
## 3496
```

```
## Mehrere Anweisungen in einer Zeile------------------------------------------
a = 1; b = 3; c = 59
print(a,b,c)
## 1 3 59
## Schleife--------------------------------------------------------------------
for i in range(0, 2, 1):
    print(mitarbeiter[i])  # Gibt Inhalt von mitarbeiter mit Index i aus
## 3237
## 259
## Import von Paket-----------------------------------------------------------
import numpy as np                # Paket numpy importieren
#np.                              # np. Tab -> zeigt alle Objekte aus Paket np an
from math import pi               # Objekt pi aus Paket math importieren
pi
## 3.141592653589793
## Funktionsaufruf------------------------------------------------------------
np.mean(mitarbeiter)             # Funktion np.mean() berechnet den Mittelwert
## 1748.0
np.Mean(mitarbeiter)             # Funktion mit Großbuchstabe M existiert nicht
## AttributeError: module 'numpy' has no attribute 'Mean'
np.mean(Mitarbeiter)             # Variable mit Großbuchstabe M existiert nicht
## NameError: name 'Mitarbeiter' is not defined
## Hilfe zu Funktion----------------------------------------------------------
#In Spyder wird Hilfe zu dem Objekt an der Cursorposition durch Ctrl+I angezeigt
#?np.mean
```

5.1 Elementare Datentypen

In vielen Programmiersprachen muss eine Variable durch die Zuweisung eines Namens und eines spezifischen Datentyps deklariert werden, bevor ihr ein Wert zugewiesen werden kann. In Python müssen Variablen nicht im Vorfeld deklariert werden, sondern sie werden in dem Augenblick der Wertzuweisung dynamisch erschaffen und Python bestimmt den Datentyp automatisch, sofern dieser nicht spezifisch angegeben wird. Bei Stringvariablen erfolgt die Zuweisung in Anführungszeichen, bei Zahlen ohne Anführungszeichen.

Die wichtigsten elementaren Datentypen in Python sind:

- **Float (float)** sind Gleitkommazahlen, wobei das Dezimalkomma in Python standardmäßig durch einen Punkt ein- und ausgegeben wird.
- **Complex (complex)** sind Zahlen, die aus der Mantisse m und dem Exponenten e mit $x = m \times 10^e$ bestehen.
- **Integer (int)** sind ganzzahlige Zahlenwerte und verbrauchen weniger Speicherplatz als der Typ Float oder Complex.
- **Boolean (bool)** sind logische Werte, welche True oder False sein können.
- **String (str)** sind Zeichenketten bzw. Strings und werden entweder in einfache ' ' oder doppelte " " Anführungszeichen gesetzt.

Nachdem eine Wertzuweisung an eine Variable erfolgt ist, kann die Funktion `type()` genutzt werden, um den von Python automatisch zugewiesenen Datentyp anzeigen zu lassen. Die Funktion `isinstance()` erlaubt zu prüfen, ob eine Variable von einem spezifischen

Datentyp ist, z. B. isinstance(a,int) überprüft, ob die Variable a vom Typ integer ist. Das Ergebnis dieser Funktionen ist TRUE, wenn die Variable von diesem Datentyp ist, ansonsten FALSE.

Wenn der Datentyp konvertiert werden soll, so ist dies mit den Funktionen float(), int(), str(), list(), tuple() und set() möglich. Die vorgenannten Funktionen können auch genutzt werden, um neue, leere Objekte zu erzeugen, z. B. a=list() erzeugt eine leere Liste mit dem Namen a. Nur für Dictionaries ist eine einfache Konvertierung nicht möglich, da ja die Angabe von Schlüssel und Werten erforderlich wäre. Aus einem Dictionary kann man jedoch eine Liste, ein Tupel oder eine Menge erzeugen, in der dann jedoch nur die Schlüssel enthalten sind.

Die Ausgabe numerischer Variablen kann durch die Methode format u. a. die Anzahl der Nachkommastellen festlegen, z. B. "Kosten von {:.3f} Euro und {:.4f} Euro" .format(n1, 77.54321) erzeugt die Ausgabe „Kosten von 10000.123 Euro und 77.5432 Euro", wenn n1 den Inhalt 10000.12345 hat.

Logische Variablen können die Werte True oder False annehmen. Die Logikprüfung l1 = 2 > 3 erzeugt für l1 den Wert False.

Zeichenketten können in einfache oder doppelte Anführungszeichen gesetzt werden und besitzen in Python den Datentyp str. Wenn innerhalb einer Zeichenkette ein einfaches Hochkomma enthalten sein soll, so ist die Zeichenkette in doppelten Anführungszeichen einzuschließen. Wenn innerhalb einer Zeichenkette ein doppeltes Hochkomma enthalten sein soll, so ist die Zeichenkette in einfachen Anführungszeichen einzuschließen. Mehrzeilige Zeichenketten lassen sich in dreifachen Hochkomma einschließen. Zeichenketten mit einer Länge, die nicht in eine Editorzeile passen können mit Backslash (\) oder in Klammern aus mehreren Zeichenketten zusammengefügt werden. Bevor eine Zeichenkette in eine Zahl umgewandelt wird, bietet sich die Prüfung an, ob die Zeichenkette auch wirklich nur eine Zahl beinhaltet, was über die Methode isdecimal() möglich ist. Mit den Operationen + bzw. =+ lassen sich Zeichenketten aneinanderfügen. Auch die Methode join() erlaubt das Verketten von Zeichenketten. Die Methode split() separiert die Worte einer Zeichenkette und erstellt eine Liste. Ein Suchen ist mit der Methode find() und ein Suchen und Ersetzen mit der Methode replace() möglich. Der Zugriff auf Teile einer Zeichenkette ist über Index in eckigen Klammern möglich, wobei der Index 0 für das erste Zeichen einer Zeichenkette verwendet wird, z. B. s1[0] für die Variable s1. Auch ein Intervall von Zeichen einer Zeichenkette lässt sich über einen Von-Index und Bis-Index angeben, wobei ein Doppelpunkt die beiden Indizes voneinander trennt, z. B. s1[0:4], um die Zeichen 1 bis 3 der Variablen s1 anzuzeigen. Bei der Angabe von Intervallgrenzen ist die untere Intervallgrenze inkludiert, die obere Intervallgrenze jedoch exkludiert.

Datentypen: Float, Complex, Integer, Bool, Str

```
## Numerische Datentypen (float, complex, integer)--------------------------------
n1=10000.12345                    # Numerische Variable
n1                                # Variableninhalt
## 10000.12345
```

```
print(n1)
## 10000.12345
type(n1)                        # Datentyp
## <class 'float'>
isinstance(n1,int)              # Prüfung, ob Variable vom Typ Integer ist
## False
n2=int(n1)                      # Konvertierung zu Integer
n2                              # Variableninhalt
## 10000
isinstance(n2,int)              # Prüfung, ob Variable vom Typ Integer ist
## True
n3=complex(n1)                  # Konvertierung zu Complex
n3                              # Variableninhalt
## (10000.12345+0j)
n4=round(n1,2)                  # Runden auf 2 Nachkommastellen
n4                              # Variableninhalt
## 10000.12
n1,n2,n3,n4
## (10000.12345, 10000, (10000.12345+0j), 10000.12)
print(n1,n2,n3,n4)
## 10000.12345 10000 (10000.12345+0j) 10000.12
print("n1:",n1,"n2:",n2,"n3:",n3,"n4:",n4)
## n1: 10000.12345 n2: 10000 n3: (10000.12345+0j) n4: 10000.12
#   Formatierung von Zahlen für die Ausgabe mit .format
#     {} für Variablen, die sich in Klammer nach .format befinden
#     :.xf für x Nachkommastellen
"Kosten von {:.3f} Euro und {:.4f} Euro".format(n1, 77.54321)
## 'Kosten von 10000.123 Euro und 77.5432 Euro'
print("Kosten von {:.3f} Euro und {:.4f} Euro".format(n1, 77.54321))
## Kosten von 10000.123 Euro und 77.5432 Euro
## Logische Datentypen (bool)----------------------------------------------
l1 = True                       # Boolsche Variable
l1                              # Inhalt
## True
type(l1)                        # Datentyp
## <class 'bool'>
l2=n1<10                        # Logikprüfung
print("n1<10 =",l2)
## n1<10 = False
l3=n1>10
print("n1>10 =",l3)
## n1>10 = True
## String Datentypen (str)-------------------------------------------------
s1='Erste Zeichenkette'         # String-Variable in einfachen Anführungszeichen
s1                              # Inhalt
## 'Erste Zeichenkette'
type(s1)                        # Datentyp
## <class 'str'>
len(s1)                         # Länge des Strings
## 18
s2="Machine Learning hilft"     # String-Variable in doppelten Anführungszeichen
s2                              # Inhalt
## 'Machine Learning hilft'
type(s2)                        # Datentyp
## <class 'str'>
len(s2)                         # Länge des Strings
## 22
type(n2)                        # Datentyp
## <class 'int'>
```

```
#  Konvertierung von String Datentypen
s3=str(n2)                          # Konvertierung von Zahl in String
s3                                  # Inhalt
## '10000'
type(s3)                            # Datentyp
## <class 'str'>
len(s3)                             # Länge des Strings
## 5
s4="23.80"                          # Zahl als String-Variable
s4                                  # Inhalt
## '23.80'
type(s4)                            # Datentyp
## <class 'str'>
n5=float(s4)                        # Konvertierung von String in Zahl (float)
n5                                  # Inhalt
## 23.8
type(n5)                            # Datentyp
## <class 'float'>
#  Mehrzeilige String Datentypen
s5 = """Diese Zeichenkette besteht aus mehreren Zeilen.
Zeile-2
Zeile-3"""
s5                                  # Inhalt zeigt Zeilenumbrüche als \n an
## 'Diese Zeichenkette besteht aus mehreren Zeilen.\nZeile-2\nZeile-3'
print(s5)                           # print() berücksichtigt  Zeilenumbrüche
## Diese Zeichenkette besteht aus mehreren Zeilen.
## Zeile-2
## Zeile-3
#                                   # Zeilenumbruch mit  Backslash
s6 = "Dies ist ein so extrem langer String, der nicht in den 80"\
"Zeichen des Editors in eine Zeile passt!"
print(s6)
## Dies ist ein so extrem langer String, der nicht in den 80Zeichen des Editors in e
ine Zeile passt!
#                                   # Zeilenumbruch mit Rundklammern
s7 = ("Dies ist ein so extrem langer String, der nicht in den 80"
"Zeichen des Editors in eine Zeile passt!")
print(s7)
## Dies ist ein so extrem langer String, der nicht in den 80Zeichen des Editors in e
ine Zeile passt!
print(s6 == s7)                     # Prüfung, ob Strings identisch sind = TRUE
## True
#  Logikprüfungen zu String Datentypen
'Erste' in s1                       # Prüfung, ob 'Erste" in String enthalten ist
## True
'Zweite' in s1                      # Prüfung, ob 'Zweite" in String enthalten ist
## False
s1.isdecimal()                      # Logische Frage ob String nur Zahlen
## False
s3.isdecimal()                      # Logische Frage ob String nur Zahlen
## True
s8='Anführungszeichen bedeutend' # String-Variable in einfachen Anführungszeichen
s8                                  # Inhalt
## 'Anführungszeichen bedeutend'
s9="Anführungszeichen bedeutend" # String-Variable in einfachen Anführungszeichen
s9                                  # Inhalt
## 'Anführungszeichen bedeutend'
s8==s9                              # Prüfung, ob Strings identisch sind = TRUE
## True
s10='Er sagte "Ich lerne Python"'# String-Variable in einfachen Anführungszeichen
s10                                 # Inhalt
## 'Er sagte "Ich lerne Python"'
```

```
s11="Er sagte 'Ich lerne Python'"# String-Variable in doppelten Anführungszeichen
s11
## "Er sagte 'Ich lerne Python'"
s10==s11                          # Prüfung, ob Strings identisch sind = FALSE
## False
#  Methoden für String Datentypen
s1.upper()                        # Konvertierung in Grossbuchstaben
## 'ERSTE ZEICHENKETTE'
s1.lower()                        # Konvertierung in Kleinbuchstaben
## 'erste zeichenkette'
s1+=" für heute"                  # Operation += fügt Strings zusammen
s1
## 'Erste Zeichenkette für heute'
#  Eine Zahl muss vor += mit \"str()\" in einen String konvertiert werden
s1print=s1
print(n4)
## 10000.12
s1print+="ist die Zahl "+n4       # Fehlermeldung, da eine Zahl
## TypeError: can only concatenate str (not "float") to str
s1print+="ist die Zahl "+str(n4) # Keine Fehlermeldung, da String
print(s1print)
## Erste Zeichenkette für heute ist die Zahl 10000.12
sliste = s1.split()               # Worttrennung von String
sliste
## ['Erste', 'Zeichenkette', 'für', 'heute']
type(sliste)                      # Datentyp
## <class 'list'>
len(sliste)                       # Länge der Liste
## 4
sjoined1="-".join(sliste)         # Zusammenfügen von Strings einer List
sjoined1
## 'Erste-Zeichenkette-für-heute'
sjoined2="_".join(['Dies',"war","ein","Beispiel"])
sjoined2
## 'Dies_war_ein_Beispiel'
sjoined2.find("Beispiel")         # Index des ersten Vorkommens
## 13
sjoined2.find("heute")            # -1, wenn der String nicht vorkommt
## -1
sreplaced=sjoined2.replace("Dies","Das") # Suchen/Ersetzen von String
sreplaced
## 'Das_war_ein_Beispiel'
#  Zugriff auf String Datentypen über Index
s1
## 'Erste Zeichenkette für heute'
s1[0]                             # Index 0 ist das erste Zeichen
## 'E'
# Intervallangabe mit :
# Untere Intervallgrenze x ist inkludiert, obere Intervallgrenze y ist exkludiert
# Dies entspricht der Intervallnotation [x,y)
s1[0:4]                           # von Index bis Index-1
## 'Erst'
s1[0:4] == s1[:4]                 # von Indexangabe kann entfallen, wenn von Index 0
## True
s1[3:]                            # bis Indexangabe kann entfallen, wenn bis Ende
## 'te Zeichenkette für heute'
s1 == s1[:]
## True
s1[::3]                           # jedes dritte Zeichen
## 'EtZcnt ree'
s1[2::3]                          # jedes Zweite ab Index 2
## 's ieeüht'
s1[::-1]                          # jedes Zeichen von hinten beginnend
## 'etueh rüf etteknehcieZ etsrE'
```

5.2 Datenstrukturen

Wird nur ein einzelner Wert in einer Variablen gespeichert, so bezeichnet man diese als **einfache Variable** bzw. **elementaren Datentyp**. Werden mehrere Werte in einer Variablen gespeichert, so bezeichnet man diese als **Vektor** bzw. **Datenstruktur**. Die wichtigsten nicht elementaren Datentypen, also Datenstrukturen, in Python sind:

- **Liste (list)** und **Tupel (tuple)** sind Vektoren aus einer geordneten Liste von Elementen, welche unterschiedlichen Typs sein können. Die einzelnen Elemente lassen sich über einen Index ansprechen.
- **Set (set)** sind Mengen von nicht geordneten Elementen, bei denen doppelte Elemente nicht vorkommen.
- **Dictionary (dict)** sind Lexika, d. h. es gibt einen Schlüsselbegriff (key), dem etwas zugeordnet wird, ähnlich einem Wörterbuch, bei dem einem Wort dessen Übersetzung zugeordnet wird.
- **Array (Ndarray)** sind N-dimensionale Arrays, welche besonders für die Verarbeitung von numerischen Arrays sehr verbreitet sind. Um diese Datenstruktur nutzen zu können, muss zuvor das Paket **numpy** installiert sein.
- **Dataframe (dataframe)** und **Serie (series)** sind 2-dimensionale Dataframes, welche besonders für die Verarbeitung von Tabellen sehr verbreitet sind. Um diese Datenstruktur nutzen zu können muss zuvor das Paket **pandas** installiert sein.

Nachfolgend werden die Vektoren vom Datentyp Liste, Tupel, Set, Dictionary, Array, Dataframe und Serie näher beschrieben.

5.2.1 Liste und Tupel

Liste (list) und Tupel (tuple) sind Vektoren aus einer geordneten Liste von Elementen, welche unterschiedlichen Typs sein können. Die einzelnen Elemente lassen sich über einen Index ansprechen.

Eine Liste wird mit eckigen Klammern definiert und besteht aus einer Folge von Elementen, die auch unterschiedlichen Typs sein können, z. B. l1=[1.2, -13, 46, 1880.12, -2.5, 77]. Listen können beliebige Datentypen enthalten, auch wieder Listen, z. B. l2=["Text",43.88,570] und l3=[[81,9],"Ansbach",512,12]. In Python werden die Nachkommastellen wie im Englischen üblich mit einem Punkt getrennt und nicht wie im Deutschen mit einem Komma. Kommas werden dagegen verwendet, um die Argumente einer Liste, eines Tupels oder einer Funktion voneinander zu trennen.

Tupel unterscheiden sich von Listen dadurch, dass die Inhalte nicht veränderbar sind und sie mit runden Klammern initialisiert werden, also z. B. t1=("Siemens","Bosch", "SAP"). Tupel verfügen lediglich über die Methoden count(), welche die Anzahl des Vorkommens eines Wertes zählt und index(), welche den Index des ersten Vorkommens eines Wertes bestimmt.

Listen verfügen über die Methoden `append()` zum Hinzufügen eines Elements, `extend()` zum Hinzufügen aller Elemente einer anderen Liste, `pop()` zum Entfernen eines Elements über den angegebenen Index, `remove()` zum Entfernen eines Elements mit dem angegebenen Inhalt und `sort()` zum Sortieren der Elemente einer Liste.

Auch ein Intervall von Zeichen einer Zeichenkette lässt sich über einen Von-Index und Bis-Index angeben, wobei ein Doppelpunkt die beiden Indizes voneinander trennt, z. B. `l1[0:4]`, um die Zeichen 1 bis 3 der Liste l1 anzuzeigen. Bei der Angabe von Intervallgrenzen ist die untere Intervallgrenze inkludiert, die obere Intervallgrenze jedoch exkludiert.

Eine Liste oder ein Tupel kann durch Eingabe des Namens angezeigt werden. Auf einzelne Elemente eines Vektors kann durch Indizierung in eckigen Klammern zugegriffen werden, wobei die Indizierung bei 0 startet, z. B. `l1[2]` gibt den dritten Wert der Liste l1 aus, hier also 46. Das Voranstellen eines Minuszeichens vor den Index bewirkt, dass dieser vom Ende der Liste nach vorne gezählt wird, z. B. `l1[-2]` zeigt das vorletzte Elemente an. Es können auch mehrere Werte eines Vektors unter Angabe von Intervallgrenzen ausgegeben werden, z. B. die Elemente 3 bis 5 mit der Anweisung `l1[2:4]`. Bei der Angabe von Intervallgrenzen ist die untere Intervallgrenze inkludiert, die obere Intervallgrenze jedoch exkludiert. Das Weglassen einer Intervallgrenze, z. B. `l1[:2]` zeigt alle Elemente bis zum Zweiten und `l1[3:]` zeigt alle Elemente ab dem Dritten an. Der zweifache Doppelpunkt gibt eine Schrittgröße an, z. B. Die Anweisung `l1[::-1]` zeigt alle Elemente der Liste von hinten nach vorne an und `l1[1::2]` zeigt beginnend mit dem zweiten Element (Index 1) jedes zweite nachfolgende Element an.

Die Funktion `len()` gibt die Anzahl der Elemente einer Liste oder eines Tupels zurück. Dies kann auch zur Berechnung der Indizes verwendet werden. Möchte man z. B. auf das vorletzte Element zugreifen, so kann man dies mit der Anweisung `l1[len(l1)-2]` erreichen.

Listen können selbst wieder Listen als Elemente enthalten und somit ineinander geschachtelt sein, wie z. B. eine Matrix. Nachfolgend wird gezeigt, wie derartige Listen mit der Funktion `itertools.chain.from_iterable()` entschachtelt werden können.

Da Tupel unveränderlich sind, eignen sie sich auch zur Definition von Konstanten. Wenn eine Variable nur eine kleine Anzahl von benennbaren Zuständen hat, z. B. Wochentage, Monate oder Noten, dann können mit dem Paket **enums** (enumeration bzw. Aufzählung) Konstantenklassen festgelegt werden (siehe nachfolgende Kodierung).

Liste und Tupel

```
## Liste-------------------------------------------------------------
l1=list()                      # Liste ohne Inhalt
l1
## []
l1=[1.2, -13, 46, 1880.12, -2.5, 77]    # Liste
l1
## [1.2, -13, 46, 1880.12, -2.5, 77]
l1[0]                          # Ausgabe 1. Element
## 1.2
```

```
l1[2]                                    # Ausgabe 3. Element
## 46
l1[2:4]                                  # Ausgabe 3.-4. Element
## [46, 1880.12]
l1[:2]                                   # Ausgabe bis 2. Element
## [1.2, -13]
l1[3:]                                   # Ausgabe ab dem 3. Element
## [1880.12, -2.5, 77]
l1[1::2]                                 # Ausgabe 2. Element und jedes 2.
## [-13, 1880.12, 77]
l1[::-1]                                 # Ausgabe von hinten nach vorne
## [77, -2.5, 1880.12, 46, -13, 1.2]
l1[-2]                                   # Ausgabe vorletztes Element
## -2.5
len(l1)                                  # Anzahl Elemente von Liste
## 6
l1[len(l1)-2]                            # Ausgabe vorletztes Element
## -2.5
l2=["Text",43.88,570]                    # Liste mit verschiedenen Datentypen
l2
## ['Text', 43.88, 570]
l3=[[81,9],"Ansbach",512,l2]             # Liste mit Listen als Element
l3
## [[81, 9], 'Ansbach', 512, ['Text', 43.88, 570]]
l3[3]
## ['Text', 43.88, 570]
## Tupel------------------------------------------------------------------
t1=("Schweinsteiger","Lahm","Lahm")      # Tupel
t1
## ('Schweinsteiger', 'Lahm', 'Lahm')
t1[2]                                    # Ausgabe 3. Element
## 'Lahm'
## Liste ändern möglich---------------------------------------------------
l1
## [1.2, -13, 46, 1880.12, -2.5, 77]
l1[0]=20
l1
## [20, -13, 46, 1880.12, -2.5, 77]
## Tupel ändern nicht möglich---------------------------------------------
t1
## ('Schweinsteiger', 'Lahm', 'Lahm')
t1[0]="BMW"
## TypeError: 'tuple' object does not support item assignment
## Methoden für Tupel: count, index---------------------------------------
t1
## ('Schweinsteiger', 'Lahm', 'Lahm')
t1.count("Lahm")                         # Häufigkeit von Element
## 2
t1
## ('Schweinsteiger', 'Lahm', 'Lahm')
t1.index("Lahm")                         # Index von erstem Vorkommen
## 1
## Methoden für Listen: append, extend, pop, remove, sort-----------------
l1
## [20, -13, 46, 1880.12, -2.5, 77]
l1.append("neu1")                        # Ein Element anfügen
l1
## [20, -13, 46, 1880.12, -2.5, 77, 'neu1']
l2
## ['Text', 43.88, 570]
```

```
l1.append(l2)                          # Ein Element anfügen
l1
## [20, -13, 46, 1880.12, -2.5, 77, 'neu1', ['Text', 43.88, 570]]
l1.extend(l2)                          # Alle Elemente einer Liste anfügen
l1
## [20, -13, 46, 1880.12, -2.5, 77, 'neu1', ['Text', 43.88, 570], 'Text', 43.88, 570
]
l1=l1+l2                               # Alle Elemente einer Liste anfügen
l1
## [20, -13, 46, 1880.12, -2.5, 77, 'neu1', ['Text', 43.88, 570], 'Text', 43.88, 570
, 'Text', 43.88, 570]
l1+=l3                                 # Alle Elemente einer Liste anfügen
l1
## [20, -13, 46, 1880.12, -2.5, 77, 'neu1', ['Text', 43.88, 570], 'Text', 43.88, 570
, 'Text', 43.88, 570, [81, 9], 'Ansbach', 512, ['Text', 43.88, 570]]
l1.pop()                               # Löscht Element; ohne Index letztes E.
## ['Text', 43.88, 570]
l1
## [20, -13, 46, 1880.12, -2.5, 77, 'neu1', ['Text', 43.88, 570], 'Text', 43.88, 570
, 'Text', 43.88, 570, [81, 9], 'Ansbach', 512]
l1.pop(2)                              # Löscht 3. Element
## 46
l1
## [20, -13, 1880.12, -2.5, 77, 'neu1', ['Text', 43.88, 570], 'Text', 43.88, 570, 'T
ext', 43.88, 570, [81, 9], 'Ansbach', 512]
l1.remove("neu1")                      # Löscht Element mit spezifischem Wert
l1
## [20, -13, 1880.12, -2.5, 77, ['Text', 43.88, 570], 'Text', 43.88, 570, 'Text', 43
.88, 570, [81, 9], 'Ansbach', 512]
l1=[1.2, -13, 46, 1880.12, -2.5, 77]   # Liste von Zahlen
l1.sort()
l1
## [-13, -2.5, 1.2, 46, 77, 1880.12]
l4=["Zumba","Walzer","Foxtrott"]       # Liste von Strings
l4.sort()
l4
## ['Foxtrott', 'Walzer', 'Zumba']
## Entschachteln von geschachtelten Listen: itertools.chain.from_iterable---------
import itertools
matrix=[[700,5,62.43],[500.70,8,22]]
matrix
## [[700, 5, 62.43], [500.7, 8, 22]]
type(matrix)
## <class 'list'>
len(matrix)
## 2
matrixwerte=list(itertools.chain.from_iterable(matrix))
print(matrixwerte)
## [700, 5, 62.43, 500.7, 8, 22]
type(matrixwerte)
## <class 'list'>
len(matrixwerte)
## 6
## Entpacken von Listen und Tupeln: Variablenzuweisung * steht für "mehrere"------
l5=["BMW","Porsche","Audi","VW"]       # Liste
x1,*x2,x3=l5                           # Entpacken von Liste l5
x1
## 'BMW'
type(x1)                               # String
## <class 'str'>
x2
## ['Porsche', 'Audi']
```

```
type(x2)                                # Liste
## <class 'list'>
x3
## 'VW'
type(x3)                                # String
## <class 'str'>
t5=("BMW","Porsche","Audi","VW")        # Tupel
x1,*x2,x3=t5                            # Entpacken von Tupel t5
x1
## 'BMW'
type(x1)                                # String
## <class 'str'>
x2
## ['Porsche', 'Audi']
type(x2)                                # Liste
## <class 'list'>
x3
## 'VW'
type(x3)                                # String
## <class 'str'>
## Konstante als Klasse: enum.Enum-----------------------------------------------
import enum
class wochentag(enum.Enum):             # Definition von Konstante
    Montag = 1
    Dienstag = 2
    Mittwoch = 3
    Donnerstag = 4
    Freitag = 5
    Samstag = 6
    Sonntag = 7
class note(enum.Enum):                  # Definition von Konstante
    sehr_gut = 1
    gut = 2
    befriedigend = 3
    ausreichend = 4
    mangelhaft = 5
wochentag(2)
## <wochentag.Dienstag: 2>
wochentag["Samstag"]
## <wochentag.Samstag: 6>
len(wochentag)
## 7
note(4)
## <note.ausreichend: 4>
len(note)
## 5
for tag in wochentag:                   # Schleife über Konstante
    print(tag)
## wochentag.Montag
## wochentag.Dienstag
## wochentag.Mittwoch
## wochentag.Donnerstag
## wochentag.Freitag
## wochentag.Samstag
## wochentag.Sonntag
```

```
for tag in wochentag:                   # Schleife über Konstante
    if tag.name == "Montag":
        wert = 1
    elif tag.name == "Dienstag":
        wert = 2
    elif tag.name == "Mittwoch":
        wert = 3
    elif tag.name == "Donnerstag":
        wert = 4
    elif tag.name == "Freitag":
        wert = 5
    elif tag.name == "Samstag":
        wert = 6
    else:
        wert = 7
    print(tag,": Name:",tag.name,"=",wert)
## wochentag.Montag : Name: Montag = 1
## wochentag.Dienstag : Name: Dienstag = 2
## wochentag.Mittwoch : Name: Mittwoch = 3
## wochentag.Donnerstag : Name: Donnerstag = 4
## wochentag.Freitag : Name: Freitag = 5
## wochentag.Samstag : Name: Samstag = 6
## wochentag.Sonntag : Name: Sonntag = 7
for bewertung in note:                  # Schleife über Konstante
    print(bewertung)
## note.sehr_gut
## note.gut
## note.befriedigend
## note.ausreichend
## note.mangelhaft
```

5.2.2   Set

Ein Set ist eine Menge von Elementen, die ihre Elemente genau einmal beinhaltet. Ein Set wird in geschweiften Klammern angegeben, z. B. `s1={1,2,3,4,5}`.

Sets verfügen über die Methoden `union()` zur Erstellung einer Gesamtmenge, `intersection()` zur Erstellung einer Schnittmenge, `difference()` zur Erstellung einer Differenzmenge und `add()` zum Hinzufügen von Elementen zu einem Set.

Set

```
## Set--------------------------------------------------------------------
s1={1,2,3,4,5}                          # Set
s1
## {1, 2, 3, 4, 5}
l1=["Götze","Schweinsteiger","Müller"]  # Liste
s2 = set(l1)                            # Set aus Liste bilden
type(s2)
## <class 'set'>
s2
## {'Müller', 'Schweinsteiger', 'Götze'}
t1=("Schweinsteiger","Lahm","Lahm","Lahm")# Tupel
s3 = set(t1)                            # Set aus Tupel bilden
type(s3)
## <class 'set'>
s3
## {'Lahm', 'Schweinsteiger'}
```

```
## Methoden für Set: union, intersection, difference, add------------------------
s2.union(s3)                              # Gesamtmenge
## {'Müller', 'Lahm', 'Schweinsteiger', 'Götze'}
s3.union(s2)
## {'Müller', 'Lahm', 'Schweinsteiger', 'Götze'}
s2.intersection(s3)                       # Schnittmenge
## {'Schweinsteiger'}
s3.intersection(s2)
## {'Schweinsteiger'}
s2.difference(s3)                          # Differenz
## {'Müller', 'Götze'}
s3.difference(s2)
## {'Lahm'}
s2
## {'Müller', 'Schweinsteiger', 'Götze'}
s2.add("Neuer")                            # Hinzufügen
s2
## {'Müller', 'Schweinsteiger', 'Neuer', 'Götze'}
```

5.2.3 Dictionary

Ein Dictionary ist ein Lexikon, welches aus einem Schlüssel (key) und dem Schlüssel zugeordneten Attributen besteht, so wie etwa bei einem Wörterbuch, bei dem einem Wort dessen Übersetzung und Beschreibung zugeordnet wird. Einem Schlüssel können auch mehrere Attribute zugeordnet sein und Attribute können beliebigen Datentyps sein. Ein Dictionary wird in geschweiften Klammern angegeben, wobei die Einträge aus dem Schlüssel und einem durch Doppelpunkt getrennten Bereich für die Attribute bestehen, z.B. `note1={'sehr gut': 1, 'gut': 2, 'befriedigend': 3, 'ausreichend': 4, 'mangelhaft': 5}`. Alternativ kann auch die Funktion `dict()` verwendet werden, z.B. `note2=dict(sehrgut=1,gut=2,befriedigend=3,ausreichend=4,mangelhaft=5)`. Es kann auch geschickt sein im Vorfeld zwei Listen mit den Schlüsselfeldnamen und den Daten anzulegen, um diese dann mit der Funktion `dict()` zu verbinden, z.B. `kunde = dict(zip(kunde_keys, kunde_wert))`. Hinweis: Ein Schlüsselfeld bei Dictionaries darf keine Zahl sein.

Die einzelnen Einträge werden nicht über einen Index, sondern über den Schlüssel angesprochen, z.B. `bewertung["schlecht"]`. Die items()-Methode eines Dictionary erstellt eine vollständige Liste von Key-Value-Paaren (Datentyp dict_items) eines Dictionary, z.B. `bewertungitems=bewertung.items()`. Um eine Liste aller Werte eines zu erstellen, benutzt man die Funktion values, z.B. `list(bewertung.values())`. Um eine Liste aller Schlüssel zu erstellen wird die Funktion keys() verwendet, z.B. `list(bewertung.keys())`.

Wenn zu einem Schlüssel mehrere Attribute in einem Dictionary hinterlegt werden, beispielhaft eine Telefonnummer und E-Mail-Adresse je Kunde, dann werden die Werte in eckigen Klammern durch Komma getrennt angegeben, z.B. `kunden = {"Stefan Schmidt": ["0172-98654", "s.schmidt@web.de"], "Melanie Meier": ["0151-77432", "m.meier@web.de"],}`.

Dictionary

```
## Dictionary-----------------------------------------------------------------
note1={                                      # Dictionary
    "sehr gut": 1,
    "gut": 2,
    "befriedigend": 3,
    "ausreichend": 4,
    "mangelhaft": 5,
}
type(note1)
## <class 'dict'>
note1
## {'sehr gut': 1, 'gut': 2, 'befriedigend': 3, 'ausreichend': 4, 'mangelhaft': 5}
note2=dict(sehrgut=1,gut=2,befriedigend=3,ausreichend=4,mangelhaft=5)
type(note2)
## <class 'dict'>
note2
## {'sehrgut': 1, 'gut': 2, 'befriedigend': 3, 'ausreichend': 4, 'mangelhaft': 5}
bewertung = {                                # Dictionary
 "sehr gut": 2,
 "gut": 1,
 "neutral": 0,
 "schlecht": -1,
 "sehr schlecht": -2,
}
type(bewertung)
## <class 'dict'>
bewertung
## {'sehr gut': 2, 'gut': 1, 'neutral': 0, 'schlecht': -1, 'sehr schlecht': -2}
bewertung["schlecht"]                        # Anzeige Attribut über Key
## -1
bewertung["sehr schlecht"]=-3                # Ändern Attribut
bewertung["sehr gut"]=3
bewertung["ohne Wertung"]=0                  # Hinzufügen Key + Attribut
bewertung
## {'sehr gut': 3, 'gut': 1, 'neutral': 0, 'schlecht': -1, 'sehr schlecht': -3, 'ohn
e Wertung': 0}
# Kunden-Angaben = "Name", "Telefonnummer", "E-Mail", "Umsatz", "TOP-Kunde"
kunde_keys = ("Name","Telefonnummer","E-Mail","Umsatz","TOP-Kunde")
kunde_wert = ["Stefan Schmidt","0172-98654","s.schmidt@web.de",56000,True]
kunde = dict(zip(kunde_keys, kunde_wert)) # Dictionary
kunde
## {'Name': 'Stefan Schmidt', 'Telefonnummer': '0172-98654', 'E-Mail': 's.schmidt@we
b.de', 'Umsatz': 56000, 'TOP-Kunde': True}
kunde["E-Mail"]
## 's.schmidt@web.de'
# Kunden-Angaben mit mehr als einem Attribut je Key
kunden = {                                   # Dictionary
 "Stefan Schmidt": ["0172-98654", "s.schmidt@web.de"],
 "Melanie Meier": ["0151-77432", "m.meier@web.de"],
}
type(kunden)
## <class 'dict'>
kunden
## {'Stefan Schmidt': ['0172-98654', 's.schmidt@web.de'], 'Melanie Meier': ['0151-77
432', 'm.meier@web.de']}
kunden["Melanie Meier"]
## ['0151-77432', 'm.meier@web.de']
```

```
## Methoden für Dictionary: items, update, get, keys, values---------------------
bewertung_items=bewertung.items()
type(bewertung_items)
## <class 'dict_items'>
bewertung_items
## dict_items([('sehr gut', 3), ('gut', 1), ('neutral', 0), ('schlecht', -1), ('sehr
 schlecht', -3), ('ohne Wertung', 0)])
# Sortierung nach Key (Index 0)
bewertung_items_sortiert={key:value for (key,value) in sorted(bewertung.items(), key
=lambda x:x[0])}
bewertung_items_sortiert
## {'gut': 1, 'neutral': 0, 'ohne Wertung': 0, 'schlecht': -1, 'sehr gut': 3, 'sehr
schlecht': -3}
# Sortierung nach Attribut (Index 1)
bewertung_items_sortiert={key:value for (key,value) in sorted(bewertung.items(), key
=lambda x:x[1])}
bewertung_items_sortiert
## {'sehr schlecht': -3, 'schlecht': -1, 'neutral': 0, 'ohne Wertung': 0, 'gut': 1,
'sehr gut': 3}
bewertung.update({"nicht teilgenommen":0})# Hinzufügen Key + Attribut
bewertung
## {'sehr gut': 3, 'gut': 1, 'neutral': 0, 'schlecht': -1, 'sehr schlecht': -3, 'ohn
e Wertung': 0, 'nicht teilgenommen': 0}
# Methode get sucht Eintrag, falls nicht existiert erfolgt Meldung Parameter 2
bewertung.get("sehr gut","Eintrag nicht vorhanden")
## 3
bewertung.get("super gut","Eintrag nicht vorhanden")
## 'Eintrag nicht vorhanden'
bewertung_keys=list(bewertung.keys())
bewertung_keys
## ['sehr gut', 'gut', 'neutral', 'schlecht', 'sehr schlecht', 'ohne Wertung', 'nich
t teilgenommen']
bewertung_attribute=list(bewertung.values())
bewertung_attribute
## [3, 1, 0, -1, -3, 0, 0]
```

5.2.4 Array

Arrays (Datentyp: Ndarray) sind N-dimensionale Arrays, welche besonders für die Verarbeitung von numerischen Arrays sehr verbreitet sind. Um diese Datenstruktur nutzen zu können, muss zuvor das Paket **numpy** installiert sein.

Ein Array kann auf Basis einer Liste oder eines Tupels erzeugt werden, z. B. `a1=`
`np.array(l1)`, wenn die Liste l1 als Basis verwendet wird. Der Datentyp kann durch den Parameter dtype festgelegt werden, z. B. `np.array(l1,dtype=np.uint8)`. Eine Liste der in **numpy** verfügbaren Datentypen findet sich auf der Webseite des Pakets (Numpy 2024b). Die Funktion `dtype()` dient dazu den Datentyp eines Arrays anzuzeigen.

Funktionen zur Erzeugung von eindimensionalen Arrays sind `arange()` und `linspace()`. Für mehrdimensionale Arrays bieten sich die Funktionen `eye()`, `zeros()`, `ones()` und `default_rng(nn).random()` an, wobei nn eine Seedzahl für die Generierung von Zufallszahlen festlegt, so dass Python unabhängig von Ort, Zeit und Benutzer immer die gleichen Zufallszahlen liefert.

Auf die Elemente eines Arrays kann via Index zugegriffen werden, z. B. `a2[0,0]`, um auf die Zelle in der ersten Zeile und ersten Spalte zuzugreifen.

Mit der Funktion `ndim()` wird die Anzahl der Dimensionen angezeigt und mit der Funktion `shape()` wird für alle mehrdimensionalen Arrays auch die Anzahl der Zeilen und Spalten etc. angezeigt. Die Anzahl der Array-Elemente kann durch die Funktion `size()` erfolgen und der Arbeitsspeicherbedarf für ein Array wird durch die Funktion `nbytes()` angezeigt.

Im Machine Learning ist es oft auch erforderlich ein Array zu transponieren (um die Diagonale spiegeln), was mit Unterstützung der Funktion `T()` möglich ist.

Array

```
## Array---------------------------------------------------------------
import numpy as np                 # Numpy
from numpy.random import default_rng # Zufallszahlengenerator
l1=[1,2,3,4]
a1=np.array(l1)                    # Array auf Basis von Liste
type(a1)
## <class 'numpy.ndarray'>
a1
## array([1, 2, 3, 4])
# Datentyp für Elemente im Array festlegen: Numpy Datentypen
# siehe https://numpy.org/doc/stable/user/basics.types.html
a1=np.array(l1,dtype=np.uint8)     # Datentyp integer
a1
## array([1, 2, 3, 4], dtype=uint8)
a1=np.array(l1,dtype=np.single)    # Datentyp 8Bit Exponent, 23Bit Mantisse
a1
## array([1., 2., 3., 4.], dtype=float32)
# Array erzeugen lassen
np.arange(0,10)                    # Array von,bis
## array([0, 1, 2, 3, 4, 5, 6, 7, 8, 9])
np.arange(3,5,0.4)                 # Array von,bis,Inkrement
## array([3. , 3.4, 3.8, 4.2, 4.6])
np.linspace(1,5,7)                 # Array von,bis,Anzahl(gleicher Abstand)
## array([1.        , 1.66666667, 2.33333333, 3.        , 3.66666667,
##        4.33333333, 5.        ])
np.eye(3)                          # 2DArray Anzahl Zeilen=Spalten, Diag=1
## array([[1., 0., 0.],
##        [0., 1., 0.],
##        [0., 0., 1.]])
np.zeros((2,3))                    # 2DArray Anzahl Zeilen,Spalten, 0
## array([[0., 0., 0.],
##        [0., 0., 0.]])
np.zeros((2,3,2))                  # 3DArray Anzahl Zeilen,Spalten,Dim, 0
## array([[[0., 0.],
##         [0., 0.],
##         [0., 0.]],
##
##        [[0., 0.],
##         [0., 0.],
##         [0., 0.]]])
np.ones((2,4))                     # 2DArray Anzahl Zeilen,Spalten, 1
```

```
## array([[1., 1., 1., 1.],
##        [1., 1., 1., 1.]])
np.ones((2,4,2))                        # 3DArray Anzahl Zeilen,Spalten,Dim, 1
## array([[[1., 1.],
##         [1., 1.],
##         [1., 1.],
##         [1., 1.]],
##
##        [[1., 1.],
##         [1., 1.],
##         [1., 1.],
##         [1., 1.]]])
default_rng(87).random((2,4))          # 2DArray Anzahl Zeilen,Spalten, random
## array([[0.57075643, 0.78353931, 0.17239199, 0.48084496],
##        [0.42803309, 0.1885714 , 0.5391038 , 0.50211649]])
default_rng(87).random((2,4,2))        # 3DArray Anzahl Zeilen,Spalten,Dim, random
## array([[[0.57075643, 0.78353931],
##         [0.17239199, 0.48084496],
##         [0.42803309, 0.1885714 ],
##         [0.5391038 , 0.50211649]],
##
##        [[0.7308768 , 0.30123875],
##         [0.92562486, 0.00341207],
##         [0.04775835, 0.08509803],
##         [0.88378039, 0.70553423]]])
#  Indexierung
a2=default_rng(12345).random((3,4))    # 2DArray Anzahl Zeilen,Spalten, random
a2
## array([[0.22733602, 0.31675834, 0.79736546, 0.67625467],
##        [0.39110955, 0.33281393, 0.59830875, 0.18673419],
##        [0.67275604, 0.94180287, 0.24824571, 0.94888115]])
a2[0,0]                                 # Zelle Zeile 1, Spalte 1
## 0.22733602246716966
a2[1]                                   # Zeile 2
## array([0.39110955, 0.33281393, 0.59830875, 0.18673419])
a2[1,:]                                 # Zeile 2
## array([0.39110955, 0.33281393, 0.59830875, 0.18673419])
a2[1:3,2]                               # Zeile 2 bis 3, Spalte 3
## array([0.59830875, 0.24824571])
a2[:,3]                                 # Spalte 4
## array([0.67625467, 0.18673419, 0.94888115])
#  Dimensionen und Shape
a2.ndim                                 # Anzahl Dimensionen
## 2
a2.shape                                # Anzahl Zeilen/Spalten
## (3, 4)
a2.dtype                                # Datentyp
## dtype('float64')
a2.size                                 # Anzahl Array-Elemente
## 12
a2.nbytes                               # Arbeitsspeicherbedarf in Bytes
## 96
a2.T                                    # Transponiertes Array
## array([[0.22733602, 0.39110955, 0.67275604],
##        [0.31675834, 0.33281393, 0.94180287],
##        [0.79736546, 0.59830875, 0.24824571],
##        [0.67625467, 0.18673419, 0.94888115]])
a2
## array([[0.22733602, 0.31675834, 0.79736546, 0.67625467],
##        [0.39110955, 0.33281393, 0.59830875, 0.18673419],
##        [0.67275604, 0.94180287, 0.24824571, 0.94888115]])
```

5.2.5 Dataframe und Serie

Dataframes und Serien sind häufig verwendete Datenstrukturen, wobei eine Datenreihe (Series) einer Spalte in einer Datentabelle (Dataframe) entspricht. Ein Dataframe besteht aus mehreren Series-Objekten und jede Serie kann einen anderen Datentyp besitzen. Die beiden vorgenannten Datenstrukturen sind in dem Paket **pandas** enthalten.

Ein Dataframe kann mit der Funktion `DataFrame()` erstellt werden. Als Basis für die Inhalte können u. a. Arrays, Listen oder Dictionaries verwendet werden.

Methoden für Dataframes sind `shape()` zur Anzeige der Dimensionen (Zeilen,Spalten), `head()` für die Anzeige der ersten n Zeilen, `tail()` für die Anzeige der letzten n Zeilen, `dtypes()` für die Anzeige der Datentypen der Spalten, `columns()` für die Anzeige der Spaltennamen, `index()` für die Anzeige der Zeilennamen, `values()` für die Anzeige der Inhalte und `drop()`, um eine Zeile bzw. Spalte zu löschen. Auf welcher Achse man die Methode drop anwenden möchte wird durch den Parameter `axis` angegeben, wobei der Wert „0" für Zeilenwerte (index) und der Wert „1" für Spaltennamen (columns) verwendet wird.

Der Zugriff und die Änderung von Zellen eines Dataframes erfolgt durch die Methoden `at()` via Namen, `iat()` via Index und der Zugriff auf Zeilen durch die Methoden `loc()` via Namen und `iloc()` via Index. Beim Zugriff via Index gilt es zu berücksichtigen, dass der Index sich durch die Sortierung ändern kann, wenn bei den Methoden `sort_index()` und `sort_values()` der Parameter `inplace=True` verwendet wird (True sorgt dafür, dass die Operation direkt im Arbeitsspeicher erfolgt, während False bewirkt, dass eine Kopie des Objekts zurückgegeben wird und das Originalobjekt im Arbeitsspeicher unverändert bleibt). Auf einzelne Spalten eines Dataframes erfolgt der Zugriff über die Angabe des Dataframenamens und dem Spaltennamen, z. B. `df3.Ort`.

Der Zugriff auf Inhalte eines Dataframes kann auch selektiv durch Bedingungen eingeschränkt sein, z. B. `df3[df3.Stückzahl>100]`, um nur die Zeilen eines Dataframes anzuzeigen, welche eine Stückzahl > 100 haben.

Die Spalte eines Dataframes kann mit der Methode `Series()` extrahiert werden, um die weitere Analyse zu erleichtern. Auch auf Series kann mit den Methoden `loc()` und `iloc()` zugegriffen werden.

Um einen ersten Überblick über die Daten eines Dataframes oder Series-Objektes zu erhalten ist die Methode `describe()` geeignet. Die Methode zeigt für alle numerischen Spalten die Anzahl, den Mittelwert, die Standardabweichung, das Minimum, Maximum und die Quartile an.

Für kategoriale Variablen (begrenzte Menge an Kategorien) kann eine Spalte in einem Dataframe in den **Datentyp category** umgewandelt werden, was den Speicherplatz effizienter nutzt (gerade bei großen Datenmengen mit wiederholten Werten) und schnellere Operationen ermöglicht (z. B. Gruppierungen oder Sortierungen). Um der Variable carrier im Dataframe flug den Datentyp category zuzuweisen wäre folgende Anweisung erforderlich: `flug['carrier'] = flug['carrier'].astype('category')`.

Dataframe und Serie

```
## Dataframe----------------------------------------------------------------
import pandas as pd                       # Paket pandas
## Dataframe aus Array-------------------------------------------------------
from numpy.random import default_rng      # Zufallszahlengenerator
a1=default_rng(12345).random((8,3))       # 8x3 Zahlen Range [0, 1) Seed 12345
type(a1)                                  # Numpy Array
## <class 'numpy.ndarray'>
a1.shape                                  # 8 Zeilen, 3 Spalten
## (8, 3)
a1
## array([[0.22733602, 0.31675834, 0.79736546],
##        [0.67625467, 0.39110955, 0.33281393],
##        [0.59830875, 0.18673419, 0.67275604],
##        [0.94180287, 0.24824571, 0.94888115],
##        [0.66723745, 0.09589794, 0.44183967],
##        [0.88647992, 0.6974535 , 0.32647286],
##        [0.73392816, 0.22013496, 0.08159457],
##        [0.1598956 , 0.34010018, 0.46519315]])
spalten,zeilen=["Spalte1","Spalte2","Spalte3"],range(1,9)
df1=pd.DataFrame(a1,columns=spalten,index=zeilen)
type(df1)
## <class 'pandas.core.frame.DataFrame'>
df1
##      Spalte1   Spalte2   Spalte3
## 1   0.227336  0.316758  0.797365
## 2   0.676255  0.391110  0.332814
## 3   0.598309  0.186734  0.672756
## 4   0.941803  0.248246  0.948881
## 5   0.667237  0.095898  0.441840
## 6   0.886480  0.697453  0.326476
## 7   0.733928  0.220135  0.081595
## 8   0.159896  0.340100  0.465193
## Dataframe aus Liste-------------------------------------------------------
l1=["Berlin","Bremen","München","Frankfurt"]# Liste l1 (Niederlassung)
l2=[123,200,356,123]                      # Liste l2 (Stückzahl Verkauf)
l3=(53,22,31,26)                          # Liste l3 (Warenbestand)
spalten=['Niederlassung','Stückzahl',"Warenbestand"]
df2=pd.DataFrame(list(zip(l1,l2,l3)),columns=spalten)
type(df2)
## <class 'pandas.core.frame.DataFrame'>
df2
##    Niederlassung  Stückzahl  Warenbestand
## 0         Berlin        123            53
## 1         Bremen        200            22
## 2        München        356            31
## 3      Frankfurt        123            26
## Dataframe aus Dictionary--------------------------------------------------
# dictionary of lists
d1={'Niederlassung':l1,'Stückzahl':l2,'Warenbestand':l3}
type(d1)
## <class 'dict'>
d1
## {'Niederlassung': ['Berlin', 'Bremen', 'München', 'Frankfurt'], 'Stückzahl': [123
, 200, 356, 123], 'Warenbestand': (53, 22, 31, 26)}
df3=pd.DataFrame(d1)
type(df3)
## <class 'pandas.core.frame.DataFrame'>
```

```
df3
##   Niederlassung  Stückzahl  Warenbestand
## 0        Berlin        123            53
## 1        Bremen        200            22
## 2       München        356            31
## 3      Frankfurt       123            26
## Methoden für Dataframes: dtypes, head, tail, columns, index, values, drop------
df3.shape                               # Dimensionen Zeilen/Spalten
## (4, 3)
df3.dtypes                              # Datentypen der Spalten
## Niederlassung    object
## Stückzahl         int64
## Warenbestand      int64
## dtype: object
df3.head(2)                             # Erste n Zeilen
##   Niederlassung  Stückzahl  Warenbestand
## 0        Berlin        123            53
## 1        Bremen        200            22
df3.tail(3)                             # Letzte n Zeilen
##   Niederlassung  Stückzahl  Warenbestand
## 1        Bremen        200            22
## 2       München        356            31
## 3      Frankfurt       123            26
df3.columns                             # Spaltennamen anzeigen
## Index(['Niederlassung', 'Stückzahl', 'Warenbestand'], dtype='object')
df3.columns=['Ort','Stückzahl',"Bestand"]   # Spaltennamen ändern
df3
##           Ort  Stückzahl  Bestand
## 0      Berlin        123       53
## 1      Bremen        200       22
## 2     München        356       31
## 3   Frankfurt        123       26
df3.index                               # Zeilennamen anzeigen
## RangeIndex(start=0, stop=4, step=1)
df3.index=["Headq.","Nord","Süd","Mitte"]   # Zeilennamen ändern
df3
##             Ort  Stückzahl  Bestand
## Headq.   Berlin        123       53
## Nord     Bremen        200       22
## Süd     München        356       31
## Mitte  Frankfurt       123       26
df3.values                              # Zelleninhalt anzeigen
## array([['Berlin', 123, 53],
##        ['Bremen', 200, 22],
##        ['München', 356, 31],
##        ['Frankfurt', 123, 26]], dtype=object)
df3["Vorstand"]=["John Meier","Mark Schmidt",# Neue Spalte
   "Anne Ruf","Julia Hof"]
df3
##             Ort  Stückzahl  Bestand        Vorstand
## Headq.   Berlin        123       53     John Meier
## Nord     Bremen        200       22   Mark Schmidt
## Süd     München        356       31       Anne Ruf
## Mitte  Frankfurt       123       26      Julia Hof
df3.drop("Vorstand",axis=1,inplace=False)   # Spalte löschen (nur für Ergebnis)
##             Ort  Stückzahl  Bestand
## Headq.   Berlin        123       53
## Nord     Bremen        200       22
## Süd     München        356       31
## Mitte  Frankfurt       123       26
```

```
df3
##              Ort  Stückzahl  Bestand       Vorstand
## Headq.    Berlin        123       53      John Meier
## Nord      Bremen        200       22   Mark Schmidt
## Süd      München        356       31        Anne Ruf
## Mitte   Frankfurt       123       26       Julia Hof
df3.drop("Vorstand",axis=1,inplace=True)       # Spalte löschen (im Arbeitsspeicher)
df3
##              Ort  Stückzahl  Bestand
## Headq.    Berlin        123       53
## Nord      Bremen        200       22
## Süd      München        356       31
## Mitte   Frankfurt       123       26
for spalte in df3.columns[1:3]:            # Neue Spalten: Abw. von Mittelwert
  name=f"{spalte}_Abw.Mw"
  df3[name]=df3[spalte]-df3[spalte].mean()   # Abweichung von Mittelwert
df3
##              Ort  Stückzahl  Bestand  Stückzahl_Abw.Mw  Bestand_Abw.Mw
## Headq.    Berlin        123       53             -77.5            20.0
## Nord      Bremen        200       22              -0.5           -11.0
## Süd      München        356       31             155.5            -2.0
## Mitte   Frankfurt       123       26             -77.5            -7.0
df3.columns
## Index(['Ort', 'Stückzahl', 'Bestand', 'Stückzahl_Abw.Mw', 'Bestand_Abw.Mw'], dtyp
e='object')
## Zugriff und Änderung via Methoden: at, iat, loc, iloc--------------------------
#  Indexierung Zeile/Spalte
df3.Ort                                    # Spalte Ort
## Headq.       Berlin
## Nord         Bremen
## Süd         München
## Mitte     Frankfurt
## Name: Ort, dtype: object
df3["Ort"]
## Headq.       Berlin
## Nord         Bremen
## Süd         München
## Mitte     Frankfurt
## Name: Ort, dtype: object
df3.at["Nord","Ort"]                       # Zeile/Spalte via Name
## 'Bremen'
df3.iat[1,0]                               # Zeile/Spalte via Index
## 'Bremen'
df3.at["Headq.","Stückzahl"]               # Zeile/Spalte via Name
## 123
df3.at["Headq.","Stückzahl"]=66            # Element ändern
df3
##              Ort  Stückzahl  Bestand  Stückzahl_Abw.Mw  Bestand_Abw.Mw
## Headq.    Berlin         66       53             -77.5            20.0
## Nord      Bremen        200       22              -0.5           -11.0
## Süd      München        356       31             155.5            -2.0
## Mitte   Frankfurt       123       26             -77.5            -7.0
df3.loc["Nord"]                            # Zeile via Name
## Ort                 Bremen
## Stückzahl              200
## Bestand                 22
## Stückzahl_Abw.Mw      -0.5
## Bestand_Abw.Mw       -11.0
## Name: Nord, dtype: object
```

```
df3.iloc[1]                              # Zeile via Index
## Ort                     Bremen
## Stückzahl                  200
## Bestand                     22
## Stückzahl_Abw.Mw          -0.5
## Bestand_Abw.Mw           -11.0
## Name: Nord, dtype: object
df3.loc["Headq.":"Süd",["Ort","Stückzahl"]] # Slicing via Name
##             Ort  Stückzahl
## Headq.   Berlin         66
## Nord     Bremen        200
## Süd     München        356
df3.iloc[0:3,0:2]                        # Slicing via Index
##             Ort  Stückzahl
## Headq.   Berlin         66
## Nord     Bremen        200
## Süd     München        356
df3.loc["Headq.":"Süd",["Ort","Stückzahl"]] # Slicing via Namensliste
##             Ort  Stückzahl
## Headq.   Berlin         66
## Nord     Bremen        200
## Süd     München        356
df3.iloc[0:3,[0,1]]                      # Slicing via Indexliste
##             Ort  Stückzahl
## Headq.   Berlin         66
## Nord     Bremen        200
## Süd     München        356
df3.loc["Headq.":"Mitte":2,df3.columns[0:2]] # Slicing mit Start:Stop:Abstand
##             Ort  Stückzahl
## Headq.   Berlin         66
## Süd     München        356
df3.iloc[1:4:2,0:2]
##              Ort  Stückzahl
## Nord      Bremen        200
## Mitte  Frankfurt        123
#  Sortieren via Methoden: sort_index, sort_values
df3
##             Ort  Stückzahl  Bestand  Stückzahl_Abw.Mw  Bestand_Abw.Mw
## Headq.   Berlin         66       53             -77.5            20.0
## Nord     Bremen        200       22              -0.5           -11.0
## Süd     München        356       31             155.5            -2.0
## Mitte  Frankfurt       123       26             -77.5            -7.0
df3.loc["Nord"]                          # Zeile via Name -> Bremen
## Ort                     Bremen
## Stückzahl                  200
## Bestand                     22
## Stückzahl_Abw.Mw          -0.5
## Bestand_Abw.Mw           -11.0
## Name: Nord, dtype: object
df3.iloc[1]                              # Zeile via Index-> Bremen
## Ort                     Bremen
## Stückzahl                  200
## Bestand                     22
## Stückzahl_Abw.Mw          -0.5
## Bestand_Abw.Mw           -11.0
## Name: Nord, dtype: object
df3.sort_index(inplace=True)             # Sortieren nach Zeilennamen
df3
##             Ort  Stückzahl  Bestand  Stückzahl_Abw.Mw  Bestand_Abw.Mw
## Headq.   Berlin         66       53             -77.5            20.0
## Mitte  Frankfurt       123       26             -77.5            -7.0
## Nord     Bremen        200       22              -0.5           -11.0
## Süd     München        356       31             155.5            -2.0
```

```
df3.loc["Nord"]                           # Zeile via Name -> Bremen
## Ort                 Bremen
## Stückzahl              200
## Bestand                 22
## Stückzahl_Abw.Mw      -0.5
## Bestand_Abw.Mw       -11.0
## Name: Nord, dtype: object
df3.iloc[1]                               # Zeile via Index-> Frankfurt
## Ort               Frankfurt
## Stückzahl              123
## Bestand                 26
## Stückzahl_Abw.Mw     -77.5
## Bestand_Abw.Mw        -7.0
## Name: Mitte, dtype: object
df3.sort_values("Stückzahl",ascending=False,inplace=True)  # Stückzahl absteigend
df3
##             Ort  Stückzahl  Bestand  Stückzahl_Abw.Mw  Bestand_Abw.Mw
## Süd      München        356       31             155.5            -2.0
## Nord      Bremen        200       22              -0.5           -11.0
## Mitte   Frankfurt       123       26             -77.5            -7.0
## Headq.    Berlin         66       53             -77.5            20.0
df3.loc["Nord"]                           # Zeile via Name -> Bremen
## Ort                 Bremen
## Stückzahl              200
## Bestand                 22
## Stückzahl_Abw.Mw      -0.5
## Bestand_Abw.Mw       -11.0
## Name: Nord, dtype: object
df3.iloc[1]                               # Zeile via Index-> Bremen
## Ort                 Bremen
## Stückzahl              200
## Bestand                 22
## Stückzahl_Abw.Mw      -0.5
## Bestand_Abw.Mw       -11.0
## Name: Nord, dtype: object
df3.sort_values(["Bestand","Ort"]         # Stückzahl+Ort absteigend
           ,ascending=False,inplace=True)

df3
##             Ort  Stückzahl  Bestand  Stückzahl_Abw.Mw  Bestand_Abw.Mw
## Headq.    Berlin         66       53             -77.5            20.0
## Süd      München        356       31             155.5            -2.0
## Mitte   Frankfurt       123       26             -77.5            -7.0
## Nord      Bremen        200       22              -0.5           -11.0
df3.loc["Nord"]                           # Zeile via Name -> Bremen
## Ort                 Bremen
## Stückzahl              200
## Bestand                 22
## Stückzahl_Abw.Mw      -0.5
## Bestand_Abw.Mw       -11.0
## Name: Nord, dtype: object
df3.iloc[1]                               # Zeile via Index-> München
## Ort                München
## Stückzahl              356
## Bestand                 31
## Stückzahl_Abw.Mw      155.5
## Bestand_Abw.Mw        -2.0
## Name: Süd, dtype: object
# Boolean Indexierung (Bedingungen)
df3[df3.Ort=="Bremen"]                     # Bedingung "Bremen"
##          Ort  Stückzahl  Bestand  Stückzahl_Abw.Mw  Bestand_Abw.Mw
## Nord  Bremen        200       22              -0.5           -11.0
```

```
df3[df3.Stückzahl>100]                        # Bedingung "Stückzahl > 100"
##                 Ort  Stückzahl  Bestand  Stückzahl_Abw.Mw  Bestand_Abw.Mw
## Süd        München        356       31             155.5            -2.0
## Mitte    Frankfurt        123       26             -77.5            -7.0
## Nord        Bremen        200       22              -0.5           -11.0
## Series aus Dataframe erstellen--------------------------------------------
s1=pd.Series(df3.Stückzahl)                   # Serie aus Dataframe erstellen
type(s1)
## <class 'pandas.core.series.Series'>
s1
## Headq.     66
## Süd       356
## Mitte     123
## Nord      200
## Name: Stückzahl, dtype: int64
s1["Nord"]
## 200
s1.loc["Nord"]                                # Zeile via Name -> Bremen
## 200
s1.iloc[1]                                    # Zeile via Index-> München
## 356
#  Serie aus Ndarray erstellen----------------------------------------------
a1=np.arange(3,5,0.4)                          # Ndarray
type(a1)
## <class 'numpy.ndarray'>
s2=pd.Series(a1)
type(s2)
## <class 'pandas.core.series.Series'>
s2
## 0     3.0
## 1     3.4
## 2     3.8
## 3     4.2
## 4     4.6
## dtype: float64
s2.index                                      # Index
## RangeIndex(start=0, stop=5, step=1)
s2.dtype                                       # Datentyp
## dtype('float64')
s2.shape                                       # Dimension
## (5,)
a2=s2.values                                  # Export in Ndarray
type(a2)
## <class 'numpy.ndarray'>
a2
## array([3. , 3.4, 3.8, 4.2, 4.6])
a3=s2.array                                   # Export in Numpy Extension Array
type(a3)
## <class 'pandas.core.arrays.numpy_.NumpyExtensionArray'>
a3
## <NumpyExtensionArray>
## [3.0, 3.4, 3.8, 4.199999999999999, 4.6]
## Length: 5, dtype: float64
```

5.3   Operationen

Python unterstützt u. a. arithmetische, logische als auch statistische Operationen.

5.3.1   Arithmetische Operationen

Python unterstützt u. a. arithmetische Operationen wie Addition, Subtraktion, Multiplikation, Division, Potenz und Betrag. Für die Nutzung der Funktionen Wurzel np.sqrt(), Exponentialfunktion np.exp() und Logarithmus np.log() muss zuvor das Paket **numpy** importiert werden. Wenn das Ergebnis gespeichert werden soll, dann kann es einer Variablen zugewiesen werden. Eine solche Wertzuweisung erfolgt in Python mit Hilfe der Operation =.

Wenn sich durch die Berechnung eine Zahl mit vielen Nachkommastellen ergibt, erweist sich die Funktion round() oft als hilfreich, um die Zahl auf eine vorgegebene Anzahl an Nachkommastellen zu runden, z. B. round(b,2) rundet die Zahl b auf zwei Nachkommastellen. Das Runden aller Elemente eines Arrays erfolgt mit Hilfe der Funktion np.around(), z. B. np.around(a1,2) rundet die Elemente des Arrays a1 auf zwei Nachkommastellen.

Operationen lassen sich auch auf ein Array oder ein Dataframe anwenden. Wenn ein Array a1 und ein Dataframe df1 existieren und nachfolgend die Operation a1+8 bzw. df1+8 ausgeführt wird, so addiert Python auf jedes Element des Arrays bzw. Dataframes die Zahl 8. Das Ergebnis bleibt ein Array bzw. Dataframe mit der gleichen Größe.

Arithmetische Operationen

```
## Arithmetische Operationen-------------------------------------------
import pandas as pd                  # Pandas für Dataframe
import numpy as np                   # Numpy für arithmetische Operationen
from numpy.random import default_rng # Zufallszahlengenerator
6+8                                  # Addition
## 14
a=6+8                                # Ergebnis in Variable speichern
a                                    # Ausgabe
## 14
6-4                                  # Subtraktion
## 2
5*3                                  # Multiplikation
## 15
b=30/167                             # Division
b                                    # Ausgabe
## 0.17964071856287425
round(b,2)                           # Runden auf 2 Nachkommastellen
## 0.18
a1=default_rng(87).random((2,4))     # 2DArray Anzahl Zeilen,Spalten, random Mant.
a1
## array([[0.57075643, 0.78353931, 0.17239199, 0.48084496],
##        [0.42803309, 0.1885714 , 0.5391038 , 0.50211649]])
```

```
a1=np.around(a1,2)               # Array runden auf 2 Nachkommastellen
a1
## array([[0.57, 0.78, 0.17, 0.48],
##        [0.43, 0.19, 0.54, 0.5 ]])
10**3                            # Potenz
## 1000
np.sqrt(16)                      # Wurzel
## 4.0
abs(-87)                         # Betrag
## 87
c=np.exp(3)                      # Exponentialfunktion e hoch 3
c
## 20.085536923187668
np.log(c)                        # Logarithmus
## 3.0
## Operationen auf Arrays und Dataframes----------------------------------------
a1=np.array([[5,9,10],[15,10,12],[10,15,19]])
a1
## array([[ 5,  9, 10],
##        [15, 10, 12],
##        [10, 15, 19]])
df1=pd.DataFrame(a1,columns=["Spalte1","Spalte2","Spalte3"])
df1
##    Spalte1  Spalte2  Spalte3
## 0        5        9       10
## 1       15       10       12
## 2       10       15       19
a2=a1+8                          # Operation auf Array
a2
## array([[13, 17, 18],
##        [23, 18, 20],
##        [18, 23, 27]])
df2=df1+8                        # Operation auf Dataframe
df2
##    Spalte1  Spalte2  Spalte3
## 0       13       17       18
## 1       23       18       20
## 2       18       23       27
```

5.3.2   Logische Operationen

Logische Operationen lassen sich auf verschiedene Objekte anwenden. Wenn Python eine logische Operation auf einem Array oder Dataframe ausführt, so wird diese für jedes Element einzeln ausgeführt und ein Ergebnis produziert, das so viele logische Werte erzeugt, wie Elemente in dem Array bzw. Dataframe existieren.

Das Ergebnis einer logischen Operation ist **True**, wenn die Bedingung erfüllt ist und **False**, wenn die Bedingung nicht erfüllt ist. Neben einer einfachen logischen Operation lässt sich u. a. auch ein logisches OR und logisches UND in Bedingungen einsetzen.

Ein Beispiel für eine logische Operation ist die Überprüfung auf Gleichheit mit der Operation ==, ob der Wert einer Variablen a identisch ist mit einem anderen Wert. So prüft `a == 48`, ob a den Wert 48 hat. Jede Variable erhält eine Speicheradresse im Arbeitsspeicher, die mit der Funktion `id()` angezeigt werden kann. Die Funktion `is` überprüft, ob zwei Variablen auf die gleiche Arbeitsspeicheradresse zeigen.

Die Funktion `isinstance()` prüft, ob eine Variable von einem gewissen Datentyp ist, z. B. prüft `isinstance(a,int)` ob die Variable a vom Typ Integer ist und liefert True bzw. False als Ergebnis zurück. Logische Operationen lassen sich auch auf Listen, Arrays und Dataframes anwenden.

Logische Operationen

```
## Logische Operationen------------------------------------------------
import pandas as pd               # Pandas für Dataframe
import numpy as np                # Numpy für arithmetische Operationen
a=48                              # numerische Variable
a                                 # Ausgabe
## 48
a == 48                           # Operator == mit Ergebnis TRUE
## True
a == 84                           # Operator == mit Ergebnis FALSE
## False
a != 84                           # Operator != mit Ergebnis TRUE
## True
a < 84                            # Operator < mit Ergebnis TRUE
## True
a <= 84                           # Operator <= mit Ergebnis TRUE
## True
a > 84                            # Operator > mit Ergebnis FALSE
## False
a >= 84                           # Operator >= mit Ergebnis FALSE
## False
type(a)                           # Datentyp
## <class 'int'>
isinstance(a,int)                 # Prüfung, ob Typ Integer
## True
False == isinstance(a,int)        # Prüfung, ob NICHT Typ Integer
## False
isinstance(a,int) and a > 84      # Datentyp Integer UND a>84 FALSE
## False
isinstance(a,int) or  a > 84      # Datentyp Integer ODER a>84 TRUE
## True
#- Prüfung auf Gleichheit des Wertes versus Identität
b=9; c=9.0                        # numerische Variablen
d=c                               # Kopie von C->id von d identisch(Referenz)
b,c,d                             # Ausgabe
## (9, 9.0, 9.0)
b == c                            # Operator == ->True
## True
c == d                            # Operator == ->True
## True
id(b)                             # Arbeitsspeicheradresse = id
## 140724997047336
id(c)                             # Arbeitsspeicheradresse = id
## 2447415387152
id(d)                             # Arbeitsspeicheradresse = id
## 2447415387152
b is c                            # id der Variablen ungleich ->False
## False
b is d                            # id der Variablen ungleich ->False
## False
c is d                            # id der Variablen ungleich ->True
## True
```

```
#- Logische Operationen auf Listen------------------------------------------
l1=[9,3,3,4,1,7]
if l1:                              # l1 prüft, ob Objekt l1 existiert
 print("Liste l1 existiert!")
else:
 print("Liste l1 existiert nicht!")
## Liste l1 existiert!
if l1 and 9 in l1:                  # and = logisches UND
 print("Zahl 9 in der Liste!")
else:
 print("Keine Zahl 9 in Liste enthalten.")
## Zahl 9 in der Liste!
if l1 and not 5 in l1:              # not = Verneinung
 print("Keine Zahl 5 in der Liste!")
else:
 print("Zahl 5 in Liste enthalten.")
## Keine Zahl 5 in der Liste!
#- Logische Operationen auf Arrays und Dataframes---------------------------
a1=np.array([[5,9,10],[15,10,12],[10,15,19]])
a1                                  # Array
## array([[ 5,  9, 10],
##        [15, 10, 12],
##        [10, 15, 19]])
truefalse1=a1>13                    # Operator > auf Array
truefalse1                          # Ausgabe
## array([[False, False, False],
##        [ True, False, False],
##        [False,  True,  True]])
df1=pd.DataFrame(a1,columns=["Spalte1","Spalte2","Spalte3"])
df1                                 # Dataframe
##    Spalte1  Spalte2  Spalte3
## 0        5        9       10
## 1       15       10       12
## 2       10       15       19
truefalse2=df1>13                   # Operator > auf Dataframe
truefalse2                          # Ausgabe
##    Spalte1  Spalte2  Spalte3
## 0    False    False    False
## 1     True    False    False
## 2    False     True     True
```

5.3.3 Statistische Operationen

Mit Hilfe statistischer Operationen ist es möglich einzelne Variablen oder auch gesamte Datenstrukturen zu untersuchen. In einem Dataframe kann zu Beginn geprüft werden, ob auch alle Datensätze vollständig vorliegen, also keine NaN (Not available Numeric) in den Zellen enthalten sind. Die Methode `count()` gibt für Dataframes die Anzahl aller Werte zurück, die nicht-NaN sind.

Klassische Funktionen der Statistik, die im Paket **pandas** enthalten sind und sich auf Dataframes anwenden lassen beinhalten die Methoden `sum()` für die Summe, `min()` für das Minimum, `max()` für das Maximum, `mean()` für den Mittelwert, `quantile()` für die Berechnung der Quantile, `std()` für die Standardabweichung, `skew()` für die Schiefe und `kurt()` für die Wölbung. Im Paket **numpy** sind darüber hinaus die Methoden `percentile()` und `quantile()` für die Berechnung der Perzentile und Quantile, nanpercentile() und nanquantile() für die Berechnung der Perzentile und Quantile, auch wenn NaN-Werte vorliegen, median() für den Median, mean() für den Mittelwert und std() für die Standardabweichung verfügbar. Auch die Funktionen corrcoeff() zur Erstellung einer Korrelationsmatrix und cov() zur Berechnung einer Kovarianz-Matrix sind in dem Paket **numpy** enthalten.

Statistische Operationen

```
## Statistische Operationen-----------------------------------------------
import pandas as pd                      # Pandas für Dataframe
import numpy as np                       # Numpy für arithmetische Operationen
a1=np.array([[5,9,10],[15,10,12],[10,15,19]])
a1
## array([[ 5,  9, 10],
##        [15, 10, 12],
##        [10, 15, 19]])
df1=pd.DataFrame(a1,columns=["Spalte1","Spalte2","Spalte3"])
df1
##    Spalte1  Spalte2  Spalte3
## 0        5        9       10
## 1       15       10       12
## 2       10       15       19
df2=df1.copy()
df2.iat[1,1]=np.nan                      # Element auf NaN ändern
df2.iat[2,2]=np.nan                      # Element auf NaN ändern
df2
##    Spalte1  Spalte2  Spalte3
## 0        5      9.0     10.0
## 1       15      NaN     12.0
## 2       10     15.0      NaN
## Methode: count-------------------------------------------------------------
df1.count()                              # Anzahl nicht-NaN Werte
## Spalte1    3
## Spalte2    3
## Spalte3    3
## dtype: int64
df2.count()
## Spalte1    3
## Spalte2    2
## Spalte3    2
## dtype: int64
## Methode: sum, min, max, quantile, describe-------------------------------
df2.sum()                                # Summe je Spalte
## Spalte1    30.0
## Spalte2    24.0
## Spalte3    22.0
## dtype: float64
df2.sum(axis=0)                          # Summe je Spalte
## Spalte1    30.0
## Spalte2    24.0
## Spalte3    22.0
## dtype: float64
df2.sum(axis=1)                          # Summe je Zeile
## 0    24.0
## 1    27.0
## 2    25.0
## dtype: float64
```

```
df2.min()                              # Minimum je Spalte
## Spalte1      5.0
## Spalte2      9.0
## Spalte3     10.0
## dtype: float64
df2.min(axis=0)                        # Minimum je Spalte
## Spalte1      5.0
## Spalte2      9.0
## Spalte3     10.0
## dtype: float64
df2.min(axis=1)                        # Minimum je Zeile
## 0       5.0
## 1      12.0
## 2      10.0
## dtype: float64
df2.max()                              # Maximum je Spalte
## Spalte1     15.0
## Spalte2     15.0
## Spalte3     12.0
## dtype: float64
df2.max(axis=0)                        # Maximum je Spalte
## Spalte1     15.0
## Spalte2     15.0
## Spalte3     12.0
## dtype: float64
df2.max(axis=1)                        # Maximum je Zeile
## 0      10.0
## 1      15.0
## 2      15.0
## dtype: float64
df2.mean()                             # Mittelwert je Spalte
## Spalte1     10.0
## Spalte2     12.0
## Spalte3     11.0
## dtype: float64
df2.mean(axis=0)                       # Mittelwert je Spalte
## Spalte1     10.0
## Spalte2     12.0
## Spalte3     11.0
## dtype: float64
df2.mean(axis=1)                       # Mittelwert je Zeile
## 0       8.0
## 1      13.5
## 2      12.5
## dtype: float64
df2.quantile([0,0.25,0.5,0.75,1])      # Quantile je Spalte
##         Spalte1  Spalte2  Spalte3
## 0.00        5.0      9.0     10.0
## 0.25        7.5     10.5     10.5
## 0.50       10.0     12.0     11.0
## 0.75       12.5     13.5     11.5
## 1.00       15.0     15.0     12.0
df2.quantile([0,0.25,0.5,0.75,1],axis=0)# Quantile je Spalte
##         Spalte1  Spalte2  Spalte3
## 0.00        5.0      9.0     10.0
## 0.25        7.5     10.5     10.5
## 0.50       10.0     12.0     11.0
## 0.75       12.5     13.5     11.5
## 1.00       15.0     15.0     12.0
```

```
df2.quantile([0,0.25,0.5,0.75,1],axis=1)# Quantile je Zeile
##          0    1      2
## 0.00   5.0  12.00  10.00
## 0.25   7.0  12.75  11.25
## 0.50   9.0  13.50  12.50
## 0.75   9.5  14.25  13.75
## 1.00  10.0  15.00  15.00
df2.std()                              # Standardabweichung je Spalte
## Spalte1    5.000000
## Spalte2    4.242641
## Spalte3    1.414214
## dtype: float64
## Methode: percentile,nanpercentile,quantile, median, mean, std-------------------
np.percentile(df1,[3,25])              # Percentile
## array([ 5.96, 10.  ])
np.percentile(df2,[3,25])              # Percentile funktioniert nicht, wenn NaN
## array([nan, nan])
np.nanpercentile(df1,[3,25])           # Percentile auch mit NaN
## array([ 5.96, 10.  ])
np.nanpercentile(df2,[3,25])
## array([5.72, 9.5 ])
np.quantile(df2,[0,0.25,0.5,0.75,1])   # Quantile funktioniert nicht, wenn NaN
## array([nan, nan, nan, nan, nan])
np.nanquantile(df2,[0,0.25,0.5,0.75,1]) # Quantile auch mit NaN
## array([ 5. ,  9.5, 10. , 13.5, 15. ])
np.median(df2)                         # Median funktioniert nicht, wenn NaN
## nan
np.nanmedian(df2)                      # Median auch mit NaN
## 10.0
np.mean(df2)                           # Mittelwert
## 10.857142857142858
np.std(df2)                            # Standardabweichung je Spalte
## Spalte1    4.082483
## Spalte2    3.000000
## Spalte3    1.000000
## dtype: float64
##   return std(axis=axis, dtype=dtype, out=out, ddof=ddof, **kwargs)
np.std(df2.Spalte1)                    # Standardabweichung Spalte 1
## 4.08248290463863
np.std(df2.Spalte2)                    # Standardabweichung Spalte 2
## 3.0
np.std(df2.Spalte3)                    # Standardabweichung Spalte 3
## 1.0
## Methode: corrcoef, cov----------------------------------------------------------
np.corrcoef(df1)                       # Pearson Korrelations-Matrix
## array([[ 1.        , -0.82603319,  0.96392785],
##        [-0.82603319,  1.        , -0.64622084],
##        [ 0.96392785, -0.64622084,  1.        ]])
np.cov(df1)                            # Kovarianz-Matrix
## array([[ 7.        , -5.5       , 11.5       ],
##        [-5.5       ,  6.33333333, -7.33333333],
##        [11.5       , -7.33333333, 20.33333333]])
```

5.4 Kontrollstrukturen

Auch in Python existieren die in Programmiersprachen üblichen Kontrollstrukturen if, else und Schleifen vom Typ for und while, um Programmlogik abzubilden.

Eine **if/else**-Anweisung folgt folgender Syntax: `if (Bedingung): Anweisungs-block-if else Anweisungsblock-else` oder bei mehr als zwei Fallunterscheidungen `if (Bedingung): Anweisungsblock-if elif (Bedingung-2) Anweisungsblock-2 else Anweisungsblock-else` (siehe Abb. 5.1).

Eine **for-Schleife** folgt folgender Syntax: `for Variable in Liste: Anweisungs-block` (siehe Abb. 5.2).

Eine **while-Schleife** folgt folgender Syntax: `while (Bedingung): Anweisungsblock` und läuft solange die Bedingung erfüllt ist oder bis die Funktion `break()` ausgeführt wird (siehe Abb. 5.3). Wird die Bedingung nicht erreicht und auch keine `break()`-Funktion ausgeführt, dann führt dies zu einer Endlosschleife.

Kontrollstrukturen

```
## Kontrollstrukturen-----------------------------------------------------
import pandas as pd                        # Pandas für Dataframe
a,b,c= 1,2,3
## IF-Anweisung-----------------------------------------------------------
b>a
## True
if b>a:
  print("B ist größer als a")
else:
  print("B ist nicht größer als a")
## B ist größer als a
## IF/ELIF Anweisung------------------------------------------------------
if b<a:
  print("B ist kleiner als a")
elif (c<b):
  print("C ist kleiner als b")
else:
  print("Weder B ist kleiner als a noch ist c kleiner als b")
## Weder B ist kleiner als a noch ist c kleiner als b
## FOR-Schleife----------------------------------------------------------
l1=["Tobi","Silke","Klaus","Tobi"]        # Liste l1
for i in x1:
  print(i)
## B
## M
## W
l2=[42,356,123,200]                       # Liste l2(Facebook Freunde)
l3=[53,22,31,26]                          # Liste l3 (Alter)
df1=pd.DataFrame(list(zip(l1,l2,l3)),columns=["Freund","Facebook","Alter"])
df1                                       # Dataframe
##    Freund  Facebook  Alter
## 0    Tobi        42     53
## 1   Silke       356     22
## 2   Klaus       123     31
## 3    Tobi       200     26
df1.shape
## (4, 3)
```

```
for z in range(df1.shape[0]):                # Zeilenweise Ausgabe
  print(df1.iloc[z,])
## Freund        Tobi
## Facebook        42
## Alter          53
## Name: 0, dtype: object
## Freund       Silke
## Facebook       356
## Alter            22
## Name: 1, dtype: object
## Freund       Klaus
## Facebook       123
## Alter           31
## Name: 2, dtype: object
## Freund        Tobi
## Facebook       200
## Alter           26
## Name: 3, dtype: object
for s in range(df1.shape[1]):
  for z in range(df1.shape[0]):
    print("Spalte/Zeile[",s,",",z,"]=",df1.iloc[z,s])
## Spalte/Zeile[ 0 , 0 ]= Tobi
## Spalte/Zeile[ 0 , 1 ]= Silke
## Spalte/Zeile[ 0 , 2 ]= Klaus
## Spalte/Zeile[ 0 , 3 ]= Tobi
## Spalte/Zeile[ 1 , 0 ]= 42
## Spalte/Zeile[ 1 , 1 ]= 356
## Spalte/Zeile[ 1 , 2 ]= 123
## Spalte/Zeile[ 1 , 3 ]= 200
## Spalte/Zeile[ 2 , 0 ]= 53
## Spalte/Zeile[ 2 , 1 ]= 22
## Spalte/Zeile[ 2 , 2 ]= 31
## Spalte/Zeile[ 2 , 3 ]= 26
l4=[6,8,"1.23",5.78,"Text"]
for element in l4:                           # Try und Except Fehlerbehandlung
  try:
    if type(element) == str:
      if "." in element:
        num = float(element)
      else:
        num = int(element)
    print(element)
    f"Element '{element}' ist eine Zahl"
  except ValueError as e:
    print(e)
## 6
## "Element '6' ist eine Zahl"
## 8
## "Element '8' ist eine Zahl"
## 1.23
## "Element '1.23' ist eine Zahl"
## 5.78
## "Element '5.78' ist eine Zahl"
## invalid literal for int() with base 10: 'Text'
## WHILE-Schleife--------------------------------------------------------------
i1=1
while i1 <= 3:                               # Index-Schleife
  print("Schleifendurchlauf",i1,"\n")
  i1+=1
## Schleifendurchlauf 1
##
## Schleifendurchlauf 2
##
## Schleifendurchlauf 3
```

```
i2=29
while(i2>10):                              # Boolean-Schleife
  print("Zahl:",i2)
  i2-=3
  if i2==19:
    break
## Zahl: 29
## Zahl: 26
## Zahl: 23
## Zahl: 20
## Zahl: 17
## Zahl: 14
## Zahl: 11
print("Zahl am Ende:",i2)
## Zahl am Ende: 8
i2=28                                      # Abbruch durch break
while(i2>10):
  print("Zahl:",i2)
  i2-=3
  if i2==19:
    break
## Zahl: 28
## Zahl: 25
## Zahl: 22
print("Zahl am Ende:",i2)
## Zahl am Ende: 19
```

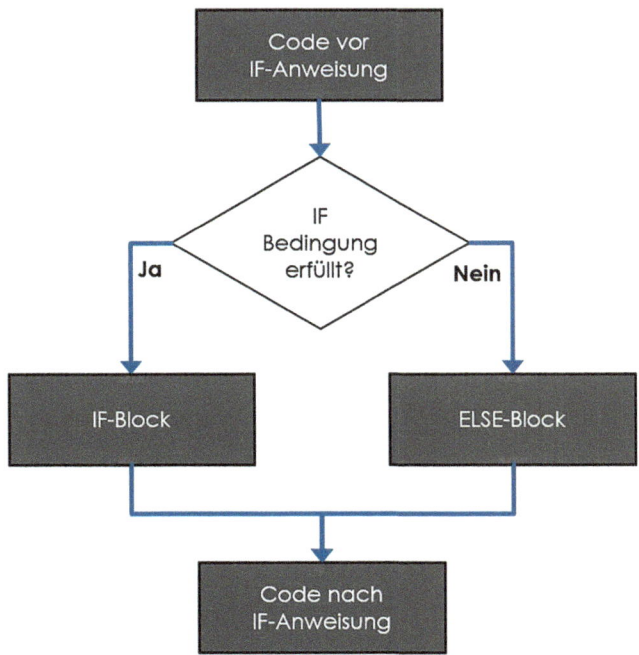

Abb. 5.1 IF-Anweisung

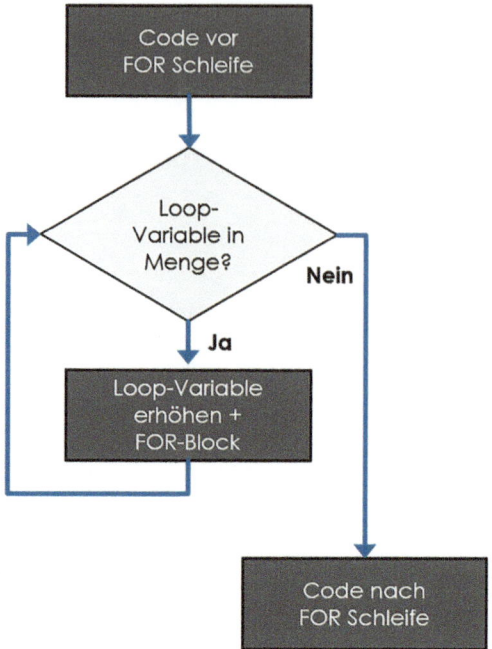

Abb. 5.2 FOR-Schleife

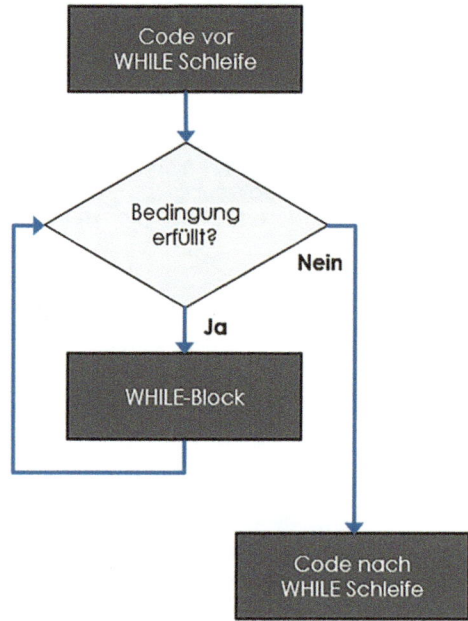

Abb. 5.3 While-Schleife

5.5 Funktionen, Methoden und Klassen

Die essenziellsten Funktionen und Methoden werden durch Python bereits in der Standardinstallation bereitgestellt. Darüber hinaus können weitere Funktionen und Methoden durch die Installation von Paketen zur Verfügung gestellt werden. Im Folgenden wird zunächst vorgestellt, wie Funktionen und Methoden aufgerufen werden können. Anschließend wird erklärt, wie eigene Funktionen und Methoden erstellt bzw. programmiert werden können.

Methoden unterscheiden sich von Funktionen nur dadurch, dass sie an ein Objekt gebunden sind, während Funktionen direkt aufgerufen werden können. So handelt es sich bei `print()` um eine Funktion, bei `std()` um eine Methode, die nur auf einen Dataframe angewendet werden kann, z. B. auf den Dataframe df1 mit `df1.std()`. Die verfügbaren Methoden für Objekte eines Datentyps lassen sich für Float-Zahlen, Integer-Zahlen, Strings, Boolean-Variablen, Listen, Sets und Bibliotheken über die Funktionen `dir(float)`, `dir(int)`, `dir(str)`, `dir(bool)`, `dir(list)`, `dir(set)` und `dir(dict)` anzeigen. Eine Übersicht der Methoden für Arrays finden sich in der Dokumentation des Pakets **numpy** (Numpy 2024a) und die Methoden für Dataframes in der Dokumentation des Pakets **pandas** (Pandas 2024).

5.5.1 Funktionen und Methoden aufrufen

Funktionen und Methoden folgen einer einheitlichen Grundstruktur. Sie besitzen einen Namen und werden mit Klammern aufgerufen. Innerhalb der Klammer können der Funktion Argumente bzw. Parameter mitgegeben werden, also `Funktionsname(Argumentname1 = Wert1, Argumentname2 = Wert2, ...)`, z. B. `print("Dies ist eine Demonstration")`. Die Argumente in der Klammer sind durch ein Komma voneinander getrennt. Die Reihenfolge, in welcher die Argumente beim Aufruf mitgegeben werden ist beliebig, sofern die Namen der Argumente angegeben werden. Gibt man die Namen der Argumente nicht an, muss man sich an die in der Funktionsdefinition vorgegebene Standard-Reihenfolge halten. Die Namen und Reihenfolge der Argumente ebenso wie Standardwerte (default values) kann man der Hilfeseite einer Funktion entnehmen, z. B. `help(print)` oder durch die Anzeige der Dokumentation einer Funktion mit der Methode `__doc__`, z. B. `print.__doc__`.

Die Argumente, auch Parameter genannt, können sowohl konkrete Werte (Zahlen, Zeichenketten ...), Variablen beliebigen Datentyps, Datenstrukturen beliebigen Typs als auch Funktionen sein. Es ist also möglich, dass eine Funktion bzw. Methode als Parameter an eine andere Funktion übergeben wird, z. B. `print(df1.head(2))`.

In Python besteht ein Unterschied, ob Methoden auf **Referenzkopien** (identische Arbeitsspeicheradresse) oder **Wertkopien** (unterschiedliche Arbeitsspeicheradresse) angewendet werden. Eine Wertkopie eines Objektes kann mit der Methode `copy()` erzeugt werden. Wird eine Methode auf eine Referenzkopie angewendet, so ändern sich die Inhalte für beide Variablen, da der gleiche Bereich im Arbeitsspeicher verwendet wird. Wird dagegen eine Methode auf eine Wertkopie angewendet, so wirkt sich dies ausschließlich auf die Wertkopie aus.

Funktionen und Methoden aufrufen

```
## Funktion aufrufen--------------------------------------------------------------
import numpy as np                        # Numpy
l1=["Tobi","Silke","Klaus","Tobi"]        # Liste l1
l2=[42,356,123,200]                       # Liste l2 (Facebook Freunde)
l3=[53,22,31,26]                          # Liste l3 (Alter)
df1=pd.DataFrame(list(zip(l1,l2,l3)),columns=["Freund","Facebook","Alter"])
df1                                       # Dataframe
##    Freund  Facebook  Alter
## 0    Tobi        42     53
## 1   Silke       356     22
## 2   Klaus       123     31
## 3    Tobi       200     26
## Übersicht der Methoden-----------------------------------------------------------
dir(list)
## ['__add__', '__class__', '__class_getitem__', '__contains__', '__delattr__', '__d
elitem__', '__dir__', '__doc__', '__eq__', '__format__', '__ge__', '__getattribute_
_', '__getitem__', '__getstate__', '__gt__', '__hash__', '__iadd__', '__imul__', '__i
nit__', '__init_subclass__', '__iter__', '__le__', '__len__', '__lt__', '__mul__', '
__ne__', '__new__', '__reduce__', '__reduce_ex__', '__repr__', '__reversed__', '__rm
ul__', '__setattr__', '__setitem__', '__sizeof__', '__str__', '__subclasshook__', 'a
ppend', 'clear', 'copy', 'count', 'extend', 'index', 'insert', 'pop', 'remove', 'rev
erse', 'sort']
## Dokumentation einer Funktion anzeigen-------------------------------------------
help(print)
## Help on built-in function print in module builtins:
##
## print(*args, sep=' ', end='\n', file=None, flush=False)
##     Prints the values to a stream, or to sys.stdout by default.
##
##     sep
##       string inserted between values, default a space.
##     end
##       string appended after the last value, default a newline.
##     file
##       a file-like object (stream); defaults to the current sys.stdout.
##     flush
##       whether to forcibly flush the stream.
print.__doc__
## 'Prints the values to a stream, or to sys.stdout by default.\n\n  sep\n    string
 inserted between values, default a space.\n  end\n    string appended after the las
t value, default a newline.\n  file\n    a file-like object (stream); defaults to th
e current sys.stdout.\n  flush\n    whether to forcibly flush the stream.'
## Aufruf von Funktion--------------------------------------------------------------
print("Dies ist eine Demonstration")     # Einfacher Parameter
## Dies ist eine Demonstration
print(df1.head(2))                                    # Methode head als Parameter
##    Freund  Facebook  Alter
## 0    Tobi        42     53
## 1   Silke       356     22
## Aufruf von Methode---------------------------------------------------------------
df1.tail(3)                                           # Einfacher Parameter
##    Freund  Facebook  Alter
## 1   Silke       356     22
## 2   Klaus       123     31
## 3    Tobi       200     26
```

```
## Methoden auf Kopien anwenden--------------------------------------
l4=[142,33,65,260]                      # Liste l4
l5=l4                                   # Liste l5 als Referenzkopie
id(l4)                                  # Arbeitsspeicheradresse = id
## 2447417151616
id(l5)                                  # Arbeitsspeicheradresse = id
## 2447417151616
l4 is l5                                # L5 ist Referenzkopie ->True
## True
print(l4,l5)
## [142, 33, 65, 260] [142, 33, 65, 260]
l5.pop(0)                               # pop löscht Element mit Index n
## 142
print(l4,l5)                            # Da Referenzkopie -> Änderung beider
## [33, 65, 260] [33, 65, 260]
l6=[533,100,8,2]                        # Liste l6
l7=l6.copy()                            # Liste l7 als Wertkopie
id(l6)                                  # Arbeitsspeicheradresse = id
## 2447417526592
id(l7)                                  # Arbeitsspeicheradresse = id
## 2447410085440
l6 is l7                                # L5 ist keine Referenzkopie ->False
## False
print(l6,l7)
## [533, 100, 8, 2] [533, 100, 8, 2]
l7.pop(2)                               # pop löscht Element mit Index n
## 8
print(l6,l7)                            # Da Wertkopie -> Änderung nur l7
## [533, 100, 8, 2] [533, 100, 2]
```

5.5.2 Eigene Funktionen

Oft möchte man sich eigene Funktionen erstellen, wenn es keine passenden Funktionen in einem der Pakete gibt oder man keine solche Funktion kennt. Auch Funktionen sind Objekte in Python, welche im Arbeitsspeicher abgelegt werden, und sie bestehen aus dem Funktionskopf und dem Funktionsrumpf. Der Name der Funktion und deren Funktionskopf wird durch das Kennwort def eingeleitet, z. B. def funktion1. Als Funktionskopf gilt der Inhalt der runden Klammern der Funktion def funktion1(x,y), in dem die Argumente bzw. Parameter der Funktion bestimmt werden. Entsprechend der schwachen Typisierung von Python werden die Argumente ohne Datentyp angegeben. Der Funktionsrumpf wird durch einen Doppelpunkt eingeleitet und enthält die Anweisungen, die durch die Funktion ausgeführt werden sollen. Die Funktion return bestimmt, was die Funktion zurückgibt und in der Konsole erscheint und beendet gleichzeitig auch die Ausführung der Funktion. Zusätzliche Ausgaben können mit der Funktion print() festgelegt werden. Die Anweisung break bricht eine Funktion bzw. Schleife ab und continue überspringt die Rückgabe eines Wertes.

Die Dokumentation einer Funktion kann mit der Methode __doc__ angezeigt werden. Eine Dokumentation der eigenen Funktion erfolgt nach dem Funktionskopf in dem Bereich, der durch drei Hochkomma eingeschlossen ist.

Es ist auch möglich die Argumente einer Funktion mit einem Standardwert zu versehen, zum Beispiel `def funktion2(x,y=6)`. Wenn die Funktion dann ohne den Parameter y, also `funktion2(15)` aufgerufen wird, so wird die Zahl 6 für y als Standard eingesetzt. Der Aufruf einer Funktion kann auch immer mit angegebenen Parameternamen erfolgen, z. B. `funktion2(x = 15,y=3)`.

Eine Funktion kann auch für eine unbestimmte bzw. dynamische Anzahl von Argumenten etabliert werden, wenn das *-Symbol (Asterisk) für ein Tupel oder ein doppeltes **-Symbol für ein Dictionary verwendet wird. Es hat sich die Konvention für die Schreibweise mit *args (Argumente) sowie **kwargs (Keywort-Argumente) etabliert.

Alle Argumente einer Funktion werden grundsätzlich wie bei einem **„call by value"** und nicht einem „call by reference" übergeben, was bedeutet, dass die Werte nach Abschluss der Funktion unverändert sind, also deren Wert lediglich lokal innerhalb der Funktion verändert werden kann. Auch alle innerhalb der Funktion neu erstellten Variablen existieren nach dem Beenden der Funktion nicht mehr.

Funktionen erstellen

```
## Funktion erstellen------------------------------------------------------
import numpy as np                               # Numpy
def funktion1(x,y):                              # Neue Funktion
    """                                          # Beginn der Dokumentation
    Die "Funktion1" berechnet die Zahl: (x+y)/y.
    Parameter: x: Zahl, y: Zahl
    Ergebnis: float
    """                                          # Ende der Dokumentation
    z=x+y
    return(z/y)
print(funktion1.__doc__)                         #__doc__ zeigt Dokumentation an
##                                               # Beginn der Dokumentation
##    Die "Funktion1" berechnet die Zahl: (x+y)/y.
##    Parameter: x: Zahl, y: Zahl
##    Ergebnis: float
##
funktion1()                                      # Aufruf ohne Argument
## TypeError: funktion1() missing 2 required positional arguments: 'x' and 'y'
funktion1(15)                                    # Aufruf mit Argument x
## TypeError: funktion1() missing 1 required positional argument: 'y'
funktion1(x=15)                                  # Aufruf mit Name und Argument x
## TypeError: funktion1() missing 1 required positional argument: 'y'
funktion1(y=3)                                   # Aufruf mit Name und Argument y
## TypeError: funktion1() missing 1 required positional argument: 'x'
funktion1(15,3)                                  # Aufruf Argument xy
## 6.0
funktion1(3,15)                                  # Aufruf Argument xy
## 1.2
funktion1(x=15,y=3)                              # Aufruf mit Name und Argument xy
## 6.0
funktion1(y=3,x=15)                              # Aufruf mit Name und Argument yx
## 6.0
def funktion2(x,y=6):                            # Neue Funktion mit Standard y=6
    z=x+y
    return(z/y)
funktion2()                                      # Aufruf ohne Argument
## TypeError: funktion2() missing 1 required positional argument: 'x'
```

```
funktion2(15)                                    # Aufruf mit Argument x
## 3.5
funktion2(x=15)                                  # Aufruf mit Name und Argument x
## 3.5
funktion2(y=3)                                   # Aufruf mit Name und Argument y
## TypeError: funktion2() missing 1 required positional argument: 'x'
funktion2(15,3)                                  # Aufruf Argument xy
## 6.0
funktion2(3,15)                                  # Aufruf Argument xy
## 1.2
funktion2(x=15,y=3)                              # Aufruf mit Name und Argument xy
## 6.0
funktion2(y=3,x=15)                              # Aufruf mit Name und Argument yx
## 6.0
def funktion3(x):                                # Funktion3 Rückgabe: Float
  return(np.mean(x))
l1=[42,356,123,200]
l1
## [42, 356, 123, 200]
funktion3(l1)
## 180.25
def funktion4(x):                                # Funktion4 Rückgabe: Float
  print("Mittelwert von:",x)                     # mit Print
  return(np.mean(x))
funktion4(l1)
## Mittelwert von: [42, 356, 123, 200]
## 180.25
rückgabewert4=funktion4(l1)
## Mittelwert von: [42, 356, 123, 200]
type(rückgabewert4)
## <class 'numpy.float64'>
rückgabewert4
## 180.25
def funktion5(x):                                # Funktion5 Rückgabe: nichts
  print("Mittelwert von:",x,"= ",np.mean(x))     # mit Print
  letzterwert=np.mean(x)
rückgabewert5=funktion5(l1)
## Mittelwert von: [42, 356, 123, 200] =  180.25
type(rückgabewert5)
## <class 'NoneType'>
rückgabewert5
def funktion6(x):                                # Funktion6 Rückgabe: Liste
  print("Mittel, Max, Min von:",x,"=","\n")      # mit Print
  return(list((np.mean(x),np.max(x),np.min(x))))
rückgabewert6=funktion6(l1)
## Mittel, Max, Min von: [42, 356, 123, 200] =
type(rückgabewert6)
## <class 'list'>
rückgabewert6
## [180.25, 356, 42]
def funktion7(x):                                # Funktion7 Rückgabe: Dataframe
  print("Mittel, Max, Min von:",x,"=",np.mean(x),np.max(x),np.min(x),"\n")
  df=pd.DataFrame([np.mean(x),np.max(x),np.min(x)])
  df.index=["Mittelwert","Maximum","Minimum"]
  return(df)
rückgabewert7=funktion7(l1)
## Mittel, Max, Min von: [42, 356, 123, 200] = 180.25 356 42
type(rückgabewert7)
## <class 'pandas.core.frame.DataFrame'>
```

```
rückgabewert7
##                      0
## Mittelwert  180.25
## Maximum     356.00
## Minimum      42.00
## Funktion mit beliebiger Anzahl Parameter----------------------------------------
def funktion8(*args):
  ergebnis=float()
  for arg in args:
    ergebnis+=float(arg)
  return(ergebnis)
rückgabewert8=funktion8(1,3,"7",100)
type(rückgabewert8)
## <class 'float'>
rückgabewert8
## 111.0
def funktion9(*args,**kwargs):
  print(f"Liste der args:{args}")
  print(f"Liste der kwargs:{kwargs}")
funktion9("Zahlen",55,"Text1","Text2",6,Niemals="never",immer="always")
## Liste der args:('Zahlen', 55, 'Text1', 'Text2', 6)
## Liste der kwargs:{'Niemals': 'never', 'immer': 'always'}
#- Funktion erstellen: Argumentübergabe immer "by value"--------------------------
zahl=2                                    # Globale Variable
zahl
## 2
def funktion9(zahl):
  print("Zahl in Funktion vor Addition:",zahl); # Lokale Variable
  zahl+=50                                 # Addition
  print("Zahl in Funktion nach Addition:",zahl) # Lokale Variable verändert
  return(zahl)
rückgabewert9=funktion9(zahl)                    # Aufruf by value
## Zahl in Funktion vor Addition: 2
## Zahl in Funktion nach Addition: 52
rückgabewert9
## 52
zahl                                       # Globale Variable unverändert
## 2
#- Funktionen mit Liste als Rückgabewert-------------------------------------------
#  Funktionen können mehrere Rückgabewerte mit return zurückliefern, wenn diese
#  vorher in einer Liste zusammengefügt wurden und alle vom gleichen Datentyp sind
def funktion10(para1,para2):
  summe=para1+para2
  ergebnisliste=[summe,para1,para2]
  return ergebnisliste
funktion10(4,10)
## [14, 4, 10]
```

5.5.3 Eigene Klassen

Python-Klassen bieten die Vorteile der objektorientierten Programmierung wie Vererbung und mehreren Basisklassen sowie abgeleiteten Klassen. Abgeleitete Klassen können jegliche Methoden ihrer Basisklasse überschreiben. Auch Klassen sind Objekte in Python, welche im Arbeitsspeicher abgelegt werden, und sie bestehen aus dem Klassenkopf und dem Klassenrumpf. Der Name der Klasse wird durch das Kennwort class eingeleitet, z. B. class klasse1. Der Klassenrumpf wird durch einen Doppelpunkt eingeleitet und enthält die Anweisungen, die aus Wertzuweisungen und Funktionsdefinitionen bestehen.

Die Instanziierungsoperation („aufrufen" eines Klassenobjekts) erzeugt ein leeres Objekt, z. B. a=klasse1. Viele Klassen haben es gerne Instanzobjekte, die auf einen spezifischen Anfangszustand angepasst wurden, zu erstellen. Deshalb kann eine Klasse eine spezielle Methode namens __init__(), wie folgt definieren, z. B. def __init__(self): self.data = [].

Eigene Klassen

```
## Klasse erstellen-----------------------------------------------------
class klasse1:                          # Neue Klasse
    """                                 # Beginn der Dokumentation

    "klasse1" definiert
    - Variable xy= 97 und
    - Funktion "funktion1", welche "Grüße aus Ansbach" ausgibt
    Parameter: keine
    """                                 # Ende der Dokumentation
    def __init__(self, anzahl):
        self.anzahl = anzahl
    def funktion1(anzahl):
        """                             # Beginn der Dokumentation
        "funktion1" gibt "Grüße aus Ansbach" zurück
        Parameter: keine
        """                             # Ende der Dokumentation
        return f"Grüße aus Ansbach von {anzahl} Personen."
    xy=97
## Dokumentation der Klasse---------------------------------------------
print(klasse1.__doc__)                  #__doc__ zeigt Dokumentation an
##                                      # Beginn der Dokumentation
##      "klasse1" definiert
##      - Variable xy= 97 und
##      - Funktion "funktion1", welche "Grüße aus Ansbach" ausgibt
##      Parameter: keine
##
print(klasse1.funktion1.__doc__)        #__doc__ zeigt Dokumentation an
##                                      # Beginn der Dokumentation
##          "funktion1" gibt "Grüße aus Ansbach" zurück
##          Parameter: keine
##
## Instanz einer Klasse anlegen---------------------------------------
a=klasse1
a.xy
## 97
a.funktion1(4)
## 'Grüße aus Ansbach von 4 Personen.'
```

5.6   Standardfunktionen

Nachfolgend möchte ich einige ausgewählte Funktionen vorstellen, die je nach Anwendungsbereich auch für das Machine Learning von Bedeutung sind.

5.6.1   Formatierte Ausgabe von Zeichenketten

Die formatierte Ausgabe von Zeichenketten wird durch die Methode format(), z. B.
`"Es wurden {} Produkte verkauft".format(a)`, und die Funktion f-string unterstützt, z. B. `f"Er sagte, dass sein Name {name} sei."`.

Formatierte Ausgabe

```
## format()-Methode mit {} für Parameterplatzhalter----------------------------
# Konvertierungsoptionen können dem Parameter mit ! folgen
#    Ohne Konvertierungsangabe erfolgt Ausgabe als String
#    !s -> String
#    !r -> String in Anführungszeichen
# Formatierungsoptionen können dem Parameter mit : folgen
a=54; b=22                                    # Variablen
a;b                                           # Unformatierte Ausgabe
## 54
## 22
"Es wurden {} Produkte verkauft".format(a)    # Formatierte Ausgabe
## 'Es wurden 54 Produkte verkauft'
"Es wurden {} Produkte verkauft, davon {} PCs".format(a,b)
## 'Es wurden 54 Produkte verkauft, davon 22 PCs'
name="Andreas"
f"Er sagte, dass sein Name {name} sei."
## 'Er sagte, dass sein Name Andreas sei.'
f"Er sagte, dass sein Name {name!s} sei."
## 'Er sagte, dass sein Name Andreas sei.'
f"Er sagte, dass sein Name {name!r} sei."
## "Er sagte, dass sein Name 'Andreas' sei."
## Ausrichtung und Textlänge
"{:<25}".format("linksbündig")                # linksbündig
## 'linksbündig              '
"{:>25}".format("rechtsbündig")               # rechtsbündig
## '             rechtsbündig'
"{:^25}".format("zentriert")                  # zentriert
## '        zentriert        '
"{:+^25}".format("zentriert")                 # '+' als Füllzeichen
## '++++++++zentriert++++++++'
## Vorzeichen
"{:+f}; {:+f}".format(1.23, -1.23)            # immer
## '+1.230000; -1.230000'
"{: f}; {: f}".format(1.23, -1.23)            # Leerzeichen anstatt "+"
## ' 1.230000; -1.230000'
## Tausend-Separator
"{:,}".format(1234.56789)                     # Tausend-Separator
## '1,234.56789'
## Stringlänge und Ziffernanzahl
"Ergebnis: {:10.7}".format(1234.56789)        # Stringlänge, Anzahl Ziffern
## 'Ergebnis:   1234.568'
```

```
f"Ergebnis: {12345.6789:{10}.{7}}"              # nested fields
## 'Ergebnis:   12345.68'
## Prozent und Nachkommastellen
"Prozent {:.1%}".format(1234.56789)             # 1 Nachkommastelle
## 'Prozent 123456.8%'
"Prozent {:.2%}".format(1234.56789)             # 2 Nachkommastellen
## 'Prozent 123456.79%'
"Prozent {:.3%}".format(1234.56789)             # 3 Nachkommastellen
## 'Prozent 123456.789%'
## Datum----------------------------------------------------------------
import datetime                                 # Paket datetime
datum=datetime.datetime(2024, 9, 11, 11, 26, 58)
"{:%Y-%m-%d %H:%M:%S}".format(datum)            # Datumsformat US
## '2024-09-11 11:26:58'
"{:%d.%m.%Y %H:%M:%S}".format(datum)            # Datumsformat D
## '11.09.2024 11:26:58'
"{:%B %d, %Y}".format(datum)                    # Monatsname
## 'September 11, 2024'
"{:%d.%B %Y}".format(datum)
## '11.September 2024'
f"{datum:%d.%B %Y}"
## '11.September 2024'
## Dictionary und Listen-Unpacking-------------------------------------
# Das Asterisk-Symbol (*, **) erlaubt das Unpacking von Listen und Dictionaries.
# Ein Stern wird bei Listen und zwei Sterne bei Dictionaries verwendet
l1=["Zumba","Walzer","Foxtrott"]                # Liste
"Tänze sind {}, {} und {}!".format(*l1)
## 'Tänze sind Zumba, Walzer und Foxtrott!'
kunde_keys = ("Name","Telefonnummer","E-Mail")
kunde_wert = ["Stefan Schmidt","0172-98654","s.schmidt@web.de"]
kunde = dict(zip(kunde_keys, kunde_wert))       # Dictionary
"Kunde: {Name}, Telefon: {Telefonnummer}, E-Mail: {E-Mail}".format(**kunde)
## 'Kunde: Stefan Schmidt, Telefon: 0172-98654, E-Mail: s.schmidt@web.de'
# Funktion einbinden
f"Die Liste besteht aus {len(l1)} Elementen."   # Funktionsaufruf
## 'Die Liste besteht aus 3 Elementen.'
```

5.6.2   Zufallszahlen

Im Paket **numpy** sind Funktionen zum Erzeugen von Zufallszahlen enthalten, die mit folgender Anweisung verfügbar gemacht werden: `from numpy.random import default_rng`. Die Erzeugung von Zufallszahlen ist mit dem Zufallszahlengenerator `default_rng()` und dessen Funktionen `random()`, `integers()`, `choice()`, `standard_normal()`, `normal()`, `lognormal()` möglich. Darüber hinaus existieren zusätzliche Funktionen für weitere Verteilungen von Zufallszahlen. Eine Liste der in **numpy** verfügbaren Verteilungsfunktionen findet sich auf der Webseite des Pakets (Numpy 2024b).

Zufallszahlen

```
## Zufallszahl------------------------------------------------------------
import numpy as np                    # Paket Numpy
from numpy.random import default_rng  # Zufallszahlengenerator
import matplotlib.pyplot as plt       # Visualisierung
rng=np.random.default_rng()           # Zufallszahlengenerator
rng                                   # Angabe zu Zufallszahlengenerator
## Generator(PCG64) at 0x239D6E14D60
default_rng(12345).random()           # 1 Zahl Range [0, 1) Seed 12345
## 0.22733602246716966
default_rng(12345).random((3,3))      # 9 Zahlen Range [0, 1) Seed 12345
## array([[0.22733602, 0.31675834, 0.79736546],
##        [0.67625467, 0.39110955, 0.33281393],
##        [0.59830875, 0.18673419, 0.67275604]])
default_rng(12345).integers(low=0,    # 3 Integer in Range [0, 10) Seed 12345
                high=10,size=3)
## array([6, 2, 7], dtype=int64)
t1=[1,2,3,4,5,6]                      # Tupel mit Würfelzahlen
default_rng(12345).choice(t1,10,True) # 5x Würfeln
## array([5, 2, 5, 2, 2, 5, 4, 5, 6, 3])
t2=["rot","rot","blau","blau","blau"] # Tupel mit Kugeln in Schale
default_rng(12345).choice(t2,10,True) # 10x Ziehen mit Zurücklegen (True)
## array(['blau', 'rot', 'blau', 'rot', 'rot', 'blau', 'blau', 'blau',
##        'blau', 'rot'], dtype='<U4')
default_rng(12345).choice(t2,3,False) # 3x Ziehen ohne Zurücklegen (False)
## array(['rot', 'blau', 'blau'], dtype='<U4')
#  Verteilung der Zufallszahlen festlegen: Numpy Verteilungen
#  siehe https://numpy.org/doc/stable/reference/random/generator.html
## Standardnormalverteilt-------------------------------------------------
mw,std=0,1                            # Mittelwert=3, Standardabweichung=1
s=default_rng(12345).standard_normal(900) # 900 normalverteilte Zahlen Mw=0,Std=1
count,bins,ignored=plt.hist(s,30,density=True)
plt.plot(bins,1/(std*np.sqrt(2*np.pi))*np.exp(-(bins-mw)**2/(2*std**2)),
        linewidth=2,color='r')
plt.show()
```

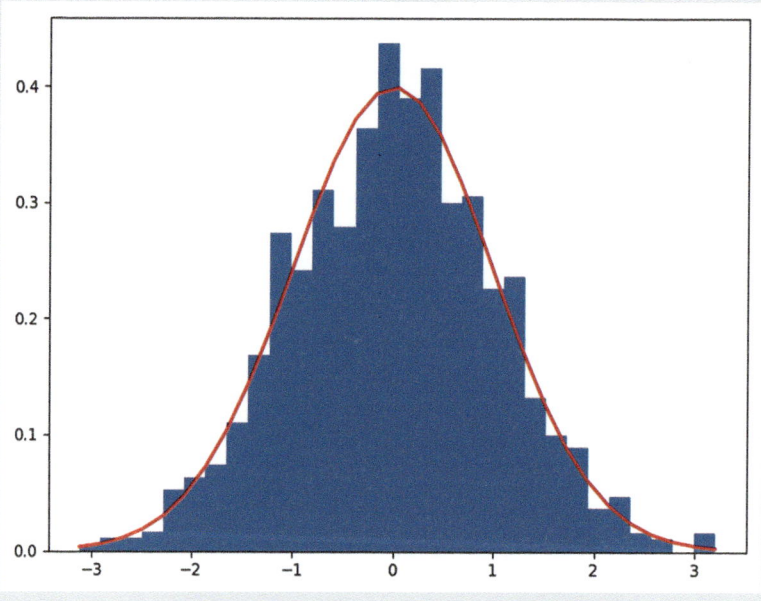

```
## Normalverteilt-------------------------------------------------------
mw,std=3,1                                 # Mittelwert=3, Standardabweichung=1
n=default_rng(12345).normal(mw,std,900)    # 900 normalverteilte Zahlen Mw=3,Std=1
count,bins,ignored=plt.hist(n,30,density=True)
plt.plot(bins,1/(std*np.sqrt(2*np.pi))*np.exp(-(bins-mw)**2/(2*std**2)),
         linewidth=2,color='r')
plt.show()
```

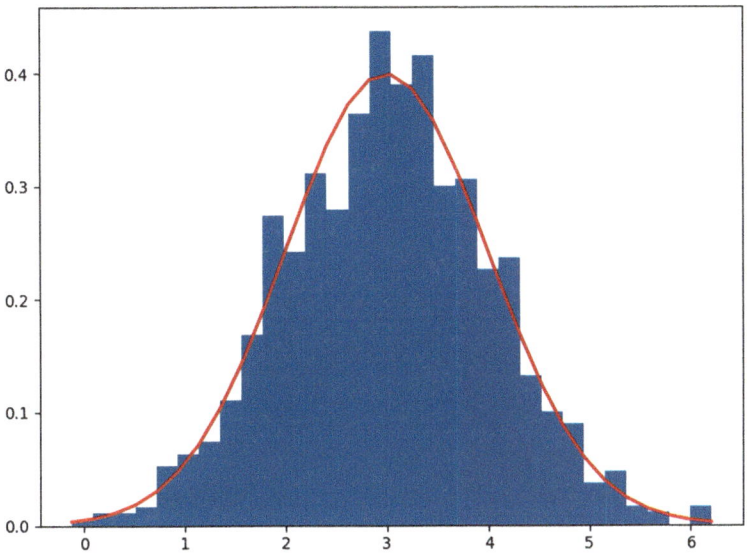

```
## Lognormalverteilt----------------------------------------------------
l=default_rng(12345).lognormal(mw,std,900) # 900 lognormal Zahlen Mw=3,Std=1
count,bins,ignored=plt.hist(l,100,density=True,align='mid')
x=np.linspace(min(bins),max(bins),10000)
pdf=(np.exp(-(np.log(x)-mw)**2/(2*std**2))
        /(x*std*np.sqrt(2*np.pi)))
plt.plot(x,pdf,linewidth=2,color='r')
plt.axis('tight')
## (-23.988734821252258, 523.2833189343958, 0.0, 0.0363469439562286)
plt.show()
```

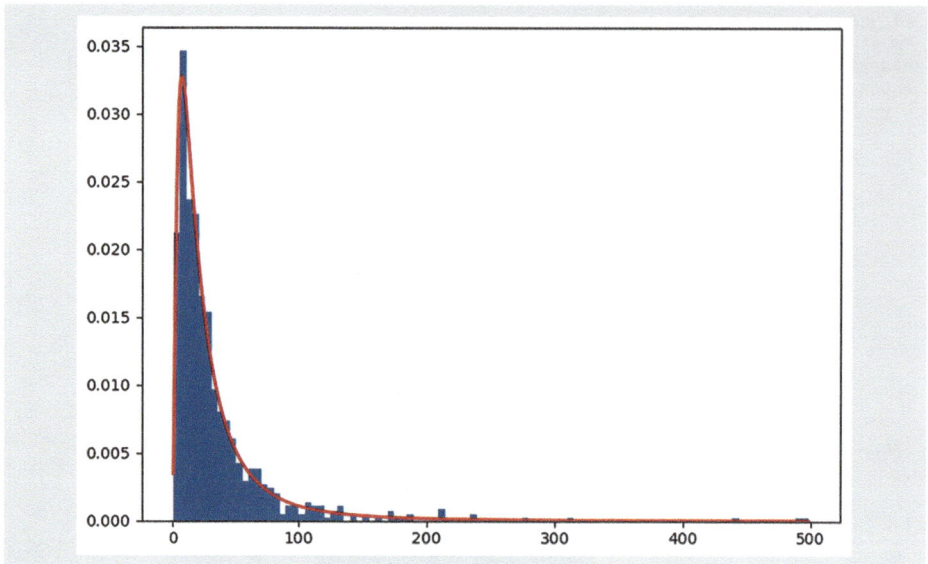

5.6.3 Performancemessung

Im Paket **timeit** sind Funktionen zur Ermittlung der Ausführungszeit einzelner Anweisungen enthalten, die mit der Funktion `Timer()` und Methode `timeit()` genutzt werden können.

Performancemessung

```
## Performancemessung------------------------------------------------------------
from timeit import Timer                                   # Paket timeit
Timer('a=54', 'b=22;c=4').timeit()
## 0.011753899976611137
Timer('a=54;b=22;c=4').timeit()
## 0.019953700015321374
```

5.7 Eigenes Modul/Paket

Ein Modul ist eine Datei, die Python-Definitionen und -Anweisungen beinhaltet, z. B. Import-Anweisungen, Variablen- und Funktionsdefinitionen. Module dienen der Strukturierung von Python-Code. Der Dateiname mit dem .py-Suffix entspricht dem Namen des Moduls. Innerhalb eines Moduls ist der Modulname als __name__ verfügbar. Die Moduldatei mit dem .py-Suffix muss im Verzeichnis sys.path oder der Umgebungsvariablen PYTHONPATH abgelegt sein. Wenn die Moduldatei in einem anderen Ordner abgelegt werden soll, dann muss dieser Pfad vorher mit der Anweisung `sys.path.append` in den Suchpfad von Python hinzugefügt werden.

Modul

```
## Zufallszahl----------------------------------------------------------------
import numpy as np                      # Numpy
from numpy.random import default_rng    # Zufallszahlengenerator
import matplotlib.pyplot as plt         # Visualisierung
rng=np.random.default_rng()             # Zufallszahlengenerator
rng                                     # Angabe zu Zufallszahlengenerator
## Generator(PCG64) at 0x25ECFD80740
default_rng(12345).random()             # 1 Zahlen Range [0, 1) Seed 12345
## 0.22733602246716966
default_rng(12345).random((3,3))        # 9 Zahlen Range [0, 1) Seed 12345
```

Der Aufruf des Moduls bzw. Pakets erfolgt über die Anweisung import, wie bei anderen Paketen.

Modulaufruf

```
## Zufallszahl----------------------------------------------------------------
import numpy as np                      # Numpy
from numpy.random import default_rng    # Zufallszahlengenerator
import matplotlib.pyplot as plt         # Visualisierung
rng=np.random.default_rng()             # Zufallszahlengenerator
rng                                     # Angabe zu Zufallszahlengenerator
## Generator(PCG64) at 0x25ECFD80740
default_rng(12345).random()             # 1 Zahlen Range [0, 1) Seed 12345
## 0.22733602246716966
default_rng(12345).random((3,3))        # 9 Zahlen Range [0, 1) Seed 12345
```

Literatur

Numpy. (2024a). *ndarray*. Abgerufen am 18. Juni 2024 von https://numpy.org/doc/stable/reference/generated/numpy.ndarray.html

Numpy. (2024b). *Numpy User Guide*. Abgerufen am 13. Juni 2024 von https://numpy.org/doc/stable/user/index.html#user

Pandas. (2024). *Dataframes*. Abgerufen am 18. Juni 2024 von https://pandas.pydata.org/docs/reference/api/pandas.DataFrame.html

Python Software Foundation. (2025). *Python*. Abgerufen am 18. Mai 2025 von https://www.python.org

Erstellung von KI-Anwendungen

6

Zusammenfassung

Das umfangreichste Kapitel beschreibt den vollständigen Workflow zur Entwicklung von KI-Lösungen. Behandelt werden Import und Vorverarbeitung von Daten, explorative Datenanalysen, Bereitstellung von Trainings- und Testdaten sowie Modellierung, Evaluation, Training und Tuning. Praxisbeispiele zeigen, wie aus Rohdaten marktfähige ML-Modelle entstehen.

Die Erstellung von KI-Anwendungen ist über klassische Programmierung möglich, wird aber immer häufiger effektiv durch Machine-Learning-Methoden unterstützt (siehe Abb. 2.3, 2.4 und 2.5). Um ein KI-System basierend auf Machine Learning effektiv zu erstellen, gilt es einem etablierten Prozess zu folgen, wie er in der Abb. 6.1 für das Überwachte und Unüberwachte Machine Learning dargestellt ist. Beim Bestärkenden Lernen entfällt der Import, die Datenvorverarbeitung und Explorative Datenanalyse und der Split in Trainings- und Testdaten, da die Daten zur Laufzeit zur Verfügung gestellt werden.

Nachfolgend werden diese Prozessschritte beschrieben: Import (Abschn. 6.1), Datenvorverarbeitung (Abschn. 6.2), Explorative Datenanalyse (Abschn. 6.3), Datenbereitstellung (Abschn. 6.4) und Modellierung inkl. Nutzung (Abschn. 6.5).

© Der/die Autor(en), exklusiv lizenziert an Springer Fachmedien Wiesbaden GmbH, ein Teil von Springer Nature 2025
B. Heesen, *Künstliche Intelligenz im Business*,
https://doi.org/10.1007/978-3-658-49545-9_6

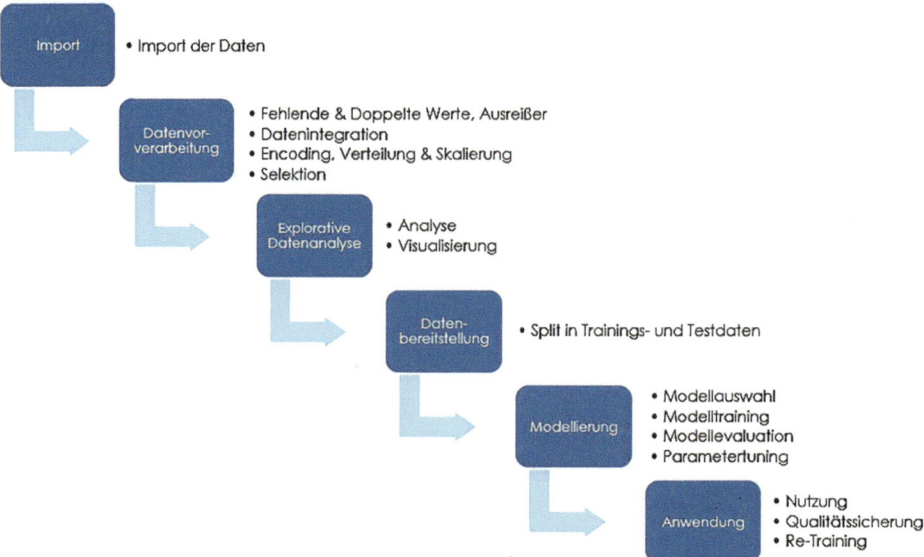

Abb. 6.1 Prozess für Überwachtes- und Unüberwachtes ML

6.1 Import und Export von Daten

Daten müssen vor einer Verarbeitung mit Python zunächst in den Arbeitsspeicher eingelesen bzw. importiert werden. Dies kann aus beliebigen Quellen und in verschiedenen Formaten erfolgen, z. B. aus Dateien, von Datenbanken, via WebScraping oder durch direkte Datenerfassung.

Oft wird als Quelle für Daten mit Dateien gearbeitet. Dateien können immer eindeutig beschrieben werden durch die Kombination von Dateinamen und Pfadnamen, in welchem die Datei abgespeichert ist bzw. abgespeichert werden soll. Wenn keine explizite Angabe eines Pfadnamens erfolgt, dann geht Python davon aus, dass die Datei sich entweder in dem Verzeichnis befindet, in dem der Python-Code abgelegt ist oder im sogenannten Arbeitsverzeichnis (Working Directory) befindet bzw. dort gespeichert werden soll. Um mit Dateien zu arbeiten, gilt es zunächst das Paket **os** zu importieren. Das Arbeitsverzeichnis kann man sich dann mit der Funktion `os.getcwd()` anzeigen lassen bzw. mit der Funktion `os.chdir()` neu festlegen. Mit der Funktion `os.listdir()` lassen sich alle Dateien anzeigen, die sich in einem Verzeichnis befinden. Sofern kein Verzeichnis explizit als Parameter angegeben wird, wird immer das Arbeitsverzeichnis verwendet. Mit der Funktion `os.walk()` können auch die Dateien der Unterverzeichnisse angezeigt werden. Neue Verzeichnisse können mit der Funktion `os.makedirs()` erstellt und mit der Funktion `os.rmdir()` gelöscht werden. Um abzufragen, ob eine Datei existiert, kann die Funktion `os.path.exists()` verwendet werden. Zum Löschen einer Datei existiert die Funktion `os.unlink()`.

Daten können u. a. importiert werden aus FlatFiles, z. B. KommaSeparatedFiles (CSV), Text- und HTML-Dateien, Excel Dateien, Software anderer Statistikpakete, aus Datenbanken oder über APIs (Application Programming Interfaces). An dieser Stelle sollen nur die grundlegendsten Importmöglichkeiten vorgestellt werden, um einige der folgenden Dateiformate einzulesen: TXT, CSV, XLSX, DOCX, PDF, JSON, XML und HTML.

Textdateien können mit der Funktion `open()` mit dem Parameter r für read gelesen, mit dem Parameter w für write geschrieben oder mit dem Parameter a für append ergänzt werden. Die Operation `with` erlaubt mit `open(fp, mode) as f` eine Datei nur für diesen Kontext zu öffnen, also für einen bestimmten Befehlsablauf (Einrückung), so dass die Methode `close()` zum Beenden des Dateizugriffs nicht mehr erforderlich ist.

Die Methode `write()` ermöglicht das Schreiben einer Textdatei und `read()` liefert eine Zeichenkette mit dem gesamten Text der Datei, während die Funktion `readlines()` eine Zeichenkette je Zeile zurückgibt. Eine Zeile lässt sich dann mit der Methode `split()` in die einzelnen Worte trennen.

Das Lesen bzw. Schreiben einer CSV-Datei erfolgt mithilfe der Methoden `reader()` bzw. `writer()` aus dem Paket **csv**. Alternativ wird das Lesen und Schreiben auch mit den Funktionen `read_csv()` und der Methode `to_csv()` aus dem Paket **pandas** unterstützt. Dies bietet sich an, wenn die Daten in einen Dataframe eingelesen bzw. aus einem Dataframe geschrieben werden sollen.

Excel-Dateien können mit der Funktion `load_workbook()` aus dem Paket **openpyxl** eingelesen werden. Die Sheetnamen des Workbooks lassen sich mit der Methode `sheetnames()` anzeigen. Um ein neues Workbook zu erstellen existiert die Funktion `Workbook()`. Neue Sheets können mit der Methode `create_sheet()` erzeugt werden. Die Methoden `cell()` und `value` ermöglichen die Zuweisung von Inhalten. Mit der Methode `save()` kann die Datei dann gespeichert werden. Alternativ wird das Lesen und Schreiben auch mit den Funktionen `read_excel()` und der Methode `to_excel()` aus dem Paket **pandas** unterstützt. Dies bietet sich an, wenn die Daten in einen Dataframe eingelesen bzw. aus einem Dataframe geschrieben werden sollen.

Auf andere Dateiformate können mit Funktionen aus dem Paket **pandas** gelesen und geschrieben werden, z. B. die Funktion `read_json()` und die Methode `to_json()` für json-Dateien, die Funktion `read_xml()` und die Methode `to_xml()` für xml-Dateien und die Funktion `read_sql()` und die Methode `to_sql()` für sql-Dateien.

Word-Dateien können mit der Funktion `Document()` aus dem Paket **python-docx** eingelesen werden. PDF-Dateien können mit der Funktion `pdfplumber.open()` aus dem Paket **pdfplumber** eingelesen werden. Inhalte von Webseiten können mit der Funktion `BeautifulSoup()` aus dem Paket **bs4** eingelesen werden.

Daten können auch in Paketen von Python enthalten sein und importiert werden, z. B. aus dem Paket **sklearn** über den Befehl `from sklearn import datasets`. Im Anschluss können dann ausgewählte datasets mit entsprechenden Funktionen, z. B. `datasets.load_iris()` oder `datasets.load_digits()` geladen werden.

Import und Export von Daten

```
## Verzeichnisse und Inhalte: getcwd, chdir, listdir, makedirs, rmdir, walk-------
import os # Paket os
wd_alt=os.getcwd()                          # Arbeitsverzeichnis anzeigen
wd_alt
## 'C:\\Users\\bernd\\Documents\\A-Python\\DateienKI'
wd_neu=os.path.join('C:\\','Users','bernd','Documents','A-Python','DateienKI')
os.chdir(wd_neu)                            # Arbeitsverzeichnis ändern
os.listdir(wd_neu)                          # Dateien in Verzeichnis anzeigen
## ['AmesHousing.csv', 'autos-kopie.csv', 'autos-kopie2.csv', 'autos-neu.csv', 'auto
s.csv', 'datasets.joblib', 'din-ki-flyer.pdf', 'formel1-kopie.xlsx', 'formel1.xlsx',
 'Klausurergebnisse.xlsx', 'textdatei.txt', 'Unterverzeichnis', 'WA_Fn-UseC_-Telco-C
ustomer-Churn.csv', 'wif.docx', 'Wizard_Of_Oz-Anfang.txt', 'workbook-neu.xlsx']
os.makedirs("Unterverzeichnis-Neu") # Verzeichnis neu anlegen
os.listdir()
## ['AmesHousing.csv', 'autos-kopie.csv', 'autos-kopie2.csv', 'autos-neu.csv', 'auto
s.csv', 'datasets.joblib', 'din-ki-flyer.pdf', 'formel1-kopie.xlsx', 'formel1.xlsx',
 'Klausurergebnisse.xlsx', 'textdatei.txt', 'Unterverzeichnis', 'Unterverzeichnis-Ne
u', 'WA_Fn-UseC_-Telco-Customer-Churn.csv', 'wif.docx', 'Wizard_Of_Oz-Anfang.txt', '
workbook-neu.xlsx']
os.rmdir("Unterverzeichnis-Neu")      # Verzeichnis löschen (wenn leer)
for ordner, unterordner, dateien in os.walk(wd_neu):
    print("Aktueller Ordner: "+ordner)
    for unterverzeichnis in unterordner:
        print(" Unterordner: "+unterverzeichnis)
    for datei in dateien:
        print(" Datei: "+datei)
## Aktueller Ordner: C:\Users\bernd\Documents\A-Python\DateienKI
##  Unterordner: Unterverzeichnis
##  Datei: AmesHousing.csv
##  Datei: autos-kopie.csv
##  Datei: autos-kopie2.csv
##  Datei: autos-neu.csv
##  Datei: autos.csv
##  Datei: datasets.joblib
##  Datei: din-ki-flyer.pdf
##  Datei: formel1-kopie.xlsx
##  Datei: formel1.xlsx
##  Datei: Klausurergebnisse.xlsx
##  Datei: textdatei.txt
##  Datei: WA_Fn-UseC_-Telco-Customer-Churn.csv
##  Datei: wif.docx
##  Datei: Wizard_Of_Oz-Anfang.txt
##  Datei: workbook-neu.xlsx
## Aktueller Ordner: C:\Users\bernd\Documents\A-Python\DateienKI\Unterverzeichnis
##  Datei: array-copy2.json
print("")
## Dateien: path.exists, unlink-----------------------------------------------------
os.path.exists("array-copy1.json")  # Datei/Verzeichnis existiert -> True
## True
os.unlink("array-copy1.json")        # Datei löschen
os.path.exists("array-copy1.json")  # Datei/Verzeichnis existiert -> False
## False
## Textdateien: open, close, write, read, split, readlines-----------------------
t1="Ich teste die Funktion open."
textdatei=open("textdatei.txt","w") # "w" für schreiben öffnen
textdatei.write(t1)
## 28
```

```
textdatei.close()
textdatei=open("textdatei.txt","r") # "r" für lesen öffnen
t2=textdatei.read()
t2
## 'Ich teste die Funktion open.'
textdatei.close()
os.path.exists("Wizard_Of_Oz-Anfang.txt")
## True
textdatei=open("Wizard_Of_Oz-Anfang.txt","r")
t4=textdatei.readlines()
i=int()
for zeile in t4:
  i+=1
  print("Zeile",i,":",zeile)
## Zeile 1 : The Wonderful Wizard of Oz
##
## Zeile 2 : by L. Frank Baum
##
## Zeile 3 :  Contents
##
## Zeile 4 :        Introduction
##
## Zeile 5 :    1.  The Cyclone
##
## Zeile 6 :    2.  The Council with the Munchkins
##
## Zeile 7 :    3.  How Dorothy Saved the Scarecrow
##
## Zeile 8 :    4.  The Road Through the Forest
##
## Zeile 9 :    5.  The Rescue of the Tin Woodman
##
## Zeile 10 :    6.  The Cowardly Lion
print("Zeile 1 via Index:",t4[0])
## Zeile 1 via Index: The Wonderful Wizard of Oz
textdatei.close()
## Textdateien mit Kontext-Manager> kein close() erforderlich----------------------
with open("Wizard_Of_Oz-Anfang.txt","r") as f:
  t5=f.read()
  print("Mit Kontext-Manager:",t5)
## Mit Kontext-Manager: The Wonderful Wizard of Oz
## by L. Frank Baum
##  Contents
##        Introduction
##    1.  The Cyclone
##    2.  The Council with the Munchkins
##    3.  How Dorothy Saved the Scarecrow
##    4.  The Road Through the Forest
##    5.  The Rescue of the Tin Woodman
##    6.  The Cowardly Lion
#%%%% Textdatei schreiben mit Kontext-Manager
with open("textdatei.txt","w") as f:
  f.write("Ich teste die Funktion with open.\n")
## 34
with open("textdatei.txt","r") as f:
  t6=f.read()
  print("Mit Kontext-Manager:",t6)
## Mit Kontext-Manager: Ich teste die Funktion with open.
```

```
## CSV-Dateien ohne Kontext-Manager: reader, writer--------------------------------
import csv                              # Paket csv
os.path.exists("autos.csv")
## True
csvdatei=open("autos.csv","r",newline="")
z1=csv.reader(csvdatei,delimiter=",")
l1=list();i=int()
for zeile in z1:
  i+=1
  print(zeile)
  l1.append(zeile)
  if i>4: break
## ['Marke', 'PS', 'Preis', 'Alter', 'Kategorie', 'Kilometer']
## ['peugeot', '158', '5000', '12', 'Alt', '150']
## ['bmw', '286', '8500', '19', 'Alt', '150']
## ['volkswagen', '102', '8990', '7', 'Mittelalt', '70']
## ['smart', '71', '4350', '9', 'Mittelalt', '70']
csvdatei.close()
l1
## [['Marke', 'PS', 'Preis', 'Alter', 'Kategorie', 'Kilometer'], ['peugeot', '158',
'5000', '12', 'Alt', '150'], ['bmw', '286', '8500', '19', 'Alt', '150'], ['volkswage
n', '102', '8990', '7', 'Mittelalt', '70'], ['smart', '71', '4350', '9', 'Mittelalt'
, '70']]
csvdatei=open("autos-kopie.csv","w")
csvschreiben=csv.writer(csvdatei,delimiter=';',lineterminator='\n')
csvschreiben.writerows(l1)
csvdatei.close()
## CSV-Dateien mit Kontext-Manager: reader, writer-------------------------------
l2=list();i=int()
with open("autos.csv","r",newline="") as f:
  z2=csv.reader(f,delimiter=",")
  for zeile in z2:
    i+=1
    print(zeile)
    l2.append(zeile)
    if i>6: break
## ['Marke', 'PS', 'Preis', 'Alter', 'Kategorie', 'Kilometer']
## ['peugeot', '158', '5000', '12', 'Alt', '150']
## ['bmw', '286', '8500', '19', 'Alt', '150']
## ['volkswagen', '102', '8990', '7', 'Mittelalt', '70']
## ['smart', '71', '4350', '9', 'Mittelalt', '70']
## ['chrysler', '150', '7900', '10', 'Alt', '150']
## ['volkswagen', '90', '300', '21', 'Oldtimer', '150']
l2
## [['Marke', 'PS', 'Preis', 'Alter', 'Kategorie', 'Kilometer'], ['peugeot', '158',
'5000', '12', 'Alt', '150'], ['bmw', '286', '8500', '19', 'Alt', '150'], ['volkswage
n', '102', '8990', '7', 'Mittelalt', '70'], ['smart', '71', '4350', '9', 'Mittelalt'
, '70'], ['chrysler', '150', '7900', '10', 'Alt', '150'], ['volkswagen', '90', '300'
, '21', 'Oldtimer', '150']]
with open("autos-kopie2.csv","w",newline="") as f:
  csv.writer(f).writerows(l2)
with open("autos-kopie2.csv","r",newline="") as f:
  z3=csv.reader(f,delimiter=",")
  for zeile in z3:
    print(zeile)
## ['Marke', 'PS', 'Preis', 'Alter', 'Kategorie', 'Kilometer']
## ['peugeot', '158', '5000', '12', 'Alt', '150']
## ['bmw', '286', '8500', '19', 'Alt', '150']
## ['volkswagen', '102', '8990', '7', 'Mittelalt', '70']
## ['smart', '71', '4350', '9', 'Mittelalt', '70']
## ['chrysler', '150', '7900', '10', 'Alt', '150']
## ['volkswagen', '90', '300', '21', 'Oldtimer', '150']
```

```
## CSV-Dateien mit Pandas: read_csv, to_csv----------------------------------------
import pandas as pd                      # Paket pandas
os.path.exists("autos.csv")
## True
df1=pd.read_csv("autos.csv",sep="\t")
df1
##      Marke,PS,Preis,Alter,Kategorie,Kilometer
## 0               peugeot,158,5000,12,Alt,150
## 1                   bmw,286,8500,19,Alt,150
## 2         volkswagen,102,8990,7,Mittelalt,70
## 3               smart,71,4350,9,Mittelalt,70
## 4             chrysler,150,7900,10,Alt,150
## ..                                      ...
## 995             ford,60,1490,14,Alt,150
## 996             opel,150,4499,11,Alt,125
## 997   mercedes_benz,170,12100,6,Mittelalt,30
## 998            ford,140,8999,8,Mittelalt,150
## 999         mercedes_benz,90,2500,16,Alt,125
##
## [1000 rows x 1 columns]
df1=pd.read_csv("autos.csv",sep=",")
df1
##              Marke     PS     Preis   Alter  Kategorie  Kilometer
## 0          peugeot  158.0    5000.0      12        Alt      150.0
## 1              bmw  286.0    8500.0      19        Alt      150.0
## 2       volkswagen  102.0    8990.0       7  Mittelalt       70.0
## 3            smart   71.0    4350.0       9  Mittelalt       70.0
## 4         chrysler  150.0    7900.0      10        Alt      150.0
## ..             ...    ...       ...     ...        ...        ...
## 995           ford   60.0    1490.0      14        Alt      150.0
## 996           opel  150.0    4499.0      11        Alt      125.0
## 997  mercedes_benz  170.0   12100.0       6  Mittelalt       30.0
## 998           ford  140.0    8999.0       8  Mittelalt      150.0
## 999  mercedes_benz   90.0    2500.0      16        Alt      125.0
##
## [1000 rows x 6 columns]
dateiname="autos-neu.csv"
fpath=os.path.join(os.path.abspath(''),dateiname)
df1.to_csv(fpath,sep="|")
## Excel-Dateien: load_workbook, sheetnames---------------------------------------
import openpyxl                          # Paket openpyxl
os.path.exists("formel1.xlsx")
## True
exceldatei=openpyxl.load_workbook("formel1.xlsx","r")
sheets=exceldatei.sheetnames             # Namen der Sheets
sheets
## ['Sheet 1']
sheetinhalt=exceldatei[sheets[0]]        # Inhalt eines Sheets
details=list()
for i in range(0,7):
    for j in range(0,10):
        details.append(sheetinhalt.cell(row=i+1,column=j+1).value)
details
## ['Rennen', 'Ort', 'Startposition', 'Rennwagen', 'Fahrer', 'Team', 'Platzierung',
 'Punkte', 'WRPunkte', None, 1, 'Australia', 1, 44, 'Lewis Hamilton HAM', 'Mercedes',
 2, 18, 50, None, 1, 'Australia', 2, 7, 'Kimi Räikkönen RAI', 'Ferrari', 3, 15, 33.3
333333333333, None, 1, 'Australia', 3, 5, 'Sebastian Vettel VET', 'Ferrari', 1, 25,
100, None, 1, 'Australia', 4, 33, 'Max Verstappen VER', 'Red Bull Racing TAG Heuer',
 6, 8, 16.6666666666667, None, 1, 'Australia', 5, 20, 'Kevin Magnussen MAG', 'Haas F
errari', None, 0, None, None, 1, 'Australia', 6, 8, 'Romain Grosjean GRO', 'Haas Fer
rari', None, 0, None, None]
print("Inhalt von Zelle E2:",          # Indexzugriff
      sheetinhalt['E2'].value)
## Inhalt von Zelle E2: Lewis Hamilton HAM
```

```
exceldatei.close()
## Arbeitsmappe erstellen: Workbook, create_sheet, cell, value, save--------------
exceldatei=openpyxl.Workbook()          # Neue Arbeitsmappe erstellen
sheet1=exceldatei.create_sheet("Erstes Sheet")
sheet2=exceldatei.create_sheet("Zweites Sheet")
sheet3=exceldatei.create_sheet("Drittes Sheet")
sheet1=exceldatei['Erstes Sheet']       # Aktives Sheet
for i in range(0,7):                     # Inhalte via Index zuweisen: .cell.value
    for j in range(0,10):
        sheet1.cell(row=i+1,column=j+1).value=i*10+j
exceldatei.save("workbook-neu.xlsx")
exceldatei.close()
## Excel-Dateien mit Pandas: read_excel------------------------------------------
import pandas as pd                      # Paket pandas
os.path.exists("formel1.xlsx")
## True
formel1=pd.read_excel("formel1.xlsx", index_col=0)
formel1
##              Ort  Startposition  Rennwagen  ... Platzierung Punkte    WRPunkte
## Rennen                                      ...
## 1        Australia             1         44  ...         2.0     18   50.000000
## 1        Australia             2          7  ...         3.0     15   33.333333
## 1        Australia             3          5  ...         1.0     25  100.000000
## 1        Australia             4         33  ...         6.0      8   16.666667
## 1        Australia             5         20  ...         NaN      0         NaN
## ...            ...           ...        ...  ...         ...    ...         ...
## 21      Abu Dhabi            16         28  ...        12.0      0    8.333333
## 21      Abu Dhabi            17         10  ...         NaN      0         NaN
## 21      Abu Dhabi            18          2  ...        14.0      0    7.142857
## 21      Abu Dhabi            19         35  ...        15.0      0    6.666667
## 21      Abu Dhabi            20         18  ...        13.0      0    7.692308
##
## [420 rows x 8 columns]
formel1.to_excel("formel1-kopie.xlsx")
## PDF-Dateien mit Paket pdfplumber: pdfplumber.open-----------------------------
#get_ipython().system('pip install pdfplumber')
import pdfplumber
with pdfplumber.open('din-ki-flyer.pdf') as pdf:
    text = ''
    for page in pdf.pages:
        text += page.extract_text()
print(text[0:500])
## KI - Made in Germany
## DEUTSCHE NORMUNGS
## ROADMAP KÜNSTLICHE
## INTELLIGENZ (AUSGABE 2)
## HANDLUNGSEMPFEHLUNGEN
## ZUR KI-STANDARDISIERUNG
## Eine ZusammenfassungNormungsroadmap
## Künstliche IntelligenzFÜR EINEN STARKEN
## KI-STANDORT DEUTSCHLAND
## Normen und Standards stärken das Vertrauen von Wirtschaft und Bedingungen für die
 Techn ologie der Zukunft geschaffen. Dafür sind
## Gesellschaft in KI - die jetzt veröffentlichte zweite Ausgabe der Road- fachkundi
ge Expert*innen gefragt, die sich in den Normungsgremien
## map
#closing the pdf file
pdf.close()
```

```
## Word-Dateien mit Paket python-docx: Document-----------------------------------
#get_ipython().system('pip install python-docx')
from docx import Document
doc = Document('wif.docx')          # Word-Dokument öffnen
text = ''                           # Text aus dem Dokument extrahieren
for paragraph in doc.paragraphs:
    text += paragraph.text + '\n'
print(text[0:500])
## Sprache: European Credit Points (ECTS):
## Deutsch + Englisch        5
## Kursziele:
## Fach- und Methodenkompetenz:
## Kenntnisse und Fähigkeiten grundlegender Vorgehensweise bei der Entwicklung von A
nwendungen für Machine Learning/KI und Natural Language Processing (NLP)
## Programmiersprache Python
## Handlungskompetenz:
## Die Studierenden erlernen die Entwicklung und Nutzung von Machine Learning/Künstl
icher Intelligenz für Textbasierte Anwendungen, u.a.
## Wortvorkommen + Entity-Erkennung: Analyse der häufigsten Worte +
## Webscrapting mit Paket bs4: urlopen, read, BeautifulSoup, prettify-------------
#get_ipython().system('pip install bs4')
import urllib.request as urllib1
from bs4 import BeautifulSoup
url = urllib1.urlopen('https://en.wikipedia.org/wiki/Natural_language_processing')
url_doc = url.read()
url_parse = BeautifulSoup(url_doc, 'html.parser')   # Parsing
text = url_parse.prettify()                         # Format parsed
print (text[:1000])
## <!DOCTYPE html>
## <html class="client-nojs vector-feature-language-in-header-enabled vector-feature
-language-in-main-page-header-disabled vector-feature-page-tools-pinned-disabled vec
tor-feature-toc-pinned-clientpref-1 vector-feature-main-menu-pinned-disabled vector-
feature-limited-width-clientpref-1 vector-feature-limited-width-content-enabled vect
or-feature-custom-font-size-clientpref-1 vector-feature-appearance-pinned-clientpref
-1 vector-feature-night-mode-enabled skin-theme-clientpref-day vect
print(url_parse.title)
## <title>Natural language processing - Wikipedia</title>
print(url_parse.title.string)
## Natural language processing - Wikipedia
for x in url_parse.find_all('p'): print(x.text)   # particular tag
## Natural language processing (NLP) is a subfield of computer science and especiall
y artificial intelligence. It is primarily concerned with providing computers with t
he ability to process data encoded in natural language and is thus closely related t
o information retrieval, knowledge representation and computational linguistics, a s
ubfield of linguistics.
## Datasets aus Paketen importieren: load_iris, load_digits----------------------
import sklearn as skl
from sklearn import datasets
iris=datasets.load_iris()
iris.data.shape
## (150, 4)
digits=datasets.load_digits()
digits.images.shape
## (1797, 8, 8)
import seaborn as sns
cars=sns.load_dataset("mpg")
cars.shape
## (398, 9)
```

```
titanic=sns.load_dataset("titanic")
titanic.shape
## (891, 15)
tips=sns.load_dataset("tips")
tips.shape
## (244, 7)
#- Verzeichnisse und Dateien-------------------------------------------------
os.listdir()                            # Dateien anzeigen
## ['AmesHousing.csv', 'autos-kopie.csv', 'autos-kopie2.csv', 'autos-neu.csv', 'auto
s.csv', 'datasets.joblib', 'din-ki-flyer.pdf', 'formel1-kopie.xlsx', 'formel1.xlsx',
 'Klausurergebnisse.xlsx', 'textdatei.txt', 'Unterverzeichnis', 'WA_Fn-UseC_-Telco-C
ustomer-Churn.csv', 'wif.docx', 'Wizard_Of_Oz-Anfang.txt', 'workbook-neu.xlsx']
```

Für die Demonstration von maschinellem Lernen eignen sich insbesondere Datensätze aus realweltlichen Anwendungsbereichen der Wirtschaft. Im Folgenden werden Datasets vorgestellt, die typische Herausforderungen und Strukturen betrieblicher Daten widerspiegeln (siehe Abb. 6.2).

In dem **Dataset Flights** als Extrakt aus dem R-Paket **nycflights13** (Wickham 2017) sind 336.788 Flugverbindungen der New Yorker Flughäfen enthalten. Die Flugdaten der New Yorker Flughäfen EWR (Newark Liberty Intl.), JFK (John F Kennedy Intl.) und LGA (La Guardia) zu Zielen innerhalb der USA, nach Puerto Rico und den American Virgin Islands aus dem Jahr 2013 wurden als Vorbereitung für Analysen in eine Basistabelle transformiert (Heesen 2023, S. 122–156).

Ein klassisches Beispiel ist auch das **Bank Marketing Dataset** (Moro et al. 2014), das aus einer portugiesischen Direktmarketing-Kampagne einer Bank stammt. Es bietet sich für Anwendungen der Klassifikation an. Es enthält soziodemografische Angaben über Kunden sowie Informationen zu früheren Kontaktaufnahmen, Kampagnenmerkmalen und dem finalen Kampagnenerfolg. Die Daten weisen zahlreiche kategoriale Merkmale wie „Berufsgruppe", „Bildungsstand" oder „Kommunikationsart" auf und sind damit hervorragend geeignet, um Vorverarbeitungstechniken wie One-Hot-Encoding, Label-Encoding oder Balancing von Zielklassen zu demonstrieren.

Dataset	Problemtyp	Vorverarbeitungsaspekte
Flights	Explorative Datenanalyse	Datenintegration
Bank Marketing	Klassifikation	Label-Encoding, Feature Selection
Telco Churn	Klassifikation	OneHot-Encoding, Scaling, Balancing
Credit Risk	Klassifikation	Diskrete + numerische Features
Online Retail	Clustering/Forecast	Aggregation, Zeitfeatures, Outlier Detection
Ames Housing	Regression	Multitypische Features, komplexe Codierungen

Abb. 6.2 Datasets

Ein weiteres Beispiel ist das **Credit Risk Dataset** mit realen Daten zu 887.379 Krediten und 74 Variablen von Kaggle (Dark_Raider 2025). Die Daten finden sich in der Datei loans.csv. Sie bieten sich für Anwendungen der Klassifikation an.

Der **Online Retail Dataset** (Chen 2012) stammt aus dem E-Commerce-Bereich und enthält detaillierte Transaktionsdaten eines britischen Onlinehändlers, darunter Rechnungsnummern, Produktinformationen, Mengen, Preise, Kundennummern sowie Zeitstempel. Obwohl kein direktes Zielmerkmal gegeben ist, lassen sich aus den Daten Kundenprofile ableiten, Zeitreihenanalysen durchführen oder für Aufgaben wie Warenkorbanalyse, Kundensegmentierung (Clustering) oder Anomalieerkennung vorbereiten. Besonders lehrreich ist hierbei der Umgang mit Datumsinformationen, Duplikaten, Ausreißern und fehlenden Werten.

Ein praxisnahes Szenario bietet auch das **Telco Customer Churn Dataset** (IBM 2020), das von einem Telekommunikationsunternehmen stammt und die Vorhersage der Kundenabwanderung (Churn-Klassifikation) zum Ziel hat. Neben Vertragsdaten (Laufzeit, Tarifart), dem Nutzungsverhalten (z. B. Internetnutzung) und soziodemografischen Informationen (z. B. Senior/in), enthält der Datensatz viele binäre und kategoriale Merkmale mit typischen „Yes/No"-Kodierungen. Hier lassen sich sowohl Text-zu-Boolean-Transformationen als auch Imputationen und Feature-Skalierung anhand realistischer Geschäftsprobleme erarbeiten.

Abschließend sei das **Ames Housing Dataset** (De Cock 2011) erwähnt, welches Immobiliendaten aus der Stadt Ames (Iowa, USA) umfasst. Es bietet sich für die Anwendung der Regression zur Vorhersage des Hauspreises an. Es enthält über 80 Merkmale zu Grundstücken, Gebäuden, Bauqualität und Lage. Der Datensatz zeichnet sich durch eine große Vielfalt an Merkmalsarten aus, darunter Flächenangaben, Baujahr, Materialklassen und qualitative Bewertungen. Die Vielzahl an Merkmalen macht ihn zu einem ausgezeichneten Ausgangspunkt für anspruchsvolle Datenvorverarbeitungs- und Feature-Engineering-Aufgaben.

Auch das **Titanic-Dataset** (Data Science Dojo 2025) mit der historischen Passagierliste der RMS Titanic eignet sich für die Anwendung von Klassifikationsproblemen mit Personenmerkmalen. Der Datensatz enthält Informationen wie Geschlecht, Alter, Passagierklasse, Ticketpreis und Einschiffungshafen und ist damit als vereinfachtes Kundenprofil interpretierbar. Im wirtschaftlichen Kontext eignet er sich gut zur Simulation von Selektionsmechanismen oder Risikomodellen. Zudem ist er ideal geeignet, um Datenvorverarbeitungstechniken wie One-Hot-Encoding, Imputation oder Feature-Skalierung praxisnah einzusetzen.

Nachdem die Datasets geladen wurden empfiehlt es sich diese mit der Funktion `dump()` aus dem Paket **joblib** in einer Datei zu speichern und dann vor der Nutzung mit der Funktion `load()` zu laden.

Import von Datasets aus dem wirtschaftswissenschaftlichen Bereich

```python
import pandas as pd
import zipfile
import io
import requests
import os
import pyreadr
from joblib import dump, load

wd_neu=os.path.join('C:\\','Users','bernd','Documents','A-Python','DateienKI')
os.chdir(wd_neu)                    # Arbeitsverzeichnis ändern

# New York Flugdaten 2013 (mein Buch KI und ML mit R)
def load_flights():
    df = pd.read_csv("flights.csv")
    return df

# Bank Marketing Dataset (UCI)
def load_bank_marketing():
    url = "https://archive.ics.uci.edu/ml/machine-learning-databases/00222/bank.zip"
    response = requests.get(url)
    with zipfile.ZipFile(io.BytesIO(response.content)) as z:
        with z.open('bank.csv') as f:
            df = pd.read_csv(f, sep=';')
    return df

# Credit Risk Dataset (Kaggle)
def load_loan(local_path='loan.csv'):
    try:
        df = pd.read_csv(local_path)
    except FileNotFoundError:
        print("⚠ Datei nicht gefunden. Bitte lade die Datei manuell von Kaggle:")
        print("https://www.kaggle.com/datasets/ranadeep/credit-risk-dataset")
        df = None
    return df

# Online Retail (UCI)
def load_online_retail():
    url = "https://archive.ics.uci.edu/ml/machine-learning-databases/00352/Online%20
Retail.xlsx"
    df = pd.read_excel(url)
    return df

# Ames Housing Dataset (Kaggle)
def load_ames_housing(local_path='AmesHousing.csv'):
    try:
        df = pd.read_csv(local_path)
    except FileNotFoundError:
        print("⚠ Datei nicht gefunden. Bitte lade die Datei manuell von Kaggle:")
        print("https://www.kaggle.com/datasets/prevek18/ames-housing-dataset")
        df = None
    return df

# Telco Customer Churn (Kaggle)
def load_telco_churn(local_path='WA_Fn-UseC_-Telco-Customer-Churn.csv'):
    try:
        df = pd.read_csv(local_path)
    except FileNotFoundError:
        print("⚠ Datei nicht gefunden. Bitte lade die Datei manuell von Kaggle:")
        print("https://www.kaggle.com/datasets/blastchar/telco-customer-churn")
        df = None
    return df
```

```
# Titanic Dataset (öffentlich via GitHub)
def load_titanic():
    url = "https://raw.githubusercontent.com/datasciencedojo/datasets/master/titanic
.csv"
    df = pd.read_csv(url)
    return df

# Alle Datasets laden
datasets = {
    "Flights": load_flights(),
    "BankMarketing": load_bank_marketing(),
    "TelcoChurn": load_telco_churn(),
    "CreditRisk": load_loan(),
    "OnlineRetail": load_online_retail(),
    "AmesHousing": load_ames_housing(),
    "Titanic": load_titanic()
}
# 📊 Überblick ausgeben
for name, df in datasets.items():
    if df is not None:
        print(f"\n✅ {name} geladen - Shape: {df.shape}")
        print(df.head(2))
    else:
        print(f"\n❌ {name} konnte nicht geladen werden.")
##
## ✅ Flights geladen - Shape: (336788, 30)
##    dest  year  dest_month  dest_day  ...  dest_visib      agegroup  quarter  avg_de
lay
## 0  ABQ   2013         4.0      22.0  ...         NaN           new       Q2
NaN
## 1  ABQ   2013         4.0      23.0  ...         NaN   middle-aged       Q2
NaN
##
## [2 rows x 30 columns]
##
## ✅ BankMarketing geladen - Shape: (4521, 17)
##    age          job  marital  education  ...  pdays  previous  poutcome    y
## 0   30   unemployed  married    primary  ...     -1         0   unknown   no
## 1   33     services  married  secondary  ...    339         4   failure   no
##
## [2 rows x 17 columns]
##
## ✅ TelcoChurn geladen - Shape: (7043, 21)
##    customerID  gender  SeniorCitizen  ...  MonthlyCharges  TotalCharges  Churn
## 0  7590-VHVEG  Female              0  ...           29.85         29.85     No
## 1  5575-GNVDE    Male              0  ...           56.95        1889.5     No
##
## [2 rows x 21 columns]
##
## ✅ CreditRisk geladen - Shape: (887379, 74)
##         id  member_id  loan_amnt  ...  inq_fi  total_cu_tl  inq_last_12m
## 0  1077501    1296599       5000  ...     NaN          NaN           NaN
## 1  1077430    1314167       2500  ...     NaN          NaN           NaN
##
## [2 rows x 74 columns]
##
## ✅ OnlineRetail geladen - Shape: (541909, 8)
##    InvoiceNo StockCode  ...  CustomerID         Country
## 0     536365    85123A  ...     17850.0  United Kingdom
## 1     536365     71053  ...     17850.0  United Kingdom
##
```

```
## [2 rows x 8 columns]
##
## ✓ AmesHousing geladen - Shape: (2930, 82)
##    Order      PID  MS SubClass ... Sale Type  Sale Condition  SalePrice
## 0      1  526301100          20 ...       WD          Normal     215000
## 1      2  526350040          20 ...       WD          Normal     105000
##
## [2 rows x 82 columns]
##
## ✓ Titanic geladen - Shape: (891, 12)
##    PassengerId  Survived  Pclass  ...     Fare Cabin  Embarked
## 0            1         0       3  ...   7.2500   NaN         S
## 1            2         1       1  ...  71.2833   C85         C
##
## [2 rows x 12 columns]

# Speichern
dump(datasets, 'datasets.joblib')
## ['datasets.joblib']
# Laden
from joblib import load
datasets = load('datasets.joblib')
```

6.2 Datenvorverarbeitung

Die Datenvorverarbeitung ist ein fundamentaler Schritt im Rahmen der Datenanalyse und
des maschinellen Lernens. In wirtschaftswissenschaftlichen Anwendungen entscheidet
eine sorgfältige Aufbereitung der Daten oft maßgeblich über die Aussagekraft und Zuverlässigkeit der Analysemodelle. Jeder der folgenden Abschnitte erläutert zunächst den
Nutzen, beschreibt dann das Vorgehen und schließt mit einem Codebeispiel ab.

6.2.1 Fehlende Werte

Fehlende Werte können die Ergebnisse statistischer Analysen und maschineller Lernverfahren verzerren oder deren Anwendung überhaupt erst verhindern. Ein systematischer
Umgang mit ihnen verbessert die Datenqualität und Modellrobustheit.

Fehlende Werte können durch Mittelwert, Median oder Modus ersetzt werden. Ein fort-
geschrittenes Verfahren ist das K-Nearest-Neighbors-Verfahren (KNN) für die Imputation.
Es basiert auf dem Prinzip der Ähnlichkeit: Für jede Beobachtung mit fehlenden Werten
werden die nächsten vollständigen Beobachtungen im Merkmalsraum gesucht. Die fehlenden Werte werden dann durch einen gewichteten Durchschnitt (z. B. Mittelwert) der
entsprechenden Merkmale dieser Nachbarn ersetzt. KNN berücksichtigt somit die lokale
Struktur der Daten und liefert oft bessere Schätzwerte als einfache globale Verfahren wie
Mittelwert- oder Median-Imputation.

- Identifikation fehlender Werte
- Analyse des Musters (zufällig vs. systematisch)
- Imputation (Ersetzung durch Mittelwert, Median, Modus, KNN) oder Entfernung

Fehlende Werte

```python
import pandas as pd
import numpy as np
from sklearn.impute import KNNImputer

# Beispiel-Datensatz mit verschiedenen Arten fehlender Werte
kreditdaten = pd.DataFrame({
    'Alter': [25, 45, np.nan, 36, 52],
    'Einkommen': [40000, 50000, 60000, np.nan, 52000],
    'Kreditwürdigkeit': [1, 1, 0, 1, 0],
    'Bonität': [0.9, 0.8, np.nan, 0.85, 0.95],
    'Region': ['Nord', 'Süd', 'Ost', 'West', None]
})

# Dataframe anzeigen
print(kreditdaten)
##    Alter  Einkommen  Kreditwürdigkeit  Bonität Region
## 0   25.0    40000.0                 1     0.90   Nord
## 1   45.0    50000.0                 1     0.80    Süd
## 2    NaN    60000.0                 0      NaN    Ost
## 3   36.0        NaN                 1     0.85   West
## 4   52.0    52000.0                 0     0.95   None

# Fehlende Werte anzeigen
print("Fehlende Werte:\n" + kreditdaten.isnull().sum().to_string())
## Fehlende Werte:
## Alter            1
## Einkommen        1
## Kreditwürdigkeit 0
## Bonität          1
## Region           1

# Median-Imputation für "Alter"
kreditdaten['Alter'] = kreditdaten['Alter'].fillna(kreditdaten['Alter'].median())

# Mittelwert-Imputation für "Bonität"
kreditdaten['Bonität'] = kreditdaten['Bonität'].fillna(kreditdaten['Bonität'].mean()
)

# KNN-Imputation für "Alter" und "Einkommen"
imputer = KNNImputer(n_neighbors=2)
kreditdaten[['Alter', 'Einkommen']] = imputer.fit_transform(kreditdaten[['Alter', 'E
inkommen']])

# Entfernen von Zeilen mit fehlender "Region"
kreditdaten.dropna(subset=['Region'], inplace=True)

# Dataframe anzeigen
```

```
print(kreditdaten)
##    Alter  Einkommen  Kreditwürdigkeit  Bonität Region
## 0   25.0   40000.0                 1    0.900   Nord
## 1   45.0   50000.0                 1    0.800    Süd
## 2   40.5   60000.0                 0    0.875    Ost
## 3   36.0   55000.0                 1    0.850   West

# Fehlende Werte anzeigen
print("Fehlende Werte:\n" + kreditdaten.isnull().sum().to_string())
## Fehlende Werte:
## Alter             0
## Einkommen         0
## Kreditwürdigkeit  0
## Bonität           0
## Region            0
```

6.2.2 Doppelte Datensätze

Doppelte Einträge führen zu Verzerrungen bei aggregierten Kennzahlen und Modellen, insbesondere bei gewichteten Verfahren. Die häufigsten Ursachen für doppelte Datensätze sind:

- Mehrfache Erfassung desselben Objekts (z. B. Kunden, Bestellungen) durch verschiedene Systeme oder Mitarbeitende.
- Fehlerhafte Importe oder Zusammenführungen von Datensätzen (z. B. durch fehlende eindeutige Schlüssel).
- Manuelle Eingaben mit inkonsistenter Formatierung.
- Wiederholte Datenübertragungen ohne Prüfung auf Redundanz.

Eine sorgfältige Analyse der Datenquelle und der relevanten Schlüsselmerkmale hilft, doppelte Einträge frühzeitig zu erkennen und nachhaltig zu vermeiden.

Vorgehen

- Prüfung auf Duplikate
- Entfernung vollständiger oder teilweiser Duplikate

Doppelte Datensätze

```
import pandas as pd

kunden = pd.DataFrame({
    'Kundennr': [101, 102, 103, 104, 101],
    'Name': ['Meier', 'Schulz', 'Müller', 'Huber', 'Meier'],
    'Umsatz': [2500, 3000, 4000, 1500, 2500]
})

# Dataframe anzeigen
print(kunden)
##    Kundennr    Name  Umsatz
## 0       101   Meier    2500
## 1       102  Schulz    3000
## 2       103  Müller    4000
## 3       104   Huber    1500
## 4       101   Meier    2500

# Duplikate identifizieren
print("Doppelte Datensätze:\n" + kunden.duplicated().to_string())
## Doppelte Datensätze:
## 0    False
## 1    False
## 2    False
## 3    False
## 4     True

# Duplikate entfernen
kunden = kunden.drop_duplicates()

# Dataframe anzeigen
print(kunden)
##    Kundennr    Name  Umsatz
## 0       101   Meier    2500
## 1       102  Schulz    3000
## 2       103  Müller    4000
## 3       104   Huber    1500

# Duplikate identifizieren
print("Doppelte Datensätze:\n" + kunden.duplicated().to_string())
## Doppelte Datensätze:
## 0    False
## 1    False
## 2    False
## 3    False
```

6.2.3   Ausreißer

Ausreißer können statistische Kennzahlen und Modelle erheblich verfälschen. Eine angemessene Identifikation und Behandlung ist insbesondere bei Regressionsanalysen und Clustering-Verfahren essenziell.

Vorgehen

- Visuelle Identifikation (Boxplot)
- Statistische Methoden (Z-Score, IQR-Methode)
- Entfernung bzw. Korrektur

Ausreißer

```python
import pandas as pd
import numpy as np
import seaborn as sns
import matplotlib.pyplot as plt
from scipy.stats import zscore

umsatzdaten = pd.DataFrame({'Umsatz': [300, 1200, 1400, 1500, 2000, 20000]})

# Boxplot zur Identifikation
sns.boxplot(data=umsatzdaten, x='Umsatz')
plt.title("Boxplot der Quartalsumsätze")
plt.xlabel("Umsatz in EUR")
plt.show()
```

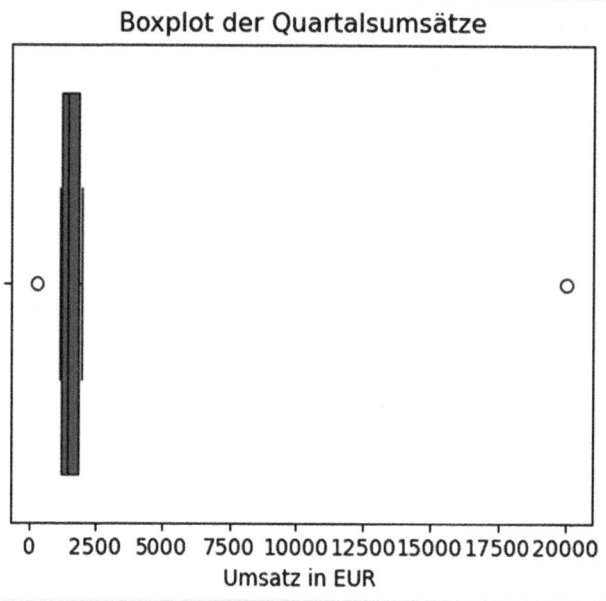

```
# IQR-Methode ----------------------------------------
Q1 = umsatzdaten['Umsatz'].quantile(0.25)
Q3 = umsatzdaten['Umsatz'].quantile(0.75)
IQR = Q3 - Q1
print("Q1 (25%-Perzentil):", Q1)
## Q1 (25%-Perzentil): 1250.0
print("Q3 (75%-Perzentil):", Q3)
## Q3 (75%-Perzentil): 1875.0
print("IQR (Interquartilsabstand):", IQR)
## IQR (Interquartilsabstand): 625.0
# Anzeige der Ausreißer nach IQR-Methode
outliers = umsatzdaten[(umsatzdaten['Umsatz'] < Q1 - 1.5 * IQR) | (umsatzdaten['Umsa
tz'] > Q3 + 1.5 * IQR)]

print("Ausreißer nach IQR-Methode <Q1-1,5*IQR bzw >Q3+1,5*IQR:")
## Ausreißer nach IQR-Methode <Q1-1,5*IQR bzw >Q3+1,5*IQR:
print(outliers)
##      Umsatz
## 0       300
## 5     20000
# Entfernen von Ausreißern nach IQR-Methode
umsatzdaten_clean_IQR = umsatzdaten[(umsatzdaten['Umsatz'] >= Q1 - 1.5 * IQR) & (ums
atzdaten['Umsatz'] <= Q3 + 1.5 * IQR)]

print("Dataframe nach Entfernen der Ausreißer mit der IQR-Methode:")
## Dataframe nach Entfernen der Ausreißer mit der IQR-Methode:
print(umsatzdaten_clean_IQR)
##      Umsatz
## 1      1200
## 2      1400
## 3      1500
## 4      2000

# Z-Score-Methode ---------------------------------------
umsatzdaten['Z_Score'] = zscore(umsatzdaten['Umsatz'])
z_outliers = umsatzdaten[np.abs(umsatzdaten['Z_Score']) > 2]

print("Ausreißer nach Z-Score-Methode (|Z| > 2):")
## Ausreißer nach Z-Score-Methode (|Z| > 2):
print(z_outliers)
##      Umsatz   Z_Score
## 5     20000  2.230165
# Entfernen von Ausreißern nach Z-Score-Methode
umsatzdaten_clean_z = umsatzdaten[np.abs(umsatzdaten['Z_Score']) <= 2]

print("Dataframe nach Entfernen der Ausreißer mit der Z-Score-Methode:")
## Dataframe nach Entfernen der Ausreißer mit der Z-Score-Methode:
print(umsatzdaten_clean_z)
##      Umsatz   Z_Score
## 0       300 -0.586133
## 1      1200 -0.457470
## 2      1400 -0.428878
## 3      1500 -0.414582
## 4      2000 -0.343102
```

6.2.4   Datenintegration

Die Datenintegration, wie in Abschn. 3.1 vorgestellt, besteht darin mehrere Datenquellen im Zuge von Tabellenjoins über Schlüsselfelder zu integrieren und dabei fehlerhafte Daten zu finden und anschließend entweder zu löschen oder zu korrigieren. Die Erstellung einer Basistabelle soll zusätzlich alle nicht erforderlichen Datensätze (Zeilen) und Variablen (Spalten) vor der Analyse entfernen und somit die Basis für Analyse und Machine Learning bilden.

In nachfolgendem Beispiel soll eine Basistabelle erstellt werden, welche es erlaubt europäische Restaurants nach Sternebewertungen und Land zu analysieren. Einige Ländereinträge in der Tabelle der Restaurants sind nicht ISO-konform oder sprachlich inkonsistent: z. B. Bayern, Frankreich, USA. Durch einen Join können alle fehlerhaften oder unvollständigen Ländereinträge erkannt werden, nämlich jene, für die der ISO-Code fehlt. Nach der Fehlerkorrektur sind alle Datensätze validiert. Um die Basistabelle effizient zu gestalten, werden nur Datensätze aus europäischen Ländern und nur die für die Analyse erforderlichen Spalten `country`, `stars` und `review_count` erhalten.

Datenintegration

```python
import pandas as pd
import requests
from io import StringIO
import matplotlib.pyplot as plt
import seaborn as sns

# Stammdaten: ISO-Ländertabelle
url = "https://raw.githubusercontent.com/lukes/ISO-3166-Countries-with-Regional-Code
s/master/all/all.csv"
response = requests.get(url)
iso_country = pd.read_csv(StringIO(response.text))

# Bewegungsdaten: Restaurantdaten inkl. fehlerhafter Länderbezeichnungen
restaurants = pd.DataFrame({
    'business_id': ['r1', 'r2', 'r3', 'r4', 'r5', 'r6'],
    'restaurant': ['Berlin Bites', 'Paris Plates', 'Munich Meals', 'NY Noodles', 'LA
Lunch', 'Nice Nibbles'],
    'country': ['Germany', 'France', 'Bayern', 'USA', 'USA', 'Frankreich'],
    'stars': [4.2, 4.5, 3.8, 4.0, 3.5, 4.7],
    'review_count': [110, 95, 50, 210, 190, 88]
})

# Funktion zur Datenintegration und -validierung
def merge_with_validation(restaurants_df, iso_df):
    merged = pd.merge(
        restaurants_df,
        iso_df[['name', 'alpha-2', 'region']],
        how='left',
        left_on='country',
        right_on='name'
    )
    errors = merged[merged['alpha-2'].isna()]
    return merged, errors
```

```
print("Dataframe restaurants vor Validierung:")
## Dataframe restaurants vor Validierung:
print(restaurants[['business_id', 'restaurant', 'country','stars','review_count']])
##    business_id    restaurant    country  stars  review_count
## 0           r1   Berlin Bites   Germany    4.2           110
## 1           r2   Paris Plates    France    4.5            95
## 2           r3   Munich Meals    Bayern    3.8            50
## 3           r4    NY Noodles       USA    4.0           210
## 4           r5     LA Lunch       USA    3.5           190
## 5           r6  Nice Nibbles  Frankreich   4.7            88


# Erster Merge – fehlerhafte Länder anzeigen
merged, merged_errors = merge_with_validation(restaurants, iso_country)
if not merged_errors.empty:
    print("\nFehlerhafte Länder (vor Korrektur):")
    print(merged_errors[['business_id', 'restaurant', 'country']])
else:
    print("Validierung der Ländereinträge ohne Fehler abgeschlossen.")
##
## Fehlerhafte Länder (vor Korrektur):
##    business_id    restaurant    country
## 2           r3   Munich Meals    Bayern
## 3           r4    NY Noodles       USA
## 4           r5     LA Lunch       USA
## 5           r6  Nice Nibbles  Frankreich


# Fehlerkorrektur: Umbenennung ungültiger Ländereinträge
restaurants['country'] = restaurants['country'].replace({
    'Bayern': 'Germany',
    'USA': 'United States of America',
    'Frankreich': 'France'
})
print("\nDataframe restaurants nach Validierung/Korrektur:")
##

## Dataframe restaurants nach Validierung/Korrektur:
print(restaurants[['business_id', 'restaurant', 'country','stars','review_count']])
##    business_id    restaurant                    country  stars  review_count
## 0           r1   Berlin Bites                   Germany    4.2           110
## 1           r2   Paris Plates                    France    4.5            95
## 2           r3   Munich Meals                   Germany    3.8            50
## 3           r4    NY Noodles  United States of America    4.0           210
## 4           r5     LA Lunch   United States of America    3.5           190
## 5           r6  Nice Nibbles                    France    4.7            88


# Erneuter Merge nach Korrektur
merged, merged_errors = merge_with_validation(restaurants, iso_country)
if not merged_errors.empty:
    print("\nFehlerhafte Länder (vor Korrektur):")
    print(merged_errors[['business_id', 'restaurant', 'country']])
else:
    print("Validierung der Ländereinträge ohne Fehler abgeschlossen.")
## Validierung der Ländereinträge ohne Fehler abgeschlossen.


# Basistabelle erstellen für Analyse der Sterne/Anzahl Reviews für Europa
# Selektion: Alle Zeilen außer Europa löschen
Basistabelle = merged[merged['region'] == 'Europe']
# Selektion: Nur Spalten country, stars, review_count behalten
Basistabelle = Basistabelle[['country', 'stars', 'review_count']]
# Ergänzung: Aggregierte Reviewanzahl je Land
review_summen = Basistabelle.groupby('country')['review_count'].sum().to_dict()
Basistabelle['country_label'] = Basistabelle['country'].apply(
    lambda c: f"{c}\n({review_summen[c]} reviews)"
)
```

```
# Ausgabe der Basistabelle
print("\nBasistabelle (nur Europa, nur erforderliche Spalten):")
##
## Basistabelle (nur Europa, nur erforderliche Spalten):
print(Basistabelle)
##    country  stars  review_count            country_label
## 0  Germany    4.2           110  Germany\n(160 reviews)
## 1   France    4.5            95   France\n(183 reviews)
## 2  Germany    3.8            50  Germany\n(160 reviews)
## 5   France    4.7            88   France\n(183 reviews)

# Visualisierung: Boxplot der Sternebewertungen/Review-Anzahl pro Land
plt.figure(figsize=(8, 6))
ax = sns.boxplot(data=Basistabelle, x='country_label', y='stars')
plt.title("Bewertungen europäischer Restaurants")
plt.ylabel("Sternebewertung")
plt.xlabel("Land (mit Gesamtanzahl Reviews)")
plt.tight_layout()
plt.show()
```

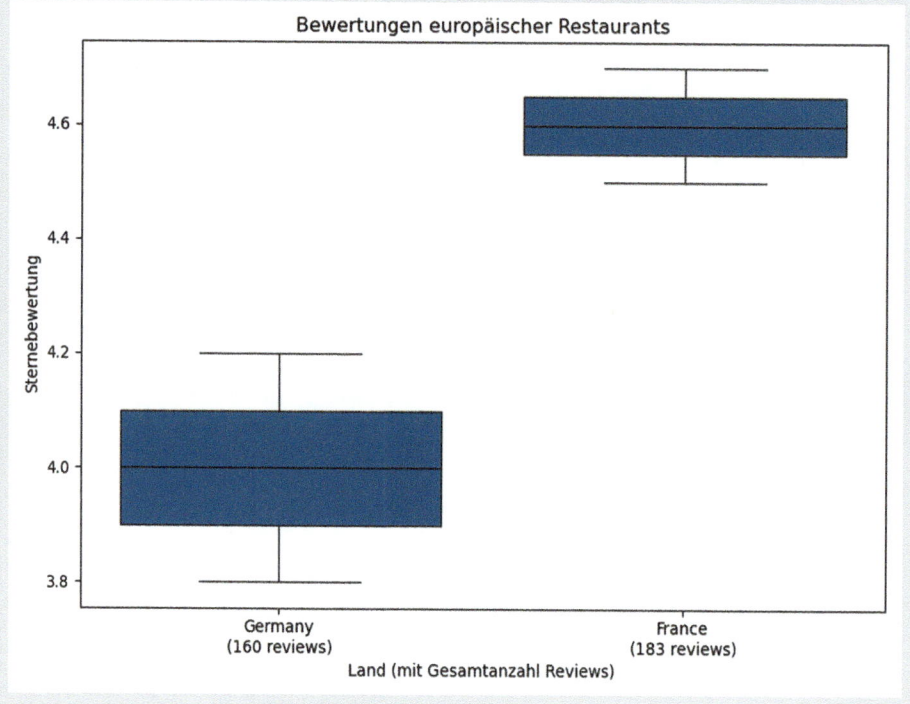

6.2.5   Encoding

Viele Algorithmen des maschinellen Lernens setzen numerische Eingabedaten voraus. Nicht-numerische Merkmale (z. B. Kategorien) müssen daher in eine geeignete numerische Form konvertiert werden.

Für **ordinale Variablen** (Rangfolge) empfiehlt sich das **Label Encoding**, bei dem kategoriale Variablen in ganzzahlige Werte überführt werden. Um eine individuelle Rangfolge korrekt abzubilden, ist die Verwendung einer benutzerdefinierten Zuordnung (z. B. mit einem Mapping-Wörterbuch) erforderlich, da automatische Verfahren wie LabelEncoder Kategorien standardmäßig alphabetisch sortieren. Die ordinale Variable `Vertrag` wird im nachfolgenden Coding mittels Label-Encoding in eine numerische Skala überführt, wobei die Reihenfolge der Vertragsvarianten Basis < Standard < Premium explizit berücksichtigt wird.

Für **nominale Variablen** (keine Rangfolge) bietet sich das **One-Hot Encoding** an, bei dem für jede Kategorie eine eigene binäre Spalte erstellt wird. Zur Vorbereitung der kategorialen Variable `Region` wird im nachfolgenden Coding eine zweistufige Pipeline implementiert, die zunächst seltene Ausprägungen zusammenfasst und anschließend ein One-Hot-Encoding durchführt. Ziel dieser Vorverarbeitung ist es, die Modellrobustheit zu erhöhen und die Dimensionalität des resultierenden Merkmalsraums zu kontrollieren. Im ersten Schritt der Pipeline werden mithilfe einer benutzerdefinierten Funktion jene Kategorien identifiziert, deren relative Häufigkeit im Datensatz unter einem vorgegebenen Schwellenwert liegt (hier: 10 %). **Seltene Kategorien werden durch das einheitliche Label „Other" ersetzt.** Die Wahl dieses Schwellwerts erlaubt eine flexible Steuerung der Toleranz gegenüber seltenen Ausprägungen und verhindert, dass einzelne Kategorien mit sehr geringer Repräsentation übermäßig Einfluss auf das Modell nehmen oder dessen **Speicherbedarf** erheblich erhöht. Im zweiten Schritt wird ein One-Hot-Encoding angewendet, das für jede verbleibende Kategorie (einschließlich der neu eingeführten Sammelkategorie „Other") eine binäre Indikatorspalte erzeugt. Durch diese Kombination lassen sich die Vorteile einer interpretierbaren Kodierung mit einer kontrollierten Merkmalsanzahl verbinden. Die Ausgabe der zusammengefassten Kategorien inklusive absoluter und relativer Häufigkeiten der ersetzten Werte schafft Transparenz der Vorverarbeitungsschritte.

Auch eine **Rücktransformation (Decoding)** ist besonders hilfreich zur Interpretation von Modellergebnissen, z. B. bei erklärenden Analysen oder bei der Darstellung vorhergesagter Kategorien in ihrer ursprünglichen Bezeichnung.

Vorgehen

- Label Encoding für ordinalskalierte Merkmale mit Mapping
- One-Hot Encoding für nominalskalierte Merkmale
- Rücktransformation (Decoding) zur Interpretation von Ergebnissen

Encoding

```python
import pandas as pd
from sklearn.preprocessing import OneHotEncoder, FunctionTransformer
from sklearn.pipeline import Pipeline

# Beispiel-Daten mit 'Vertrag' statt 'Vertragsart'
vertraege = pd.DataFrame({
    'Vertrag': ['Basis', 'Premium', 'Premium', 'Standard', 'Basis',
                'Basis', 'Standard', 'Premium', 'Basis', 'Standard', 'Basis'],
    'Region': ['Nord', 'Süd', 'Nord', 'Ost', 'Ost',
               'Süd', 'Nord', 'Ost', 'Süd', 'Eifel', 'Taunus']
})

# Label-Encoding für die ordinale Variable 'Vertrag'
ordinal_map = {'Basis': 0, 'Standard': 1, 'Premium': 2}
vertraege['Vertrag_Label'] = vertraege['Vertrag'].map(ordinal_map)

# Funktion zur Gruppierung seltener Kategorien mit Ausgabe
def group_rare_labels(X, threshold=0.10):
    series = X.squeeze()
    freq = series.value_counts(normalize=True)
    rare = freq[freq < threshold].index
    grouped = series.replace(rare, 'Other')

    # Analyse-Ausgabe der gruppierten Werte
    print("\nZusammenfassung seltener Kategorien als 'Other':")
    print("-----------------------------------------------------------")
    rare_counts = series[series.isin(rare)].value_counts()
    total = len(series)
    for kategorie, count in rare_counts.items():
        prozent = (count / total) * 100
        print(f"{kategorie:10s}: {count:2d} x ({prozent:.2f} %)")

    return grouped.to_frame()

# Pipeline: Gruppieren + One-Hot-Encoding für Region
rare_transformer = FunctionTransformer(group_rare_labels, kw_args={'threshold': 0.10
})
ohe = OneHotEncoder(sparse_output=False)
region_pipeline = Pipeline([
    ('seltene_zu_other', rare_transformer),
    ('onehot', ohe)
])

# Anwendung der Pipeline auf die Region-Spalte
encoded = region_pipeline.fit_transform(vertraege[['Region']])
##
## Zusammenfassung seltener Kategorien als 'Other':
## -----------------------------------------------------------
## Eifel      :  1 x (9.09 %)
## Taunus     :  1 x (9.09 %)
encoded_df = pd.DataFrame(encoded, columns=ohe.get_feature_names_out(['Region']))
vertraege_encoded = pd.concat([vertraege, encoded_df], axis=1)
```

```
# Ausgabe: Dataframe nach Encoding
print("\nDataframe nach Encoding:")
##
## Dataframe nach Encoding:
print(vertraege_encoded.drop(columns=['Vertragsart_decoded', 'Region_decoded_onehot'
], errors='ignore').to_string(index=False))
##   Vertrag Region  Vertrag_Label  Region_Nord  Region_Ost  Region_Other  Region_Süd
##     Basis   Nord              0          1.0         0.0           0.0         0.0
##   Premium    Süd              2          0.0         0.0           0.0         1.0
##   Premium   Nord              2          1.0         0.0           0.0         0.0
##  Standard    Ost              1          0.0         1.0           0.0         0.0
##     Basis    Ost              0          0.0         1.0           0.0         0.0
##     Basis    Süd              0          0.0         0.0           0.0         1.0
##  Standard   Nord              1          1.0         0.0           0.0         0.0
##   Premium    Ost              2          0.0         1.0           0.0         0.0
##     Basis    Süd              0          0.0         0.0           0.0         1.0
##  Standard  Eifel              1          0.0         0.0           1.0         0.0
##     Basis Taunus              0          0.0         0.0           1.0         0.0
# Rückumwandlung Label-Encoding
reverse_map = {v: k for k, v in ordinal_map.items()}
vertraege_encoded['Vertrag_decoded'] = vertraege_encoded['Vertrag_Label'].map(revers
e_map)
print("\nRückumwandlung Label Encoding:")
##
## Rückumwandlung Label Encoding:
print(vertraege_encoded[['Vertrag_Label', 'Vertrag_decoded']])
##      Vertrag_Label Vertrag_decoded
## 0               0           Basis
## 1               2         Premium
## 2               2         Premium
## 3               1        Standard
## 4               0           Basis
## 5               0           Basis
## 6               1        Standard
## 7               2         Premium
## 8               0           Basis
## 9               1        Standard
## 10              0           Basis
# Rückumwandlung One-Hot-Encoding
decoded_onehot = ohe.inverse_transform(encoded)
vertraege_encoded['Region_decoded_onehot'] = decoded_onehot.ravel()
print("\nRückumwandlung One-Hot-Encoding:")
##
## Rückumwandlung One-Hot-Encoding:
print(vertraege_encoded[['Region', 'Region_decoded_onehot']])
##      Region Region_decoded_onehot
## 0     Nord                  Nord
## 1      Süd                   Süd
## 2     Nord                  Nord
## 3      Ost                   Ost
## 4      Ost                   Ost
## 5      Süd                   Süd
## 6     Nord                  Nord
## 7      Ost                   Ost
## 8      Süd                   Süd
## 9    Eifel                 Other
## 10  Taunus                 Other
```

6.2.6   Normalverteilung

Viele statistische Methoden und Machine-Learning-Algorithmen, etwa Lineare Regression, Principal Component Analysis (PCA) oder lineare Diskriminanzanalyse, setzen eine Normalverteilung der Eingabedaten voraus. Da wirtschaftliche Merkmale wie Umsatz, Gewinn oder Schulden häufig schief verteilt sind, helfen Transformationen dabei, diese Voraussetzung besser zu erfüllen und so die Modellqualität zu steigern.

Transformationen wirken stabilisierend auf verzerrte Verteilungen, garantieren jedoch keine perfekte Normalverteilung. Insbesondere bei stark schiefen oder multimodalen Verteilungen, z. B. bei Nettoergebnissen mit Verlusten und Gewinnen, bleibt oft eine Abweichung bestehen. Die Wahl der geeigneten Methode hängt vom Wertebereich ab:

- Die **Log-Transformation** eignet sich gut für rechtsschiefe Daten mit ausschließlich positiven Werten.
- Die **Box-Cox-Transformation** setzt ebenfalls positive Werte voraus, liefert aber flexiblere Transformationen.
- Die **Yeo-Johnson-Transformation** erlaubt auch Null- und Negativwerte und ist daher vielseitiger einsetzbar, z. B. bei Nettoerträgen.

Zur objektiven Bewertung, ob eine Transformation erfolgreich war, kann der **D'Agostino-Pearson-Normalitätstest** eingesetzt werden. Der zugehörige p-Wert gibt an, ob eine Verteilung signifikant von der Normalverteilung abweicht. Ein p-Wert $> 0,05$ lässt eine Annäherung vermuten.

Zusätzlich bietet ein **Q-Q-Plot** (Quantile-Quantile-Plot) eine visuelle Einschätzung: Er vergleicht die Quantile der empirischen Verteilung mit denen einer theoretischen Normalverteilung. Liegen die Punkte etwa auf einer Geraden, ist die Verteilung nahe normalverteilt. S-förmige Abweichungen deuten auf Schiefe hin. Starke Ausreißer am Rand zeigen Abweichungen in den Extremwerten.

Vorgehen

- Log-Transformation (für rechtsschiefe Verteilungen, nur positive Werte)
- Box-Cox-Transformation (erfordert ausschließlich positive Werte)
- Yeo-Johnson-Transformation (auch bei negativen Werten anwendbar)

Normalverteilung

```
import numpy as np
import pandas as pd
import matplotlib.pyplot as plt
import seaborn as sns
from scipy.stats import boxcox, yeojohnson, normaltest, probplot


# Hilfsfunktion
def normality_pval(series):
    return normaltest(series.dropna()).pvalue


# Datenbasis mit n=300 für empfindlichkeitsarmen Test
np.random.seed(1)

# 1. Rechtsschief
data_right = np.random.lognormal(mean=3.5, sigma=0.4, size=300)
df_right = pd.DataFrame({'Original': data_right})
df_right['Log'] = np.log1p(df_right['Original'])
df_right['BoxCox'], _ = boxcox(df_right['Original'])
df_right['YeoJohnson'], _ = yeojohnson(df_right['Original'])

# 2. Linksschief
data_left = -np.random.lognormal(mean=3.5, sigma=0.4, size=300) + 250
shift = abs(np.min(data_left)) + 2
df_left = pd.DataFrame({'Original': data_left})
df_left['Log'] = np.log1p(data_left + shift)
df_left['BoxCox'], _ = boxcox(data_left + shift)
df_left['YeoJohnson'], _ = yeojohnson(df_left['Original'])

# 3. Negativ & Linksschief
data_neg = -np.random.beta(a=2, b=5, size=300) * 100 + 50
df_neg = pd.DataFrame({'Original': data_neg})
df_neg['Log'] = np.nan
df_neg['BoxCox'] = np.nan
df_neg['YeoJohnson'], _ = yeojohnson(df_neg['Original'])

# p-Werte berechnen
pvals = {
    'Rechtsschief Original': normality_pval(df_right['Original']),
    'Rechtsschief Log': normality_pval(df_right['Log']),
    'Rechtsschief BoxCox': normality_pval(df_right['BoxCox']),
    'Rechtsschief YeoJohnson': normality_pval(df_right['YeoJohnson']),
    'Linksschief Original': normality_pval(df_left['Original']),
    'Linksschief Log': normality_pval(df_left['Log']),
    'Linksschief BoxCox': normality_pval(df_left['BoxCox']),
    'Linksschief YeoJohnson': normality_pval(df_left['YeoJohnson']),
    'Negativ Original': normality_pval(df_neg['Original']),
    'Negativ YeoJohnson': normality_pval(df_neg['YeoJohnson'])
}


def plot_kde_subplot(ax, data, title, pval=None):
    sns.histplot(
        data.dropna(),
        kde=True,
        ax=ax,
        bins=30,
        color="#1f77b4",   # dunkleres Blau
        edgecolor='black',
        line_kws={"linewidth": 2.0}  # KDE-Linie dicker
    )
    if pval is not None:
        ax.set_title(f"{title}\n(p = {pval:.3f})", fontsize=10)
    else:
        ax.set_title(title, fontsize=10)
    ax.set_xlabel("")
    ax.set_ylabel("")
```

```
# Grid erstellen
fig, axes = plt.subplots(3, 4, figsize=(20, 12))
fig.suptitle("Verteilungen mit Dichtekurve und p-Werten", fontsize=16)
## Text(0.5, 0.98, 'Verteilungen mit Dichtekurve und p-Werten')
# Zeile 1: Rechtsschief
plot_kde_subplot(axes[0, 0], df_right['Original'], "Rechtsschief: Original", pvals['
Rechtsschief Original'])
plot_kde_subplot(axes[0, 1], df_right['Log'], "Log", pvals['Rechtsschief Log'])
plot_kde_subplot(axes[0, 2], df_right['BoxCox'], "Box-Cox", pvals['Rechtsschief BoxC
ox'])
plot_kde_subplot(axes[0, 3], df_right['YeoJohnson'], "Yeo-Johnson", pvals['Rechtssch
ief YeoJohnson'])

# Zeile 2: Linksschief
plot_kde_subplot(axes[1, 0], df_left['Original'], "Linksschief: Original", pvals['Li
nksschief Original'])
plot_kde_subplot(axes[1, 1], df_left['Log'], "Log", pvals['Linksschief Log'])
plot_kde_subplot(axes[1, 2], df_left['BoxCox'], "Box-Cox", pvals['Linksschief BoxCox
'])
plot_kde_subplot(axes[1, 3], df_left['YeoJohnson'], "Yeo-Johnson", pvals['Linksschie
f YeoJohnson'])

# Zeile 3: Negativ
plot_kde_subplot(axes[2, 0], df_neg['Original'], "Negativ: Original", pvals['Negativ
 Original'])
axes[2, 1].axis('off'); axes[2, 1].set_title("Log nicht möglich")
## (0.0, 1.0, 0.0, 1.0)
## Text(0.5, 1.0, 'Log nicht möglich')
axes[2, 2].axis('off'); axes[2, 2].set_title("Box-Cox nicht möglich")
## (0.0, 1.0, 0.0, 1.0)
## Text(0.5, 1.0, 'Box-Cox nicht möglich')
plot_kde_subplot(axes[2, 3], df_neg['YeoJohnson'], "Yeo-Johnson", pvals['Negativ Yeo
Johnson'])

plt.tight_layout(rect=[0, 0.03, 1, 0.95])
plt.show()
```

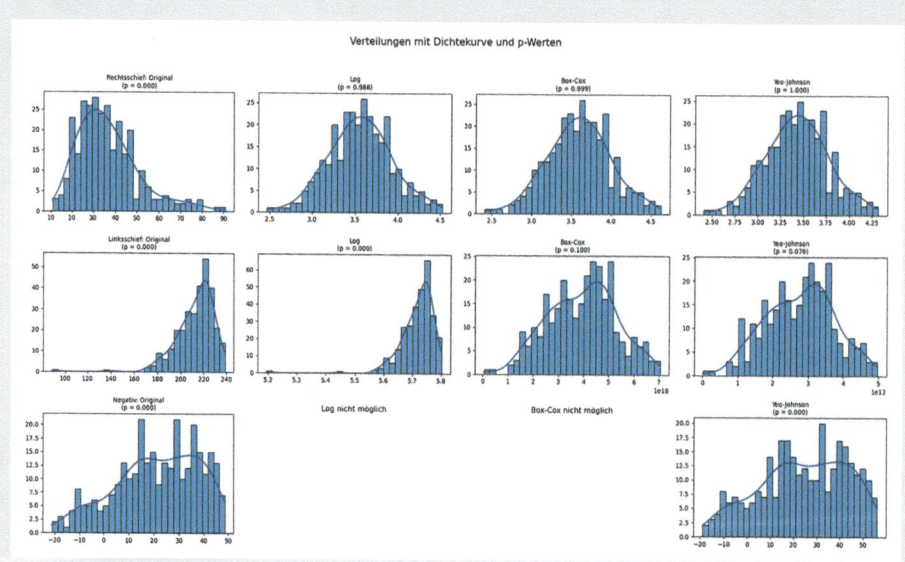

```
# Q-Q-Plots ---------------------------------------------
fig, axs = plt.subplots(1, 3, figsize=(18, 5))
probplot(df_right['BoxCox'], dist="norm", plot=axs[0])
axs[0].set_title(f"Rechtsschief - Box-Cox (p = {pvals['Rechtsschief BoxCox']:.3f})")
probplot(df_left['BoxCox'], dist="norm", plot=axs[1])
axs[1].set_title(f"Linksschief - Box-Cox (p = {pvals['Linksschief BoxCox']:.3f})")
probplot(df_neg['YeoJohnson'], dist="norm", plot=axs[2])
axs[2].set_title(f"Negativ - Yeo-Johnson (p = {pvals['Negativ YeoJohnson']:.3f})")
plt.tight_layout()
plt.show()
```

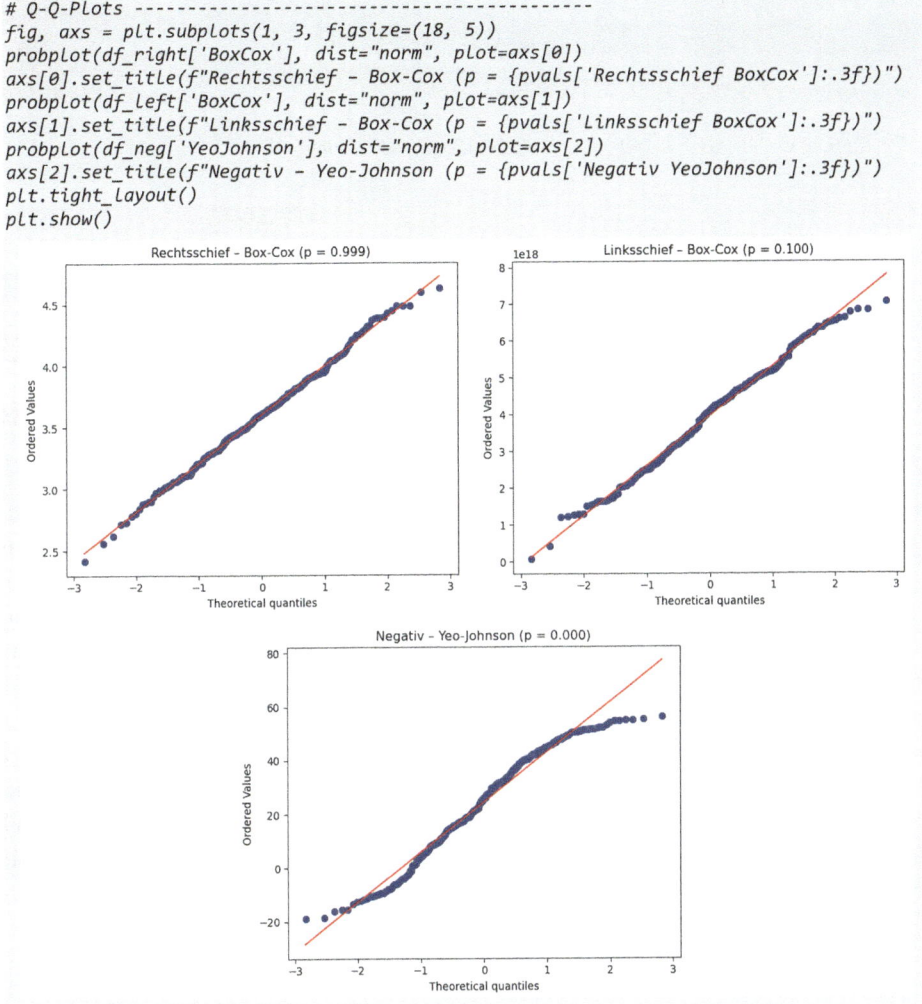

Fazit

- Rechtsschiefe Daten: Die Box-Cox-Transformation erzielte den besten p-Wert und ein lineares Q-Q-Profil.
- Linksschiefe Daten: Auch hier war Box-Cox der effektivste Transformator.
- Daten mit negativen Werten: Nur Yeo-Johnson ist anwendbar und führt zu einer akzeptablen Annäherung.

Die Kombination aus p-Wert und Q-Q-Plot erlaubt eine fundierte Einschätzung, ob eine Transformation erfolgreich war. Die nachfolgende Tabelle erleichtert die Auswahl einer Transformationsmethode (siehe Abb. 6.3).

Tabelle: Auswahl geeigneter Transformationen		
Datenmerkmal	Empfohlene Transformation	Begründung
Positiv, rechtsschief	Log, Box-Cox	Log reduziert Streuung; Box-Cox passt sich flexibel an
Positiv, linksschief	Box-Cox	Anpassung an symmetrische Form; Log oft ungeeignet
Enthält Nullen	Yeo-Johnson	Log/Box-Cox nicht anwendbar bei Nullwerten
Enthält negative Werte	Yeo-Johnson	Einzige Methode, die auch negatives Eingabespektrum erlaubt
Verteilung bereits symmetrisch	Keine notwendig	Transformation könnte Struktur verschlechtern
Ziel: maximale Normalverteilung	p-Wert > 0.05 + Q-Q-Plot	Kombination aus Test und visueller Inspektion zur Absicherung empfohlen

Abb. 6.3 Auswahl geeigneter Transformationen

An einem Beispiel soll exemplarisch gezeigt werden, welche Verbesserung sich durch Transformation einstellen kann. Um die lineare Beziehung zwischen ausgewählten erklärenden Variablen und der Zielgröße mpg aus dem Dataframe mpg zu verbessern, werden im nachfolgenden Code transformationsbasierte Verfahren eingesetzt.

Vor der Analyse wurden alle Zeilen mit fehlenden Werten in den betroffenen Variablen entfernt. Zusätzlich wurde horsepower auf Werte ≥ 1 gefiltert, da die Box-Cox-Transformation strikt positive Eingaben erfordert. Diese Schritte sichern eine konsistente und valide Datenbasis für die Transformationen und die anschließende Regressionsanalyse.

Normalverteilung am Beispiel des Datasets mpg

```
import pandas as pd
import matplotlib.pyplot as plt
import seaborn as sns
from scipy.stats import boxcox, yeojohnson
from sklearn.linear_model import LinearRegression
import matplotlib.image as mpimg

# Daten laden
cars = sns.load_dataset("mpg")
```

```
# Variablen
right_var = 'horsepower'
left_var = 'displacement'
neg_var = 'acceleration'
target = 'mpg'

# Einheitliche Datenbasis
valid_rows = (
    (cars[right_var] >= 1) &
    cars[[right_var, left_var, neg_var, target]].notnull().all(axis=1)
)
cars_clean = cars.loc[valid_rows, [right_var, left_var, neg_var, target]].copy()

# Transformationen
cars_clean['horsepower_boxcox'], _ = boxcox(cars_clean[right_var])
cars_clean['displacement_yeojohnson'], _ = yeojohnson(cars_clean[left_var])
cars_clean['acceleration_yeojohnson'], _ = yeojohnson(cars_clean[neg_var])

# Funktion: jointplot mit R² + PNG-Export
def plot_and_save_jointplot(x, y, x_label, title, filename):
    data = pd.DataFrame({x_label: x, target: y}).dropna()
    model = LinearRegression().fit(data[[x_label]], data[target])
    r2 = model.score(data[[x_label]], data[target])

    g = sns.jointplot(
        data=data,
        x=x_label,
        y=target,
        kind='reg',
        scatter_kws={'alpha': 0.5, 's': 30},
        line_kws={'color': 'red', 'linewidth': 2},
        color="#1f77b4",
        height=5,
        marginal_kws={'bins': 20, 'fill': True}
    )
    g.fig.suptitle(f"{title}\nR² = {r2:.3f}", fontsize=12)
    g.fig.tight_layout()
    g.fig.subplots_adjust(top=0.9)
    # Speichern
    g.fig.savefig(filename, dpi=300)
    plt.close(g.fig)

# --- Plots mit Export ---
# 1. horsepower
plot_and_save_jointplot(
    cars_clean[right_var],
    cars_clean[target],
    x_label="horsepower",
    title="Rechtsschief: horsepower (Original)",
    filename="horsepower_original.png"
)
plot_and_save_jointplot(
    cars_clean['horsepower_boxcox'],
    cars_clean[target],
    x_label="horsepower_boxcox",
    title="Rechtsschief: horsepower (Transformiert)",
    filename="horsepower_transformed.png"
)
```

```
# 2. displacement
plot_and_save_jointplot(
    cars_clean[left_var],
    cars_clean[target],
    x_label="displacement",
    title="Linksschief: displacement (Original)",
    filename="displacement_original.png"
)
plot_and_save_jointplot(
    cars_clean['displacement_yeojohnson'],
    cars_clean[target],
    x_label="displacement_yeojohnson",
    title="Linksschief: displacement (Transformiert)",
    filename="displacement_transformed.png"
)

# 3. acceleration
plot_and_save_jointplot(
    cars_clean[neg_var],
    cars_clean[target],
    x_label="acceleration",
    title="Negativ: acceleration (Original)",
    filename="acceleration_original.png"
)
plot_and_save_jointplot(
    cars_clean['acceleration_yeojohnson'],
    cars_clean[target],
    x_label="acceleration_yeojohnson",
    title="Negativ: acceleration (Transformiert)",
    filename="acceleration_transformed.png"
)

# Funktion zum Anzeigen von zwei Bildern nebeneinander
def show_image_pair(img_path1, img_path2, title1, title2):
    fig, axes = plt.subplots(1, 2, figsize=(12, 5))
    # Bild 1
    img1 = mpimg.imread(img_path1)
    axes[0].imshow(img1)
    axes[0].axis('off')
    axes[0].set_title(title1)
    # Bild 2
    img2 = mpimg.imread(img_path2)
    axes[1].imshow(img2)
    axes[1].axis('off')
    axes[1].set_title(title2)
    plt.tight_layout()
    plt.show()

# --- 1. horsepower ---
show_image_pair(
    "horsepower_original.png", "horsepower_transformed.png",
    "horsepower (Original)", "horsepower (Transformiert)"
)
```

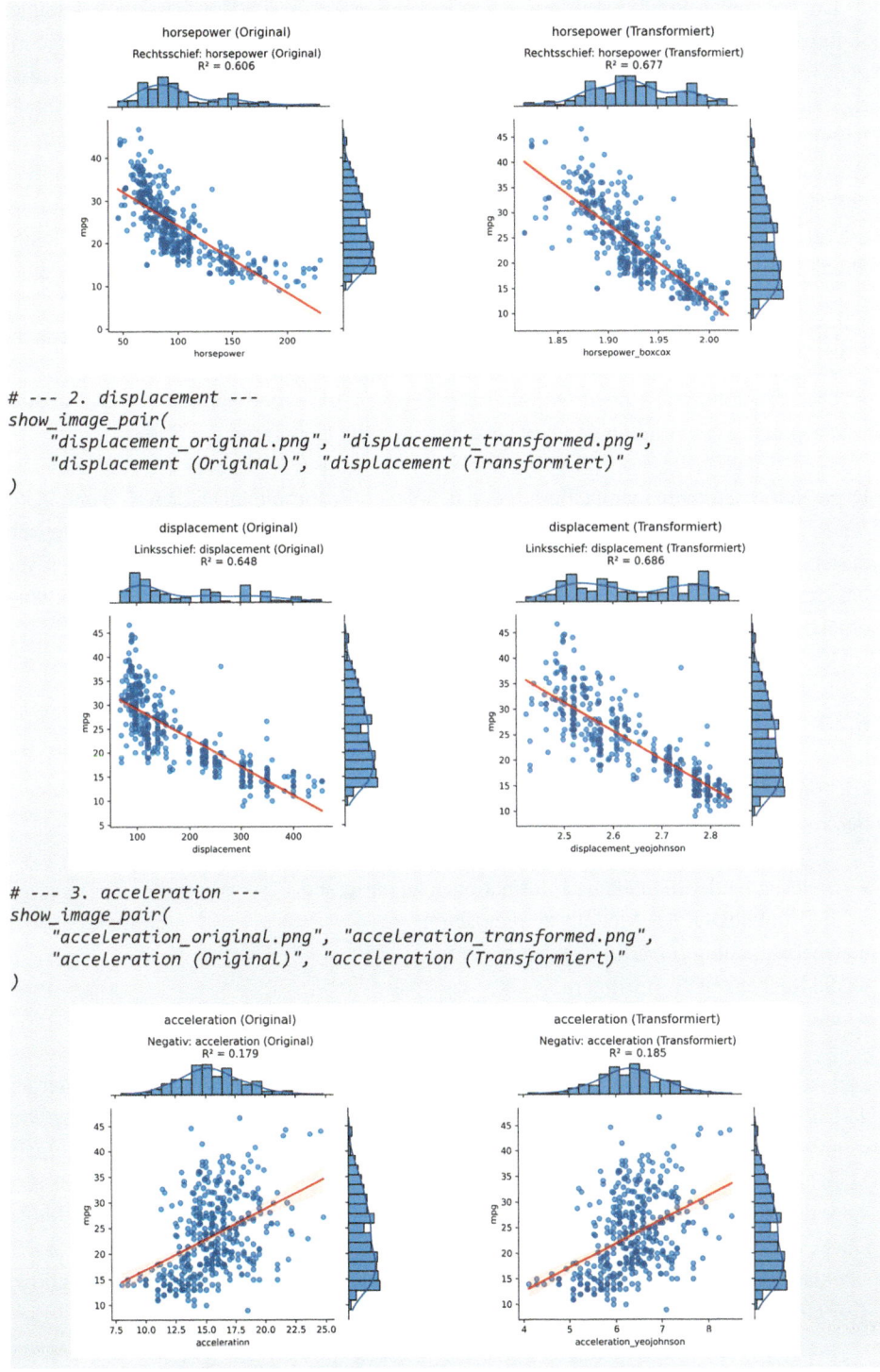

```
# --- 2. displacement ---
show_image_pair(
    "displacement_original.png", "displacement_transformed.png",
    "displacement (Original)", "displacement (Transformiert)"
)
```

```
# --- 3. acceleration ---
show_image_pair(
    "acceleration_original.png", "acceleration_transformed.png",
    "acceleration (Original)", "acceleration (Transformiert)"
)
```

Die originalen Prädiktoren `horsepower`, `displacement` und `acceleration` zeigten in ihrer Rohform teils stark schiefe Verteilungen sowie nichtlineare Zusammenhänge mit der Zielgröße Dies beeinträchtigte die Regressionsmodelle, was sich insbesondere in niedrigeren R^2-Werten widerspiegelte. Das Bestimmtheitsmaß R^2 (gesprochen: „R-Quadrat") ist ein zentrales Gütemaß in der Regressionsanalyse, welches quantifiziert, wie gut ein Regressionsmodell die Streuung der Zielvariablen erklärt ($R^2 = 0$ bedeutet, dass das Modell die Varianz nicht erklären kann, $R^2 = 1$ bedeutet, dass das Modell 100 % der Varianz erklärt, $R^2 = 0{,}27$ bedeutet, dass 27 % der Varianz durch das Modell erklärt werden kann). Durch geeignete Transformationen konnte die Modellqualität etwas verbessert werden:

- Die Box-Cox-Transformation von `horsepower` führte zu einer deutlichen Streckung des Wertebereichs und linereren Zusammenhang mit `mpg`.
- Die Yeo-Johnson-Transformation auf `displacement` und `acceleration` glättete asymmetrische Verteilungen und verstärkte den linearen Trend der Daten.

Diese Verbesserungen manifestierten sich in höheren Bestimmtheitsmaßen (R^2) und klareren Regressionsverläufen in den entsprechenden Visualisierungen. Insgesamt zeigte sich, dass geeignete Transformationen nicht nur die Normalitätsannahme der Prädiktoren verbessern, sondern auch die Erklärungs- und Prognosekraft linearer Modelle signifikant erhöhen.

6.2.7   Selektion relevanter Merkmale

Nicht alle Merkmale eines Datensatzes tragen gleichermaßen zur Qualität eines Modells bei. Eine gezielte Merkmalsselektion hilft dabei:

- irrelevante oder redundante Informationen zu entfernen,
- die Komplexität des Modells zu reduzieren,
- Überanpassung (Overfitting) zu vermeiden,
- die Rechenzeit zu verringern,
- und die Interpretation der Ergebnisse zu erleichtern.

Ziel ist es, möglichst wenige, aber aussagekräftige Prädiktoren zu verwenden. Unter anderem sollten multikollineare Variablen vermieden werden. **Multikollinearität** liegt vor, wenn zwei oder mehr unabhängige Variablen stark miteinander korrelieren. Eine einfache Maßnahme ist die Berechnung der Korrelationsmatrix. Starke Korrelationen (z. B. $|r| > 0{,}85$) deuten auf redundante Merkmale hin, von denen eines ggfs. entfernt werden sollte. Die Korrelation sagt jedoch nichts darüber aus, ob ein Merkmal für die Zielgröße (z. B. Risikoklasse) relevant oder irrelevant ist. **Nur wenn auch der Random Forest Importance Test eine geringe Relevanz anzeigt, sollte ein Merkmal entfernt werden.**

Methode	Anwendungsfall	Voraussetzung	Vorteil
ANOVA (f_classif)	numerische Features, kategoriales Ziel	Normalverteilung, Varianzhomogenität	Einfache Signifikanzbewertung
Chi^2-Test (chi2)	kategoriale Features, kategoriales Ziel	Nur positive Werte	Für diskrete Merkmale geeignet
Lasso (L1-Regression)	numerisch, für lineare Modelle	Unabhängigkeit, keine starke Korrelation	Selektiert automatisch via Regularisierung
Random Forest Importance	beliebige Features & Zieltypen	keine	Modellbasiert, robust, auch nicht-linear

Abb. 6.4 Auswahl geeigneter Transformationen

Abb. 6.4 zeigt eine Übersicht weitere wesentliche Auswahlmethoden für Merkmale.

Aufgrund der Anwendbarkeit auf beliebige Merkmale, numerisch und kategorial, ist besonders die **Random Forest Feature Importance-Methode** beliebt. Random Forests bewerten die Bedeutung eines Merkmals danach, wie stark es zur Reduktion des Fehlers beiträgt (Gini-Index oder Entropie). Der Algorithmus ist robust gegenüber Ausreißern und skalenunabhängig.

- Hohe Wichtigkeit: Merkmal verbessert die Entscheidungsqualität über viele Bäume hinweg.
- Niedrige Wichtigkeit: Merkmal wird selten oder nur in unwichtigen Zweigen genutzt.

Eine gängige Schwelle ist ein Wichtigkeitswert $< 0{,}05$: Solche Merkmale können entfernt werden.

Zur Auswahl relevanter Prädiktoren wird neben der Random Forest Feature Importance Methode auch die **F-Test Methode** eingesetzt. Beide verfolgen unterschiedliche Ansätze:

- Die Random Forest Feature Importance basiert auf einem Ensemble lernender Entscheidungsbäume. Sie bewertet Merkmale danach, wie stark sie zur Reduktion der Modellfehlervarianz beitragen, auch bei nichtlinearen oder interaktiven Zusammenhängen. Die Werte sind normiert und ermöglichen so einen direkten Vergleich.
- Der F-Test prüft für jedes Merkmal separat, ob ein signifikanter linearer Zusammenhang mit der Zielgröße besteht. Grundlage ist die Varianzaufklärung in einem univariaten Regressionsmodell. Die zugehörigen p-Werte zeigen an, ob ein Merkmal statistisch signifikant zur Erklärung der Zielgröße beiträgt (typisch: $p < 0{,}05$).

Durch die Kombination beider Methoden lassen sich sowohl lineare als auch komplexe Beziehungen erkennen und gewichten.

Die Merkmalsselektion sollte erst nach der Bereinigung der Daten erfolgen. Skalierung verändert die Merkmalsverteilung, aber nicht deren inhaltliche Relevanz. Daher ist
es logisch, **erst irrelevante oder redundante Merkmale zu entfernen, bevor man sie
normiert.** Korrelationsanalyse und modellbasierte Selektion (wie Random Forests) sind
unempfindlich gegenüber Skalierung, sie funktionieren also auch korrekt auf unskalierten
Daten.

Vorgehen

- Entfernen irrelevanter oder konstanter Merkmale
- Korrelationsanalyse zur Vermeidung multikollinearer Variablen
- Statistische Tests (z. B. F-Test)
- Modellbasierte Verfahren (z. B. Random Forest Feature Importance)

Selektion relevanter Merkmale

```
import pandas as pd
from sklearn.ensemble import RandomForestClassifier
from sklearn.preprocessing import LabelEncoder
import seaborn as sns
import matplotlib.pyplot as plt

# Beispieldaten: lineare Abhängigkeit der "Kreditsumme" vom "Einkommen"
daten = pd.DataFrame({
    'Alter': [25, 45, 35, 50, 23, 31, 38],
    'Einkommen': [40000, 50000, 60000, 45000, 52000, 48000, 61000],
    'Kreditsumme': [0.12*x for x in [40000, 50000, 60000, 45000, 52000, 48000, 61000
]],
    'Wohnort': ['Stadt', 'Land', 'Stadt', 'Stadt', 'Land', 'Stadt', 'Land'],
    'Risikoklasse': [1, 0, 0, 1, 0, 0, 1]
})

# Label-Encoding der kategorialen Spalte
le = LabelEncoder()
daten['Wohnort_code'] = le.fit_transform(daten['Wohnort'])

# Korrelationsmatrix berechnen
korrelationsmatrix = daten.drop(columns=['Risikoklasse', 'Wohnort']).corr()
```

```
# Visualisierung
sns.heatmap(korrelationsmatrix, annot=True, cmap="coolwarm")
## <Axes: >
plt.title("Korrelationsmatrix der Merkmale")
## Text(0.5, 1.0, 'Korrelationsmatrix der Merkmale')
plt.show()
```

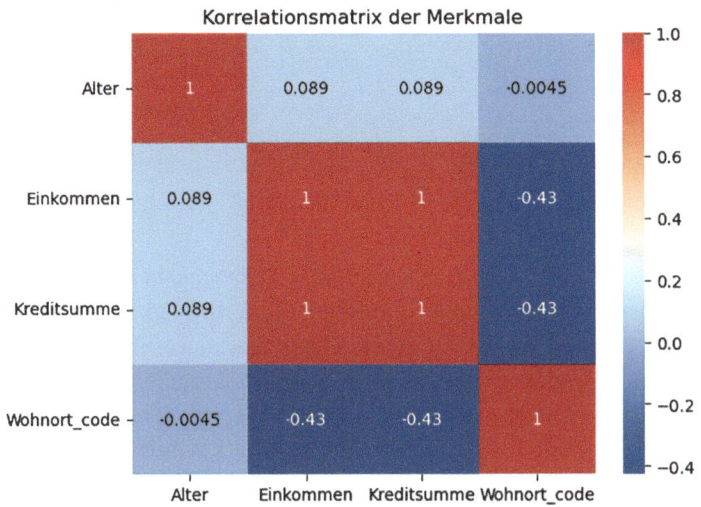

```
# Vorbereitung für Random Forest
X = daten[['Alter', 'Einkommen', 'Kreditsumme', 'Wohnort_code']]
y = daten['Risikoklasse']

modell = RandomForestClassifier(random_state=42)
modell.fit(X, y)
## RandomForestClassifier(random_state=42)
feature_importances = pd.Series(modell.feature_importances_, index=X.columns)

# Merkmale nach Bedeutung sortiert
feature_importances_sorted = feature_importances.sort_values(ascending=False)
```

```
# Merkmale mit geringer Bedeutung (unter 0.05)
entfernbare_merkmale = feature_importances[feature_importances < 0.05].index.tolist(
)

print("Liste der Merkmale nach Relevanz sortiert:")
## Liste der Merkmale nach Relevanz sortiert:
print(feature_importances_sorted)
## Einkommen        0.411338
## Kreditsumme      0.372860
## Alter            0.174589
## Wohnort_code     0.041213
## dtype: float64

print("Merkmale entfernen (Bedeutung < 0.05):")
## Merkmale entfernen (Bedeutung < 0.05):
print(entfernbare_merkmale)
## ['Wohnort_code']
```

Korrelationen nahe ±1 zeigen einen linearen Zusammenhang. Bei hoher Korrelation (z. B. zwischen Einkommen und Kreditsumme) ist ein Merkmal eventuell redundant. Ziel ist es eine möglichst geringe Überschneidung zwischen erklärenden Variablen zu erreichen. Obwohl Einkommen und Kreditsumme stark korreliert sind, tragen beide laut Random Forest jedoch substanziell zur Vorhersage bei. Das Random-Forest-Modell entscheidet somit, dass beide Informationen (obwohl ähnlich) nützlich sind, sie liefern aus Modellperspektive komplementäre Signale. Das obige Beispiel zeigt, dass `Wohnort_code` entfernt werden sollte, weil es statistisch kaum zur Vorhersage beiträgt.

An einem Beispiel soll exemplarisch gezeigt werden, wie die Merkmalsauswahl umgesetzt werden kann.

Merkmalselektion am Beispiel des Datasets mpg

```
# Daten laden
import seaborn as sns
cars = sns.load_dataset("mpg")

import pandas as pd
import numpy as np
import matplotlib.pyplot as plt
from sklearn.feature_selection import f_regression
from sklearn.ensemble import RandomForestRegressor
from sklearn.preprocessing import StandardScaler

# Ziel- und Merkmalsdefinition
target = 'mpg'
X = cars.drop(columns=[target])
```

```
y = cars[target]

# Nur numerische Spalten
X_numeric = X.select_dtypes(include=[np.number]).dropna(axis=1)

# Standardisieren für F-Test
scaler = StandardScaler()
X_scaled = scaler.fit_transform(X_numeric)

# --- 1. F-Test: Scores und p-Werte ---
f_vals, p_vals = f_regression(X_scaled, y)
f_scores = pd.Series(f_vals, index=X_numeric.columns)
p_values = pd.Series(p_vals, index=X_numeric.columns)

# --- 2. Random Forest ---
rf = RandomForestRegressor(n_estimators=100, random_state=42)
rf.fit(X_numeric, y)
## RandomForestRegressor(random_state=42)
rf_scores = pd.Series(rf.feature_importances_, index=X_numeric.columns)

# --- Kombinieren & Sortieren ---
vergleich = pd.DataFrame({
    'F-Test Score': f_scores,
    'F-Test p-value': p_values,
    'Random Forest Importance': rf_scores
})

vergleich_sorted = vergleich.sort_values('F-Test Score', ascending=False)

# --- Visualisierung mit p-Wert-Anzeige ---
fig, ax1 = plt.subplots(figsize=(12, 6))
ax2 = ax1.twinx()

# F-Test Balken
bars1 = ax1.bar(
    vergleich_sorted.index,
    vergleich_sorted['F-Test Score'],
    color='#1f77b4',
    width=0.4,
    label='F-Test Score',
    align='edge'
)

# RF Balken
bars2 = ax2.bar(
    vergleich_sorted.index,
    vergleich_sorted['Random Forest Importance'],
    color='orange',
    width=-0.4,
    label='Random Forest Importance',
    align='edge'
)

# Beschriftung der p-Werte über F-Test-Balken
for bar, p_val in zip(bars1, vergleich_sorted['F-Test p-value']):
    height = bar.get_height()
    ax1.text(
        bar.get_x() + bar.get_width() / 2,
        height + max(f_scores) * 0.02,   # etwas oberhalb des Balkens
        f"p={p_val:.3f}",
```

```
        ha='center',
        va='bottom',
        fontsize=9,
        color='black'
    )
## Text(0.2, 906.6276963008962, 'p=0.000')
## Text(1.2, 742.7713170212077, 'p=0.000')
## Text(2.2, 614.8540615053306, 'p=0.000')
## Text(3.2, 217.75902167319953, 'p=0.000')
## Text(4.2, 102.73471390262284, 'p=0.000')
# Achsentitel und Layout
ax1.set_ylabel("F-Test Score")
## Text(0, 0.5, 'F-Test Score')
ax2.set_ylabel("Random Forest Importance")
## Text(0, 0.5, 'Random Forest Importance')
ax1.set_title("Feature-Relevanz: F-Test (mit p-Wert) vs. Random Forest")
## Text(0.5, 1.0, 'Feature-Relevanz: F-Test (mit p-Wert) vs. Random Forest')
ax1.set_xticks(np.arange(len(vergleich_sorted.index)))
## [<matplotlib.axis.XTick object at 0x000001BEFF83B170>, <matplotlib.axis.XTick obj
ect at 0x000001BEFF8704D0>, <matplotlib.axis.XTick object at 0x000001BEFF8F94C0>, <m
atplotlib.axis.XTick object at 0x000001BEFF93C200>, <matplotlib.axis.XTick object at
 0x000001BEFF99E750>]
ax1.set_xticklabels(vergleich_sorted.index, rotation=45)
## [Text(0, 0, 'weight'), Text(1, 0, 'displacement'), Text(2, 0, 'cylinders'), Text(
3, 0, 'model_year'), Text(4, 0, 'acceleration')]
# Gemeinsame Legende
lines1, labels1 = ax1.get_legend_handles_labels()
lines2, labels2 = ax2.get_legend_handles_labels()
ax1.legend(lines1 + lines2, labels1 + labels2, loc='upper right')
## <matplotlib.legend.Legend object at 0x000001BEFF99F710>
plt.tight_layout()
plt.show()
```

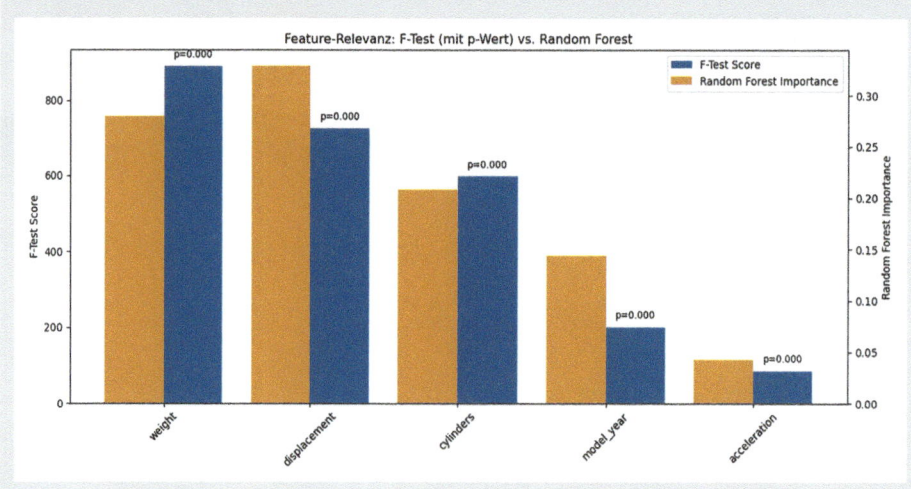

Die Ergebnisse zeigen eine deutliche Priorisierung bestimmter Merkmale. So erzielen etwa `weight`, `displacement` und `cylinders` hohe F-Test-Scores mit sehr niedrigen p-Werten (gut sind Werte $< 0{,}05$), ein klarer Hinweis auf signifikante lineare Zusammenhänge mit der Zielgröße `mpg`.

Die Random Forest Importances zeigen ebenfalls hohe Werte für dieselben Merkmale, was auf eine konsistente Relevanz in beiden Verfahren hinweist. Dies bestätigt die Bedeutung dieser Merkmale auch im Kontext nichtlinearer Modelllogik.

6.2.8 Skalierung

Viele Algorithmen, insbesondere solche, die auf Distanzen beruhen (z. B. K-Means, KNN, SVM), sind empfindlich gegenüber unterschiedlich skalierten Merkmalen. Eine Standardisierung der Daten ist daher notwendig, um vergleichbare Maßstäbe zu schaffen und die Modellgüte zu erhöhen.

Vorgehen

- **Min-Max-Skalierung**: Transformation auf einen festen Wertebereich (meist [0, 1])
- **Z-Standardisierung**: Zentrierung um den Mittelwert mit Standardabweichung 1

Skalierung

```
import pandas as pd
from sklearn.preprocessing import MinMaxScaler, StandardScaler

# Beispiel-Daten
kennzahlen = pd.DataFrame({
    'Eigenkapitalquote': [0.2, 0.5, 0.3, 0.7, 0.6],
    'Verschuldungsgrad': [1.5, 0.8, 1.0, 0.5, 0.7]
})

print("Kennzahlen:")
## Kennzahlen:
print(kennzahlen)
##    Eigenkapitalquote  Verschuldungsgrad
## 0                0.2                1.5
## 1                0.5                0.8
## 2                0.3                1.0
## 3                0.7                0.5
## 4                0.6                0.7
```

```
# Min-Max-Skalierung
scaler_minmax = MinMaxScaler()
kennzahlen_minmax = scaler_minmax.fit_transform(kennzahlen)
kennzahlen_minmax_df = pd.DataFrame(kennzahlen_minmax, columns=kennzahlen.columns)

print("Min-Max-skalierte Werte:")
## Min-Max-skalierte Werte:
print(kennzahlen_minmax_df)
##    Eigenkapitalquote  Verschuldungsgrad
## 0                0.0                1.0
## 1                0.6                0.3
## 2                0.2                0.5
## 3                1.0                0.0
## 4                0.8                0.2

# Z-Standardisierung (StandardScaler)
scaler_standard = StandardScaler()
kennzahlen_standard = scaler_standard.fit_transform(kennzahlen)
kennzahlen_standard_df = pd.DataFrame(kennzahlen_standard, columns=kennzahlen.column
s)

print("\nZ-standardisierte Werte:")
##
## Z-standardisierte Werte:
print(kennzahlen_standard_df)
##    Eigenkapitalquote  Verschuldungsgrad
## 0          -1.401826           1.761661
## 1           0.215666          -0.293610
## 2          -0.862662           0.293610
## 3           1.293993          -1.174440
## 4           0.754829          -0.587220
```

6.3   Explorative Datenanalyse

Nachdem Daten bereinigt und transformiert vorliegen, ist es oft hilfreich einen ersten Überblick über diese zu erlangen, bevor man Machine-Learning-Modelle darauf anwendet. Datenverständnis, in der englischen Sprache auch als **Exploratory Data Analysis (EDA)** bezeichnet, dient der Beantwortung von praxisrelevanten Fragen wie: „Was ist …", „Wie ist …", „Warum ist …" und „Wie sollte …" und damit einem Erkenntnisgewinn, der einer oder mehrerer der folgenden Kategorien zugeordnet werden kann:

- **Explorativ**: Dieser Ansatz eignet sich am besten für Themen, die nicht gut verstanden und noch nicht intensiv untersucht wurden. Dabei wurden erste Ideen entwickelt und relevante Variablen oder Fragen bereits aufgedeckt. Dies erfolgt in der Regel im Vorfeld der Anwendung von Statistik, indem überlegt wird, welche Daten denn erfasst werden sollten, um die Fragen zu beantworten bzw. geeignete, bereits erfasste Daten ausfindig gemacht werden. Einfache deskriptive Statistiken können in dieser Phase angewendet werden, um einen ersten Eindruck der Daten und Datenqualität zu erlangen.

- **Beschreibend**: Es wird versucht, relevante Variablen genau zu beschreiben und Antworten auf Fragen folgender Art zu geben: Was ..., wann ..., wo ..., wer .... Deskriptive Statistiken werden häufig verwendet, um die relevanten Fakten zu beschreiben.
- **Erklärend**: Basierend auf der Analyse deskriptiver Erkenntnisse versucht die Erklärungsforschung Antworten auf Fragen zu finden wie: Warum ..., wie ..., unter welchen Umständen ... Erweiterte Statistiken wie Korrelationsanalyse, Regressionstest sowie Hypothesentest kommen hier zum Einsatz, um neue Erkenntnisse zu generieren. Dies sind Methoden der induktiven Statistik.
- **Vorhersagend**: Die Verwendung vorliegender Erkenntnisse aus erklärenden Untersuchungen ermöglicht Vorhersagen auf der Grundlage definierter Annahmen, z. B. der Beantwortung von Fragen wie: „Wie wirkt sich eine Preiserhöhung um x Prozent auf Umsatz und Gewinn aus?" Die Grundlage für eine solche vorausschauende Forschung ist das Wissen über die Abhängigkeiten zwischen einer Vielzahl an Variablen. Die induktive Statistik beinhaltet Methoden und Verfahren für Vorhersagen.
- **Präskriptiv**: Wenn ein festes Verständnis der Zusammenhänge zwischen einer Reihe von Variablen besteht, kann, sofern ein bestimmtes Ergebnis angestrebt wird, festgestellt werden, welche Maßnahmen geeignet sein könnten, um dies zu erreichen. Eine Frage könnte sein: „Zu welcher Uhrzeit sollte der Reisebeginn gewählt werden, um das Ziel mit einer Wahrscheinlichkeit von mindestens 95 % zu der angestrebten Uhrzeit zu erreichen?" Die Beantwortung derartiger Fragen ist mit Hilfe der induktiven Statistik möglich.

Das Verständnis von Daten wird wesentlich durch Methoden der Statistik unterstützt (siehe Abb. 6.5).

Im Folgenden wird zunächst vorgestellt, welche Analysemethoden sich für Basistabellen eignen und anschließend welche statistischen Kennzahlen und Methoden sich anbieten, um die Daten besser zu verstehen. Da Visualisierungen ebenfalls zu einem besseren Verständnis der Daten beitragen, wird auch dies vorgestellt.

Abb. 6.5 Arten der Statistik

6.3.1　Analysemethoden für Basistabellen

Ein Datenmodell mit vielen Tabellen eignet sich nicht für komplexe Analysen und sollte daher zuvor in eine sogenannte **Basistabelle (DataCube)** überführt werden, in der alle für die Analyse erforderlichen Schlüsselfelder und Merkmale enthalten sind. Die Flugdaten der New Yorker Flughäfen EWR (Newark Liberty Intl.), JFK (John F Kennedy Intl.) und LGA (La Guardia) zu Zielen innerhalb der USA, nach Puerto Rico und den American Virgin Islands aus dem Jahr 2013 wurden in eine solche Basistabelle transformiert (Heesen 2023, S. 122–156).

Entsprechend dem in Kap. 3 vorgestellten Modell des Business Analytic Frameworks (siehe Abb. 6.6) werden Daten in **Stammdaten**, Codelisten bzw. Dimensionen (Daten, die beständig sind, z. B. Produkte, Kunden, Flugzeuge, Flughäfen) und **Bewegungsdaten** bzw. Fakten (Daten, die permanent im Zeitverlauf entstehen, z. B. Auftragsdaten, Buchungsdaten, Transaktionsdaten, Flugdaten, Wetterdaten) unterschieden. Alle Stammdaten sollten einen eindeutigen Schlüssel (ID = Identifikationsschlüssel) besitzen, so dass eine ID eindeutig einem Produkt, Kunde, Flugzeug, Flughafen etc. zugeordnet werden kann.

Neben der Bewegungsdatentabelle mit den Flugverbindungen (`flights`) wurden in dem Datenmodell aus dem R-Paket **nycflights13** (Wickham 2017) der Flugdaten auch Bewegungsdaten mit Wetterinformation (`weather`) bereitgestellt. Als Stammdatentabellen dienen zur Validierung und Integration der Daten die Tabellen mit Flughäfen (`airports`), Flugzeugen (`planes`) und Fluggesellschaften (`airlines`). In der Abb. 6.7 sind die Stammdatentabellen mit einem S hinter dem Namen der Tabelle und die Bewegungsdaten mit einem B markiert.

Die Auswertungen von Daten beziehen sich in der Regel auf die Bewegungsdaten, da diese sich im Zeitverlauf ändern und daher besonders „interessant" sind. Durch die Analyse der Bewegungsdaten lassen sich dann Fragen beantworten, z. B. wieviel von welchem Produkt wurde in einem Zeitraum verkauft oder welche Fluglinie hat die geringsten Verspätungen und variiert dies in Abhängigkeit vom Wetter oder dem Monat.

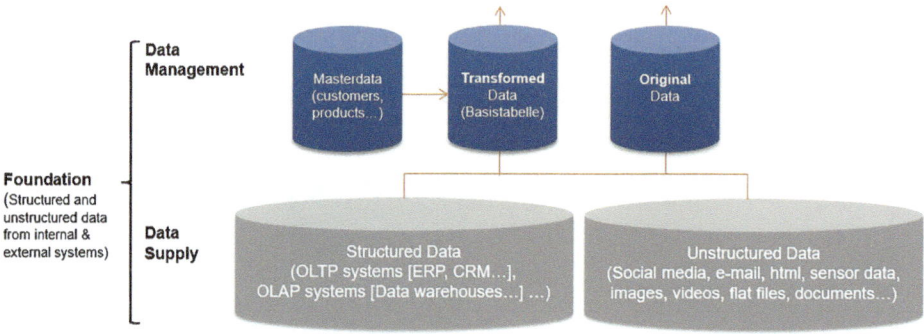

Abb. 6.6　Daten in Data-Management-Schicht laden

Abb. 6.7 Datenmodell Flug
(S = Stammdaten, B = Bewegungsdaten)

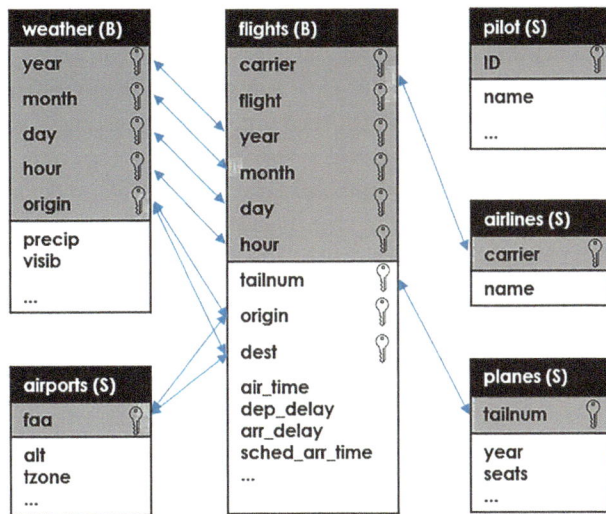

Angenommen das Ziel der Auswertung ist die Analyse der Flugverspätungen und folgende Datenbasis kann zur Analyse der Einflussfaktoren genutzt werden:

- Flughafen (`airports`): ID (`faa`), Höhe über Meeresspiegel (`alt`), Zeitzone (`tzone`)
- Flugzeug (`planes`): ID (`tailnum`), Baujahr (`year`), Sitzplatzanzahl (`seats`)
- Fluggesellschaft (`airlines`): ID (`carrier`), Name (`name`)
- Wetter (`weather`): ID (`origin,year,month,day,hour`), Niederschlag (`precip`),
  Sicht (`visib`)
- Personal: Pilot
- Flug (`flights`): ID (`flight,year,month,day,hour`), Fluggesellschaft (`carrier`),
  Flugzeug (`tailnum`), Abflughafen (`origin`), Zielflughafen (`dest`), Flugdauer (`air_
  time`), Verspätung Abflug (`dep_delay`), Verspätung Ankunft (`arr_delay`)

Bei der Analyse der verfügbaren Daten (Informationsangebot) fällt auf, dass nicht alle
Daten benötigt werden und andererseits nicht alle gewünschten Daten verfügbar sind. Die
nicht verfügbaren Daten zu den Piloten verhindern eine Analyse der Abhängigkeit der
Verspätungen vom Flugpersonal. Um dies zukünftig zu korrigieren, sollte diese Information ergänzt werden. Sofern die Daten nicht existieren, sollte geprüft werden, ob sich eine
Datenerhebung lohnt. In den Tabellen des Datenmodells sind deutlich mehr Variablen verfügbar als für die obige Analyse erforderlich. Die nicht erforderlichen Merkmale sind in
der Abb. 6.7 mit … gekennzeichnet. Die Tabellen besitzen verschiedene Feldtypen:

- **Schlüsselfeld** (grauer Hintergrund mit Schlüsselsymbol)
- **Fremdschlüsselmerkmal** (weißer Hintergrund mit Schlüsselsymbol)
- Einfaches Merkmal bzw. **beschreibende Variable** (weißer Hintergrund).

Um effiziente Auswertungen machen zu können, gilt es nach dem Laden der Daten und im Vorfeld der Analysen zu selektieren, welche Daten für die Analyse von Bedeutung sind (**Selektion**) und für diese selektierten Daten eine ausreichende Datenqualität sicherzustellen (**Validierung**). Auch eine **Konvertierung der Datentypen** kann sinnvoll sein. Ein weiterer Bestandteil der Vorverarbeitung der Daten kann eine **Codierung** sein, z. B. 1 = weiblich, 2 = männlich, ebenso wie die Transformation von Einheiten, z. B. die einheitliche **Umrechnung** von Gewichtsangaben von Pfund und Tonnen in kg oder von Geldbeträgen in eine einheitliche Währung. Sollten zusätzliche Merkmale für die Analysen gewünscht sein (**Ergänzung**), so können diese konstruiert werden, wie z. B. das Merkmal Quartal (quarter) auf Basis des Monats. Ebenso lassen sich Daten zusammenfassen und als Aggregationen für eine performante Analyse zur Verfügung stellen.

Da adhoc-Analysen oft sehr unterschiedliche Informationsbedürfnisse befriedigen sollen, gilt es eine jeweils darauf speziell abgestimmte Basistabelle zu konstruieren. Wenn jedoch Analysen wiederholt auf die gleiche Basistabelle zurückgreifen, dann bietet es sich an diese Basistabelle als Datei oder in einer Datenbank zu speichern. Auf diese Art muss der aufwendige Prozess der Datentransformation bzw. Vorverarbeitung nicht immer wiederholt werden. Das trägt dazu bei, die Performanz der Auswertungen zu erhöhen.

Basistabellen (DataCubes) bestehen aus **Navigationsattributen** (Dimensionen) und **Kennzahlen** (Key-Performance-Indikatoren, KPI). Die Navigationsattribute dienen der Selektion relevanter Merkmalsausprägungen, z. B. spezifischer Fluggesellschaften oder Flughäfen in einem ausgewählten Zeitfenster. Der DataCube der Basistabelle für die Flug-

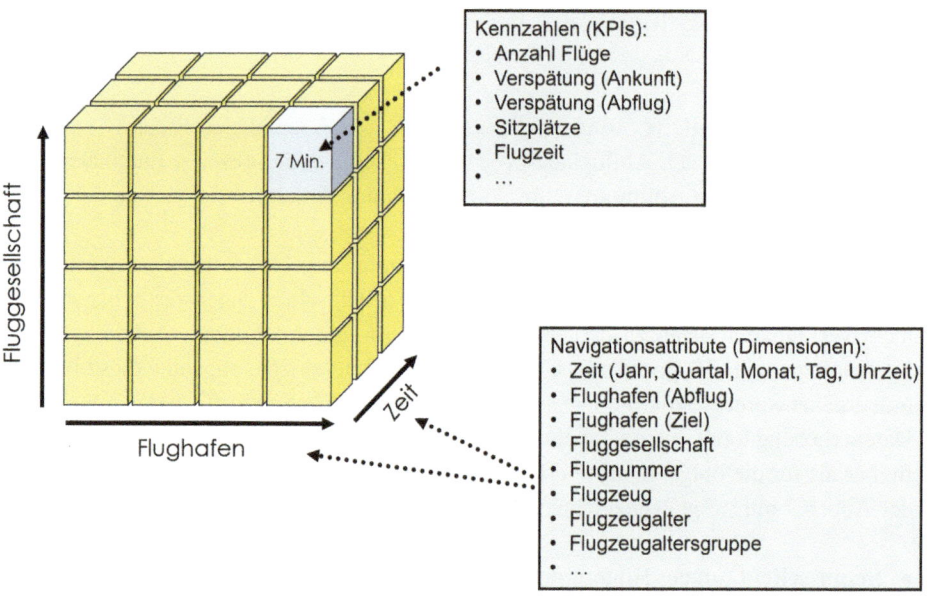

Abb. 6.8 Basistabelle bzw. DataCube Flugdaten

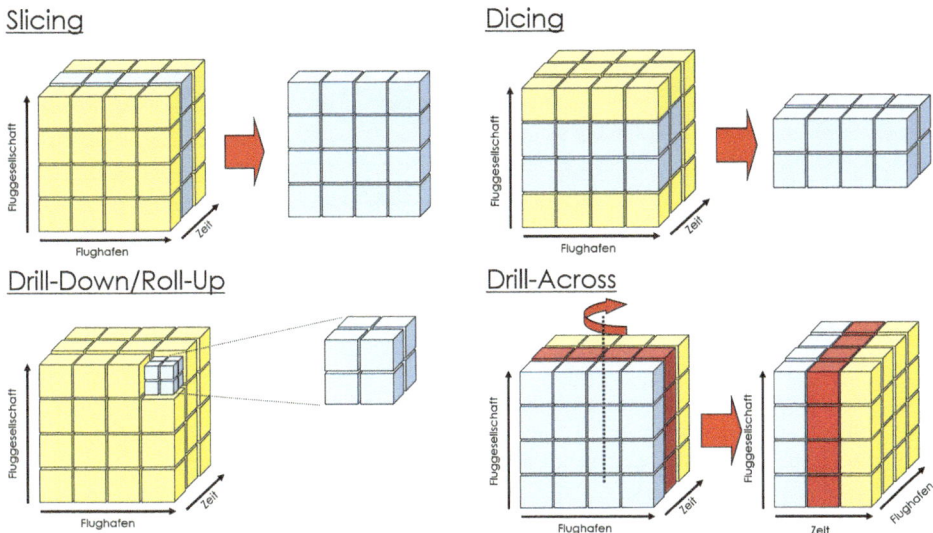

Abb. 6.9 Analysemethoden für Basistabellen bzw. DataCubes

daten lässt sich dreidimensional für die Navigationsattribute Zeit, Flughafen und Fluggesellschaft in Abb. 6.8 darstellen. Tatsächlich existieren in dem DataCube aber weitere Dimensionen (Navigationsattribute) und die Dimension Zeit allein beinhaltet eine fünfstufige Hierarchie, über welche sich die Granularität der Anzeige von Jahr über Quartal, Monat, Tag bis hin zu einer Uhrzeit auf Stundenniveau ändern lässt. Nur um das Konzept eines DataCubes (Basistabelle) zu erklären, ist die Darstellung hier aus Gründen der Visualisierung auf drei Dimensionen beschränkt.

Der Vorteil der Umformung der Daten in Basistabellen ist, dass auf Basistabellen folgende analytischen Operationen (**Analysemethoden für Basistabellen**) einfach realisierbar sind (siehe Abb. 6.9):

- **Slicing**: Einen Filter anwenden, so dass eine Scheibe aus dem DataCube extrahiert wird.
- **Dicing**: Einen Filter auf mehr als eine Dimension anwenden, um eine Teilmenge, einen Teil-Cube zu extrahieren.
- **Drill-Across**: Die Achsen des DataCubes rotieren, so dass eine andere Dimension auf erster/vorderer Ebene ausgewählt wird.
- **Drill-Down** bzw. **Roll-Up**: Eine feinere Granularität eines Navigationsattributs wählen und so detailliertere Information auszuwählen bzw. eine weniger feine Granularität wählen und die Information aggregierter anzeigen.

Darüber hinaus sind Basistabellen eine solide Grundlage für Machine Learning.

Analysemethoden für Basistabellen

```python
#- DataCube imnport-------------------------------------------------------------
import matplotlib.pyplot as plt
import matplotlib.ticker as mtick
import seaborn as sns
from joblib import load
wd_neu=os.path.join('C:\\','Users','bernd','Documents','A-Python','DateienKI')
os.chdir(wd_neu)
datasets = load('datasets.joblib')
flug = datasets['Flights']
# Funktion zur einheitlichen Visualisierung-------------------------------------
def plot_bar(data, x, y, hue, title, xlabel, ylabel, legend):
    plt.figure(figsize=(8,5))
    sns.barplot(data=data, x=x, y=y, hue=hue, dodge=True)
    plt.title(title)
    plt.xlabel(xlabel)
    plt.ylabel(ylabel)
    plt.legend(title=legend, bbox_to_anchor=(1.05, 1), loc='upper left')
    plt.tight_layout()
    plt.show()
#- Top 4 Carrier---------------------------------------------------------------
carrier_top4 = flug['carrier'].value_counts().index[:4]
#- Slicing: nur 1.Quartal------------------------------------------------------
delay_q1 = (
    flug[(flug['carrier'].isin(carrier_top4)) & (flug['quarter'] == 'Q1')]
    .groupby(['origin', 'carrier', 'quarter'], as_index=False)
    .agg(avg_delay=('dep_delay', lambda x: round(x.dropna().mean(), 0)))
)
plot_bar(delay_q1, x='origin', y='avg_delay', hue='carrier',
         title="1. Quartal", xlabel="Abflughafen", ylabel="Verspätung in Minuten",
         legend="Fluggesellschaft")
```

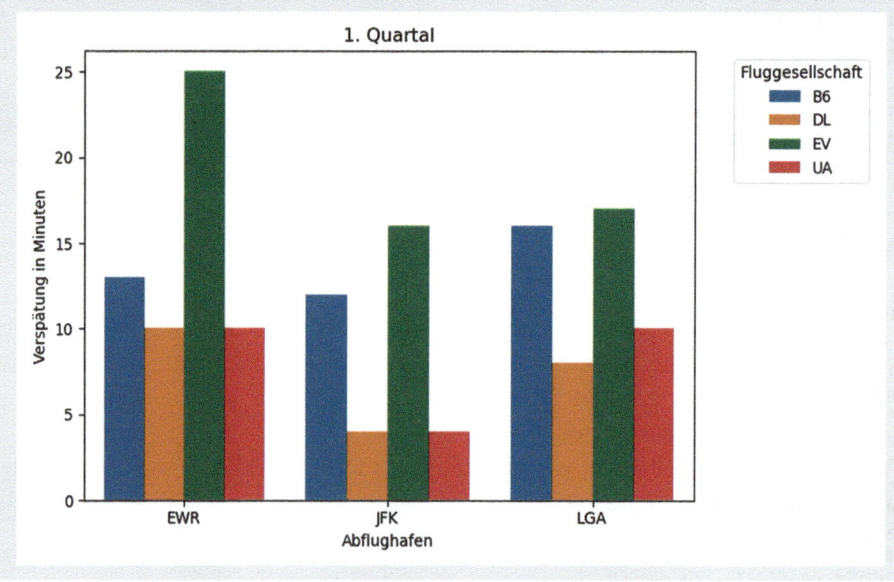

```
#- Slicing: nur 2.Quartal---------------------------------------------------
delay_q2 = (
    flug[(flug['carrier'].isin(carrier_top4)) & (flug['quarter'] == "Q2")]
    .groupby(['origin', 'carrier', 'quarter'], as_index=False)
    .agg(avg_delay=('dep_delay', lambda x: round(x.dropna().mean(), 0)))
)
plot_bar(delay_q2, x='origin', y='avg_delay', hue='carrier',
         title="2. Quartal", xlabel="Abflughafen", ylabel="Verspätung in Minuten",
         legend="Fluggesellschaft")
```

```
#- Dicing: nur Fluggesellschaft(B6+EV) und nur 2.+3. Quartal----------------------
delay_b6ev = (
    flug[(flug['carrier'].isin(["B6", "EV"])) & (flug['quarter'].isin(["Q2", "Q3"]))
]
    .groupby(['origin', 'carrier', 'quarter'], as_index=False)
    .agg(avg_delay=('dep_delay', lambda x: round(x.dropna().mean(), 0)))
)
plot_bar(delay_b6ev, x='origin', y='avg_delay', hue='carrier',
         title="2.+3. Quartal", xlabel="Abflughafen", ylabel="Verspätung in Minuten"
,
         legend="Fluggesellschaft")
```

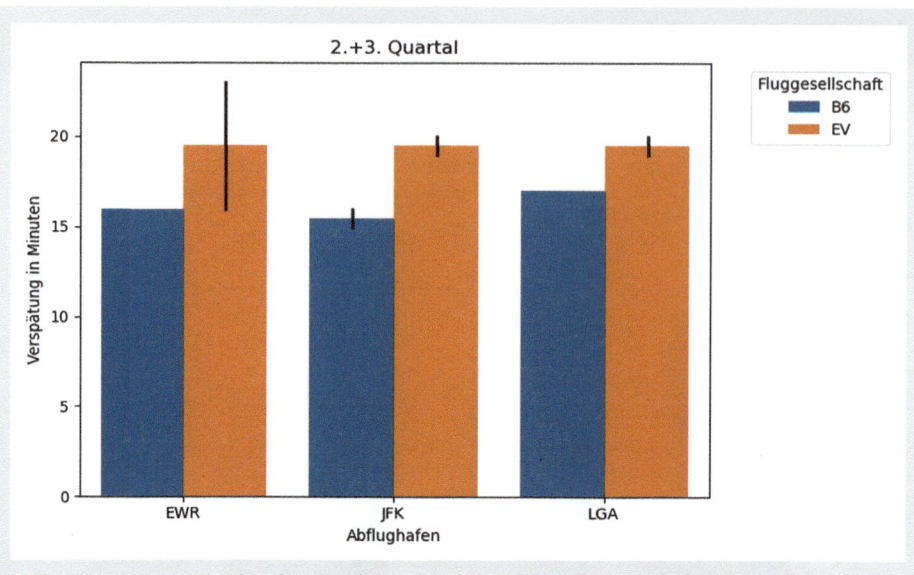

```
#- Drill-Down: nur LGA, nur Delta Airlines, 1. Quartal, Drill-Down je Monat-------
delay_dl_lga = (
    flug[(flug['origin'] == "LGA") & (flug['carrier'] == "DL") & (flug['quarter'] ==
  "Q1")]
    .groupby(['origin', 'carrier', 'month'], as_index=False)
    .agg(avg_delay=('dep_delay', lambda x: round(x.dropna().mean(), 0)))
)
plot_bar(delay_dl_lga, x='month', y='avg_delay', hue='carrier',
         title="1. Quartal LaGuardia", xlabel="Monat", ylabel="Durchschnitt Verspätu
ng in Minuten",
         legend="Fluggesellschaft")
```

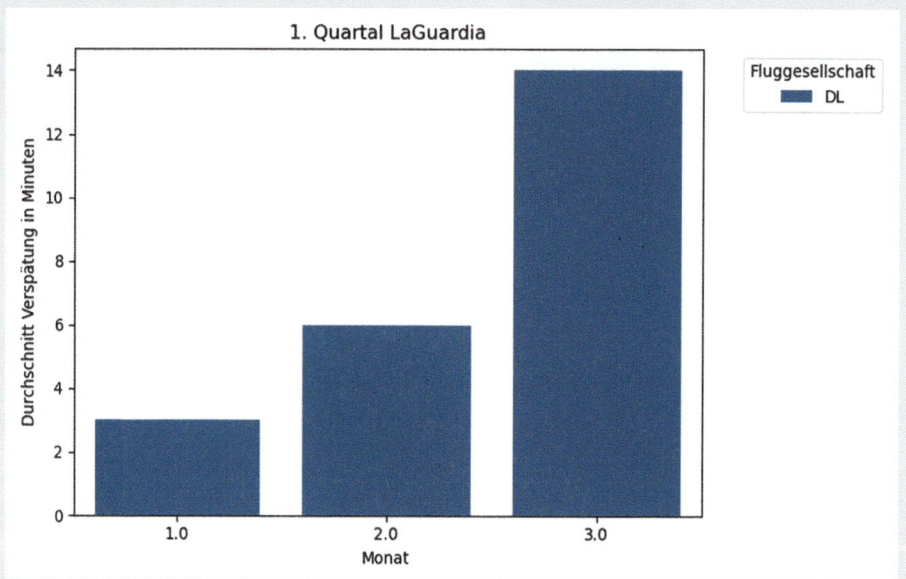

```
#- Drill-Across: Basis um Achse drehen x=Flughafen,z=Quartal, x z tauschen--------
sns.set(style="whitegrid")
sns.set_palette("viridis")
delay = (
    flug[(flug['carrier'].isin(carrier_top4)) & (flug['quarter'].notna())]
    .groupby(['origin', 'carrier', 'quarter'], as_index=False)
    .agg(avg_delay=('dep_delay', lambda x: round(x.dropna().mean(), 0))))
)
# Teilmengen
delay_q1 = delay[delay['quarter'] == "Q1"]
delay_ua = delay[delay['carrier'] == "UA"]
delay_ewr = delay[delay['origin'] == "EWR"]
# 📊 1. Quartal (alle Carrier)
delay_q1 = delay[delay['quarter'] == "Q1"]
plt.figure(figsize=(8, 5))
## <Figure size 800x500 with 0 Axes>
sns.barplot(data=delay_q1, x='origin', y='avg_delay', hue='carrier', dodge=True)
## <Axes: xlabel='origin', ylabel='avg_delay'>
plt.title("1. Quartal")
## Text(0.5, 1.0, '1. Quartal')
plt.xlabel("Flughafen")
## Text(0.5, 0, 'Flughafen')
plt.ylabel("Verspätung in Minuten")
## Text(0, 0.5, 'Verspätung in Minuten')
plt.legend(title="Fluglinie", bbox_to_anchor=(1.02, 1), loc='upper left')
## <matplotlib.legend.Legend object at 0x000001E13AC4B680>
plt.tight_layout()
plt.show()
```

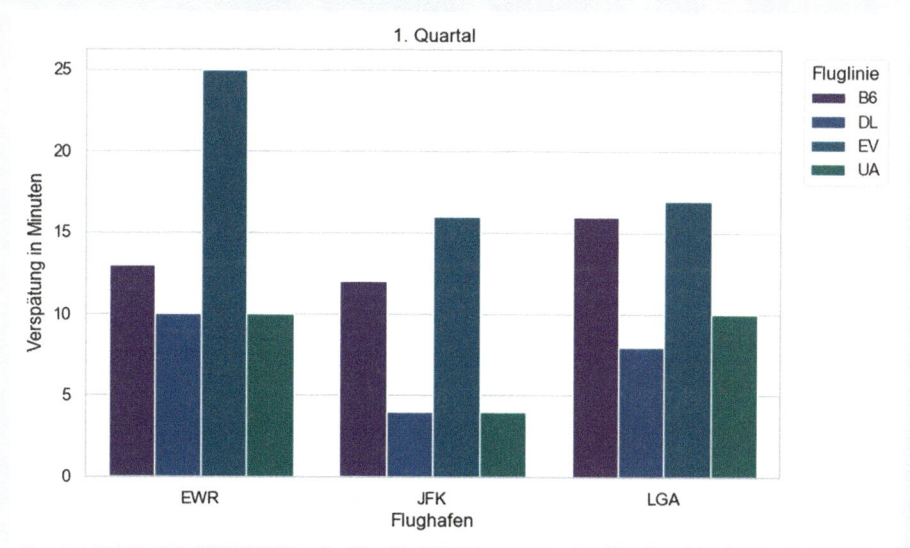

```
# 📊 United Airlines nach Quartal & Airport
delay_ua = delay[delay['carrier'] == "UA"]
plt.figure(figsize=(8, 5))
## <Figure size 800x500 with 0 Axes>
sns.barplot(data=delay_ua, x='quarter', y='avg_delay', hue='origin', dodge=True)
## <Axes: xlabel='quarter', ylabel='avg_delay'>
plt.title("United Airlines")
## Text(0.5, 1.0, 'United Airlines')
plt.xlabel("Quartal")
## Text(0.5, 0, 'Quartal')
plt.ylabel("Verspätung in Minuten")
## Text(0, 0.5, 'Verspätung in Minuten')
plt.legend(title="Flughafen", bbox_to_anchor=(1.02, 1), loc='upper left')
## <matplotlib.legend.Legend object at 0x000001E13AC2F950>
plt.tight_layout()
plt.show()
```

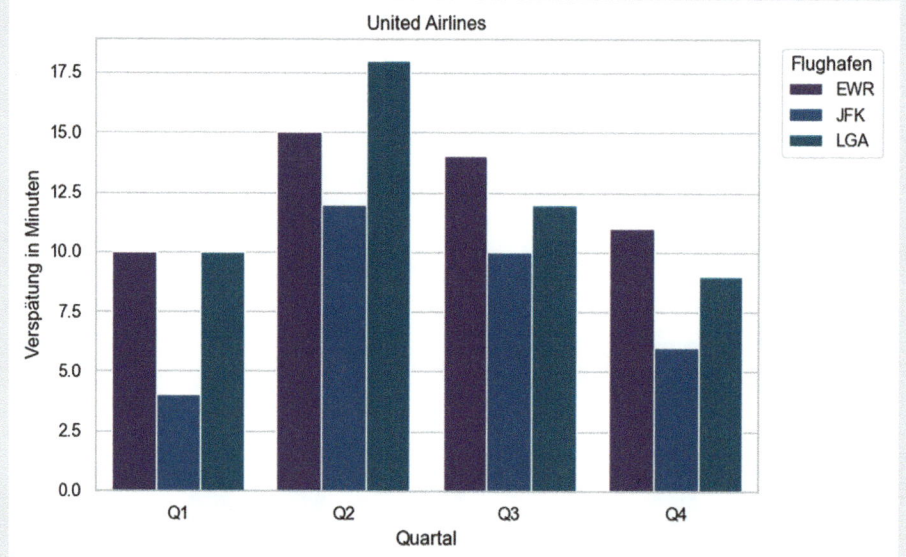

```
# 📊 EWR nach Carrier & Quartal
delay_ewr = delay[delay['origin'] == "EWR"]
plt.figure(figsize=(8, 5))
## <Figure size 800x500 with 0 Axes>
sns.barplot(data=delay_ewr, x='carrier', y='avg_delay', hue='quarter', dodge=True)
## <Axes: xlabel='carrier', ylabel='avg_delay'>
plt.title("EWR")
## Text(0.5, 1.0, 'EWR')
plt.xlabel("Fluglinie")
## Text(0.5, 0, 'Fluglinie')
plt.ylabel("Verspätung in Minuten")
## Text(0, 0.5, 'Verspätung in Minuten')
plt.legend(title="Quartal", bbox_to_anchor=(1.02, 1), loc='upper left')
## <matplotlib.legend.Legend object at 0x000001E13ADCD730>
plt.tight_layout()
plt.show()
```

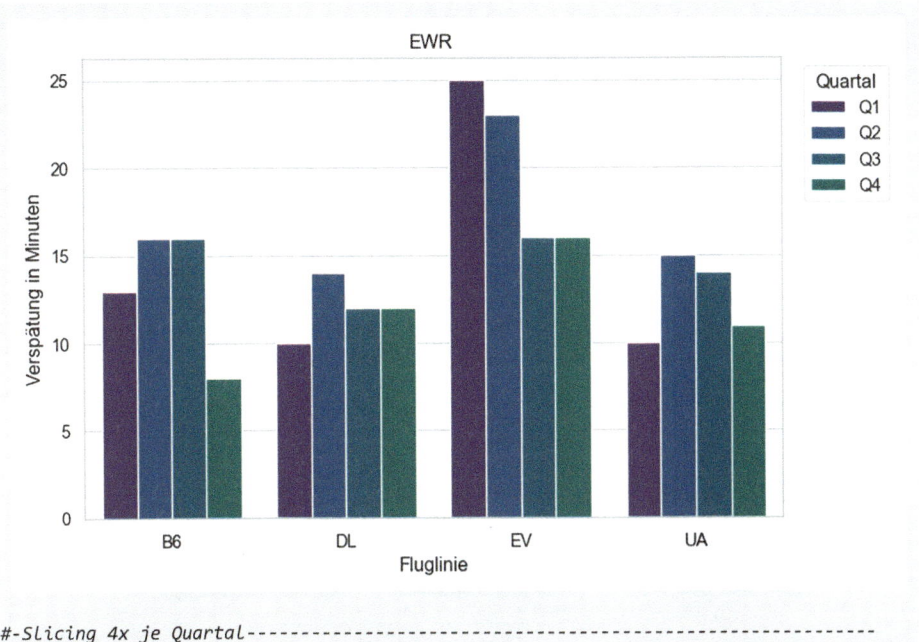

```
#-Slicing 4x je Quartal-------------------------------------------------------
#-Analyse Abflugverspätungen je Flughafen, Fluggesellschaft und Quartal-----------
# Quartale aufteilen
delay_q1 = delay[delay['quarter'] == "Q1"]
delay_q2 = delay[delay['quarter'] == "Q2"]
delay_q3 = delay[delay['quarter'] == "Q3"]
delay_q4 = delay[delay['quarter'] == "Q4"]
# Funktion für wiederverwendbares Barplot
def plot_quarter(data, title):
    sns.set(style="whitegrid")
    palette = sns.color_palette("viridis", n_colors=data["carrier"].nunique())
    plt.figure(figsize=(8, 5))
    ax = sns.barplot(data=data, x='origin', y='avg_delay', hue='carrier', palette=pa
lette)
    # Y-Achse: Bereich & Tick-Format
    ax.set_ylim(0, 25)
    ax.yaxis.set_major_formatter(mtick.FormatStrFormatter('%d'))  # Ganze Zahlen
    plt.title(title)
    plt.xlabel("Flughafen")
    plt.ylabel("Verspätung in Minuten")
    plt.legend(title="Fluglinie", bbox_to_anchor=(1.02, 1), loc='upper left')
    plt.tight_layout()
    plt.show()
```

```
# Vier Quartale einzeln plotten
plot_quarter(delay_q1, "1. Quartal")
```

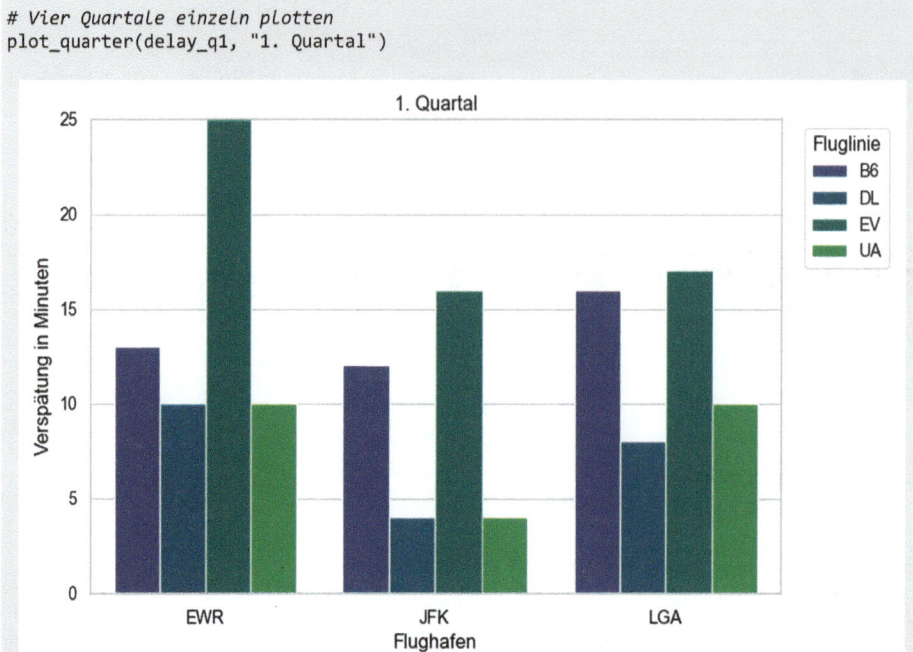

```
plot_quarter(delay_q2, "2. Quartal")
```

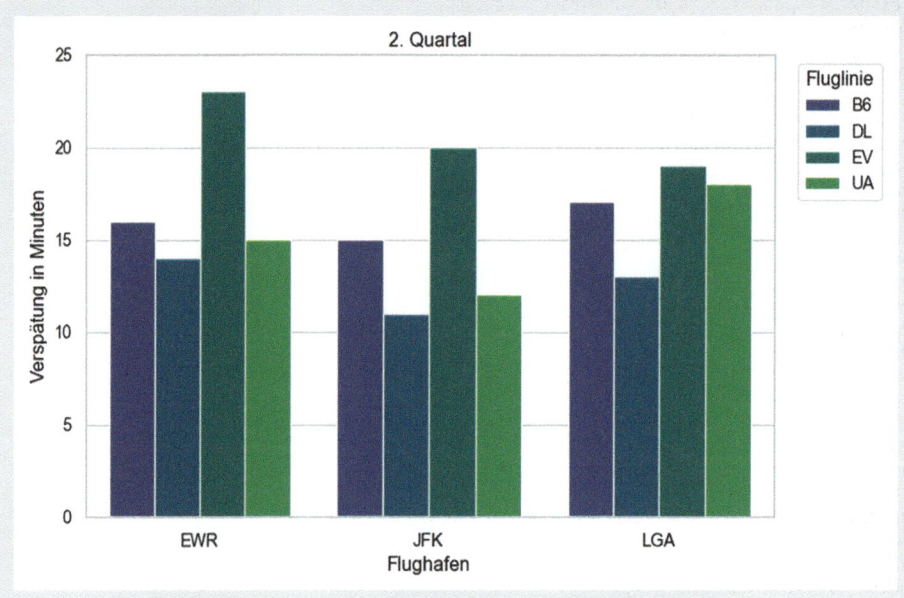

```
plot_quarter(delay_q3, "3. Quartal")
```

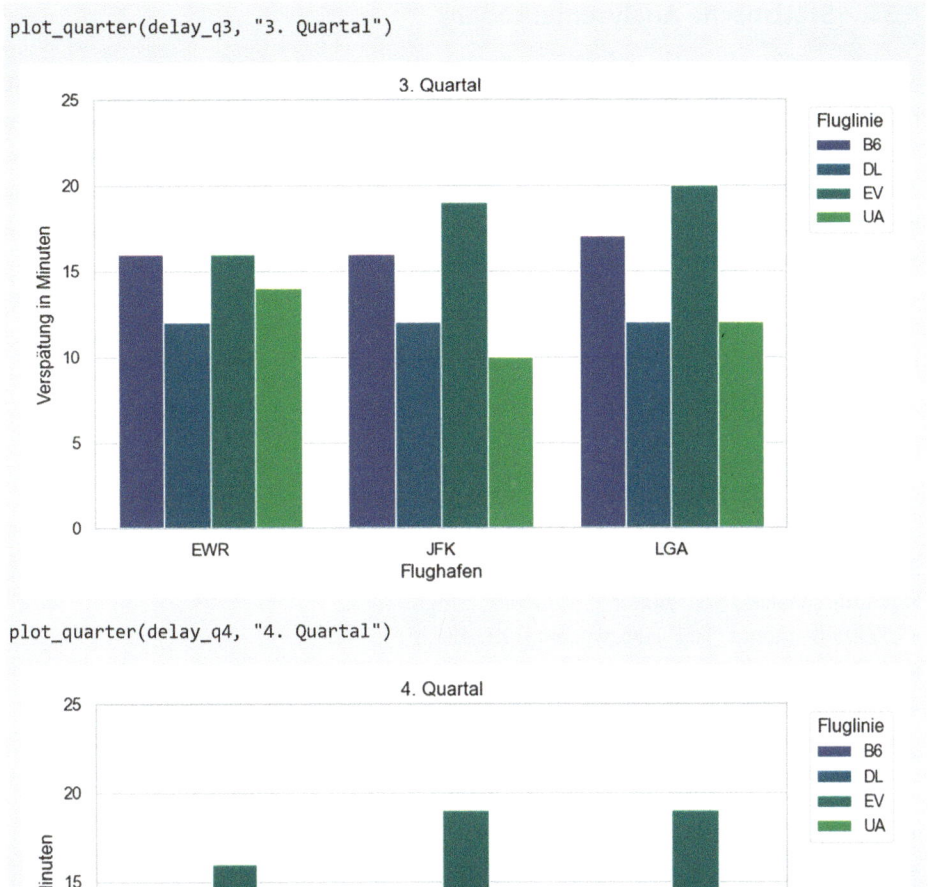

```
plot_quarter(delay_q4, "4. Quartal")
```

6.3.2   Statistische Analysemethoden

Neben der einfachen Analyse der Basistabellen eignet sich auch die Betrachtung statistischer Kennzahlen, um ein besseres Verständnis der Daten zu erlangen. Die deskriptive Statistik unterscheidet zwischen sogenannten Lagemaßen (Maßzahlen der zentralen Tendenz) und Streuungsmaßen (Maßzahlen der Verteilung; siehe Abb. 6.10). Lagemaße sind u. a. der Modus, Median und Mittelwert. Streuungsmaße sind u. a. die Spannweite, Abweichung, Varianz und Standardabweichung.

Nicht alle Lagemaße und Streuungsmaße lassen sich für jede Variable ermitteln. Daher ist es von Bedeutung zunächst die unterschiedlichen Variablentypen zu differenzieren: Kategoriale oder auch qualitative Variablen und kardinale, metrische, numerische oder quantitative Variablen (siehe Abb. 6.11).

Die qualitativen Variablen lassen sich in nominale Variablen ohne Rangordnung (binäre Variable: Sonderfall mit zwei Ausprägungen) und ordinale Variablen mit Rangordnung unterscheiden. Beispiele für qualitative Variablen sind:

Nominal
- Familienstatus: Verheiratet, geschieden, Single
- Zahlungsmodus: Bar, Überweisung, Kreditkarte
- Logik: Wahr, falsch
- Geschlecht: Mann, Frau

Ordinal
- Einkommen: Niedrig, mittel, hoch
- Zufriedenheit: Sehr gut, gut, mittel, schlecht, sehr schlecht
- Zustimmungsgrad: Stimme stark zu, stimme zu, neutral, stimme nicht zu, stimme gar nicht zu
- Wahrnehmung: Sehr kalt, kalt, normal, heiß, sehr heiß

Die quantitativen Variablen lassen sich unterscheiden in Intervallvariablen, die keinen natürlichen Nullpunkt besitzen und daher auch keine Verhältnisaussagen ermöglichen und

Abb. 6.10 Kennzahlen der deskriptiven Statistik

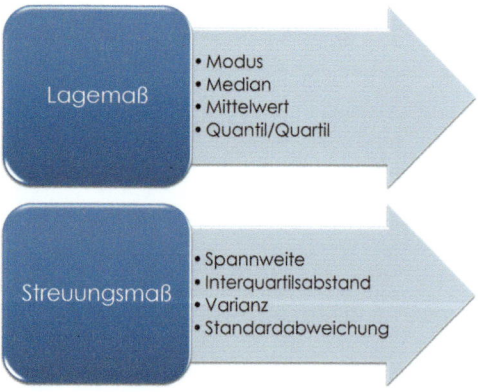

- Modus
- Median
- Mittelwert
- Quantil/Quartil

Lagemaß

- Spannweite
- Interquartilsabstand
- Varianz
- Standardabweichung

Streuungsmaß

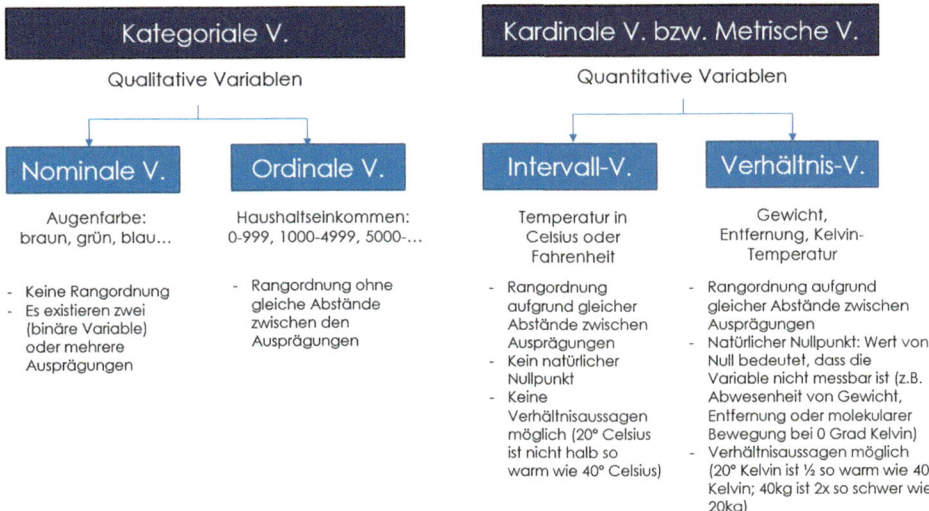

Abb. 6.11 Typen von Variablen

Verhältnisvariablen, die einen natürlichen Nullpunkt besitzen und daher Verhältnisaussagen ermöglichen. Beispiele für quantitative Variablen sind:

Intervall
- Temperatur in Grad Celsius
- Jahr

Verhältnis
- Preis
- Alter
- Gewicht

Folgende Auswertungen der deskriptiven Statistik lassen sich auf die unterschiedlichen Variablentypen anwenden (siehe Abb. 6.12).

Abb. 6.12 Deskriptive Statistik je Variablentyp

	Nominale Variable	Ordinale Variable	Intervall-Variable	Verhältnis-Variable
Häufigkeitsverteilung	x	x	x	x
Modus	x	x	x	x
Median		x	x	x
Mittelwert			x	x
Quantil/Quartil			x	x
Varianz			x	x
Standardabweichung			x	x
Spannweite			x	x
Addition, Subtraktion			x	x
Multiplikation, Division				x

6.3.2.1 Lagemaße und Streuungsmaße

Das arithmetische Mittel, auch **Mittelwert** oder Durchschnitt genannt, ist das wichtigste Maß der zentralen Tendenz. Um diesen Wert zu berechnen, summiert man zunächst alle Einzelwerte und teilt diese dann durch die Anzahl der Einzelwerte (siehe Abb. 6.13). Für den Mittelwert von Populationen wird der Buchstabe μ (Aussprache „my" oder „mü") verwendet, während der Mittelwert von Stichproben mit $\bar{x}$ beschrieben wird. Der Mittelwert ist eine wertvolle Maßzahl, kann jedoch durch sogenannte Ausreißer, extrem niedrige oder hohe Werte, stark beeinflusst werden. In Python kann die Methode `mean()`, z. B. für Spalten eines Dataframes df `df["spalte"].mean()`, zur Berechnung des Mittelwerts verwendet werden.

Extreme Einzelwerte können den Mittelwert signifikant beeinflussen. Daher verwendet man neben dem Mittelwert als weitere Maßzahl den Median, der nicht durch extreme Werte beeinflusst wird. Der **Median** wird bestimmt, indem man alle Einzelwerte zunächst aufsteigend sortiert. Bei einer ungeraden Anzahl von Werten ist der Median der Einzelwert, der in der Mitte liegt. Bei einer geraden Anzahl von Werten berechnet sich der Median aus dem Mittelwert der beiden Einzelwerte in der Mitte. In Python lässt sich die Methode `median()` nutzen, z. B. für Serien `pandas.Series.median()` um den Median zu ermitteln.

Eine weiteres Lagemaß ist der **Modus**, der Wert, der am häufigsten vorkommt. Ein Nachteil des Modus als Lagemaß der zentralen Tendenz ist, dass er nicht in der Mitte der Werte liegen muss. Daher betrachtet man in der Regel den Mittelwert, den Median und den Modus gemeinsam, um eine Vorstellung über die Verteilung einer Variablen zu erhalten. In Python existiert die Funktion `statistics.mode()` aus dem Paket **statistics**.

Während Lagemaße die mittleren Werte einer Datenmenge beschreiben, beschreiben Streuungsmaße wie weit die Werte verteilt bzw. gestreut sind und wie weit sie von den mittleren Werten entfernt sind. Nur Lagemaße zu betrachten ist oft nicht ausreichend, da Stichproben mit dem gleichen Mittelwert oder Median eine sehr unterschiedliche Streuung haben können, wie das Beispiel in Abbildung Abb. 6.14 zeigt. Nur Streuungsmaße zu betrachten ist ebenso wenig ausreichend, um ein Verständnis der Daten zu erlangen.

Um die Streuung besser zu verstehen, dienen u. a. die Maßgrößen der Spannweite und des Interquartilsabstands. Die **Spannweite** beschreibt die Distanz zwischen dem größten und dem kleinsten Wert. Im Beispiel von Abb. 6.15 beträgt die Spannweite 351 − 12 = 339. In Python gibt es keine Standardfunktion für die Berechnung der Spannweite. Die Methoden `min()` und `max()` aus dem Paket **pandas** lassen sich auf Serien anwenden. Eine eigene Berechnung der Spannweite ist damit möglich über die Anweisung `spannweite =serie.max() - serie.min()`.

Der **Median** stellt den Wert dar, der in der Mitte liegt. Der Median wird auch das 2. Quartil bzw. das 50 % Quantil genannt. **Quantilswerte** sind Lagemaße und geben die Höhe des Wertes an, für den gilt, dass ein gewisser Prozentsatz aller Werte niedriger ist.

Abb. 6.13 Formeln zur Berechnung des Mittelwerts

$$\mu = \frac{\sum_{i=1}^{N} x_i}{N} \qquad\qquad \bar{x} = \frac{\sum_{i=1}^{n} x_i}{n}$$

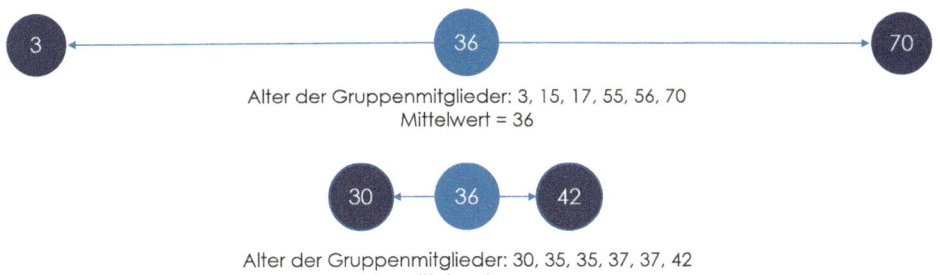

Abb. 6.14 Mittelwert ungeeignet als Streuungsmaß

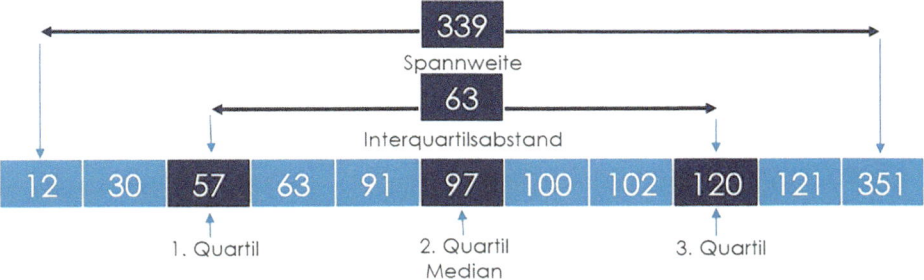

Abb. 6.15 Quantile, Quartile und Interquartilsabstand

Das 50 %-Quantil gibt den Wert an, für den gilt, dass 50 % aller Werte kleiner als dieser sind. Insofern stellt das 0 %-Quantil den kleinsten Wert und das 100 %-Quantil den größten Wert dar. Das 25 %-Quantil wird auch als 1. **Quartil** (Quartil, da die Menge in vier Teilbereiche mit je 25 % aufgeteilt wird) bezeichnet, das 50 %-Quantil als 2. Quartil oder Median und das 75 %-Quantil als 3. Quartil. Die Methode `quantile()` aus dem Paket **pandas** berechnet beliebige Quantile von Serien.

Der Abstand zwischen dem 1. und dem 3. Quartil wird auch als **Interquartilsabstand** (englisch: **Interquartilerange**, **IQR**) bezeichnet und gibt die Streuung der mittleren 50 % aller Werte an. Um den IQR zu ermitteln, kann in Python eine eigene Funktion `iqr()` verwendet werden, die wie folgt definiert wird: `def iqr(series): return series.quantile(0,75) - series.quantile(0,25).`

Eine Zusammenfassung wesentlicher Maßzahlen liefert auch die Methode `describe()` aus dem Paket **pandas**, die sich auf Dataframes anwenden lässt. Sie gibt Minimum, Maximum, 1. bis 3. Quartil, Mittelwert und die Standardabweichung zurück. Die Anweisung `df.describe(include='all')` zeigt für den Dataframe df zusätzlich auch Anzahl, Anzahl unterschiedlicher Werte, häufigsten Wert und Anzahl des häufigsten Wertes für die kategorialen Variablen an.

Um Abweichungen zu betrachten, wäre die einfache Summierung aller Abweichungen vom Mittelwert ungenügend, da die Abweichungen positive und negative Werte annehmen können, die sich gegenseitig ausgleichen, auch wenn die Abweichungen groß sind. Ein kleiner Wert dieser Summe wäre daher nicht aussagekräftig. Auch die Summe der

Abb. 6.16 Formeln zur Berechnung der Varianz

$$\sigma^2 = \frac{SS}{N} = \frac{\sum(x_i - \mu)}{N} \qquad s^2 = \frac{SS}{n-1} = \frac{\sum(x_i - \bar{x})}{n-1}$$

Quadrate der Abweichungen (Sum of Squared Errors, SS) wäre keine gute Maßgröße der Abweichung, denn bei zunehmender Anzahl an Werten würde die Maßzahl zunehmen, obwohl die durchschnittliche Abweichung nicht höher ausfällt.

Eine wertvollere Maßgröße für die Streuung ist die **Varianz**, die sich mathematisch berechnet als der Durchschnitt der Abweichungsquadrate (siehe Abb. 6.16).

Für eine Population wird die Varianz σ^2 (Sigma Quadrat) berechnet als die Summe der Abweichungsquadrate (SS) geteilt durch die Anzahl der Beobachtungen (N = Größe der Population, wenn die gesamte Population beobachtet wurde). Die Stichprobenvarianz s^2 dagegen ergibt sich als Summe der Abweichungsquadrate (SS) geteilt durch die Anzahl der Freiheitsgrade (Freiheitsgrad $= n - 1$, $n =$ Anzahl der Beobachtungen der Stichprobe). In Python dient die Methode `var()` aus dem Paket **pandas** zur Berechnung der Varianz von Serien. Sie berechnet im Standard die Stichprobenvarianz s^2, teilt also durch $n - 1$.

Die Varianz hat den Nachteil, dass sie auf den quadrierten Abweichungen basiert und damit etwas überhöht ist. Um diese Ungenauigkeit zu korrigieren, zieht man die Wurzel aus der Varianz, um die **Standardabweichung** der Population σ (Sigma) bzw. die Standardabweichung der Stichprobe s zu ermitteln. Die Funktion `std()` (Standard Deviation) berechnet die Standardabweichung der Stichprobe s einer Serie oder der Spalte eines Dataframes. Die Standardabweichung ist das meistverwendete Streuungsmaß.

Um die wichtigsten Lagemaße und Streuungsmaße zu einer Variablen angezeigt zu bekommen, kann die im nachfolgenden Coding vorgestellte Funktion `ml_summary()` verwendet werden.

6.3.2.2 Verteilung

Für einige Statistikanwendungen wird eine normale Häufigkeitsverteilung vorausgesetzt. Da Verteilungen der Werte aber auch asymmetrisch sein können, wird die **Schiefe** (**Skewness**) und die **Wölbung** (**Kurtosis**) einer Verteilung gemessen.

Eine Häufigkeitsverteilung wird in der Regel in Form eines Histogramms dargestellt, in dem alle beobachteten Werte einer Variablen auf der horizontalen Achse abgebildet werden und die Höhe der Balken angibt, wie häufig ein Wert vorkommt. Es werden dabei folgende Eigenschaften der Verteilung differenziert:

- **Schiefe** (engl. Skew) zeigt die Art und Stärke der Asymmetrie eine Verteilung an (siehe Abb. 6.17 und 6.18)
  - Positive Schiefe, linkssteile oder rechtsschiefe Verteilung
  - Negative Schiefe, linksschiefe oder rechtssteile Verteilung
- **Wölbung** (engl. Kurtosis) ist eine Maßzahl für die Steilheit bzw. „Spitzigkeit" einer Verteilung (siehe Abb. 6.19)
  - Steilgipflig, supergaußförmig oder leptokurtisch
  - Flachgipflig, subgaußförmig oder platykurtisch

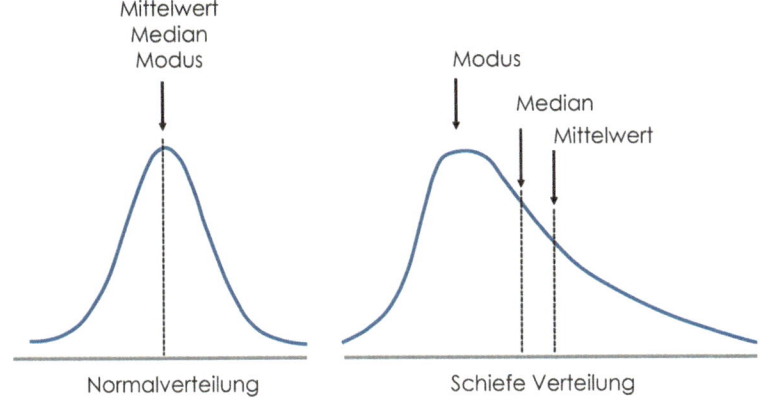

Abb. 6.17 Normalverteilung versus Schiefe

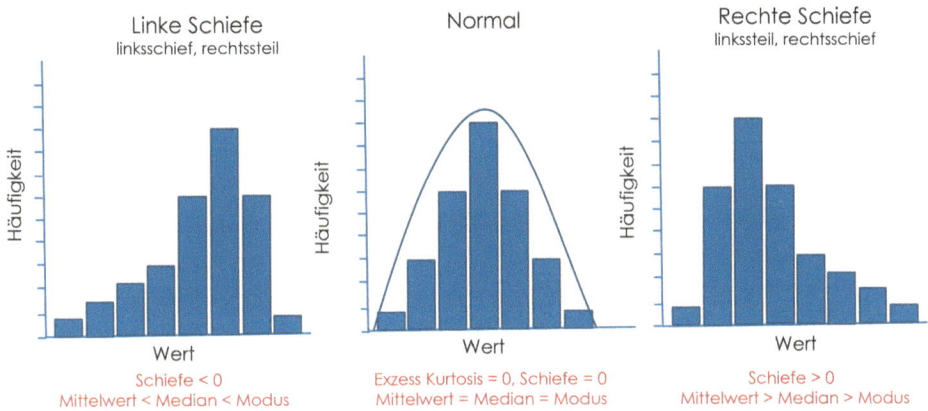

Abb. 6.18 Verteilungen ohne und mit Schiefe

Ob eine Verteilung schief ist, lässt sich auf Basis der Lagemaße Modus, Median und Mittelwert erkennen. Die Funktion skew() aus dem Paket **stats** berechnet die Schiefe.

Der Wert für die Wölbung beträgt im Falle der Normalverteilung 3. Liegt der Wert der Wölbung über 3, dann handelt es sich um eine schmalgipflige, spitze Verteilung und bei Werten kleiner als 3 um eine breitgipflige, flache Verteilung mit Beobachtungen nahe dem Mittelwert.

Um das Ausmaß der Wölbung besser einschätzen zu können, wird die Wölbung einer Verteilung mit der Wölbung einer Normalverteilung verglichen. Für diesen Zweck berechnet man den Exzess als Wölbung minus 3 der Wölbung einer Normalverteilung. Liegt der Wert des Exzesses bei Null, so handelt es sich um eine näherungsweise Normalverteilung. Liegt der Wert über Null, dann handelt es sich um eine schmalgipflige, spitze Verteilung und bei Werten kleiner als Null um eine breitgipflige, flache Verteilung mit Beobachtungen nahe dem Mittelwert. Die Wölbung kann mit der Funktion kurtosis() aus dem Paket **stats** berechnet werden.

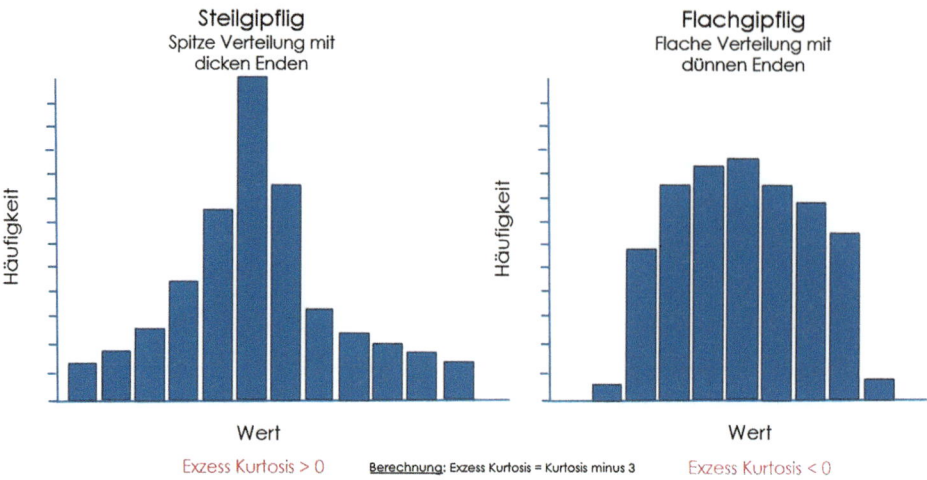

Abb. 6.19 Wölbung

Um für eine numerische Variable die Schiefe und Wölbung zu ermitteln kann auch die Funktion `ml_summary()` verwendet werden.

Lagemaße, Streuungsmaße und Verteilung

```python
#- Daten laden--------------------------------------------------------------
import os
from joblib import load
wd_neu=os.path.join('C:\\','Users','bernd','Documents','A-Python','DateienKI')
os.chdir(wd_neu)
datasets = load('datasets.joblib')
flug = datasets['Flights']
#- Anzeige von Lage- und Streuungsmaßen-------------------------------------
import pandas as pd
import numpy as np
import seaborn as sns
import matplotlib.pyplot as plt
import scipy.stats as stats
#- Funktion zur Anzeige von Lage- und Streuungsmaßen------------------------
def ml_summary(series, titel="Variable", einheit="", rel=True, top_n=None):
    series = pd.Series(series)
    n_total = len(series)
    n_na = series.isna().sum()
    n_valid = series.count()
    print(f"\n📊 Summary für: {titel} ({einheit})")
    var_type = "numerisch" if pd.api.types.is_numeric_dtype(series) else "kategorial
"
    summary = {
        "typ": f"{var_type}",
        "anzahl": f"{n_total:,}",
        "anzahl.valid": f"{n_valid:,}",
        "anzahl.na": f"{n_na:,}"
    }
```

```python
    # ◆ NUMERISCH
    if var_type == "numerisch":
        series = series.dropna()
        q1 = series.quantile(0.25)
        q3 = series.quantile(0.75)
        iqr = q3 - q1
        whisker_min = q1 - 1.5 * iqr
        whisker_max = q3 + 1.5 * iqr
        skew = stats.skew(series)
        kurt = stats.kurtosis(series, fisher=False)
        skew_txt = (
            f"Rechte Schiefe: {skew:.2f} > 0, positive Schiefe, linkssteil, rechtssc
hief"
            if skew > 0 else
            f"Linke Schiefe: {skew:.2f} < 0, negative Schiefe, rechtssteil, linkssch
ief"
            if skew < 0 else "Symmetrisch"
        )
        kurt_txt = (
            f"Steilgipflig mit Exzess Kurtosis {kurt:.2f} > 0"
            if kurt > 3 else
            f"Flachgipflig mit Exzess Kurtosis {kurt:.2f} < 3"
        )
        mode_val = series.mode().iloc[0] if not series.mode().empty else "–"
        summary.update({
            "modus": f"{mode_val:9.2f}",
            "median": f"{series.median():9.2f}",
            "mean": f"{series.mean():9.2f}",
            "min": f"{series.min():9.2f}",
            "max": f"{series.max():9.2f}",
            "sd": f"{series.std():9.2f}",
            "q1": f"{q1:9.2f}",
            "q3": f"{q3:9.2f}",
            "iqr": f"{iqr:9.2f}",
            "whisker.min": f"{whisker_min:9.2f}",
            "whisker.max": f"{whisker_max:9.2f}",
            "skewness": f"{skew:9.2f}",
            "skewness.txt": skew_txt,
            "kurtosis": f"{kurt:9.2f}",
            "kurtosis.txt": kurt_txt,
        })
        for k, v in summary.items():
            print(f"{k:<14}: {v}")
        return summary
    # ◆ KATEGORIAL
    else:
        series_unique = series.nunique(dropna=True)
        summary.update({
            "unique": f"{series_unique:,}"
        })
        for k, v in summary.items():
            print(f"{k:<14}: {v}")
        series_clean = series.dropna()
        abs_freq = series_clean.value_counts()
        rel_freq = (abs_freq / series_clean.shape[0] * 100).round(2)
        if top_n is not None:
            abs_freq = abs_freq.head(top_n)
            rel_freq = rel_freq.loc[abs_freq.index]
            print(f"📋 Häufigkeitstabelle Top-N({top_n}):")
        else:
```

```
        print(" Häufigkeitstabelle:")
    freq_table = pd.DataFrame({
        "Anzahl": abs_freq,
        "Prozent": rel_freq
    })
    for idx, row in freq_table.iterrows():
        print(f"{str(idx):<20}: {int(row['Anzahl']):>9,} ({row['Prozent']:>5.1f}
%)")
    return summary, freq_table
# Numerische Variable
summary = ml_summary(flug['dep_delay'], "Verspätung beim Abflug", "Minuten")
##
##  Summary für: Verspätung beim Abflug (Minuten)
## typ              : numerisch
## anzahl           : 336,788
## anzahl.valid     : 328,521
## anzahl.na        : 8,267
## modus            :     -5.00
## median           :     -2.00
## mean             :     12.64
## min              :    -43.00
## max              :   1301.00
## sd               :     40.21
## q1               :     -5.00
## q3               :     11.00
## iqr              :     16.00
## whisker.min      :    -29.00
## whisker.max      :     35.00
## skewness         :      4.80
## skewness.txt     : Rechte Schiefe: 4.80 > 0, positive Schiefe, linkssteil, rechtssch
ief
## kurtosis         :     46.95
## kurtosis.txt     : Steilgipflig mit Exzess Kurtosis 46.95 > 0
# Kategoriale Variable vollständig oder nur Top-N
summary, freq = ml_summary(flug["carrier"], "Fluggesellschaft","Anzahl Flüge")
##
##  Summary für: Fluggesellschaft (Anzahl Flüge)
## typ              : kategorial
## anzahl           : 336,788
## anzahl.valid     : 336,788
## anzahl.na        : 0
## unique           : 16
##  Häufigkeitstabelle:
## UA               :    58,668 ( 17.4%)
## B6               :    54,638 ( 16.2%)
## EV               :    54,176 ( 16.1%)
## DL               :    48,113 ( 14.3%)
## AA               :    32,729 (  9.7%)
## MQ               :    26,397 (  7.8%)
## US               :    20,536 (  6.1%)
## 9E               :    18,460 (  5.5%)
## WN               :    12,275 (  3.6%)
## VX               :     5,162 (  1.5%)
## FL               :     3,260 (  1.0%)
## AS               :       714 (  0.2%)
## F9               :       685 (  0.2%)
## YV               :       601 (  0.2%)
## HA               :       342 (  0.1%)
## OO               :        32 (  0.0%)
```

```
summary, freq = ml_summary(flug["carrier"], "Fluggesellschaft", "Anzahl Flüge", top_
n=5)
##
## 🔢 Summary für: Fluggesellschaft (Anzahl Flüge)
## typ          : kategorial
## anzahl       : 336,788
## anzahl.valid : 336,788
## anzahl.na    : 0
## unique       : 16
## 📊 Häufigkeitstabelle Top-N(5):
## UA                 :     58,668 ( 17.4%)
## B6                 :     54,638 ( 16.2%)
## EV                 :     54,176 ( 16.1%)
## DL                 :     48,113 ( 14.3%)
## AA                 :     32,729 (  9.7%)
```

6.3.2.3 Abhängigkeit zwischen Variablen

Während bei der **univariaten Statistik** eine Häufigkeitsverteilung betrachtet wird, werden bei der **bivariaten Statistik** Kontingenztabellen verwendet, um die bedingten Häufigkeiten für jede Wertkombination der Variablen anzuzeigen und damit die Zusammenhänge der Variablen darzustellen. Üblich ist die unabhängige Variable in den Spalten und die abhängige Variable in den Zeilen anzuzeigen. Die **multivariate Statistik** untersucht Zusammenhänge von mehr als zwei Variablen.

Kontingenztabellen

```
#- Top 4 Carrier------------------------------------------------------------------
carrier_top4 = flug['carrier'].value_counts().index[:4]
# Stichprobe sp1: nur Top 4 und gültige dep_delay
sp1 = flug[(flug['carrier'].isin(carrier_top4)) & (flug['dep_delay'].notna())].copy(
)
# Als Kategorie setzen (optimierter Speicherbedarf und Performanz)
sp1['carrier'] = sp1['carrier'].astype('category')
#- Kontingenztabellen------------------------------------------------------------
# Absolute Häufigkeit
abs_tab = pd.crosstab(sp1['agegroup'], sp1['carrier'])
print("Absolute Häufigkeit:")
## Absolute Häufigkeit:
print(abs_tab)
## carrier          B6      DL      EV      UA
## agegroup
## middle-aged    9751   29871   39159   37269
## new           42751    1377   10677   11721
## old               0   15882       0    7127
# Relative Häufigkeit gesamt
rel_total = abs_tab / abs_tab.values.sum() * 100
print("\nRelative Häufigkeit (%, gesamt):")
##
## Relative Häufigkeit (%, gesamt):
```

```
print(rel_total.round(2))
## carrier        B6     DL     EV     UA
## agegroup
## middle-aged   4.74  14.53  19.05  18.13
## new          20.79   0.67   5.19   5.70
## old           0.00   7.73   0.00   3.47
# Relative Häufigkeit je Zeile
rel_row = abs_tab.div(abs_tab.sum(axis=1), axis=0) * 100
print("\nRelative Häufigkeit je Zeile (%, Zeilensumme = 100):")
##
## Relative Häufigkeit je Zeile (%, Zeilensumme = 100):
print(rel_row.round(2))
## carrier        B6     DL     EV     UA
## agegroup
## middle-aged   8.40  25.74  33.74  32.11
## new          64.26   2.07  16.05  17.62
## old           0.00  69.03   0.00  30.97
# Relative Häufigkeit je Spalte
rel_col = abs_tab.div(abs_tab.sum(axis=0), axis=1) * 100
print("\nRelative Häufigkeit je Spalte (%, Spaltensumme = 100):")
##
## Relative Häufigkeit je Spalte (%, Spaltensumme = 100):
print(rel_col.round(2))
## carrier        B6     DL     EV     UA
## agegroup
## middle-aged  18.57  63.38  78.58  66.41
## new          81.43   2.92  21.42  20.89
## old           0.00  33.70   0.00  12.70
#- Randverteilungen-------------------------------------------------------
# Zeilen- und Spaltensummen
abs_tab_with_margins = abs_tab.copy()
abs_tab_with_margins.loc['Summe'] = abs_tab.sum()
abs_tab_with_margins['Summe'] = abs_tab_with_margins.sum(axis=1)
print("\nAbsolute Häufigkeit mit Rändern:")
##
## Absolute Häufigkeit mit Rändern:
print(abs_tab_with_margins)
## carrier        B6     DL     EV     UA   Summe
## agegroup
## middle-aged   9751  29871  39159  37269  116050
## new          42751   1377  10677  11721   66526
## old              0  15882      0   7127   23009
## Summe        52502  47130  49836  56117  205585
# Nur Randverteilungen
print("\nRandverteilung Zeilen (Summe je agegroup):")
##
## Randverteilung Zeilen (Summe je agegroup):
print(abs_tab.sum(axis=1))
## agegroup
## middle-aged    116050
## new             66526
## old             23009
## dtype: int64
print("\nRandverteilung Spalten (Summe je carrier):")
##
## Randverteilung Spalten (Summe je carrier):
print(abs_tab.sum(axis=0))
## carrier
## B6    52502
## DL    47130
```

```
## EV    49836
## UA    56117
## dtype: int64
#- Gruppenauswertung (1 unabhängige Variable)-------------------------------------
# Mittelwert dep_delay je Altersgruppe
print("\nMittelwert Abflugverspätung je Altersgruppe:")
##
## Mittelwert Abflugverspätung je Altersgruppe:
print(sp1.groupby('agegroup')['dep_delay'].mean().round(2))
## agegroup
## middle-aged    13.99
## new            13.73
## old            11.16
## Name: dep_delay, dtype: float64
# Summary je Altersgruppe
print("\nZusammenfassung Abflugverspätung je Altersgruppe:")
##
## Zusammenfassung Abflugverspätung je Altersgruppe:
print(sp1.groupby('agegroup')['dep_delay'].describe().round(2))
##                count    mean    std    min   25%   50%   75%    max
## agegroup
## middle-aged  116050.0   13.99  40.63  -32.0  -4.0  -1.0  13.0  899.0
## new           66526.0   13.73  38.96  -43.0  -5.0  -1.0  13.0  548.0
## old           23009.0   11.16  42.50  -33.0  -5.0  -2.0   7.0  960.0
# Mittelwert dep_delay je Airline
print("\nMittelwert Abflugverspätung je Fluggesellschaft:")
##
## Mittelwert Abflugverspätung je Fluggesellschaft:
print(sp1.groupby('name')['dep_delay'].mean().round(2))
## name
## Delta Air Lines Inc.         9.26
## ExpressJet Airlines Inc.    19.96
## JetBlue Airways             13.02
## United Air Lines Inc.       12.11
## Name: dep_delay, dtype: float64
# Summary je Airline
print("\nZusammenfassung Abflugverspätung je Fluggesellschaft:")
##
## Zusammenfassung Abflugverspätung je Fluggesellschaft:
print(sp1.groupby('name')['dep_delay'].describe().round(2))
##                            count    mean    std    min   25%   50%   75%    max
## name
## Delta Air Lines Inc.      47761.0    9.26  39.74  -33.0  -5.0  -2.0   5.0  960.0
## ExpressJet Airlines Inc.  51356.0   19.96  46.55  -32.0  -5.0  -1.0  25.0  548.0
## JetBlue Airways           54169.0   13.02  38.50  -43.0  -5.0  -1.0  12.0  502.0
## United Air Lines Inc.     57979.0   12.11  35.72  -20.0  -4.0   0.0  11.0  483.0
#- Gruppenauswertung (2 unabhängige Variablen)-------------------------------------
# Pivot-Tabelle: Mittelwert dep_delay nach agegroup und carrier
pivot_mean = sp1.pivot_table(values='dep_delay',
                             index='agegroup',
                             columns='carrier',
                             aggfunc='mean',
                             observed=True)
print("\nMittlere Abflugverspätung je Altersgruppe & Fluggesellschaft:")
##
## Mittlere Abflugverspätung je Altersgruppe & Fluggesellschaft:
print(pivot_mean.round(2))
## carrier        B6     DL     EV     UA
## agegroup
## middle-aged  13.15   8.43  20.12  12.23
## new          13.00   5.74  19.25  12.34
## old           NaN   11.07   NaN   11.38
```

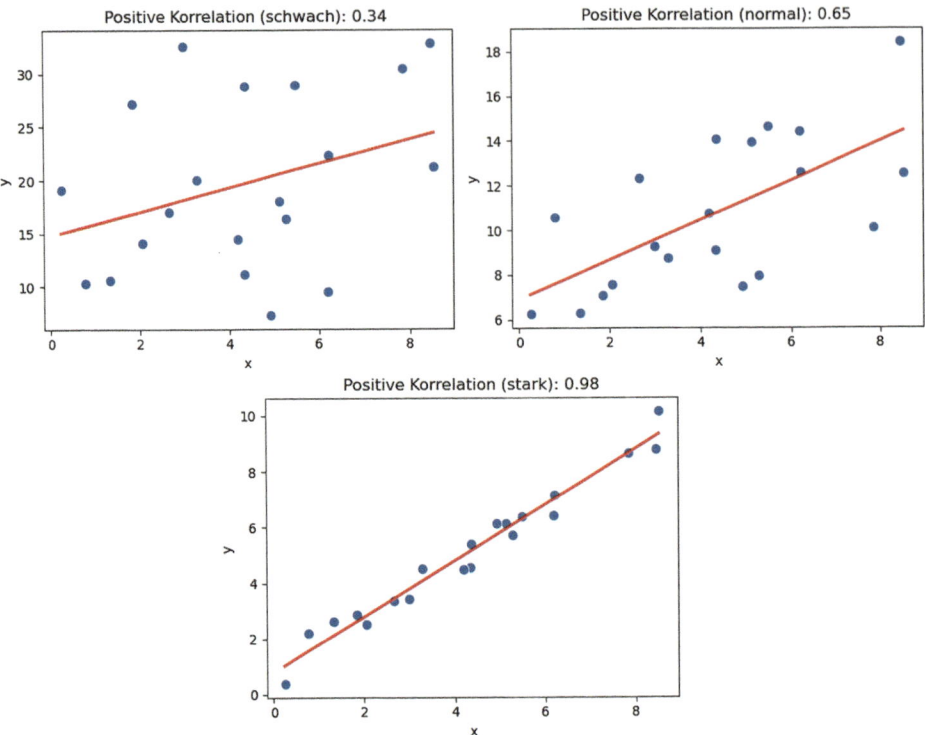

Abb. 6.20 Positive Korrelation

Um die Beziehung von Variablen weiter zu untersuchen, eignet sich auch die Berechnung der **Korrelation**. Eine Korrelation gibt die Richtung (positiv bzw. negativ) und Stärke einer linearen Abhängigkeit zwischen zwei Variablen an (die Steigung der Linie den Abbildungen entspricht dem Korrelationskoeffizienten). Eine positive Korrelation liegt vor, wenn hohe Werte der Variablen A mit hohen Werten der Variablen B einhergehen (siehe Abb. 6.20). Eine negative Korrelation besteht, wenn hohe Werte der Variablen A mit niedrigen Werten der Variablen B einhergehen (siehe Abb. 6.21). Die Stärke einer Korrelation wird über den Korrelationskoeffizienten ausgedrückt, der zwischen -1 (starke negative Korrelation) und $+1$ (starke positive Korrelation) liegt. Eine Korrelation ist dann stärker, wenn die Steigung der Korrelationsfunktion sich der -1 bzw. $+1$ annähert.

Ein Wert von Null bedeutet, dass keine Korrelation besteht und je weiter ein Wert nach oben oder unten von Null abweicht, umso stärker ist die Korrelation (siehe Abb. 6.22).

Ein Korrelationskoeffizient sollte nicht isoliert betrachtet werden, denn Ausreißer oder auch die Verteilung können die Berechnung stark beeinflussen. Es empfiehlt sich daher den Korrelationskoeffizienten immer gemeinsam mit dem zugehörigen Plot zu betrachten, wie aus Abb. 6.23 (**Anscombe-Quartett**) ersichtlich wird. Im Plot oben links scheinen die Variablen normalverteilt zu sein. Der Plot oben rechts zeigt einen Zusammenhang der Variablen, jedoch keinen linearen Zusammenhang. Der Plot unten links zeigt eine

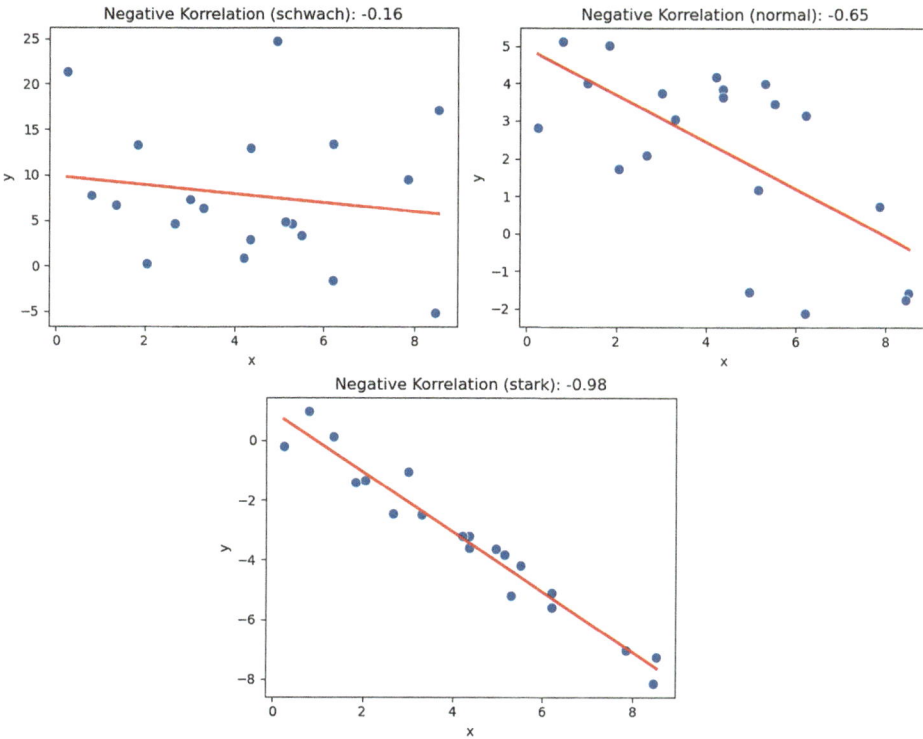

Abb. 6.21 Negative Korrelation

Abb. 6.22 Keine Korrelation

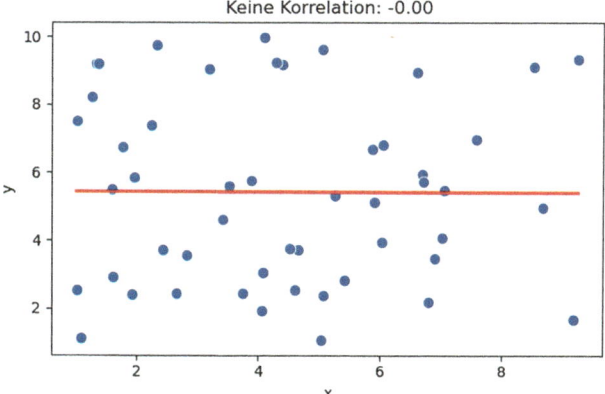

perfekte lineare Korrelation der beiden Variablen an, die Berechnung wird jedoch durch den Ausreißer stark beeinflusst. Der Plot unten rechts zeigt, wie bereits ein einzelner extremer Ausreißer einen Korrelationskoeffizienten ergibt, der ungeeignet erscheint. **Um Fehlinterpretationen zu vermeiden, sollte der Korrelationskoeffizient daher immer gemeinsam mit dem zugehörigen Plot betrachtet werden**.

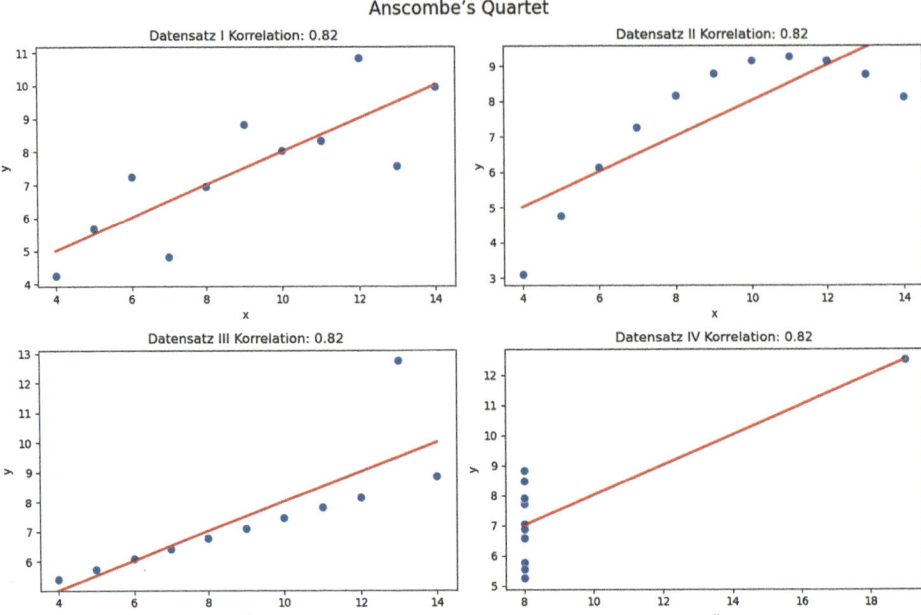

Abb. 6.23 Anscombe-Quartett

Eine Voraussetzung für die Signifikanz eines Pearson-Korrelationskoeffizienten von numerischen Variablen ist die Erfüllung folgender Bedingungen:

- Bivariate Normalverteilung: Die bivariate Normalverteilung (auch zweidimensionale Normalverteilung) beschreibt eine Normalverteilung der einen Variable für jeden Wert der anderen Variable.
- Homoskedastizität (gleichmäßige Streuung beider Variablen)
- Keine Ausreißer
- Keine Cluster

Die Abb. 6.24 und 6.25 zeigen die Berechnung der Korrelationskoeffizienten basierend auf Informationen von zweihundert Gebrauchtwagen. Eine negative Korrelation zwischen Alter und Preis bringt zum Ausdruck, dass der Preis mit steigendem Alter sinkt. Eine positive Korrelation zwischen PS und Preis drückt aus, dass Gebrauchtwagen mit mehr PS teurer sind.

Selbst eine statistisch signifikante Korrelation ist jedoch niemals ein Beleg für eine Kausalität, also einen Ursache-Wirkungs-Zusammenhang. Eine statistisch signifikante Korrelation bestätigt lediglich die Abhängigkeit der Variablen. Eine solche Abhängigkeit zu erkennen kann sehr wertvoll sein, um ein besseres Verständnis bezüglich der Daten zu erlangen, z. B. welchen Einfluss der Preis auf die Nachfrage hat.

Abb. 6.24 Korrelation Alter
mit Preis

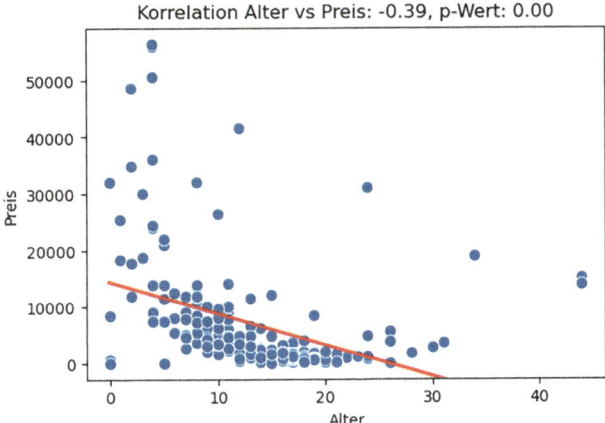

Abb. 6.25 Korrelation PS mit
Preis

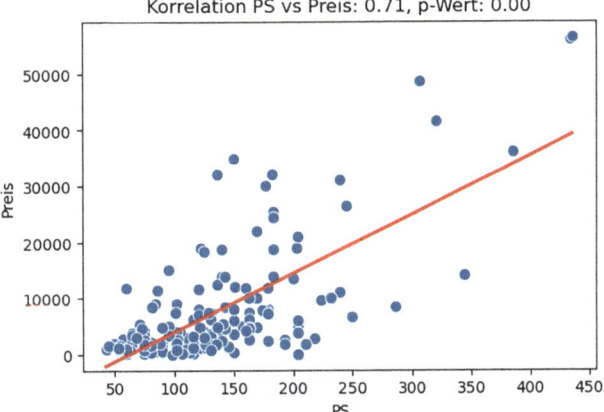

Der **Pearson-Korrelationskoeffizient** r für Intervallvariablen kann mit Hilfe der Funktion `pearsonr()` berechnet werden. Für ordinalskalierte Variablen kann der **Spearman-Rangkorrelationskoeffizient** r_s (Spearman's Rho) mit der Funktion `spearmanr()` berechnet werden. Vor der Berechnung müssen in beiden Fällen fehlende Werte entfernt werden. Um eine Korrelation zweier Variablen zu berechnen und diese auch mit einer Regressionslinie in einem Scatterplot auszugeben, kann die Funktion `ml_cor()` aus dem nachfolgenden Codesegment verwendet werden. In Abb. 6.24 werden die Variablen Alter und Preis dargestellt. Der Korrelationskoeffizient nach Pearson beträgt $-0,39$ bei einer Signifikanz von p = 0,00. Angenommen die Hypothese (Alternative Hypothese) ist, dass eine Korrelation von $-0,39$ existiert und die zugehörige Null-Hypothese ist, dass kein Zusammenhang zwischen den Variablen existiert. Da der p-Wert, welcher den Fehlergrad angibt, kleiner als die übliche Verwerfungsgrenze von 0,05 (5 %) liegt, wird die Null-Hypothese verworfen. Folglich wird die Alternative Hypothese einer Korrelation zwischen Alter und Preis angenommen. Somit ist mit mindestens 95 % (hier sogar mindestens 99 %) Wahrscheinlichkeit die Aussage der Alternativen Hypothese zutreffend, dass eine Korrela-

tion zwischen den beiden Variablen besteht. **Die Effektstärke (Korrelationskoeffizient)
einer Korrelation wird ab 0,1 als schwach relevant betrachtet, ab 0,3 als mittelstark
und ab 0,5 als stark**.

Um für mehrere Variablen, die in Form einer Matrix vorliegen, eine **Korrelations-
matrix** zu erstellen, kann die Funktion `corr()` angewendet werden, welche die Korrelationskoeffizienten zwischen allen Variablen ermittelt. Eine Visualisierung der Korrelationsmatrix als Heatmap ist mit der Funktion `clustermap()` möglich. Eine weitere
Möglichkeit die Beziehung zwischen Variablen zu analysieren ist eine Plotmatrix, die
neben dem Korrelationskoeffizienten bei mindestens einer numerischen Variablen noch
zwei weitere Plots abhängig vom Variablentyp anzeigt, z. B. einen Scatterplot und eine
Verteilungsfunktion. Dies wird durch die Funktion `pairplot()` aus dem Paket **seaborn**
unterstützt.

Deskriptive Statistik: Korrelationen

```
#- Korrelationen----------------------------------------------------------------
from scipy.stats import pearsonr, spearmanr
import seaborn as sns
import matplotlib.pyplot as plt
import statsmodels.api as sm
# Funktion für Plot der Korrelationen------------------------------------------
def ml_cor(df, x_col, y_col, titel=None):
    # Berechne Pearson-Korrelation
    x = df[x_col]
    y = df[y_col]
    mask = x.notna() & y.notna()
    x = x[mask]
    y = y[mask]
    r, p = pearsonr(x, y)
    # Automatische Achsenskalierung mit Puffer (z. B. +10 %)
    x_max = x.max()
    y_max = y.max()
    x_min = x.min()
    y_min = y.min()
    x_buffer = (x_max - x_min) * 0.05
    y_buffer = (y_max - y_min) * 0.05
    # Plot
    fig, ax = plt.subplots(figsize=(6, 4))
    sns.scatterplot(x=x, y=y, ax=ax, s=60)
    sns.regplot(x=x, y=y, ax=ax, scatter=False, color='red', ci=None)
    ax.set_xlim(x_min - x_buffer, x_max + x_buffer)
    ax.set_ylim(y_min - y_buffer, y_max + y_buffer)
    ax.set_xlabel(x_col)
    ax.set_ylabel(y_col)
    ax.set_title(f"{titel}: {r:4.2f}, p-Wert: {p:4.2f}" if titel else f"Korrelation:
{r:4.2f}, p-Wert: {p:4.2f}")
    return fig
# Daten importieren------------------------------------------------------------
mtcars = sm.datasets.get_rdataset('mtcars').data.copy()
mtcars['l100km'] = round(235.215 / mtcars['mpg'], 1)
mtcars['disp'] = round(16.387 * mtcars['disp'], 0)
mtcars['wt'] = round(0.453592 * mtcars['wt'] * 1000, 0)
mtcars['brand']=mtcars.index.to_series().str.split().str[0]
mtcars = mtcars.drop(columns=['mpg', 'disp', 'wt', 'drat', 'vs', 'carb'])
```

```
mtcars.head()
##                    cyl   hp   qsec   am  gear  l100km   brand
## rownames
## Mazda RX4            6  110  16.46   1    4    11.2   Mazda
## Mazda RX4 Wag        6  110  17.02   1    4    11.2   Mazda
## Datsun 710           4   93  18.61   1    4    10.3   Datsun
## Hornet 4 Drive       6  110  19.44   0    3    11.0   Hornet
## Hornet Sportabout    8  175  17.02   0    3    12.6   Hornet
# Pearson-Korrelation bei NA-Werten ignorieren
mtcars_no_na = mtcars[['hp', 'l100km']].dropna()
mtcars_no_na.head()
##                     hp   l100km
## rownames
## Mazda RX4          110    11.2
## Mazda RX4 Wag      110    11.2
## Datsun 710          93    10.3
## Hornet 4 Drive     110    11.0
## Hornet Sportabout  175    12.6
r, p = pearsonr(mtcars_no_na['hp'], mtcars_no_na['l100km'])
print(f"Pearson r: {r:5.2f} \nPearson p: {p:5.2f}")
## Pearson r:  0.76
## Pearson p:  0.00
fig = ml_cor(mtcars, 'hp', 'l100km', titel="Korrelation PS vs Verbrauch je 100km")
plt.show()
```

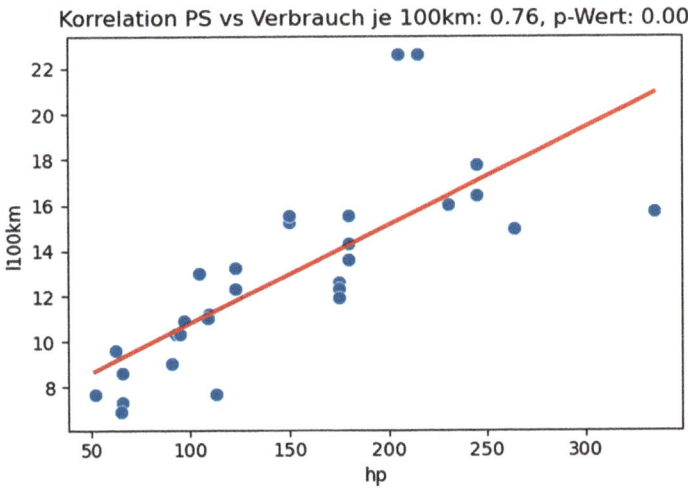

```
# Spearman-Korrelation: erst Kategorie in Zahlen umwandeln
mtcars_no_na = mtcars[['hp', 'brand']].dropna()
mtcars_no_na.head(6)
##                     hp    brand
## rownames
## Mazda RX4          110    Mazda
## Mazda RX4 Wag      110    Mazda
## Datsun 710          93    Datsun
## Hornet 4 Drive     110    Hornet
## Hornet Sportabout  175    Hornet
## Valiant            105    Valiant
mtcars_no_na['brand_n'] = mtcars_no_na['brand'].astype('category').cat.codes
```

```
mtcars_no_na.head(6)
##                       hp     brand   brand_n
## rownames
## Mazda RX4            110     Mazda        15
## Mazda RX4 Wag        110     Mazda        15
## Datsun 710            93    Datsun         4
## Hornet 4 Drive       110    Hornet        11
## Hornet Sportabout    175    Hornet        11
## Valiant              105    Valiant       20
rs, p = spearmanr(mtcars_no_na['hp'], mtcars_no_na['brand_n'])
print(f"Spearman's Rho: {rs:5.2f} \nSpearman's p:    {p:5.2f}")
## Spearman's Rho: -0.35
## Spearman's p:    0.05
# Korrelationsmatrix
cor_matrix = mtcars.corr(numeric_only=True)
print(cor_matrix)
##              cyl         hp       qsec         am       gear     l100km
## cyl     1.000000   0.832447  -0.591242  -0.522607  -0.492687   0.815696
## hp      0.832447   1.000000  -0.708223  -0.243204  -0.125704   0.763646
## qsec   -0.591242  -0.708223   1.000000  -0.229861  -0.212682  -0.386350
## am     -0.522607  -0.243204  -0.229861   1.000000   0.794059  -0.540604
## gear   -0.492687  -0.125704  -0.212682   0.794059   1.000000  -0.480336
## l100km  0.815696   0.763646  -0.386350  -0.540604  -0.480336   1.000000
# Korrelationsmatrix Heatmap
sns.clustermap(cor_matrix, annot=True, fmt=".2f", cmap="coolwarm")
```

```
plt.show()
# Nur numerische Variablen
sns.pairplot(mtcars)
```

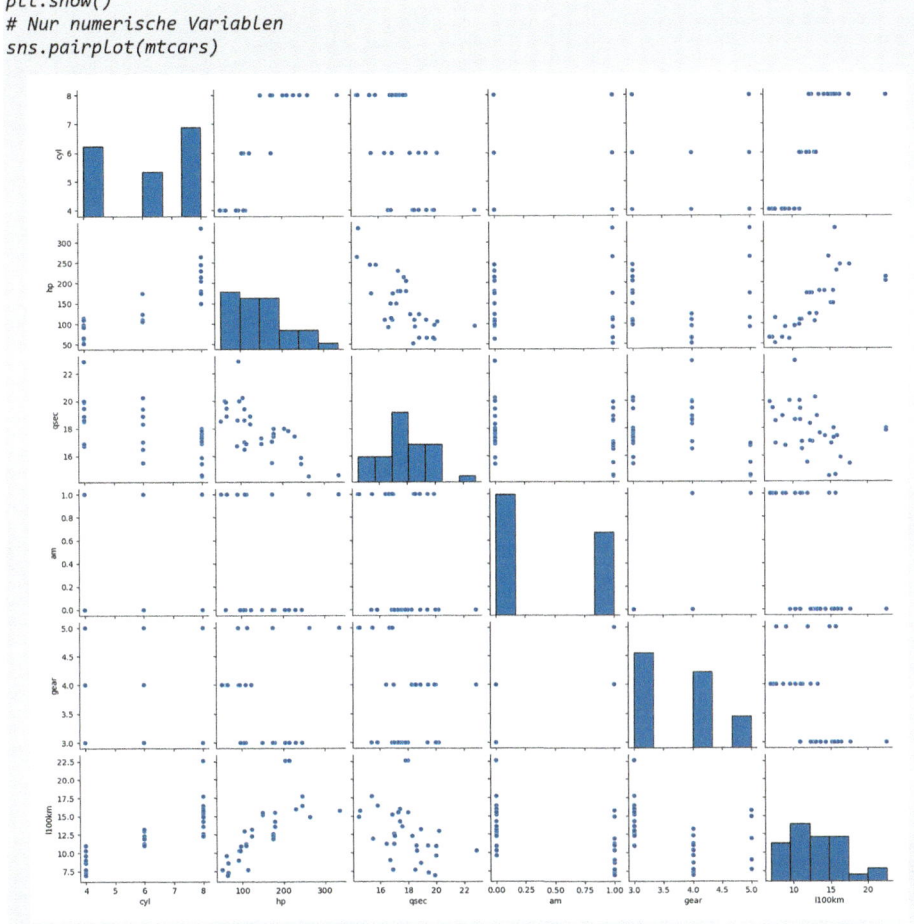

```
plt.show()
# Mit Farbgruppe je Automarke
brand_top4 = mtcars['brand'].value_counts().index[:4]
sns.pairplot(mtcars[(mtcars['brand'].isin(brand_top4))], hue='brand')
```

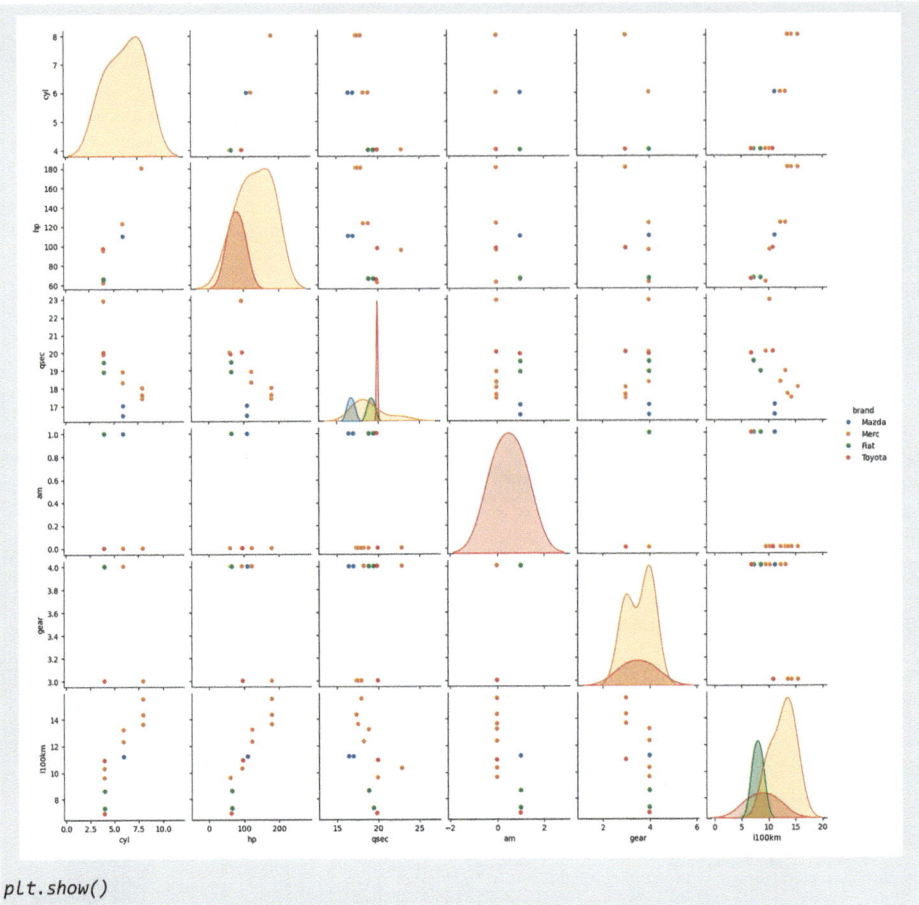

`plt.show()`

6.3.3 Datenvisualisierung

Visualisierung erleichtert das Verständnis von Daten erheblich. Die Pakete **matplotlib** und **seaborn** bieten etliche Funktionen für die Erstellung von Grafiken. Die Abbildungen werden, wenn nicht anders angegeben, mit der Funktion `plt.show()` im dafür vorgesehenen Grafikfenster (Plots pane in Spyder) ausgegeben. Alternativ können die erstellten Abbildungen aber auch mit der Funktion `plt.savefig()` als Grafikdatei gespeichert werden.

Im Abschn. 3.2 wurden Best Practices für die Visualisierung vorgestellt. Bei der Visualisierung gilt es u. a. eine Einheitlichkeit von Form und Farbe zu verwenden, um die Lesbarkeit von Visualisierungen zu verbessern. In Python kann dies durch eine einheitliche Gestaltung von Farben, Beschriftungen und Skalen unterstützt werden.

6.3.3.1 Farben

Die Auswahl geeigneter Farbpaletten ist ein zentraler Aspekt der datenbasierten Visualisierung, da Farben wesentlich zur schnellen Erfassung von Zusammenhängen, Kategorien und Skalen beitragen. Zur strukturierten Auswahl haben sich insbesondere die Farbpaletten aus dem **Projekt ColorBrewer** von Cynthia Brewer und Mark Harrower etabliert, die über das Paket **seaborn** oder direkt über **matplotlib** eingebunden werden können. Diese Paletten wurden systematisch entwickelt, um klare Kontraste, semantische Zuordnungen und Farbenblindentauglichkeit sicherzustellen.

Diese Paletten lassen sich über `sns.color_palette("Set2", n_colors=8)` oder `sns.color_palette("Blues", n_colors=9)` erzeugen. Die Angabe n_colors definiert die gewünschte Anzahl an Farben innerhalb der Palette. Zur Anwendung in Diagrammen können diese Paletten über den Parameter palette in Funktionen wie `sns.barplot()` oder `sns.scatterplot()` eingebunden werden.

Die Farbpaletten von ColorBrewer werden in drei funktionale Kategorien unterteilt:

- **Nominale** Paletten (z. B. Set2, Set1, Dark2, Accent) sind für nominale Variablen konzipiert. Ihre Farben sind untereinander gut unterscheidbar und gleichgewichtet, ideal für Kategorien ohne Rangordnung wie Regionen, Produkttypen oder Gruppen.
- **Ordinale** Paletten (z. B. Blues, Oranges, Greens) zeigen Farbverläufe von hell nach dunkel und eignen sich für metrische oder ordinale Variablen, etwa Häufigkeiten, Scores oder Zeitreihen. Sie ermöglichen die Darstellung von Größenverhältnissen ohne implizite Bewertung.
- **Spektrale** Paletten (z. B. RdYlBu, RdYlGn, Spectral, coolwarm) sind für Daten geeignet, bei denen Abweichungen von einem neutralen Zentrum (z. B. 0 bei z-Werten oder Verwendung einer Likert-Skala) im Fokus stehen. Diese Paletten nutzen symmetrische Farbverläufe und betonen sowohl negative als auch positive Ausprägungen gleichwertig.

Zusätzlich existieren **farbenblindenfreundliche Paletten** wie viridis, plasma, inferno, cividis oder magma, die speziell für hohe visuelle Differenzierbarkeit bei allen Formen von Farbsehschwächen optimiert wurden. Diese Paletten sind besonders bei kontinuierlichen Skalen zu empfehlen, da sie sich auch in Graustufen gut abbilden lassen.

In Abb. 6.26 sind 15 Farbpaletten dargestellt, jeweils fünf für nominale, ordinale und spektrale Variablentypen. Die Auswahl basiert auf etablierten Paletten, die sich durch gute visuelle Unterscheidbarkeit, semantische Passung und teilweise Farbenblindentauglichkeit auszeichnen. Für die nominalen Variablen wurden die Paletten Set2, Paired, Dark2, Accent und Set1 verwendet, da sie kontrastreiche, gleichgewichtige Farben liefern, die sich für kategoriale Gruppierungen eignen. Die ordinalen Paletten umfassen Blues, Greens, Oranges, Greys und viridis, wobei letztere besonders für barrierefreie Darstellungen empfohlen wird. Für spektrale Daten, die z. B. um ein neutrales Zentrum wie 0 zentriert sind, wurden RdYlBu, Spectral, RdYlGn, PuOr und coolwarm gewählt. Die Paletten wurden mithilfe der Funktion `sns.color_palette(name, n_colors=9)` erzeugt und als horizontale Farbblöcke visualisiert. Dabei repräsentiert jeder Block ei-

Abb. 6.26 Farbpaletten für Variablen: Nominal, Sequentiell, Spektral

Abb. 6.27 Eigene Farbpaletten

nen Farbwert der jeweiligen Palette, um die Farbabstufungen und Differenzierbarkeit im direkten Vergleich zu demonstrieren.

Um eine konsistente Gestaltung aller Diagramme in einer Organisation sicherzustellen, empfiehlt sich die Definition organisationsspezifischer Farbpaletten, z. B. für interne Corporate Design-Vorgaben (siehe Abb. 6.27). In Python können solche Paletten als Listen vordefiniert und in jeder Visualisierung eingebunden werden.

Diese Paletten können zentral gespeichert und bei jeder Visualisierung automatisiert verwendet werden, z. B. über das palette-Argument in seaborn oder durch Integration in Visualisierungsfunktionen. **Die Verwendung einheitlicher, farbpsychologisch sinnvoll abgestimmter Paletten trägt wesentlich zur Verständlichkeit und Professionalität datenbasierter Darstellungen bei**. Das Argument `palette=` in seaborn-Diagrammfunktionen steuert, welche Farben für Kategorien oder numerische Werte verwendet werden. Es akzeptiert:

- den Namen einer bekannten Palette („Set2", „Blues", „viridis" usw.),
- eine Liste von Farbwerten (z. B. RGB/Hex: [„#D55E00", „#009E73"]),
- ein matplotlib.colors.Colormap-Objekt,
- oder eine benutzerdefinierte Farbliste wie `colour.own.nom`.

Durch die Nutzung von globalen Variablen lassen sich die eigenen Farbpaletten festlegen und dann in den plot-Funktionen nutzen.

Eigene Farbpaletten

```
# Farbpaletten festlegen-----------------------------------------------------
ml_colour_nom = "Set1"
ml_colour_ord = "Blues"
ml_colour_spect = "coolwarm"
ml_colour_ampel = [sns.color_palette("RdYlGn", 9)[i] for i in [8, 4, 0]]
ml_colour_hist = sns.color_palette("Blues", 9)[6]
```

Die im nachfolgenden Coding definierte Funktion `ml_plot` (Heesen 2025) weist den Variablen eines Dataframes für die Visualisierung, basierend auf ihrem Datentyp automatisch die entsprechende Farbpalette zu. Die Funktion unterstützt die Visualisierung folgender Diagrammtypen (siehe Abb. 6.28).

Diagrammtyp	Beschreibung
bar	Balkendiagramm
hist	Histogramm
hist_density	Histogramm mit Dichte
qq	Quantile-Quantile-Plot
box	Boxplot
stackcolumn	Gestapeltes Balkendiagramm
stack100column	Gestapeltes Balkendiagramm (100 %)
dodgecolumn	Gruppiertes Balkendiagramm
line	Liniendiagramm
scatter	Streudiagramm
scatterjoint	Streudiagramm mit Histogrammen
pairplot	Streudiagramm-Matrix
cormatrix	Korrelationsmatrix

Abb. 6.28 Diagrammtypen der Funktion ml_plot()

Optische Gestaltung mit Farben

```
# Plotfunktion mit automatisierter Farbpalettenzuordnung je Variablentyp---------
# Daten ----------------------------------------------------------------------
df = pd.DataFrame({
    "Gruppe": pd.Categorical(
        pd.Series(["A", "B", "C", "D", "E", "A", "C", "E", "B", "D", "A", "A", "C"])
,
        categories=["A", "B", "C", "D", "E"]
    ),
    "Wert": pd.Series(np.random.randint(1, 8, 13))
    ),
    "Bewertung": pd.Categorical(
        pd.Series(["hoch", "mittel", "niedrig", "hoch", "mittel", "hoch", "niedrig",
 "mittel", "hoch", "niedrig", "hoch", "mittel", "hoch"]),
        categories=["niedrig", "mittel", "hoch"],
        ordered=True
    ),
    "Stimmung": pd.Categorical(
        pd.Series(["sehr gut", "gut", "neutral", "schlecht", "sehr schlecht", "gut",
 "sehr gut", "gut", "neutral", "schlecht", "gut", "sehr schlecht", "gut"]),
        categories=["sehr gut", "gut", "neutral", "schlecht", "sehr schlecht"],
        ordered=True
    )
})
# Ausgabe Plot mit eigener Palette je Variable-----------------------------------
fig, axes = plt.subplots(1, 4, figsize=(15, 4))
ml_plot(df, "Gruppe", title=f"Nominal: {ml_colour_nom}", ax=axes[0])
ml_plot(df, "Wert", title=f"Ordinal: {ml_colour_ord}", ax=axes[1])
ml_plot(df, "Stimmung", title=f"Spektral (>3 Werte): {ml_colour_spect}", ax=axes[2])
ml_plot(df, "Bewertung", title="Spektral (3 Werte): Ampel", ax=axes[3])
plt.tight_layout(); plt.show()
```

6.3.3.2   Beschriftung und Skala

Wertvoll ist für alle Abbildungen geeignete Überschriften, Achsenbeschriftungen, Quellenangaben und ggfs. Abbildungsnummern zu verwenden. Titel, Achsenbeschriftungen, Quellenangaben und Abbildungsnummern können mit den Funktionen `title()`, `xlabel()`, `ylabel()`, `xticks()`, `yticks()`, `legend()` und `figtext()` aus dem Paket **matplotlib** festgelegt werden. Die Caption wird unterhalb der Abbildung rechts angezeigt und eignet sich für Quellenangaben. Möchte man eine der zuvor gemachten Beschriftungen entfernen, so gelingt dies durch die Zuordnung eines Blanks bzw. einer leeren Liste [], z. B. `plt.xlabel("")` oder `plt.xticks([])`.

Die Skalierung der Achsen lässt sich mit den Funktionen `xlim()` und `ylim()`, z. B. `xlim(0,10)` und `ylim(0,30)` festlegen. Um Unter- oder Überbetonungen in Visualisierungen zu vermeiden, sollten in der Regel beide Achsen für Verhältnisvariablen bei 0 beginnen.

Optische Gestaltung mit Beschriftungen und Skalen

```
#- Beschriftungen ------------------------------------------------------------
ml_plot(df, "Stimmung", kind="bar")
plt.title("Bar-Plot: Kundenzufriedenheit")
plt.xlabel("Stimmung")
plt.ylabel("Anzahl")
plt.figtext(0.95, 0.01, "Quelle:(Heesen,2025)", ha="right")
plt.figtext(0.01, 0.01, "Abb-1", ha="left")
plt.tight_layout(); plt.show()
```

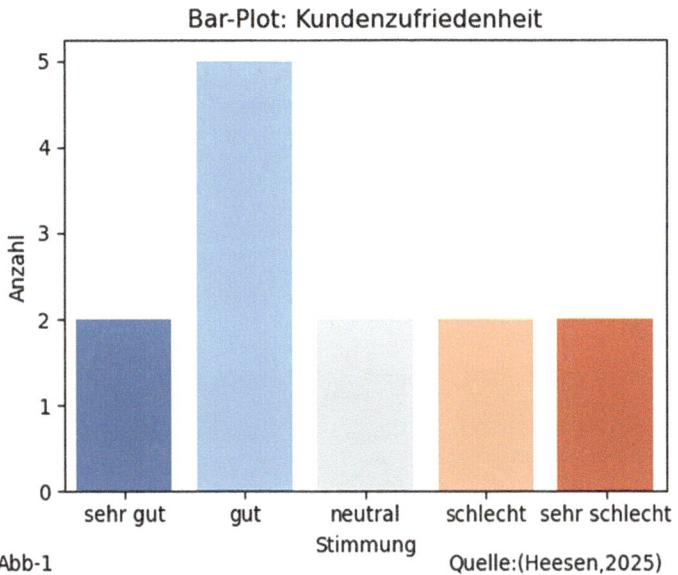

```
#%%% Bar-Chart mit Legende
ml_plot(df, "Stimmung", kind="bar", legend=True)
plt.title("Bar-Plot: Kundenzufriedenheit")
plt.xlabel("Stimmung")
plt.ylabel("Anzahl")
plt.figtext(0.95, 0.01, "Quelle:(Heesen,2025)", ha="right")
plt.figtext(0.01, 0.01, "Abb-2", ha="left")
plt.tight_layout(); plt.show()
```

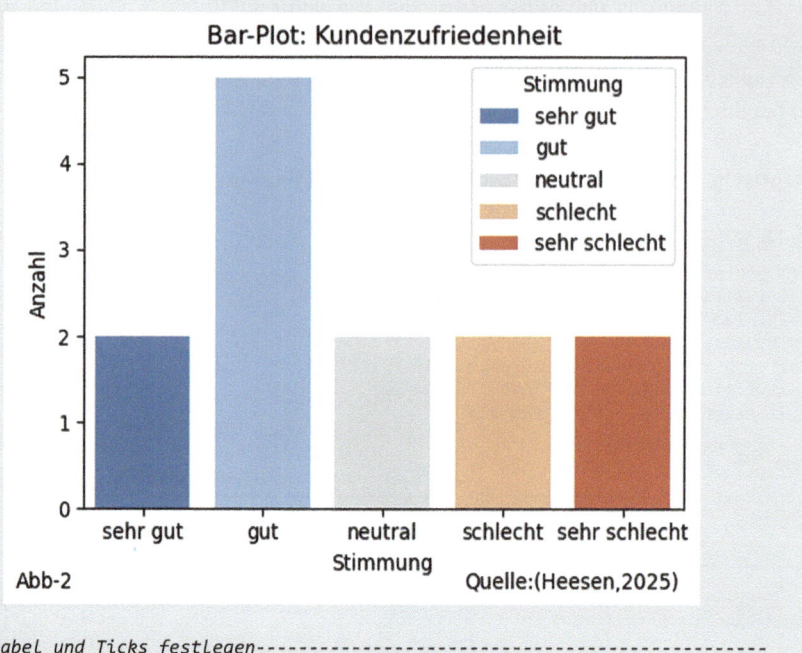

Abb-2   Quelle:(Heesen,2025)

```
#- Skala Label und Ticks festlegen---------------------------------------------------
# Y-Achsenskalierung anpassen
ml_plot(df, "Stimmung", kind="bar", legend=True)
plt.title("Bar-Plot: Kundenzufriedenheit")
plt.xlabel("Stimmung")
plt.ylabel("Anzahl")
plt.ylim(0, 10)
## (0.0, 10.0)
plt.figtext(0.95, 0.01, "Quelle:(Heesen,2025)", ha="right")
plt.figtext(0.01, 0.01, "Abb-3", ha="left")
plt.tight_layout(); plt.show()
```

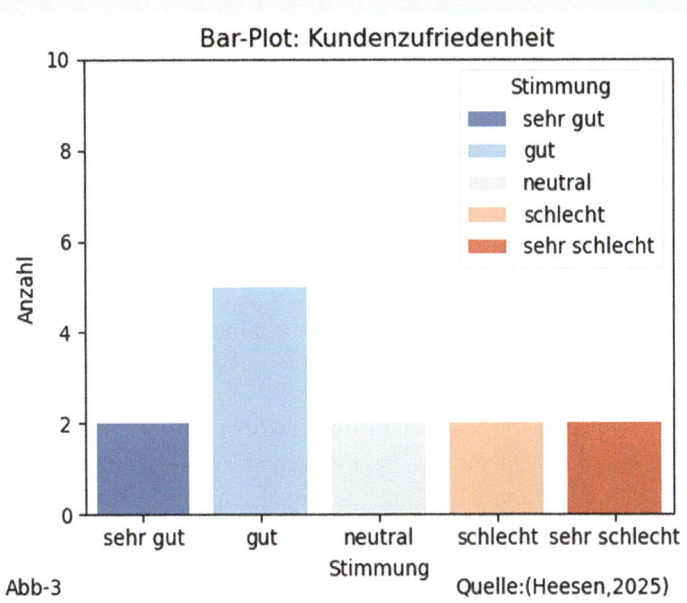

Abb-3   Quelle:(Heesen,2025)

```
# Ohne X-Beschriftung & X-Skala
ml_plot(df, "Stimmung", kind="bar", legend=True)
plt.title("Bar-Plot: Kundenzufriedenheit")
plt.xlabel("Stimmung")
plt.ylabel("Anzahl")
plt.xlabel("")
plt.xticks([])
## ([], [])
plt.figtext(0.95, 0.01, "Quelle:(Heesen,2025)", ha="right")
plt.figtext(0.01, 0.01, "Abb-4", ha="left")
plt.tight_layout(); plt.show()
```

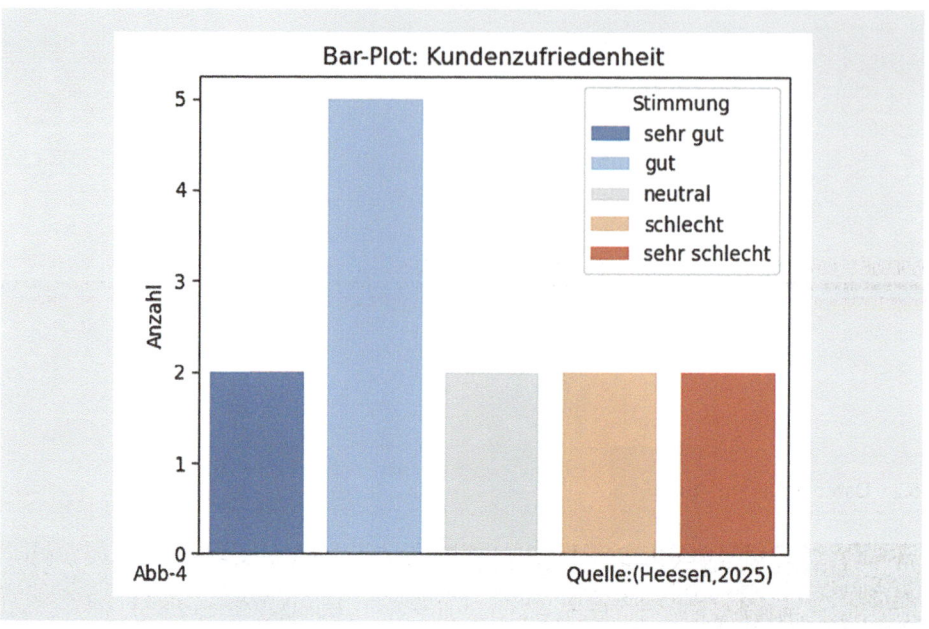

6.3.3.3   Diagrammtypen

Nachfolgend wird vorgestellt wie Histogramme, Quantil-Quantil-Diagramme, Säulendiagramme, Liniendiagramme, Streu-Diagramme, Kasten-Diagramme und Korrelations-Matrizen mit der Funktion `ml_plot()` (Heesen 2025) erzeugt werden können.

6.3.3.3.1   Histogramm

Die Verteilung einer Variablen lässt sich gut in einem **Histogramm** darstellen. Histogramme können entweder normalverteilt (nicht schief) sein oder aber eine linke oder rechte Schiefe besitzen, wenn die Daten mehr zu hohen oder niedrigen Werten neigen. Die Schiefe einer Verteilung beschreibt die Art und Stärke der Asymmetrie. Sie zeigt an, ob und wie stark die Verteilung nach rechts (rechtssteil, linksschief, negative Schiefe) oder nach links (linkssteil, rechtsschief, positive Schiefe) geneigt ist. Bei negativer Schiefe (Schiefe < 0) spricht man von einer linksschiefen oder rechtssteilen Verteilung; sie fällt in typischen Fällen auf der linken Seite flacher ab als auf der rechten. Die Mehrheit der Werte liegt dann rechts vom Mittelwert. Daher ist bei negativer Schiefe der Mittelwert kleiner (weiter links) als der Median. Bei positiver Schiefe (Schiefe > 0) spricht man von einer rechtsschiefen oder linkssteilen Verteilung; sie fällt auf der rechten Seite flacher ab als auf der linken. Die Mehrheit der Werte liegt dann links vom Mittelwert. Daher ist bei positiver Schiefe der Mittelwert größer (weiter rechts) als der Median. Eine Verteilung ohne Schiefe bezeichnet man als ungefähr normalverteilt, da die Werte sich in etwa symmetrisch auf beiden Seiten verteilen. In diesem Fall sind Mittelwert und Median in etwa identisch.

Die Funktion `ml_plot()` bietet verschiedene Varianten zur Darstellung von Histogrammen. Für einfache Verteilungen ohne Gruppierung wird die Option `kind="hist"` verwendet. Dabei wird die absolute Häufigkeit einer numerischen Variable auf der x-Achse abgetragen, wobei die Balken standardmäßig in einer einheitlichen Farbe (`ml_colour_hist`) dargestellt werden. Wenn die relative Häufigkeit im Vordergrund steht, kommt `kind="hist_density"` zum Einsatz. In diesem Fall werden die Anteile (Dichte) anstelle der absoluten Werte auf der y-Achse visualisiert, sodass sich z. B. Verteilungen unterschiedlicher Stichprobengrößen direkt vergleichen lassen. Zusätzlich werden im Histogramm drei zentrale Lageparameter als vertikale Linien hervorgehoben: Mittelwert (rote gestrichelte Linie), Median (blaue punkt-strichierte Linie), Modus (grüne gepunktete Linie). Diese Linien helfen, die Symmetrie oder Schiefe der Verteilung visuell zu erfassen. Über dem Diagramm werden ergänzend statistische Kennzahlen eingeblendet: der p-Wert des Shapiro-Wilk-Tests auf Normalverteilung, die Schiefe (Skewness) und die Kurtosis (Wölbung bzw. Spitzigkeit der Verteilung). Der **Shapiro-Wilk-Test** ist ein statistisches Verfahren zur Überprüfung, ob eine Variable annähernd normalverteilt ist. Dabei wird die sogenannte Nullhypothese aufgestellt, die besagt, dass die betrachtete Stichprobe aus einer normalverteilten Grundgesamtheit stammt. Das zentrale Ergebnis dieses Tests ist der p-Wert, der zur Beurteilung dieser Hypothese dient. Ein **p-Wert größer als 0,05 deutet darauf hin, dass keine signifikante Abweichung von einer Normalverteilung festgestellt werden konnte**. In diesem Fall kann angenommen werden, dass die Verteilung der Daten mit einer Normalverteilung vereinbar ist. Ist der **p-Wert kleiner als 0,05, so ist die Abweichung statistisch signifikant, und die Hypothese einer Normalverteilung muss verworfen werden**. Die Daten gelten dann als nicht normalverteilt. In der Datenanalyse ist diese Information essenziell, da viele parametrische Verfahren, wie die Lineare Regression oder t-Tests, eine Normalverteilung der Daten voraussetzen. Ist diese Voraussetzung verletzt, sollten nichtparametrische Alternativen gewählt oder geeignete Transformationen der Daten vorgenommen werden. Allerdings sollte der p-Wert des Shapiro-Wilk-Tests nicht isoliert betrachtet werden. Gerade bei sehr kleinen oder sehr großen Stichproben kann der Test empfindlich bzw. überempfindlich reagieren. Daher empfiehlt sich ergänzend immer auch eine grafische Analyse über ein Histogramm oder einen Q-Q-Plots, um die Form der Verteilung visuell zu überprüfen.

Histogramm

```
## Histogramm-----------------------------------------------------------
import os                           # Paket os
wd_neu=os.path.join('C:\\','Users','bernd','Documents','A-Python','DateienKI')
os.chdir(wd_neu)                    # Arbeitsverzeichnis ändern
autos=pd.read_csv("autos.csv",sep=",")
autos = autos[autos['Marke'].isin(['audi', 'bmw', 'opel'])]
#- Histogramm absolut--------------------------------------------------
ml_plot(df=autos,
        column="Alter",
        kind="hist",
        title="Histogramm: Absolute Häufigkeit"))
plt.tight_layout(); plt.show()
```

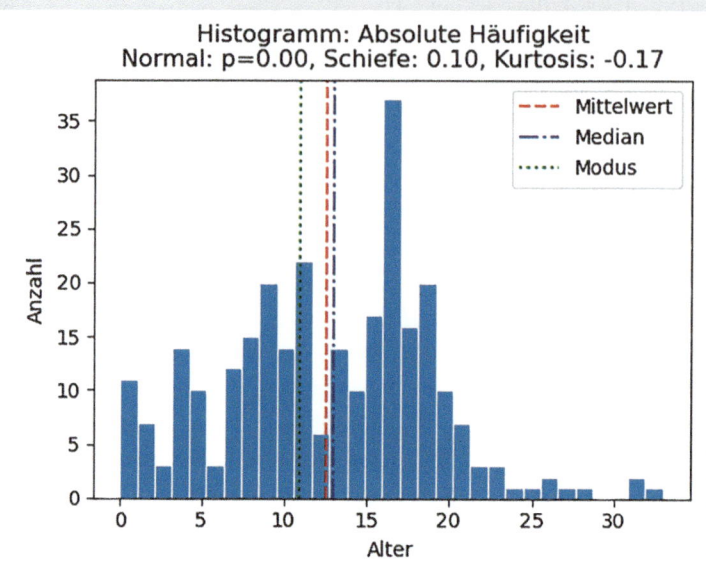

```
#- Histogramm relativ (Dichte)---------------------------------------------------
ml_plot(df=autos,
        column="Alter",
        kind="hist_density",
        title="Histogramm: Relative Häufigkeit")
plt.tight_layout(); plt.show()
```

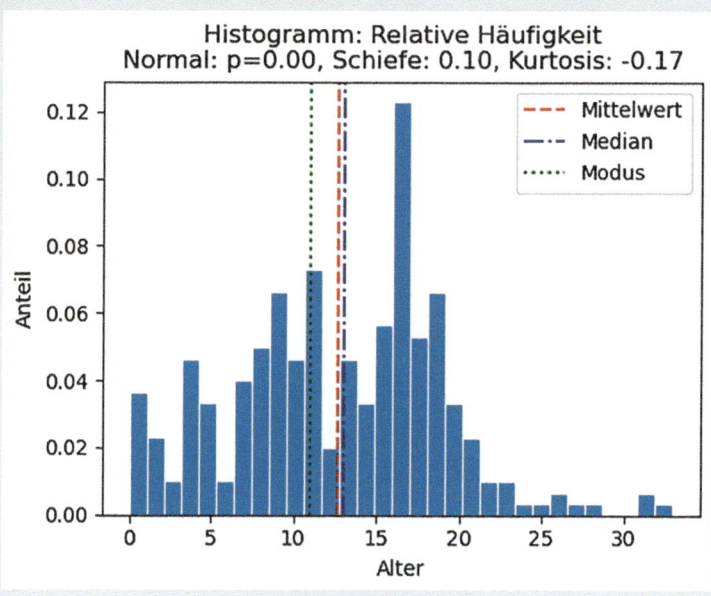

6.3.3.3.2   Quantil-Quantil-Diagramm

Ein **Q-Q-Plot** (**Quantile-Quantile-Plot**) ist ein grafisches Werkzeug zur Beurteilung, ob eine empirische Verteilung einer theoretischen Verteilung, typischerweise der Normalverteilung, entspricht. Dabei werden die quantilenbasierten Werte der beobachteten Daten den entsprechenden Quantilen einer Normalverteilung gegenübergestellt. Wenn die Daten tatsächlich normalverteilt sind, liegen die Punkte auf einer nahezu geraden Diagonale. Abweichungen von dieser Linie deuten auf Nicht-Normalität, wie Schiefe oder Ausreißer, hin. In der Funktion `ml_plot()` kann ein Q-Q-Plot erzeugt werden, indem der Parameter `kind="qq"` gesetzt wird. Intern nutzt die Funktion dabei die `probplot()`-Funktion aus dem Modul **scipy.stats**. Die resultierende Darstellung zeigt die individuellen Datenpunkte im Vergleich zu einer idealen Normalverteilung und enthält zudem eine Regressionslinie als visuelle Referenz.

Q-Q-Plot

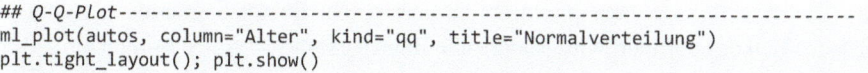

```
## Q-Q-Plot-------------------------------------------------------------
ml_plot(autos, column="Alter", kind="qq", title="Normalverteilung")
plt.tight_layout(); plt.show()
```

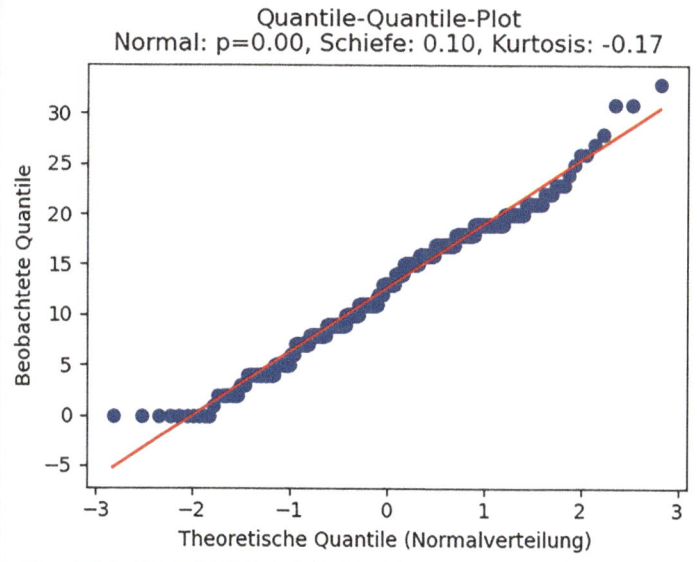

6.3.3.3.3 Säulen-Diagramm

Ein **Säulen-Diagramm (Bar-Plot bzw. Column-Chart)** stellt auf der x-Achse alle Datensätze nacheinander dar, während die y-Achse den Wert der Variablen anzeigt. Zur Erstellung von Säulendiagrammtypen bietet die Funktion `ml_plot()` vier Optionen, die je nach Datenstruktur und Analyseziel verwendet werden können: `bar`, `stackcolumn`, `stack100column` und `dodgecolumn`. Das klassische Balkendiagramm mit `kind="bar"` dient der Darstellung einer einzigen kategorialen Variable. Hier zeigt die X-Achse die Ausprägungen der Kategorie, während die Y-Achse die absoluten Häufigkeiten (z. B. Anzahl Beobachtungen pro Kategorie) darstellt. Es eignet sich besonders für einfache Verteilungen, etwa zur Darstellung der Anzahl von Fahrzeugen je Hersteller. Mit `kind="stackcolumn"` lassen sich zwei kategoriale Variablen gleichzeitig analysieren. Die erste bestimmt die Gruppierung auf der X-Achse, während die zweite als Farbfüllung innerhalb jedes Balkens dient. Die Höhe der Balken entspricht der Summe einer numerischen Kennzahl (z. B. Anzahl) pro Gruppe. Die Farben innerhalb der Balken sind gestapelt und zeigen so die Zusammensetzung je Gruppe. Die Variante `kind="stack100column"` entspricht einem gestapelten Balkendiagramm, bei dem die Höhe jedes Balkens normiert wird, sodass alle Balken exakt 100 % hoch sind. Die Y-Achse zeigt also relative Anteile, nicht absolute Zahlen. Damit eignet sich dieses Diagramm ideal, um die prozentuale Zusammensetzung innerhalb von Gruppen zu vergleichen. Die Variante `kind="dodgecolumn"` arbeitet ebenfalls mit zwei kategorialen Variablen und einer numerischen Kennzahl, jedoch werden die Balken nebeneinander gruppiert und nicht gestapelt. Die nebeneinanderstehende Darstellung erhöht die visuelle Vergleichbarkeit einzelner Gruppen.

Bar- und Column-Chart

```
## Bar-und Column-Chart-----------------------------------------------------------
import os                              # Paket os
wd_neu=os.path.join('C:\\','Users','bernd','Documents','A-Python','DateienKI')
os.chdir(wd_neu)                       # Arbeitsverzeichnis ändern
autos=pd.read_csv("autos.csv",sep=",")
autos = autos[autos['Marke'].isin(['audi', 'bmw', 'opel'])]
autos_tab3 = autos.groupby(["Marke", "Kategorie"]).size().reset_index(name="Anzahl")
#- Bar-Chart 1 Metrische Variable + 1 Nominale Variable-----------------------
ml_plot(df=autos,
        column=("Marke"),
        title="Bar-Chart: Absolute Häufigkeit je Kategorie",
        kind="bar",
```

```
        legend=True)
plt.tight_layout(); plt.show()
```

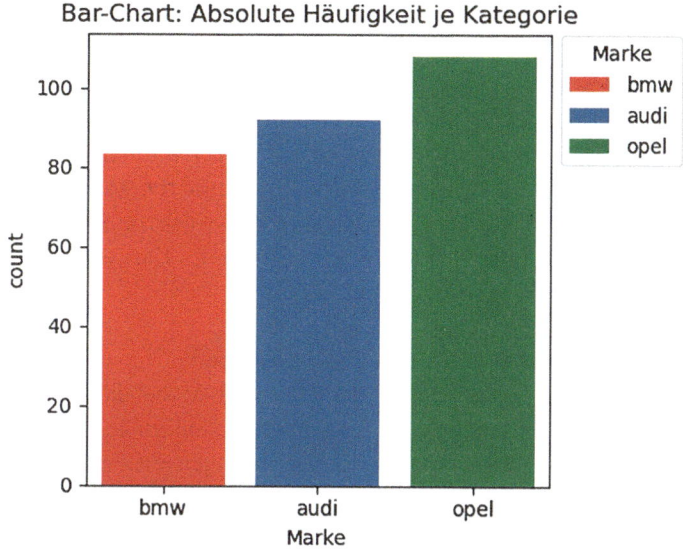

```
#- Dodge Column-Chart nebeneinander 1 Metrische Variable + 2 Nominale Variable
ml_plot(df=autos_tab3,
        column=("Marke", "Kategorie"),
        kpi="Anzahl",
        title="Column-Chart nebeneinander: Absolute Häufigkeit je Kategorie",
        kind="dodgecolumn",
        legend=True)
plt.tight_layout(); plt.show()
```

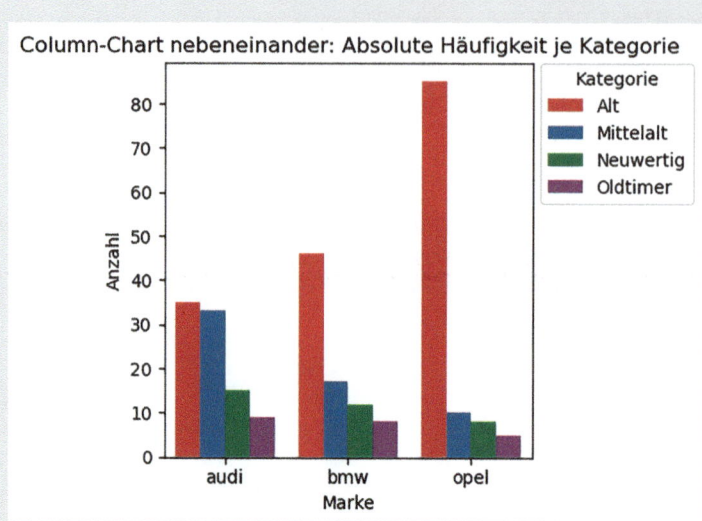

```
#- Stack-Column-Chart 1 Metrische Variable + 2 Nominale Variable
ml_plot(df=autos_tab3,
        column=("Marke", "Kategorie"),
        kpi="Anzahl",
        title="Stacked Column-Chart: Absolute Häufigkeit je Kategorie",
        kind="stackcolumn",
        legend=True)
```

```
plt.tight_layout(); plt.show()
```

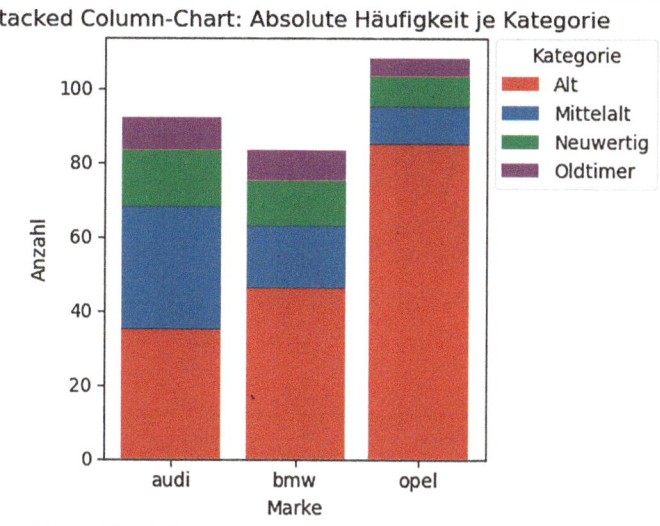

```
#- Stack-Column-Chart 100% 1 Metrische Variable + 2 Nominale Variable
ml_plot(df=autos_tab3,
        column=("Marke", "Kategorie"),
        kpi="Anzahl",
        title="100%-Stacked Column-Chart: Relative Häufigkeit je Kategorie",
        kind="stack100column",
        legend=True)
plt.subplots_adjust(right=0.75)
plt.tight_layout(); plt.show()
```

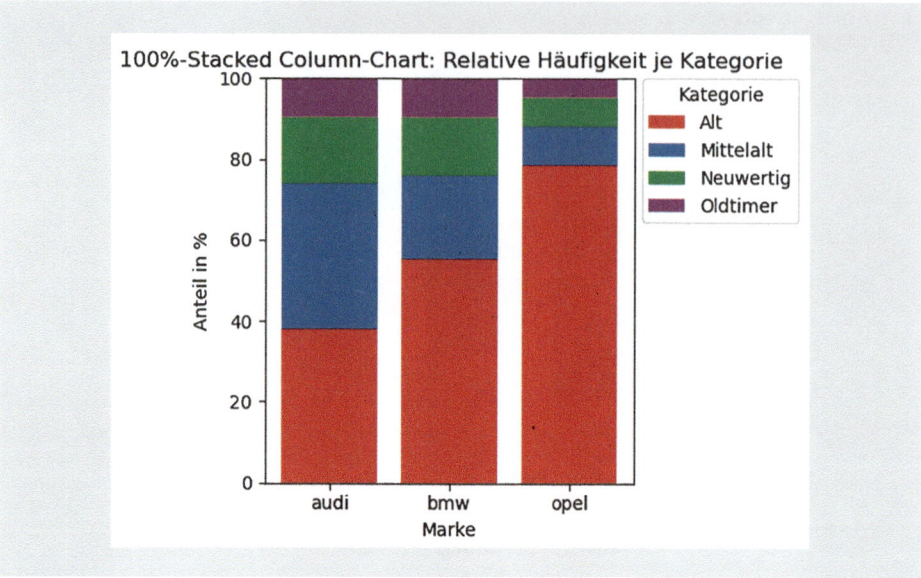

6.3.3.3.4   Linien-Diagramm

Ein **Linien-Diagramm (Line-Chart)** eignet sich dafür die Darstellung des zeitlichen Verlaufs einer oder mehrerer Variablen. Die Option `kind="line"` in der Funktion `ml_plot()` ermöglicht die Darstellung von Liniendiagrammen. Intern wird `sns.lineplot()` aus dem Paket **seaborn** verwendet, wobei automatisch eine passende Farbpalette auf Basis des Datentyps der Gruppierungsvariable (nominal, ordinal, numerisch etc.) gewählt wird.

Line-Chart

```
## Line-Chart----------------------------------------------------------------
# Daten generieren: 3x100 Zufallszahlen aus N(0,10) kumuliert je Zeile
np.random.seed(126)
werte = np.random.normal(loc=0, scale=10, size=(3, 100))
werte_kumuliert = np.cumsum(werte, axis=1)
# DataFrames für X1, X2, X3 erstellen
X1 = pd.DataFrame({
    "Minuten": np.arange(1, 101),
    "Variable": "X1",
    "Wert": werte_kumuliert[0]
```

```
})
X2 = pd.DataFrame({
    "Minuten": np.arange(1, 101),
    "Variable": "X2",
    "Wert": werte_kumuliert[1]
})
X3 = pd.DataFrame({
    "Minuten": np.arange(1, 101),
    "Variable": "X3",
    "Wert": werte_kumuliert[2]
})
# Daten zusammenführen
zeitreihe = pd.concat([X1, X2, X3], ignore_index=True)
# Line-Chart zeichnen
ml_plot(df=zeitreihe,
        column=("Minuten", "Variable"),
        kpi="Wert",
        kind="line",
        title="Line-Chart: Zeitreihe")
plt.tight_layout(); plt.show()
```

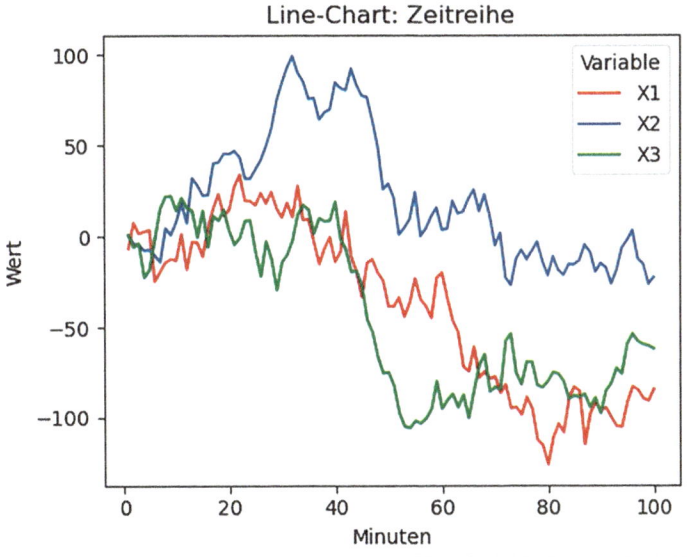

6.3.3.3.5 Streu-Diagramm

Ein **Streu-Diagramm (Scatter-Plot)** eignet sich dafür, um die Beziehung von numerischen Variablen zueinander zu visualisieren.

Mit dem Argument `kind="scatter"` erzeugt `ml_plot()` ein klassisches Streudiagramm, bei dem zwei numerische Variablen gegeneinander aufgetragen werden. Optional kann eine dritte Variable über das Argument `column=(x, y, hue)` als Gruppierungsmerkmal über Farben codiert werden. In diesem Fall verwendet die Funktion automatisch die passende Farbpalette aus dem internen Paletten-Dictionary, das auf Basis der Spaltentypen generiert wurde. Wird keine Gruppierung angegeben, so zeigt der Plot eine Punktwolke mit linearem Fit (Regressionslinie), einem Konfidenzintervall von 95 % und dem Pearson-Korrelationskoeffizienten und zugehörigen p-Wert. Die Darstellung basiert auf der Funktion `sns.regplot()` von **seaborn** und ist besonders hilfreich zur Identifikation linearer Zusammenhänge zwischen zwei Variablen.

Zusätzlich zu dem Streu-Diagramm wird mit dem Argument `kind="scatterjoint"` ein erweiterter **Joint-Plot** erzeugt, der zusätzlich zu den Streupunkten auch Histogramme der Randverteilungen (univariate Verteilungen) entlang der Achsen darstellt. Diese Art der Visualisierung kombiniert damit die Vorteile eines Scatterplots und zweier Histogramme in einem einzigen Diagramm.

Ein **Pairplot**, auch bekannt als **Streudiagramm-Matrix** oder Paarweises Streudiagramm, ist eine Visualisierungsmethode, die es ermöglicht, alle möglichen zweidimensionalen Kombinationen von numerischen Variablen eines Datensatzes in einer kompakten Übersicht darzustellen. Dabei wird für jedes Variablenpaar ein Scatter-Plot erzeugt, während auf der Diagonalen häufig Histogramme oder Dichteschätzungen für die jeweilige Einzelvariable angezeigt werden. Pairplots eignen sich besonders gut zur explorativen Datenanalyse, da sie auf einfache Weise Zusammenhänge, Ausreißer, lineare oder nichtlineare Beziehungen sowie Gruppenunterschiede zwischen Variablen sichtbar machen. Werden kategorische Variablen als Farbkodierung (hue) ergänzt, lassen sich zudem Gruppenvergleiche integrieren. Die farbliche Hervorhebung erlaubt es, die Gruppenzugehörigkeit auch innerhalb der paarweisen Zusammenhänge zu erkennen. In der Funktion `ml_plot()` wird der Pairplot durch das Argument `kind="pairplot"` aktiviert. Optional kann ein drittes Argument in column übergeben werden, z. B. („x1", „x2", „hue"), um die Gruppenzugehörigkeit (Farbkodierung) zu steuern. Die Achsenpaare werden dabei automatisch erzeugt.

Scatter-Plot

```
#- Scatter-Plot-------------------------------------------------------------
# Daten vorbereiten
import statsmodels.api as sm
mtcars = sm.datasets.get_rdataset('mtcars').data.copy()
mtcars['Verbrauch100km'] = round(235.215 / mtcars['mpg'], 1)
mtcars['Gewicht'] = round(0.453592 * mtcars['wt'] * 1000, 0)
mtcars['Zylinder'] = mtcars['cyl']
mtcars['Marke'] = mtcars.index.to_series().str.split().str[0]
marke_top4 = mtcars['Marke'].value_counts().index[:4]
## Scatter-Plot mit Regressionslinie-----------------------------------------
fig, ax = plt.subplots(figsize=(6, 5))
ml_plot(df=mtcars,
        column=("Gewicht", "Verbrauch100km"),
        kind="scatter",
        title="Scatter-Plot: Gewicht vs. Verbrauch auf 100 km",
        ax=ax)
plt.tight_layout(); plt.show()
```

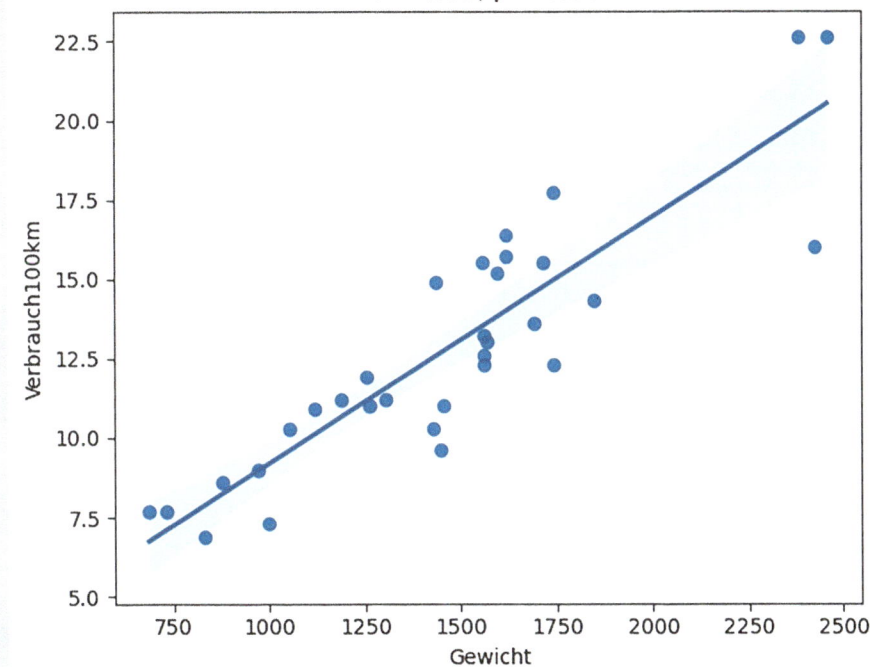

```
## Scatter-Plot mit Gruppierung Kategorial-----------------------------------
ml_plot(df=mtcars[(mtcars['Marke'].isin(marke_top4))],
        column=("Gewicht", "Verbrauch100km","Marke"),
        kind="scatter",
        title="Scatter-Plot: Gewicht in kg vs. Verbrauch auf 100 km",
        Legend=True,
        ax=ax)
plt.tight_layout(); plt.show()
```

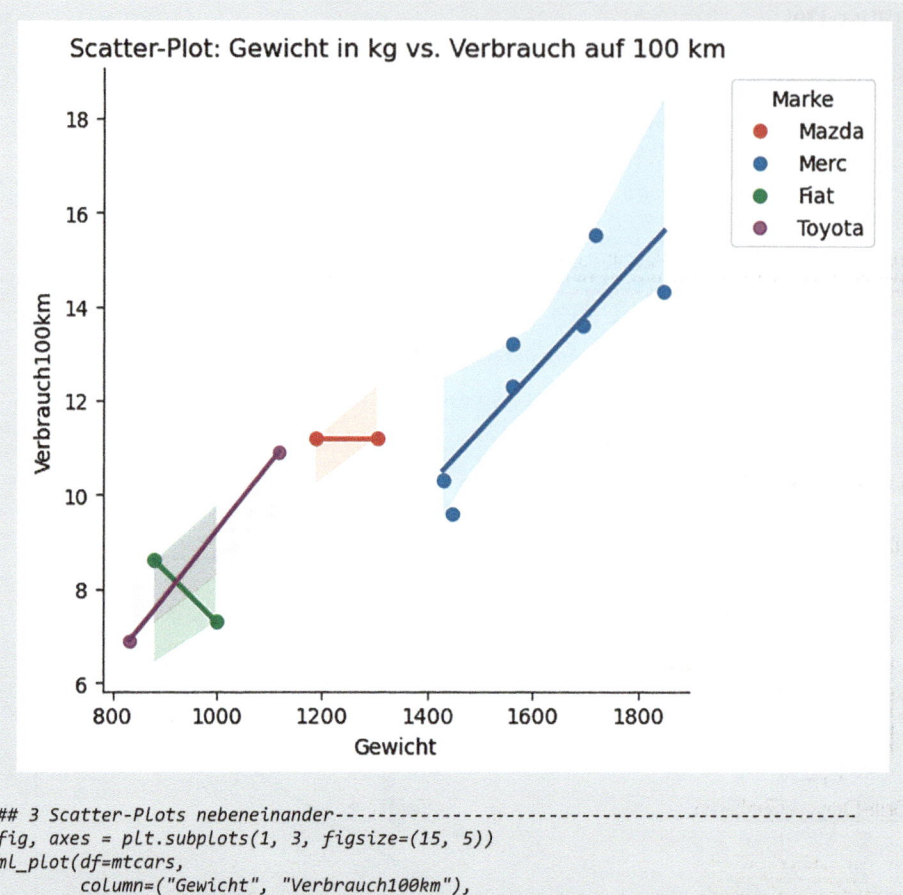

```
## 3 Scatter-Plots nebeneinander-----------------------------------------------
fig, axes = plt.subplots(1, 3, figsize=(15, 5))
ml_plot(df=mtcars,
        column=("Gewicht", "Verbrauch100km"),
        kind="scatter",
        title="Scatter-Plot: Gewicht vs. Verbrauch auf 100 km",
        ax=ax)

ml_plot(autos, ("Kilometer","Preis"),
        kind="scatter",
        title="Scatter-Plot: Kilometer in 1000 vs. Preis",
        ax=axes[0])
ml_plot(autos, ("Alter","Preis"),
        kind="scatter",
        title="Scatter-Plot: Alter vs. Preis",
        ax=axes[1])
ml_plot(autos, ("PS","Preis"),
        kind="scatter",
        title="Scatter-Plot: PS vs. Preis",
        ax=axes[2])
plt.tight_layout(); plt.show()
```

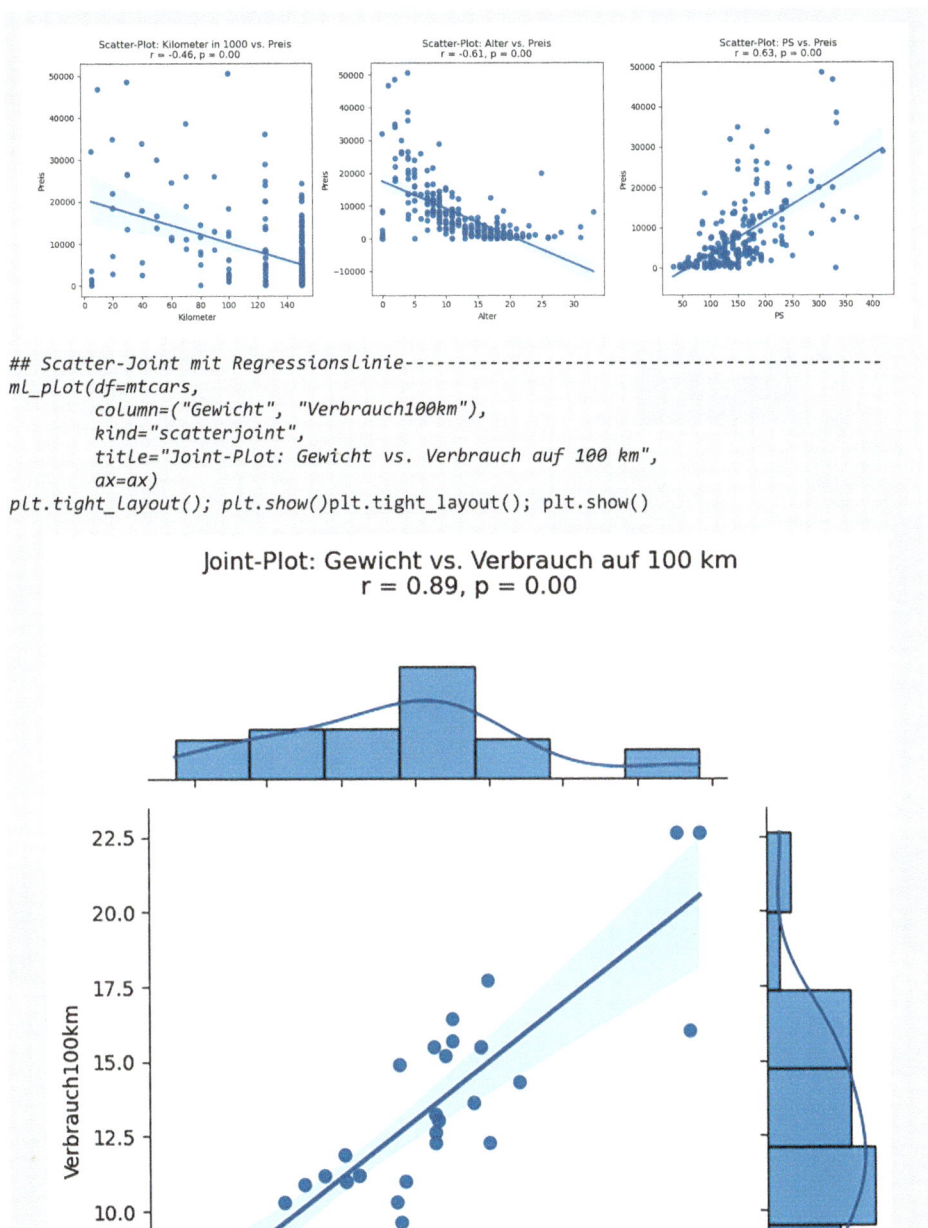

```
## Scatter-Joint mit Regressionslinie----------------------------------------------
ml_plot(df=mtcars,
        column=("Gewicht", "Verbrauch100km"),
        kind="scatterjoint",
        title="Joint-Plot: Gewicht vs. Verbrauch auf 100 km",
        ax=ax)
plt.tight_layout(); plt.show()plt.tight_layout(); plt.show()
```

Joint-Plot: Gewicht vs. Verbrauch auf 100 km
r = 0.89, p = 0.00

```
## Pair-Plot------------------------------------------------------------------
ml_plot(df=mtcars[(mtcars['Marke'].isin(marke_top4))],
        column=["Gewicht", "Verbrauch100km", "Zylinder","Marke"],
        kind="pairplot",
        title="Pairplot: Verbrauch, Gewicht, Zylinder, Marke")
plt.tight_layout(); plt.show()
```

Pairplot: Verbrauch, Gewicht, Zylinder, Marke

```
## Pair-Plot mit Gruppierung Kategorial-----------------------------------------
ml_plot(df=mtcars[(mtcars['Marke'].isin(marke_top4))],
        column={"var": ["Gewicht", "Verbrauch100km", "Zylinder"], "hue": "Marke"},
        kind="pairplot",
        title="Pairplot: Verbrauch, Gewicht, Zylinder nach Marke")
plt.tight_layout(); plt.show()
```

Pairplot: Verbrauch, Gewicht, Zylinder nach Marke

6.3.3.3.6   Kasten-Diagramm

Ein **Kasten-Diagramm (Box-Plot)** oder auch **Box-Whisker-Plot** ist ein Diagramm, das zur grafischen Darstellung der Verteilung einer metrischen Variablen verwendet wird. Es fasst verschiedene Lage- und Streuungsmaße in einer Darstellung zusammen und vermittelt so schnell einen Eindruck darüber, in welchem Bereich die Daten liegen und wie sie sich über diesen Bereich verteilen. Die Box oder der Kasten wird beschrieben durch drei Linien. Die obere Grenze der Box beschreibt das 0,75-Quantil (**3. Quartil**), die Linie in der Mitte der Box beschreibt das 0,5-Quantil (**2. Quartil, Median**) und die untere Grenze der Box beschreibt das 0,25-Quantil (**1. Quartil**). Auf diese Art wird dargestellt, in welchem Bereich 50 % der in der Mitte liegenden Werte verteilt sind. Ergänzt wird die Box noch um Antennen (Whisker), die in der Regel nicht weiter nach oben bzw. unten reichen als 1,5 mal der IQR (Interquartilsabstand = 3. Quartil–1. Quartil) vom Rand der Box. **Die Antennen werden so angezeigt, dass sie bis zu dem letzten realen Datenpunkt reichen, der aber nicht weiter als 1,5 mal den IQR von dem oberen oder unteren Rand der Box entfernt ist**. Datenpunkte, die noch weiter entfernt sind, werden als Kreise dargestellt und beschreiben **Ausreißer (Outliers)**, also extreme Werte.

Der `kind="box"`-Modus der Funktion `ml_plot()` dient der automatisierten Erzeugung von Boxplots zur grafischen Darstellung der Verteilung einer numerischen Variable. Dabei werden sowohl einfache Boxplots als auch gruppierte Varianten unterstützt. Ein einfacher Boxplot wird erzeugt, wenn die Parameterangabe column lediglich den Namen einer numerischen Spalte enthält. In diesem Fall zeigt die Abbildung die Verteilung dieser Variable einschließlich des Medians, der Quartile (Q1 und Q3), der sogenannten Whisker-Grenzen (typischerweise 1,5-fache IQR) sowie möglicher Ausreißer (rote Punkte). Ergänzend dazu werden zentrale Kennwerte wie Minimum, Maximum, Quartile und Median direkt im Diagramm beschriftet, was eine schnelle Interpretation ermöglicht.

Wird column hingegen als Tupel (x, y) übergeben, so erstellt `ml_plot()` einen gruppierten Boxplot, bei dem die Verteilung der Zielgröße y innerhalb der einzelnen Ausprägungen der Gruppierungsvariable x separat dargestellt wird. Zusätzlich wird die Reihenfolge der Gruppen auf der x-Achse standardmäßig nach dem Median der Zielgröße y sortiert, sodass Gruppen mit niedrigerem Median links und solche mit höherem Median rechts erscheinen. Zur besseren Einordnung der Gruppenverteilungen wird zusätzlich eine horizontale Referenzlinie eingezeichnet, die den Median der gesamten Zielvariablen im DataFrame repräsentiert. Diese zusätzliche Referenzlinie unterstützt die vergleichende Beurteilung der Gruppen im Kontext der Gesamtdatenlage.

Box-Plot

```
## Box-Plot---------------------------------------------------------------
ml_plot(mtcars, column="Verbrauch100km", kind="box", title="Box-Plot: Verbrauch")
plt.tight_layout(); plt.show()
```

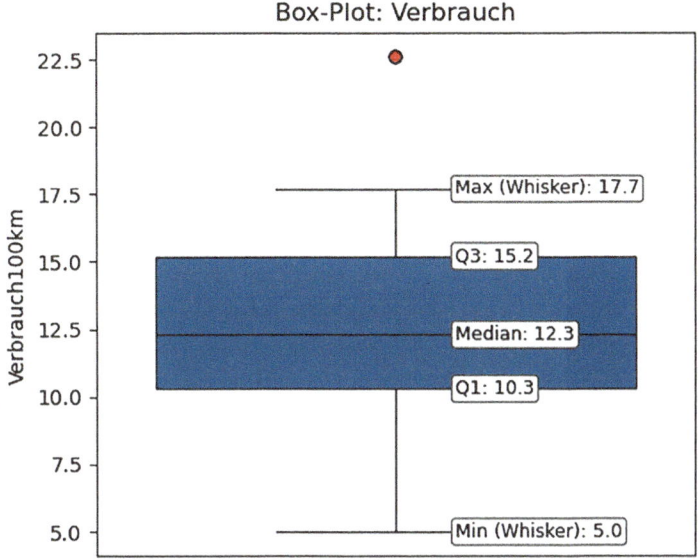

```
## Box-Plot mit Gruppierung-----------------------------------------------
# Verbrauch nach Marke
ml_plot(mtcars_filtered, column=("Marke", "Verbrauch100km"),
        kind="box", legend=True, title="Box-Plot: Verbrauch nach Marke")
plt.tight_layout(); plt.show()
```

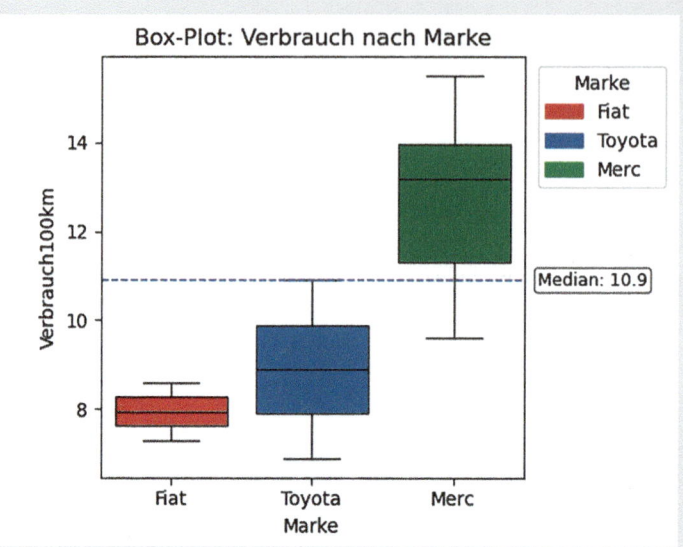

```
# Gewicht nach Marke
ml_plot(mtcars_filtered, column=("Marke", "Gewicht"),
        kind="box", legend=True, title="Box-Plot: Gewicht nach Marke")
plt.tight_layout(); plt.show()
```

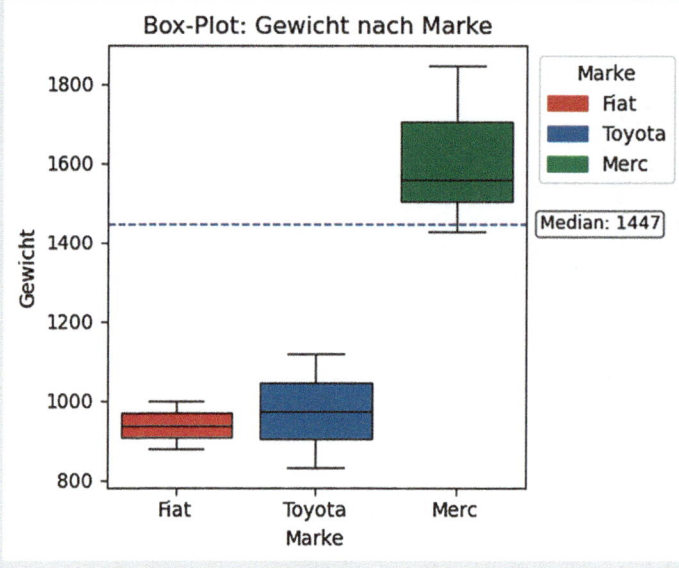

6.3.3.3.7   Korrelations-Matrix

Eine **Korrelations-Matrix (Correlation-Chart)** eignet sich dafür die Korrelation von Variablen untereinander in Form einer Tabelle mit den Pearson-Korrelationsfaktoren darzustellen. Eine Korrelation gibt die Richtung (positiv bzw. negativ) und Stärke einer linearen Abhängigkeit zwischen zwei Variablen an. Eine positive Korrelation liegt vor, wenn hohe Werte der Variablen A mit hohen Werten der Variablen B einhergehen. Eine negative Korrelation besteht, wenn hohe Werte der Variablen A mit niedrigen Werten der Variablen B einhergehen. Die Stärke einer Korrelation wird über den Korrelationskoeffizienten ausgedrückt, der zwischen -1 (starke negative Korrelation) und $+1$ (starke positive Korrelation) liegt. Korrelationskoeffizienten können auch in Form einer Regressionslinie in einem Scatter-Plot visualisiert werden, deren Steigung die Korrelation anzeigt.

Die Option `kind="cormatrix"` in der Funktion `ml_plot()` ermöglicht die Darstellung einer Korrelationsmatrix. Die Sterne (*, **, ***) zeigen die statistische Signifikanz der Korrelationen an, welche auf dem p-Wert basiert. Sie zeigen also an, wie wahrscheinlich es ist, dass die beobachtete Korrelation nicht durch Zufall entstanden ist.

Korrelations-Matrix

```
## Korrelations-Matrix-----------------------------------------------------------
#- Daten vorbereiten------------------------------------------------------------
import os                          # Paket os
wd_neu=os.path.join('C:\\','Users','bernd','Documents','A-Python','DateienKI')
os.chdir(wd_neu)                   # Arbeitsverzeichnis ändern
autos=pd.read_csv("autos.csv",sep=",")
autos = autos[autos['Marke'].isin(['audi', 'bmw', 'opel'])]
autos_tab3 = autos.groupby(["Marke", "Kategorie"]).size().reset_index(name="Anzahl")
#- Korrelationsmatrix ausgeben--------------------------------------------------
ml_plot(df=autos, column=["Preis", "PS", "Alter", "Kilometer"], kind="cormatrix")
```

```
plt.tight_layout(); plt.show()plt.tight_layout(); plt.show()
```

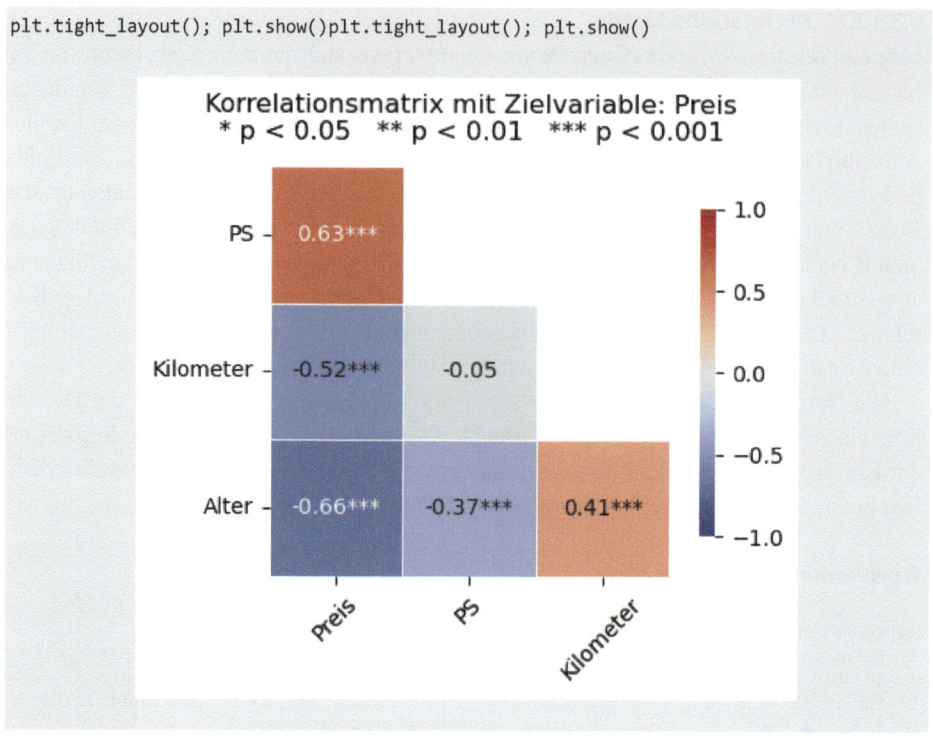

6.4 Datenbereitstellung

Im maschinellen Lernen ist die Qualität und Struktur der bereitgestellten Daten entscheidend für den Erfolg eines Modells. Dabei hängt die Form der Datenbereitstellung wesentlich von der zugrunde liegenden Lernform ab. Im Zentrum steht häufig die Nutzung von **Stichproben**, also endlichen Datenmengen, die als empirische Grundlage für das Erlernen statistischer Zusammenhänge dienen. Da maschinelles Lernen im Kern ein datengetriebener Optimierungsprozess ist, kommt der Auswahl und Beschaffenheit dieser Stichproben eine zentrale Bedeutung zu.

Beim **Überwachten Lernen** müssen die Stichproben sowohl die **unabhängigen Variablen (Prädiktoren)** als auch eine zugehörige **abhängige Variable (Zielvariable)** enthalten. Die Datenstruktur ist hier tabellarisch organisiert, wobei jeder Eintrag (Zeile eines Dataframes) einem vollständigen Beobachtungssatz einer Stichprobe entspricht. Die Zielvariable dient als Referenz zur Überprüfung der Modellgüte und ist essenziell für das Training. Es ist gängige Praxis, die verfügbaren Stichproben in **Trainings- und Testdaten** aufzuteilen. Diese Aufteilung gilt nur für das Überwachte Lernen. Der Trainingsdatensatz dient dem eigentlichen Lernprozess, bei dem das Modell interne Parameter oder Entscheidungsregeln auf Basis der vorliegenden Daten optimiert. Der Testdatensatz hingegen bleibt während des Trainings unberührt und wird ausschließlich zur Evaluierung der Modellgüte herangezogen. Diese Trennung ist notwendig, um eine objektive Einschätzung der Generalisierungsfähigkeit des Modells zu ermöglichen, also die Fähigkeit, auch auf bisher unbekannte Daten korrekte Vorhersagen zu treffen. Oft wird zusätzlich ein Validierungsdatensatz verwendet, um Modellvarianten während des Trainings zu vergleichen oder Hyperparameter abzustimmen, ohne dabei die Unabhängigkeit des finalen Tests zu gefährden. Die **Größe der Stichprobe**, ihre **Repräsentativität** und die korrekte Aufteilung in Trainings- und Testdaten beeinflussen maßgeblich die Aussagekraft und Robustheit eines maschinellen Lernverfahrens. Sie bilden die empirische Basis für das Modell, und damit für die Übertragbarkeit der Ergebnisse auf reale Anwendungssituationen. Eine Stichprobe wird dann als repräsentativ betrachtet, wenn die Verteilung aller untersuchungsrelevanten Merkmale, denen der Grundgesamtheit entspricht.

Im Gegensatz dazu bestehen die Daten beim **Unüberwachten Lernen** ausschließlich aus den **Eingabevariablen**. Ziel ist es hier, Muster, Strukturen oder Gruppierungen innerhalb der Daten zu erkennen, ohne eine explizite Zielgröße vorzugeben. Die Daten müssen dabei in einer Form vorliegen, die eine sinnvolle Metrik oder Vergleichbarkeit zwischen Beobachtungen erlaubt.

Beim **Bestärkenden Lernen** liegt eine andere Form der Datenstruktur vor: Hier werden die Daten **nicht vollständig im Vorhinein bereitgestellt, sondern sukzessive durch Interaktion mit einer Umgebung erzeugt**. Die Beobachtungen bestehen typischerweise aus **Zustands-Übergängen**, **Aktionen** und den daraus resultierenden **Belohnungen**. Diese sequenziellen Daten reflektieren zeitlich abhängige Entscheidungsprozesse.

6.4.1   Stichproben

Folgende Auswahlverfahren von Stichproben bestimmen, ob die Methoden der induktiven Statistik und damit auch die des Machine Learnings angewendet werden dürfen, wenn man beabsichtigt die Stichprobenergebnisse zu generalisieren, also basierend auf den Stichprobenergebnissen Aussagen über die gesamte Population abzuleiten (Cleff 2019, S. 9):

- **Bewusste Auswahl**: Auswahl erfolgt <u>nicht</u> nach dem Zufallsprinzip. Dadurch ergibt sich eine subjektive Auswahl (z. B. was leicht erfassbar ist, was verfügbar ist, wen die auswählende Person kennt, willkürlich o. ä.), wodurch Ergebnisse vermindert oder überhaupt nicht generalisierbar sind.
  ✗ **Die Daten eignen sich NICHT für die induktive Statistik und Machine Learning**!
- **Wahrscheinlichkeitsauswahl**: Elemente werden nach Zufallsprinzip ausgewählt, wobei Auswahlwahrscheinlichkeiten vorher angegeben werden können.
  ✓ **Die Daten eignen sich für die induktive Statistik und Machine Learning**!
  - **Einfache Zufallsauswahl**: Jedes Element der Population besitzt die gleiche Wahrscheinlichkeit und die Auswahl erfolgt über Zufallszahlen.

– **Geschichtete Auswahl**: Die Population wird anhand bestimmter Merkmale in disjunkte Mengen (Schichten) zerlegt, aus denen jeweils Einzelstichproben gezogen werden. Werden die Einzelstichproben der disjunkten Mengen entsprechend deren Anteil an der Population gezogen, so handelt es sich um proportionale geschichtete Stichprobe, sonst um eine disproportionale geschichtete Stichprobe.

Im folgenden Beispiel wird die Schätzung des Mittelwerts der Körpergröße von Studierenden mittels Stichproben umgesetzt. Der tatsächliche Mittelwert der Population, also aller im Datensatz enthaltenen Studierenden, beträgt 172,04 cm. Dieser Wert dient als Referenz, um zu prüfen, wie gut verschiedene Stichproben diesen Populationswert approximieren. Da eine Vollerhebung in der Realität selten möglich ist, wird im maschinellen Lernen häufig mit Stichproben gearbeitet. Zur Simulation von Stichproben kommt in Python die Funktion `sample()` aus dem Paket **pandas** zum Einsatz. Der Parameter `replace` bestimmt dabei, ob beim Ziehen von Stichproben mit (`replace = True`) oder ohne Zurücklegen (`replace = False`) gearbeitet wird. Eine einfache **Zufalls-Stichprobe** erfolgt ohne Zurücklegen. Eine **Bootstrap-Stichprobe** erfolgt mit Zurücklegen. Wird zuvor ein fester Startwert für den Zufallszahlengenerator mit `np.random.seed()` gesetzt, werden immer die gleichen, reproduzierbaren Stichproben erstellt.

Angenommen, man wählt zunächst per Zufall eine einfache Stichprobe aus, z. B. mit einer Stichprobengröße von 50 (Stichprobe ohne Zurücklegen). Grundsätzlich könnte man immer wieder eine neue Stichprobe von 50 erheben. In der Realität ist dies jedoch oft zu aufwendig, z. B. 50 Personen zu befragen. Da bietet sich das Bootstrap-Verfahren an, in dem aus der Ursprungsstichprobe 50 Werte per Zufall ausgewählt werden, wobei jeder Wert wieder zurückgelegt wird, um bei den nachfolgenden Auswahlen immer aus allen Werten per Zufall auswählen zu können. Durch das Zurücklegen ergeben sich immer neue Stichprobenkonstellationen. Der Vorteil ist, dass via **Bootstrap beliebig große Stichproben**, auch größer als die Anzahl der Datensätze, gezogen werden können, während eine einfache Zufallsstichprobe maximal so groß sein kann wie die Anzahl der Datensätze.

Eine benutzerdefinierte Funktion berechnet nachfolgend für eine gegebene Stichprobengröße den Mittelwert sowie den absoluten Fehler im Vergleich zum Populationsmittelwert. Bei einer Stichprobe von fünf Studierenden ergibt sich eine durchschnittliche Körpergröße von 168,80 cm, was zu einem Schätzfehler von 3,2 cm führt. Wird die Stichprobengröße auf 30 erhöht, sinkt der Fehler auf 1,0 cm; bei 100 Teilnehmenden beträgt der Fehler nur noch 0,8 cm und bei 200 sogar nur noch 0,2 cm. Dieses Verhalten verdeutlicht, dass die **Größe einer Stichprobe einen maßgeblichen Einfluss auf die Genauigkeit statistischer Schätzungen hat. Ab einer Stichprobengröße von etwa 30 lässt sich der Populationsmittelwert bereits mit einer gewissen Präzision annähern.** Da die Größe einer Bootstrap-Stichprobe nicht limitiert ist, kann der Fehler hier z. B. bei einer Stichprobengröße von 5000 auf 0,1 cm verringert werden.

Wenn eine **Bewusste Auswahl** der Stichprobe erfolgt, indem ausschließlich Studierende befragt werden, die das Hobby „Fußball" angegeben haben, dann führt dies zu einer systematischen Verzerrung der Schätzung. Diese Auswahl umfasst 19 Personen, deren durchschnittliche Körpergröße bei 179,89 cm liegt, über 7 cm mehr als im Gesamtdatensatz. Wird aus dieser Gruppe eine **Zufallsstichprobe** von fünf Studierenden gezogen, ergibt sich ein Mittelwert von 177,00 cm mit einem Schätzfehler von 5,0 cm. Selbst **bei größeren Stichproben bleibt ein großer Fehler bestehen, da die Verzerrung durch die vorselektierte Gruppe strukturell bedingt ist**. Die Ursache liegt darin, dass die Fußballgruppe zu 74 % aus Männern besteht, während die Gesamtpopulation zu 70 % aus Frauen besteht, und Männer im Durchschnitt signifikant größer sind als Frauen. Das Beispiel verdeutlicht eindrücklich, weshalb bewusst gebildete Auswahlverfahren für statistische Schätzungen oder Anwendungen im maschinellen Lernen ungeeignet sind. Die Repräsentativität der Stichprobe gegenüber der zugrundeliegenden Population ist eine zentrale Voraussetzung für verlässliche und generalisierbare Ergebnisse. **Eine bewusste Auswahl kann selbst dann zu erheblichen Fehlern führen, wenn anschließend eine Zufallsauswahl innerhalb dieser Teilgruppe vorgenommen wird**. Nur durch eine echte Wahrscheinlichkeitsauswahl lassen sich unvoreingenommene, generalisierbare Rückschlüsse auf die Population ziehen.

Stichproben

```
## Stichproben---------------------------------------------------------------
import pandas as pd
import numpy as np
import os
import pyreadr
# Pfad zur Datei
wd_neu=os.path.join('C:\\','Users','bernd','Documents','A-Python','DateienKI')
os.chdir(wd_neu)                # Arbeitsverzeichnis ändern
result = pyreadr.read_r("studierende.rda")
studierende = result["studierende"]
# --- Mittelwert der Population berechnen -----------------------------------
mw_alle = round(studierende["Groesse"].mean(), 2)  # Gesamter Mittelwert
print("Mittelwert der Population:", mw_alle)
# --- Studierende mit Hobby Fußball filtern ---------------------------------
fussball = studierende[studierende["Hobby"].str.lower() == "fußball"]
mw_fussball = round(fussball["Groesse"].mean(), 2)
print("Mittelwert der Fußballgruppe:", mw_fussball)
# --- Funktion zur Mittelwertberechnung aus Stichprobe ----------------------
def mw_stichprobe(daten: pd.Series, n: int, mw_pop: float, seed: int = 123) -> str:
    np.random.seed(seed)
    if n > len(daten):
        return f"Fehler: Stichprobe {n} > Population {len(daten)}"
    stichprobe = daten.sample(n=n, replace=False)   # Ohne Zurücklegen
    mittelwert = round(stichprobe.mean(), 2)
    fehler = round(abs(mw_pop - mittelwert), 2)
    return f"Einfache Stichprobe: {n:4}, Mittelwert: {mittelwert:3.2f}, Fehler: {feh
ler:1.1f}"
def mw_bootstrap(daten: pd.Series, n: int, mw_pop: float, seed: int = 123) -> str:
    np.random.seed(seed)
    stichprobe = daten.sample(n=n, replace=True)    # Mit Zurücklegen
```

```
    mittelwert = round(stichprobe.mean(), 2)
    fehler = round(abs(mw_pop - mittelwert), 2)
    return f"Bootstrap Stichprobe: {n:4}, Mittelwert: {mittelwert:3.2f}, Fehler: {fe
hler:1.1f}"
# --- Zufallsstichproben aus der Gesamtpopulation -----------------------------
print(mw_stichprobe(studierende["Groesse"], 5, mw_alle))      # Fehler groß
## Einfache Stichprobe:     5, Mittelwert: 168.80, Fehler: 3.2
print(mw_stichprobe(studierende["Groesse"], 30, mw_alle))     # Fehler kleiner
## Einfache Stichprobe:    30, Mittelwert: 173.07, Fehler: 1.0
print(mw_stichprobe(studierende["Groesse"], 100, mw_alle))    # Fehler noch kleiner
## Einfache Stichprobe:   100, Mittelwert: 171.29, Fehler: 0.8
print(mw_stichprobe(studierende["Groesse"], 200, mw_alle))    # Fehler noch kleiner
## Einfache Stichprobe:   200, Mittelwert: 171.81, Fehler: 0.2
print(mw_stichprobe(studierende["Groesse"], 500, mw_alle))    # Fehler klein
## Fehler: Stichprobe 500 > Population 357
print(mw_bootstrap(studierende["Groesse"], 5, mw_alle))       # Fehler groß
## Bootstrap Stichprobe:     5, Mittelwert: 181.00, Fehler: 9.0
print(mw_bootstrap(studierende["Groesse"], 30, mw_alle))      # Fehler kleiner
## Bootstrap Stichprobe:    30, Mittelwert: 172.60, Fehler: 0.6
print(mw_bootstrap(studierende["Groesse"], 100, mw_alle))     # Fehler noch kleiner
## Bootstrap Stichprobe:   100, Mittelwert: 171.98, Fehler: 0.1
print(mw_bootstrap(studierende["Groesse"], 200, mw_alle))     # Fehler noch kleiner
## Bootstrap Stichprobe:   200, Mittelwert: 172.36, Fehler: 0.3
print(mw_bootstrap(studierende["Groesse"], 500, mw_alle))     # Fehler klein
## Bootstrap Stichprobe:   500, Mittelwert: 171.81, Fehler: 0.2
print(mw_bootstrap(studierende["Groesse"], 5000, mw_alle))    # Fehler klein
## Bootstrap Stichprobe: 5000, Mittelwert: 171.95, Fehler: 0.1
# --- Verzerrte Stichproben nur aus Fußballgruppe -----------------------------
print(mw_stichprobe(fussball["Groesse"], 5, mw_alle))         # Fehler groß
## Einfache Stichprobe:     5, Mittelwert: 177.00, Fehler: 5.0
print(mw_stichprobe(fussball["Groesse"], 19, mw_alle))        # Fehler bleibt groß
## Einfache Stichprobe:    19, Mittelwert: 179.89, Fehler: 7.8
# --- Geschlechterverteilung untersuchen --------------------------------------
print("Gesamtpopulation (Geschlecht):")
## Gesamtpopulation (Geschlecht):
print(studierende["Geschlecht"].value_counts(normalize=True))# 70% Frauen,30% Männer
## Geschlecht
## Frau     0.691877
## Mann     0.308123
## Name: proportion, dtype: float64
print("Fußballgruppe (Geschlecht):")
## Fußballgruppe (Geschlecht):
print(fussball["Geschlecht"].value_counts(normalize=True))    # 26% Frauen,74% Männer
## Geschlecht
## Mann     0.736842
## Frau     0.263158
## Name: proportion, dtype: float64
# --- Mittelwerte nach Geschlecht ---------------------------------------------
mw_maenner = studierende.loc[studierende["Geschlecht"] == "Mann", "Groesse"].mean()
mw_frauen = studierende.loc[studierende["Geschlecht"] == "Frau", "Groesse"].mean()
print(f"Mittelwert Männer: {mw_maenner:.2f} cm")
## Mittelwert Männer: 181.63 cm
print(f"Mittelwert Frauen: {mw_frauen:.2f} cm")
## Mittelwert Frauen: 167.77 cm
```

Im nachfolgenden Code wird die Auswirkung der Stichprobengröße auf den Standardfehler der Mittelwertschätzung weiter untersucht. Grundlage der Analyse ist ein Datensatz von männlichen Studierenden, deren Körpergröße bekannt ist. Der wahre Mittelwert der Population beträgt 181,63 cm. Ziel ist es, durch wiederholte Zufallsstichproben zu prüfen, wie stark die Mittelwerte der Stichproben sich in Abhängigkeit von der Stichprobengröße um diesen Populationsmittelwert streuen. Zu diesem Zweck werden jeweils 300 Zufallsstichproben mit den Größen n = 5, n = 50 und n = 1000 gezogen. Für jede Stichprobe wird der Mittelwert berechnet. Die Verteilung dieser Mittelwerte wird anschließend visualisiert und die Standardabweichung der 300 Stichprobenmittelwerte, also der empirische **Standardfehler**, bestimmt.

Die Ergebnisse zeigen deutlich, dass die Streuung der Stichprobenmittelwerte mit zunehmender Stichprobengröße abnimmt. Bei einer Stichprobengröße von n = 5 liegt die Standardabweichung der Mittelwerte noch bei 3,07 cm, bei n = 50 reduziert sie sich auf 1,01 cm, und bei n = 1000 beträgt sie nur noch 0,24 cm. Die Histogramme veranschaulichen zusätzlich, dass sich die Verteilung der Mittelwerte mit wachsender Stichprobengröße sichtbar verengt. Der Populationsmittelwert ist in jedem Diagramm als rote Linie dargestellt, während die blauen Linien die Grenze von ± 1 Standardabweichung markieren. Diese Abnahme des Standardfehlers mit wachsendem Stichprobenumfang ist ein zentrales Prinzip der induktiven Statistik entsprechend dem sogenannten **Zentralen Grenzwertsatz** nach Lindeberg-Lévy (englisch: Central Limit Theorem): Größere Stichproben liefern stabilere, weniger zufallsanfällige Schätzwerte und erhöhen damit die Präzision der Inferenz in der klassischen Statistik als auch im ML. Eine größere Stichprobe führt beim ML natürlich auch zu einer längeren Laufzeit und sollte daher unter Abwägung der Qualität und Performanzaspekte erfolgen.

Zentraler Grenzwertsatz

```
## Zentraler Grenzwertsatz------------------------------------------------
import pandas as pd
import numpy as np
import seaborn as sns
import matplotlib.pyplot as plt
```

```python
# Funktion zur Berechnung von Mittelwerten aus k Stichproben der Groesse n-------
def stichprobenanalyse(data: pd.DataFrame, spaltenname: str, n: int, w: int, mittelw
ert_pop: float):
    """
    Simuliert w Stichproben der Groesse n aus 'data' und berechnet deren Mittelwerte.
    """
    np.random.seed(123)
    mittelwerte=[data[spaltenname].sample(n=n, replace=True).mean() for _ in range(w)]
    df_mw = pd.DataFrame({'mittelwert': mittelwerte})
    std_abw = df_mw['mittelwert'].std()
    return df_mw, std_abw
# Mittelwert für männliche Studierende-----------------------------------------
studenten = studierende[studierende["Geschlecht"] == "Mann"]
mittelwert_männer = studenten["Groesse"].mean()
print(f"Populationsmittelwert (männlich): {mittelwert_männer:.2f} cm")
## Populationsmittelwert (männlich): 181.63 cm
anzahl_wiederholungen = 300
n_werte = [5, 50, 1000]
analysen = []
for n in n_werte:
    df_mw, df_std = stichprobenanalyse(studenten, "Groesse", n,
                        anzahl_wiederholungen, mittelwert_männer)
    analysen.append((df_mw, df_std))
fig, axes = plt.subplots(1, 3, figsize=(18, 5))
for ax, (n, (df, std)) in zip(axes, zip(n_werte, analysen)):
    sns.histplot(df["mittelwert"],bins=20,ax=ax, color="skyblue", edgecolor="white")
    ax.axvline(mittelwert_männer, color="red", linestyle="-", linewidth=2,
                label="Mittelwert")
    ax.axvline(mittelwert_männer - std, color="blue", linestyle="--", label="±1 SD")
    ax.axvline(mittelwert_männer + std, color="blue", linestyle="--")
    ax.set_title(f"Stichprobe: {n}, Standardabweichung: {std:.2f} cm")
    ax.set_xlim(175, 190)
    ax.set_ylim(0, 150)
    ax.set_xlabel("Mittlere Körpergröße (cm)")
    ax.set_ylabel("Anzahl")
    ax.legend()
plt.tight_layout(); plt.show()
```

6.4.2   Split in Trainings- und Testdaten

Für die Durchführung von Überwachtem ML ist es erforderlich die Daten in besonderer Weise zu bilden. Um sicherzustellen, dass die Reihenfolge der Datenerhebung bzw. Datenerfassung keinen Einfluss auf das Ergebnis der Analyse hat, sollten sämtliche Beobachtungen vor dem Training eines Modells randomisiert (**Randomisierung**) werden. Darüber hinaus ist es zwingend erforderlich, die Datensätze, auf deren Basis das Modell lernen soll (**Trainingsdaten**), strikt von den Datensätzen zu trennen, die zur späteren Evaluation des Modells herangezogen werden (**Testdaten**). Erfolgt diese Trennung nicht, kann dies zu einer systematischen Überschätzung der Modellgüte führen, da das Modell Informationen aus den Testdaten bereits im Training verwendet hätte.

Eine übliche Praxis ist die Aufteilung der Gesamtdatenmenge in einem Verhältnis von 80 % Trainingsdaten zu 20 % Testdaten oder alternativ 70 % zu 30 %. Diese Art der Datenaufteilung erfolgt über die Funktion `train_test_split()` aus dem Modul **sklearn**. Über den Parameter `test_size` wird der Anteil der Testdaten angegeben. Die zufällige Aufteilung der Daten erfolgt reproduzierbar, wenn zusätzlich ein fester Startwert über den Parameter `random_state` übergeben wird.

Darüber hinaus bietet `train_test_split()` auch die Möglichkeit, eine geschichtete Zufallsstichprobe zu ziehen. Dies geschieht über den Parameter `stratify`, dem eine Variable übergeben wird, anhand derer die Schichtung erfolgen soll. Eine **stratifizierte Stichprobe (geschichtete Zufallsstichprobe)** ist dann sinnvoll, wenn die Grundgesamtheit in sinnvolle und hinsichtlich relevanter Merkmale homogene Gruppen (sogenannte Schichten) unterteilt werden kann. Dabei wird sichergestellt, dass jede Schicht im gleichen Verhältnis in Trainings- und Testdaten vertreten ist, was zu stabileren und weniger verzerrten Schätzungen führt. In Python kann die Variable zur Schichtung z. B. zuvor in Quartile unterteilt werden, etwa durch Anwendung der Funktion `pandas.qcut()`.

In bestimmten Anwendungsfällen, insbesondere bei **Zeitreihendaten**, ist eine zufällige oder geschichtete Stichprobe jedoch ungeeignet. Hier sollte vielmehr der zeitliche Verlauf berücksichtigt werden, indem die Aufteilung strikt chronologisch erfolgt. Dabei werden typischerweise die **älteren Beobachtungen als Trainingsdaten** und die **zuletzt erhobenen Daten als Testdaten** verwendet. Eine solche zeitlich basierte Aufteilung kann durch vorherige Sortierung der Daten nach einem Zeitstempel realisiert werden.

Im folgenden Code wird zunächst eine einfache Zufallsstichprobe zur Aufteilung in Trainings- und Testdaten verwendet. Anschließend wird eine stratifizierte Stichprobe erzeugt, bei der die Variable `Verbrauch100km` in vier gleich große Gruppen unterteilt und die Daten anschließend im Verhältnis 80:20 aufgeteilt werden. Der Unterschied der Stichprobenverteilungen wird visuell dargestellt. Auch die Behandlung von Zeitreihendaten bei der Bildung von Stichproben wird demonstriert.

Trainings- und Testdaten

```
## Trainings- und Testdaten erzeugen -------------------------------------------
import pandas as pd
import numpy as np
import matplotlib.pyplot as plt
from sklearn.model_selection import train_test_split
import statsmodels.api as sm

# Daten laden und Verbrauch berechnen
mtcars = sm.datasets.get_rdataset('mtcars').data.copy()
mtcars['Verbrauch100km'] = round(235.215 / mtcars['mpg'], 1)

# Box-Plot: Alle Daten
ml_plot(mtcars, column="Verbrauch100km", kind="box", title="Verbrauch Liter pro 100k
m (alle Autos)")
plt.tight_layout(); plt.show()
```

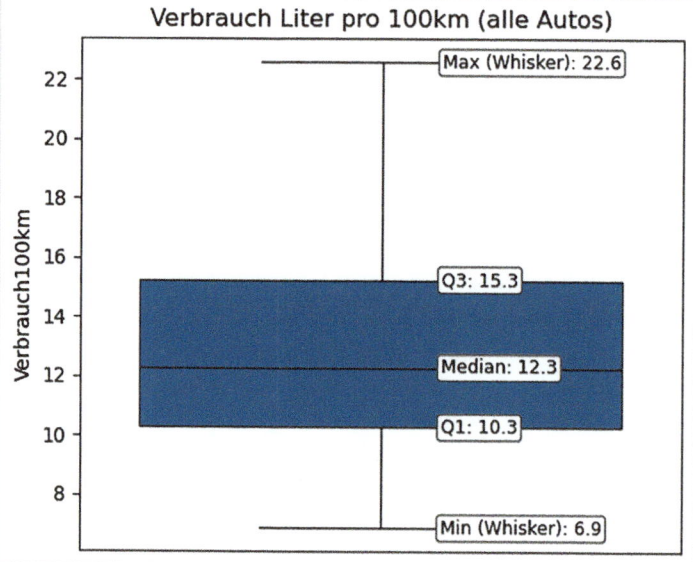

```
#- Normale Daten: Aufteilung in Trainings- und Testdaten-----------------------
# Einfache Zufallsstichprobe 80:20
train_simple, test_simple = train_test_split(
    mtcars, test_size=0.2, random_state=123)
train_simple["Gruppe"] = "Trainingsdaten"
test_simple["Gruppe"] = "Testdaten"
mtcars_simple = pd.concat([train_simple, test_simple])
# Box-Plot: Verbrauch nach einfacher Zufallsstichprobe
ml_plot(mtcars_simple, column=("Gruppe", "Verbrauch100km"),
        kind="box", legend=True, title="Verbrauch: Einfache Zufallsstichprobe")
plt.tight_layout(); plt.show()
```

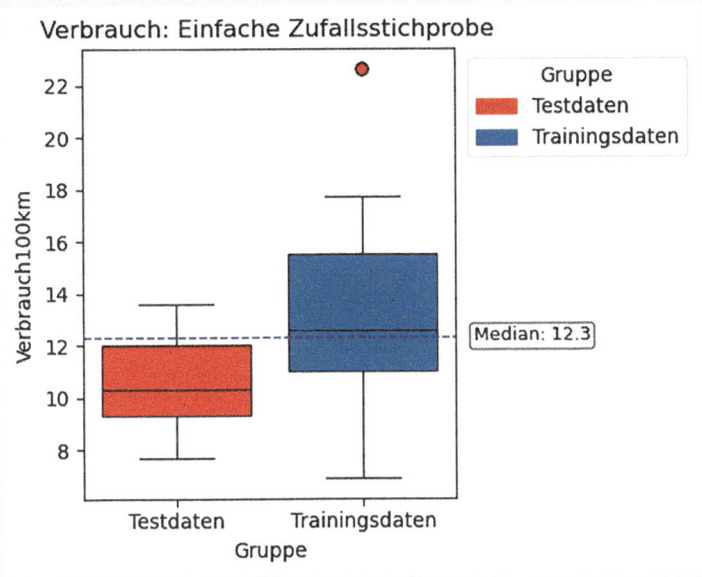

```
# Stratifizierte Zufallsstichprobe 80:20
mtcars["Verbrauch_Q"] = pd.qcut(mtcars["Verbrauch100km"], q=4, labels=False)
train_strat, test_strat = train_test_split(
    mtcars, test_size=0.2, stratify=mtcars["Verbrauch_Q"], random_state=123)
train_strat["Gruppe"] = "Trainingsdaten"
test_strat["Gruppe"] = "Testdaten"
mtcars_strat = pd.concat([train_strat, test_strat])
# Box-Plot: Verbrauch nach stratifizierter Zufallsstichprobe
ml_plot(mtcars_strat, column=("Gruppe", "Verbrauch100km"),
        kind="box", legend=True, title="Verbrauch: Stratifizierte Stichprobe")
plt.tight_layout(); plt.show()
```

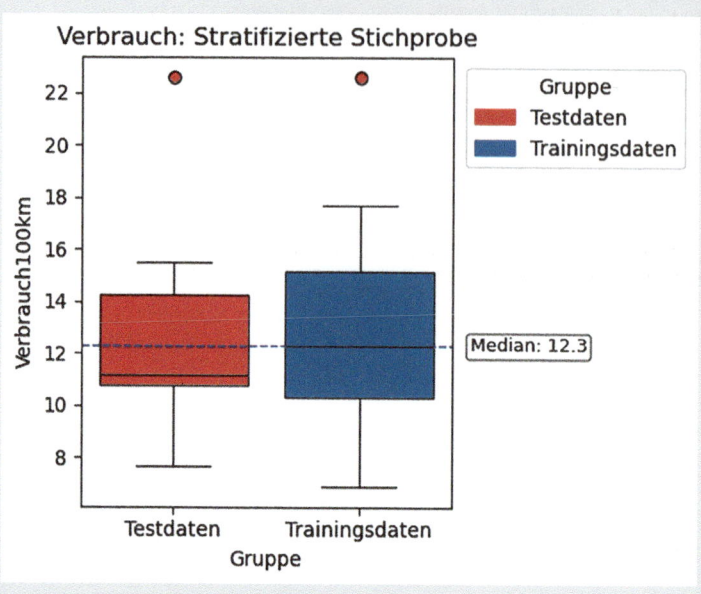

```
#- Zeitreihendaten: Aufteilung in Trainings- und Testdaten----------------------
# Vorbereitung der Testdaten: Einfügen eines Zeitstempel
np.random.seed(42)
n = len(mtcars)
zeitreihe = mtcars.copy()
zeitreihe["Datum"] = pd.date_range(start="1992-01-01", periods=n, freq="Y")
zeitreihe["Jahr"] = zeitreihe["Datum"].dt.year
zeitreihe = zeitreihe.sort_values("Jahr")
# Falsch: 80:20 per Zufall----------------------------------------------------
train_simple, test_simple = train_test_split(
    zeitreihe, test_size=0.2, random_state=123)
train_simple["Gruppe"] = "Trainingsdaten"
test_simple["Gruppe"] = "Testdaten"
mtcars_simple = pd.concat([train_simple, test_simple])
ml_plot(mtcars_simple, column=("Gruppe", "Jahr"),
        kind="box", legend=True,
        title=" Zeitreihe nach Jahr: Einfache Zufallsstichprobe")
plt.tight_layout(); plt.show()
```

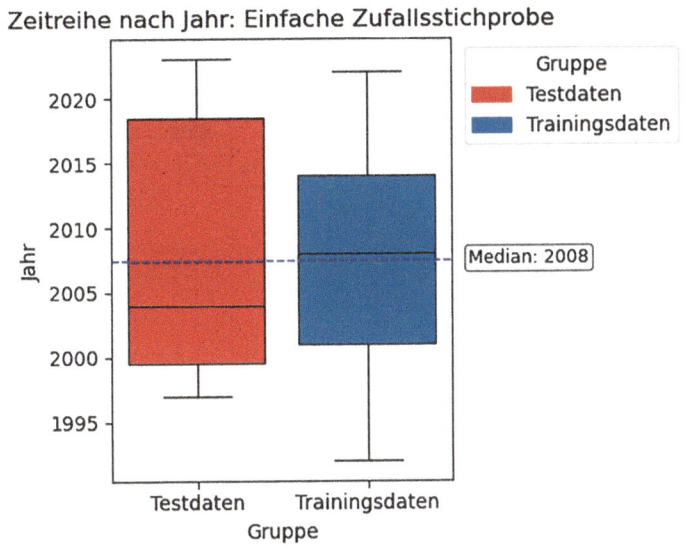

```
# Richtig: 80:20 chronologisch----------------------------------------------------
split_index = int(0.8 * len(zeitreihe))
train_time = zeitreihe.iloc[:split_index].copy()
test_time = zeitreihe.iloc[split_index:].copy()
train_time["Gruppe"] = "Trainingsdaten"
test_time["Gruppe"] = "Testdaten"
zeit_split = pd.concat([train_time, test_time])
ml_plot(zeit_split, column=("Gruppe", "Jahr"),
        kind="box", legend=True,
        title=" Zeitreihe nach Jahr: Chronologische Aufteilung")
```

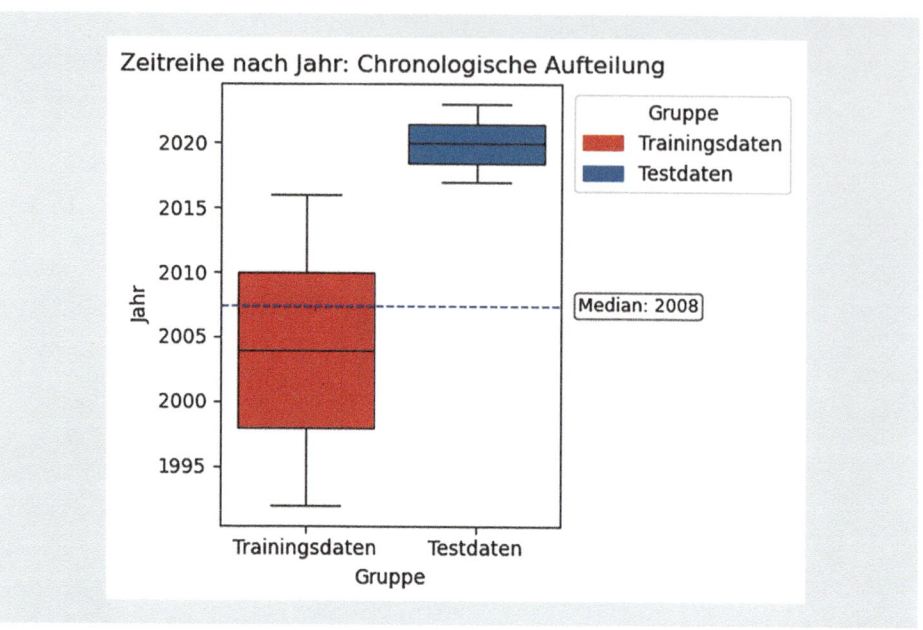

Ein Nachteil, wenn Modelle basierend auf Trainingsdaten lernen, ist die Tatsache, dass erst nach der Anwendung der Testdaten klar ist, ob das Modell auch gute Vorhersagen macht. Um bereits im Vorfeld eine Evaluation des Modells zu unterstützen, kann mit sogenannten **Validierungsdaten** gearbeitet werden. Werden dann bei Verwendung des Modells auf den Validierungsdaten Probleme erkannt, dann kann dies zur Anpassung des Modells genutzt werden und somit bessere Ergebnisse bewirken. Im nachfolgenden wird daher das Resampling vorgestellt.

6.4.3   Resampling

Um das Lernen zu verbessern, empfiehlt es sich, die Trainingsdaten bereits während des Lernens noch weiter in Gruppen von Unterstichproben oder **Stichprobenwieder-holungen (Resample Folds)** aufgeteilt werden, die sich jeweils aus Analysedaten und Validierungsdaten zusammensetzen (siehe Abb. 6.29). Diese Unterstichproben werden dabei ausschließlich aus der Ausgangsstichprobe der Trainingsdaten gezogen, so dass die klare Trennung zwischen den Trainings- und Testdaten erhalten bleibt. Den Prozess der Bildung der Unterstichproben bezeichnet man als **Resampling**. Das Lernen wird durch die Anzahl der gebildeten Unterstichproben zwar aufwändiger und umfassender, trägt aber zu besseren Ergebnissen bei.

Soll lediglich ein einzelner Split zur Validierung erzeugt werden (z. B. 80 % Analyse, 20 % Validierung), kann `train_test_split()` verwendet werden. Zu den am weitesten verbreiteten Verfahren des Resampling zählen die **V-Fold-Kreuzvalidierung** und das **Bootstrapping**.

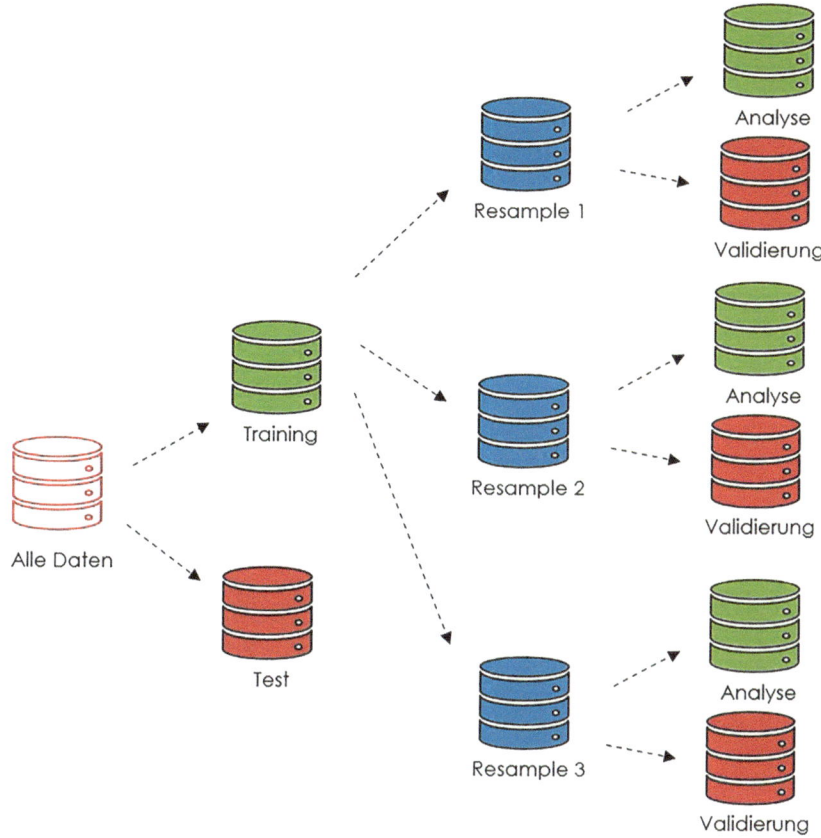

Abb. 6.29 Resampling Stichproben

Bei der **V-Fold-Kreuzvalidierung** wird die Menge der Trainingsdaten in v gleich große Unterstichproben (Folds) aufgeteilt. Für jede der v Iterationen wird einer dieser Folds als Validierungsdatensatz verwendet, während die verbleibenden v−1 Folds als Analysedaten dienen. Über alle Iterationen hinweg wird jeder Datensatz genau einmal zur Validierung herangezogen. In der Praxis hat sich ein Wert von v = 10 als Standard etabliert, da damit ein günstiger Kompromiss zwischen Bias und Varianz erreicht wird. Die Kreuzvalidierung wird mit der Funktion KFold() aus dem Modul **sklearn** realisiert. Für eine wiederholte Kreuzvalidierung kann RepeatedKFold() verwendet werden. Dabei wird das v-Fold-Verfahren n-mal unabhängig durchgeführt, was gemäß dem zentralen Grenzwertsatz die Varianz der Schätzung reduziert.

Im Gegensatz zur klassischen V-Fold-Kreuzvalidierung basiert die **Monte-Carlo-Kreuzvalidierung** auf mehrfacher Zufallsaufteilung der Daten in Trainings- und Validierungssets, ggf. mit Überschneidungen. Die Methode lässt sich mit der Funktion ShuffleSplit() realisieren.

Das **Bootstrapping**-Verfahren ist ein nichtparametrisches Resampling-Verfahren, bei dem aus einer vorliegenden Stichprobe (z. B. den Trainingsdaten) wiederholt neue **Stichproben mit Zurücklegen** gezogen werden. Es ist dabei möglich, dass einzelne Datensätze mehrfach oder gar nicht in die Stichproben einfließen. Jede dieser sogenannten Bootstrap-Stichproben dient als Analysedatensatz. Die Validierungsdaten werden nicht explizit gebildet, vielmehr bestehen sie aus denjenigen Beobachtungen, die nicht in der Bootstrap-Stichprobe enthalten sind, sogenannte **Out-of-Bag-Beobachtungen**, **OOB**. Umso mehr Datensätze in einer Bootstrap-Stichprobe mehrfach vorkommen, umso mehr Datensätze verbleiben in dem zugehörigen OOB-Dataframe. Dieses Verfahren wird mithilfe der Funktionen `resample()` aus **sklearn.utils** oder `bootstrap()` aus **scipy.stats** umgesetzt. Das besonders wertvolle am Bootstrap-Verfahren ist, dass auch Stichproben erstellt werden können, die größer als die Gesamtstichprobe sind, da ja mit Zurücklegen gezogen wird. Durch das **Gesetz der Großen Zahlen** (Statistik basierend auf mehr Datensätzen) kann die Qualität der Analysen so wesentlich verbessert werden.

Resampling

```
## Resampling --------------------------------------------------------------
import pandas as pd
import numpy as np
import statsmodels.api as sm
from sklearn.model_selection import KFold, RepeatedKFold, ShuffleSplit, train_test_s
plit
from sklearn.utils import resample

# Daten laden
mtcars = sm.datasets.get_rdataset('mtcars').data.copy()
mtcars['Verbrauch100km'] = round(235.215 / mtcars['mpg'], 1)
#- Normale Daten: Aufteilung in Trainings- und Testdaten-------------------
# Einfache Zufallsstichprobe 80:20
mtcars_train, mtcars_test = train_test_split(
    mtcars, test_size=0.2, random_state=123)
print("Aufteilung in Trainings- und Testdaten")
## Aufteilung in Trainings- und Testdaten
print("  Insgesamt:", mtcars.shape[0])
##    Insgesamt: 32
print("  Training:", mtcars_train.shape[0])
##    Training: 25
print("  Test:", mtcars_test.shape[0])
##    Test: 7
#- Aufteilung in Analyse und Validierungsdaten----------------------------
print(f"Split der {mtcars_train.shape[0]} Trainingsdaten in Analyse und Validierung"
)
## Split der 25 Trainingsdaten in Analyse und Validierung
# Einzelner Split mit 80:20
autos_analysis, autos_validation = train_test_split(
    mtcars_train, test_size=0.2, random_state=123)
print("  Einzel-Split: Anzahl Daten je Fold")
##    Einzel-Split: Anzahl Daten je Fold
print("    Analyse:", autos_analysis.shape[0])
##      Analyse: 20
print("    Validierung:", autos_validation.shape[0])
##      Validierung: 5
```

```
# V-Fold Kreuzvalidierung mit v=10
kf = KFold(n_splits=10, shuffle=True, random_state=123)
folds = list(kf.split(mtcars_train))
train_idx, val_idx = folds[0]
autos_analysis = mtcars_train.iloc[train_idx]
autos_validation = mtcars_train.iloc[val_idx]
print("  V-Fold Kreuzvalidierung mit 10 Folds: Anzahl Daten je Fold")
##   V-Fold Kreuzvalidierung mit 10 Folds: Anzahl Daten je Fold
print("     Analyse:", autos_analysis.shape[0])
##      Analyse: 22
print("     Validierung:", autos_validation.shape[0])
##      Validierung: 3
# Wiederholte Kreuzvalidierung (10x10-Fold)
rkf = RepeatedKFold(n_splits=10, n_repeats=10, random_state=123)
repeated_folds = list(rkf.split(mtcars_train))
train_idx, val_idx = repeated_folds[0]
autos_analysis = mtcars_train.iloc[train_idx]
autos_validation = mtcars_train.iloc[val_idx]
print("  Wiederholte Kreuzvalidierung 10x10 Folds: Anzahl Daten je Fold")
##   Wiederholte Kreuzvalidierung 10x10 Folds: Anzahl Daten je Fold
print("     Analyse:", autos_analysis.shape[0])
##      Analyse: 22
print("     Validierung:", autos_validation.shape[0])
##      Validierung: 3
# Monte-Carlo-Kreuzvalidierung 10 Wiederholungen mit 80:20
mc = ShuffleSplit(n_splits=10, test_size=0.2, random_state=123)
mc_folds = list(mc.split(mtcars_train))
train_idx, val_idx = mc_folds[0]
autos_analysis = mtcars_train.iloc[train_idx]
autos_validation = mtcars_train.iloc[val_idx]
print("  Monte-Carlo-Kreuzvalidierung mit 10 Sets: Anzahl Daten je Set")
##   Monte-Carlo-Kreuzvalidierung mit 10 Sets: Anzahl Daten je Set
print("     Analyse:", autos_analysis.shape[0])
##      Analyse: 20
print("     Validierung:", autos_validation.shape[0])
##      Validierung: 5
#- Aufteilung in Bootstrap- und Out-of-Bag-Daten---------------------------------
n_bootstraps = 10      # Anzahl Bootstrap-Samples
n_bootsize = 30        # Anzahl Datensätze in Analyse je Bootstrap
bootsamples = []
np.random.seed(123)  # Reproduzierbarkeit

for i in range(n_bootstraps):
    # Bootstrap-Ziehung mit Zurücklegen (Analyse-Stichprobe)
    analysis = resample(mtcars_train, replace=True, n_samples=n_bootsize, random_sta
te=123 + i)
    # Out-of-Bag: Beobachtungen, die nicht gezogen wurden
    oob_mask = ~mtcars_train.index.isin(analysis.index)
    oob = mtcars_train.loc[oob_mask]
    bootsamples.append({
        "id": f"Bootstrap-{i+1:02}",
        "analysis": analysis,
        "oob": oob
    })

print("  Bootstrap mit 10 Samples: Anzahl Daten je Sample")
##   Bootstrap mit 10 Samples: Anzahl Daten je Sample
for sample in bootsamples:
    analysis_shape - sample["analysis"].shape
    oob_shape = sample["oob"].shape
```

```
    print(f'    {sample["id"]}: Analyse = {analysis_shape[0]}, '
          f'OOB = {oob_shape[0]}')
##     Bootstrap-01: Analyse = 30, OOB = 7
##     Bootstrap-02: Analyse = 30, OOB = 8
##     Bootstrap-03: Analyse = 30, OOB = 9
##     Bootstrap-04: Analyse = 30, OOB = 9
##     Bootstrap-05: Analyse = 30, OOB = 10
##     Bootstrap-06: Analyse = 30, OOB = 5
##     Bootstrap-07: Analyse = 30, OOB = 8
##     Bootstrap-08: Analyse = 30, OOB = 6
##     Bootstrap-09: Analyse = 30, OOB = 6
##     Bootstrap-10: Analyse = 30, OOB = 8
```

6.5 Modellierung und Betrieb

Die Erstellung von KI-Anwendungen ist über klassische Programmierung möglich, wird aber immer häufiger effektiv durch ML unterstützt (siehe Abb. 2.3, 2.4 und 2.5). Um ein KI-System basierend auf Machine Learning effektiv zu erstellen, ist es empfehlenswert einem etablierten Prozess zu folgen, wie er in der Abb. 6.30 für das Überwachte und Unüberwachte Machine Learning dargestellt ist. Beim Bestärkenden Lernen entfällt der Import, die Datenvorverarbeitung und Explorative Datenanalyse, da die Daten zur Laufzeit zur Verfügung gestellt werden. Die Modellentwicklung erfolgt dynamisch durch jede Aktion des Agenten und der daraus resultierenden Belohnung. Es gilt durch Anpassung des Modell die Belohnung zu maximieren.

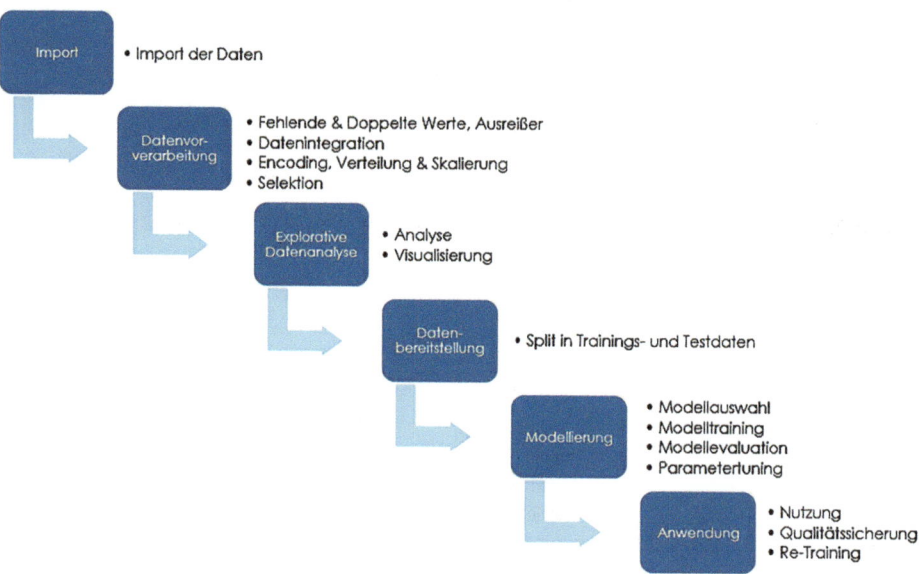

Abb. 6.30 Prozess für Überwachtes- und Unüberwachtes ML

Die ersten vier Prozessschritte wurden bereits in den vorangehenden Abschnitten beschrieben: Import (siehe Abschn. 6.1), Datenvorverarbeitung (siehe Abschn. 6.2), Explorative Datenanalyse (siehe Abschn. 6.3) und Datenbereitstellung (siehe Abschn. 6.4).

Um eine Frage mit Hilfe eines Modells beantworten zu können, werden Daten benötigt, die sich auf die untersuchten Forschungsgegenstände beziehen, z. B. die Umsatzdaten. Leider ist es oft schwer oder unmöglich alle relevanten Daten zu einer vollständigen Population, der gesamten Gruppe aller betrachteten Objekte, zu sammeln, z. B. zu allen Kunden. Einerseits ist es sehr zeitaufwendig und andererseits auch zu teuer oder schlicht unmöglich z. B. als Einkäufer den besten Preis für ein Produkt zu finden, da es weltweit sehr viele Anbieter eines Produktes gibt. Insofern ist man in der Realität ebenso wie in der Forschung in der Regel gezwungen mit einer Stichprobe oder Teilmenge der Population zu arbeiten.

Ziel der induktiven Statistik ist es, Aussagen über mehr als nur die vorliegenden Daten zu treffen, z. B. über Marktentwicklungen. Da die Ergebnisse auf unvollständigen Informationen beruhen, etwa weil nicht alle Personen befragt oder zukünftige Daten nicht bekannt sind, sind solche Aussagen stets mit Unsicherheit behaftet. Dennoch kann dieses Risiko quantifiziert und damit kontrolliert werden und dies gilt auch für ML-Modelle. Das Schöne ist jedoch, dass man das Risiko quantifizieren kann und dadurch in der Lage ist, Ergebnisse der induktiven Statistik korrekt zu interpretieren und bei selbst angewandten Verfahren der induktiven Statistik festzulegen, welche Höhe des Risikos akzeptabel ist und toleriert wird. **Machine Learning und Anwendungen der KI basieren auf Statistik und daher sind Vorhersagen immer ungenau und risikobehaftet**.

Die Höhe des Risikos hängt auch davon ab, welche Daten zur Verfügung gestellt werden (siehe Abschn. 6.4). Die einfache Verfügbarkeit von Daten kann verführerisch sein, auch wenn diese unter Umständen ungeeignet sind. Es gilt daher bei der Interpretation von Ergebnissen und der eigenen Anwendung der induktiven Statistik und des ML immer auf die Qualität der den Analysen zu Grunde liegenden Daten zu achten.

6.5.1 Modellierung

Modellierung ist immer ausgerichtet an dem Ziel eine Frage zu beantworten bzw. ein Problem zu lösen. In der Praxis beginnt Modellierung häufig mit einem sehr einfachen Ansatz. Nehmen wir als Beispiel ein Unternehmen, das den täglichen Umsatz seiner Filialen prognostizieren möchte. Ein erster naiver Versuch wäre, einfach den Durchschnittsumsatz aller Tage als Prognose für jeden künftigen Tag zu verwenden. Doch schnell zeigt sich: Die Streuung der Abweichungen (Residuals) ist beträchtlich, das Modell greift zu kurz.

Eine genauere Betrachtung (Exploratory Data Analysis, EDA) zeigt, dass der Wochentag einen deutlichen Einfluss auf den Umsatz hat: Am Samstag ist er höher, am Montag eher gering. Dieses Wissen lässt sich in ein lineares Regressionsmodell integrieren, das den Wochentag als Prädiktor berücksichtigt, mit deutlich geringerem Fehler. Noch später erkennt man, dass an bestimmten Tagen mit Sonderaktionen oder Feiertagen die Prognose

ebenfalls stark abweicht. Ein weiterer Modellschritt kann dann darin bestehen, Sonderta-
ge explizit zu kennzeichnen. Jedes neue Modell basiert auf verbessertem Datenverständnis
und stellt eine kreative Weiterentwicklung dar. **Modellierung ist ein kreativer Prozess,
der nicht mit dem ersten Modell endet, sondern sich stetig durch bessere Einsichten
in die Daten verbessert.**

Iterative Modellierung

```
## Iterative Modellierung-------------------------------------------------------
import pandas as pd
import numpy as np
import matplotlib.pyplot as plt
import seaborn as sns
import statsmodels.formula.api as smf

# Beispieldaten generieren
np.random.seed(42)
tage = pd.date_range(start="2025-07-01", periods=90, freq="D")
wochentage = tage.day_name()
umsatz = 200 + \
        np.where(wochentage == "Saturday", 100, 0) + \
        np.where(wochentage == "Sunday", -50, 0) + \
        np.random.normal(loc=0, scale=30, size=len(tage))
aktionstage = pd.to_datetime(["2025-07-15", "2025-08-10", "2025-09-05"])
umsatz += np.where(np.isin(tage, aktionstage), 150, 0)
df = pd.DataFrame({
    "Datum": tage,
    "Umsatz": umsatz,
    "Wochentag": wochentage,
    "Aktionstag": tage.isin(aktionstage).astype(int)
})
# Modell 1: Einfacher Mittelwert
df["Modell1"] = df["Umsatz"].mean()
df["Residual1"] = df["Umsatz"] - df["Modell1"]
fehler1_sd = df["Residual1"].std()
fehler1_mae = df["Residual1"].abs().mean()
# Modell 2: Regressionsmodell mit Wochentag
modell2 = smf.ols("Umsatz ~ C(Wochentag)", data=df).fit()
```

```
df["Modell2"] = modell2.predict(df)
df["Residual2"] = df["Umsatz"] - df["Modell2"]
fehler2_sd = df["Residual2"].std()
fehler2_mae = df["Residual2"].abs().mean()
# Modell 3: Regressionsmodell mit Wochentag + Aktionstag
modell3 = smf.ols("Umsatz ~ C(Wochentag) + Aktionstag", data=df).fit()
df["Modell3"] = modell3.predict(df)
df["Residual3"] = df["Umsatz"] - df["Modell3"]
fehler3_sd = df["Residual3"].std()
fehler3_mae = df["Residual3"].abs().mean()
# Übersicht
print(f"Standardabweichung der Residuen:")
## Standardabweichung der Residuen:
print(f"Modell 1 (Mittelwert):              {fehler1_sd:.2f}")
## Modell 1 (Mittelwert):            52.08
print(f"Modell 2 (mit Wochentag):           {fehler2_sd:.2f}")
## Modell 2 (mit Wochentag):         36.43
print(f"Modell 3 (mit Wochentag + Aktionstag):{fehler3_sd:.2f}")
## Modell 3 (mit Wochentag + Aktionstag):26.69
# Visualisierung mit MAE in der Legende
plt.figure(figsize=(12, 6))
sns.lineplot(x="Datum", y="Residual1", data=df,
            label=f"Modell 1 (Mittelwert) Standardabweichung Residuals: {fehler1_sd
:.1f}")
sns.lineplot(x="Datum", y="Residual2", data=df,
            label=f"Modell 2 (Wochentag) Standardabweichung Residuals: {fehler2_sd:
.1f}")
sns.lineplot(x="Datum", y="Residual3", data=df,
            label=f"Modell 3 (+Aktionstag) Standardabweichung Residuals: {fehler3_s
d:.1f}")
plt.axhline(0, color="gray", linestyle="--")
plt.title("Residuals der Umsatzvorhersage (drei Modellstufen)")
plt.ylabel("Residual (Abweichung vom tatsächlichen Umsatz)")
plt.xlabel("Datum")
plt.legend()
plt.tight_layout()
plt.show()
```

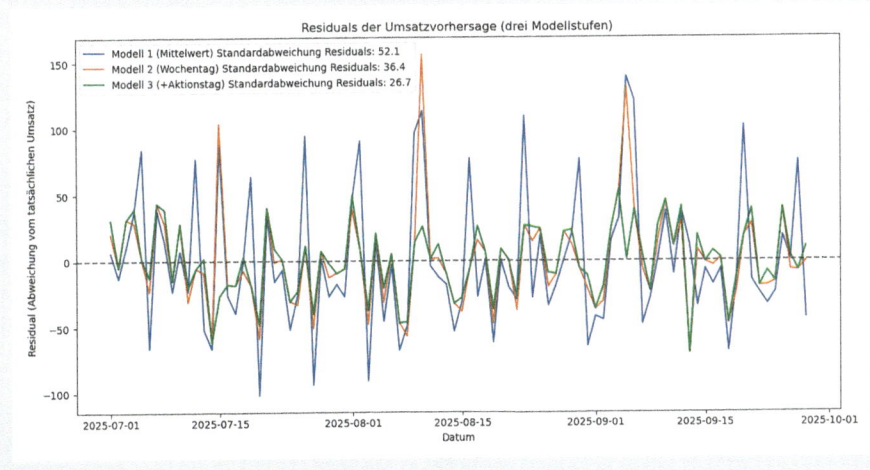

Zwei fundamentale Herausforderungen bei der Modellierung in der datenbasierten Vorhersage und Klassifikation sind das Underfitting und Overfitting. Beide Phänomene stehen im Zusammenhang mit der Komplexität eines Modells und dessen Fähigkeit, aus vorhandenen Daten zu lernen und auf neue Daten zu generalisieren.

Underfitting (unterangepasstes Modell) tritt auf, wenn ein Modell zu einfach ist, um die zugrunde liegenden Muster in den Trainingsdaten adäquat zu erfassen. Dies kann beispielsweise bei linearen Modellen für stark nichtlineare Zusammenhänge der Fall sein. Ein unterangepasstes Modell weist sowohl auf den Trainings- als auch auf den Testdaten eine hohe Fehlerquote auf, da es weder die Strukturen der Lernbasis adäquat abbildet noch ausreichend auf unbekannte Daten generalisieren kann. Typische Anzeichen für Underfitting ist eine **geringe Modellgüte** (z. B. ein niedriger R^2-Wert bzw. hoher RMSE) und hohe Standardfehler (große Residuen wie in Modell 1 im vorangegangenen Beispiel).

Im Gegensatz dazu beschreibt **Overfitting (überangepasstes Modell)** ein Modell, das zu komplex ist und sich zu stark an die Trainingsdaten anpasst. Es modelliert nicht nur das tatsächliche Signal, sondern auch Zufallsschwankungen oder Rauschen in den Daten. Dies führt dazu, dass das Modell auf den Trainingsdaten zwar sehr gute Ergebnisse liefert (z. B. geringe Fehlermaße), jedoch auf neuen, unbekannten Daten schlecht generalisiert. Die Folge ist eine **Diskrepanz zwischen Trainings- und Testfehler**. Overfitting tritt häufig auf, wenn zu viele Prädiktoren verwendet werden, hochgradig flexible Modelle (z. B. polynomielle Regression hoher Ordnung oder tiefe neuronale Netze ohne Regularisierung) zum Einsatz kommen. Die Modellgüte sollte daher stets sowohl auf den Trainings- als auch auf unabhängigen Test- oder Validierungsdaten überprüft werden. Verfahren wie Kreuzvalidierung oder die Begrenzung der Modellkomplexität sind zentrale Instrumente zur Vermeidung von Overfitting. Ziel ist es, ein Modell zu finden, das die Datenstruktur hinreichend erfasst, ohne unnötige Komplexität zuzulassen, also ein Gleichgewicht zwischen Bias (Verzerrung) und Varianz zu finden.

Ein visuelles Beispiel für Over- und Underfitting lässt sich häufig in Regressionsplots beobachten (siehe Abb. 6.31): Ein underfittes Modell zeigt eine zu flache, wenig informative Regressionslinie, während ein overfittes Modell sich durch eine stark oszillierende, den Trainingspunkten exakt folgende Kurve auszeichnet. Nur ein Modell mittlerer Komplexität trifft den wahren Zusammenhang adäquat und zeigt sowohl auf Trainings- als auch Testdaten akzeptable Vorhersageleistungen. Als Maß zur Bewertung der Güte von Vorhersagemodellen wird hier der **Root Mean Squared Error (RMSE)** als Wurzel des mittleren quadratischen Fehlers verwendet. Er quantifiziert den durchschnittlichen Unterschied der vorhergesagten Werten eines Modells und den tatsächlich beobachteten Werten in den Daten. Sowohl das Underfitting als auch das Overfitting bewirken einen erhöhten RMSE im Vergleich zu dem Modell mit gutem Fit.

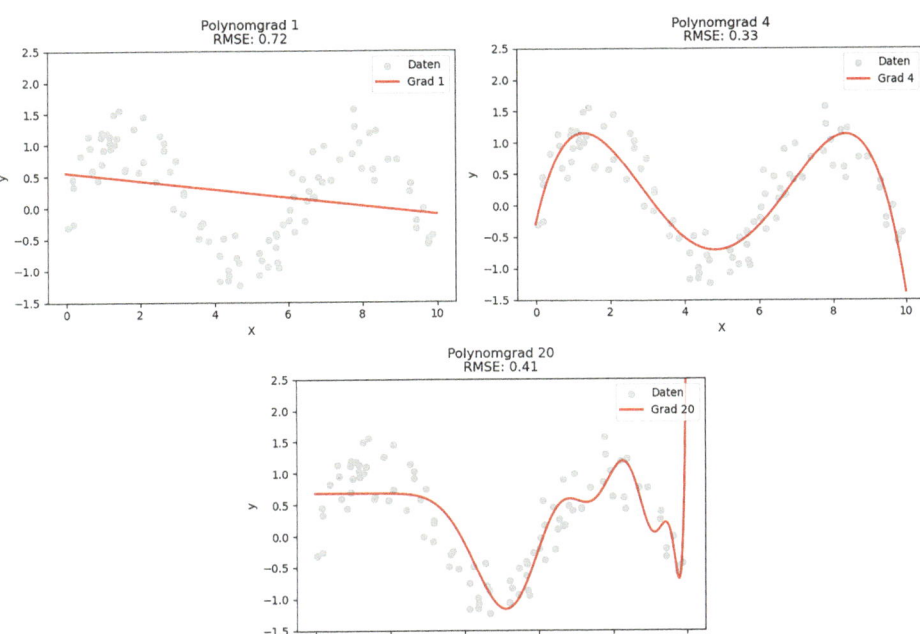

Abb. 6.31 Under- und Overfitting

6.5.2 Modell-Wahl

Die Wahl des Modells im ML ist von grundlegender Bedeutung für die Qualität und Verlässlichkeit der Ergebnisse. Sie bestimmt maßgeblich, welche Art von Zusammenhängen zwischen Eingabe- und Zielgrößen erkannt werden können, wie gut ein Modell generalisiert, wie anfällig es für Überanpassung ist und inwieweit es interpretierbar bleibt. Die Modellwahl ist daher nicht nur eine technische, sondern eine konzeptionelle Entscheidung mit weitreichenden Konsequenzen.

Je nach gewähltem Modelltyp können nur bestimmte Strukturen in den Daten erkannt werden. Lineare Modelle wie die Lineare Regression eignen sich zur Erfassung einfacher, linearer Zusammenhänge, versagen jedoch bei komplexeren Beziehungen. Nichtlineare Modelle, etwa Entscheidungsbäume oder neuronale Netze, sind in der Lage, auch hochkomplexe und nichtlineare Muster zu erfassen. Damit erweitert sich der Lösungsraum, den ein Modell untersuchen kann. Diese Flexibilität geht jedoch mit dem Risiko der Überanpassung an die Trainingsdaten einher. Eng mit der Modellwahl verknüpft ist das sogenannte **Bias-Varianz-Verhältnis**. Ein einfaches Modell besitzt häufig ein **hohes Bias**, d. h. es trifft systematische Fehler, ist aber unempfindlich gegenüber Schwankungen in den Trainingsdaten (**niedrige Varianz**). Komplexe Modelle haben demgegenüber ein **gerin-**

ges Bias, reagieren aber stark auf Veränderungen in den Trainingsdaten (**hohe Varianz**). Die richtige Modellwahl zielt auf ein Gleichgewicht ab: Das Modell soll die zugrundeliegenden Strukturen erfassen, ohne zufällige Schwankungen zu überbewerten.

Darüber hinaus hat die Wahl des Modells Einfluss auf die **Anforderungen an die verfügbaren Ressourcen**. Einfache Modelle lassen sich oft mit geringem Daten- und Rechenaufwand trainieren, eignen sich aber nicht für alle Problemstellungen. Komplexe Modelle wie tiefe neuronale Netze benötigen große Datenmengen und erhebliche Rechenkapazitäten, bieten dafür aber Vorteile bei Aufgaben mit hoher Datenkomplexität.

Ein weiterer wichtiger Aspekt ist die **Interpretierbarkeit (Nachvollziehbarkeit)** des Modells. In vielen Anwendungsbereichen ist es unerlässlich, dass die getroffenen Vorhersagen nachvollziehbar sind. Lineare Modelle oder Entscheidungsbäume sind in dieser Hinsicht deutlich transparenter als komplexe neuronale Netze, die oft als „**Black Box**" gelten. Je nach Anwendungsfeld muss daher abgewogen werden, ob maximale Vorhersagekraft oder größtmögliche Nachvollziehbarkeit im Vordergrund stehen soll.

Zusammenfassend lässt sich sagen, dass die Modellwahl eine zentrale Stellschraube im maschinellen Lernen darstellt. Sie bestimmt nicht nur, welche Muster erkannt werden können, sondern auch, wie robust, effizient und erklärbar die Modelle sind. Ein geeignetes Modell ermöglicht es, die verfügbaren Daten bestmöglich auszuschöpfen. Ein ungeeignetes Modell hingegen kann trotz guter Datenlage zu fehlerhaften, instabilen oder unbrauchbaren Vorhersagen führen. Modellierung ist daher kein rein algorithmischer, sondern immer auch ein strategischer und kreativer Prozess. Im Folgenden werden ausgewählte Modelltypen der drei Hauptkategorien des maschinellen Lernens vorgestellt: Überwachtes Lernen, Unüberwachtes Lernen und Bestärkendes Lernen (siehe Abb. 6.32, 6.33 und 6.34).

--- Überwachtes Lernen ---	
Methode	Typische Anwendung
Lineare (LinR) und Polynomiale Regression (PolR)	Vorhersage kontinuierlicher Werte
Logistische Regression (LogR)	Binäre Klassifikation
Entscheidungsbäume oder Decision Trees (DTree)	Regelbasierte Entscheidungsmodelle
Random Forests (RF)	Ensemble-Klassifikation und Regression
Support Vector Machines (SVM)	Klassifikation mit max. Abstand
K-Nearest Neighbors (KNN)	Ähnlichkeitsbasierte Klassifikation
Neuronale Netze (NN)	Lernen komplexer nichtlinearer Zusammenhänge
Gradient Boosting Machines (GBM)	Komplexe Klassifikation bzw. Regression

Abb. 6.32 Methoden des Überwachten Lernens

--- Unüberwachtes Lernen ---	
Methode	Typische Anwendung
Principal Component Analysis (PCA)	Dimensionsreduktion
K-Means Clustering (KMeans)	Kundensegmentierung, Mustererkennung
Apriori-Algorithmus (Apriori)	Warenkorbanalyse, Assoziationsregeln

Abb. 6.33 Methoden des Unüberwachten Lernens

--- Bestärkendes Lernen ---	
Methode	Typische Anwendung
Q-Learning (QL)	Entscheidungsfindung in sequenziellen Aufgaben
Deep Q-Networks (DQN)	Spielstrategien, Robotik
Policy Gradient Methods (PGM)	Optimierung von Entscheidungsstrategien in komplexen Umgebungen
Monte Carlo Tree Search (MCTS)	Spielstrategien

Abb. 6.34 Methoden des Bestärkenden Lernens

Beim Überwachtem Lernen werden Modelle auf Basis gelabelter Daten trainiert, um Vorhersagen oder Klassifikationen durchzuführen. Die **Lineare und Polynomiale Regression** dient der Vorhersage kontinuierlicher Zielgrößen, etwa bei Preis- oder Umsatzprognosen. Die **Logistische Regression** ist auf binäre Klassifikationsaufgaben spezialisiert, beispielsweise bei Kreditwürdigkeitsprüfungen. **Entscheidungsbäume** ermöglichen durch eine baumartige Struktur regelbasierte Entscheidungen, während **Random Forests** eine Vielzahl solcher Bäume kombinieren, um stabilere und genauere Vorhersagen zu ermöglichen. **Support Vector Machines** (SVM) versuchen, eine optimale Trennlinie zwischen Klassen mit maximalem Abstand zu finden und sind für komplexe Klassifikationsaufgaben geeignet. **K-Nearest Neighbors** (KNN) basiert auf dem Prinzip, dass ähnliche Datenpunkte häufig ähnliche Zielwerte haben. **Neuronale Netze** können hochkomplexe nichtlineare Zusammenhänge modellieren und werden neben der Vorhersage kontinuierlicher Aufgaben und der Klassifikation häufig auch für Bild- oder Spracherkennung eingesetzt. **Gradient Boosting Machines** verbessern iterativ eine Folge schwacher Modelle und erzielen gute Ergebnisse in vielen Klassifikations- und Regressionsaufgaben.

Im Unüberwachten Lernen wird versucht, Strukturen oder Muster in unbeschrifteten Daten zu erkennen. Die **Principal Component Analysis** (PCA) reduziert die Anzahl der Variablen, indem sie neue Achsen definiert, welche eine maximale Varianz enthalten. **K-Means** Clustering gruppiert Datenpunkte in Cluster, wobei jedes Cluster durch ein Zentrum repräsentiert wird. Der **Apriori-Algorithmus** dient der Analyse von Assoziationsregeln, etwa zur Identifikation gemeinsam gekaufter Produkte in der Warenkorbanalyse.

Bestärkendes Lernen beschreibt Lernverfahren, bei denen ein Agent durch Interaktion mit seiner Umgebung optimale Handlungen erlernt. **Q-Learning** basiert auf der Idee, die erwarteten Belohnungen für Aktionen in bestimmten Zuständen zu schätzen. **Deep Q-Networks (DQN)** erweitern Q-Learning mit tiefen neuronalen Netzen, wodurch auch komplexe Entscheidungsprobleme wie Spiele oder Robotikaufgaben lösbar werden. **Policy Gradient Methods** lernen direkt die optimale Wahrscheinlichkeitsverteilung über Aktionen und sind für kontinuierliche Aktionsräume gut geeignet. Die **Monte Carlo Tree Search** schließlich simuliert viele mögliche Aktionsfolgen und wird häufig für Entscheidungsfindungen in komplexen Spielen eingesetzt, z. B. in Go oder Schach.

Nachfolgend werden einige der genannten Methoden des maschinellen Lernens ausführlicher vorgestellt.

6.5.2.1   Lineare (LinR) und Polynomiale Regression (PolR)

Die Regressionsanalyse ist ein zentrales Verfahren der Statistik und des maschinellen Lernens, das dazu dient, den Zusammenhang zwischen einer Zielgröße und einer oder mehreren Einflussgrößen zu modellieren. Ziel ist es, eine mathematische Funktion zu finden, die diesen Zusammenhang möglichst gut beschreibt und es erlaubt, Vorhersagen für neue Daten zu treffen.

Die einfachste Form ist die **Lineare Regression** (Funktion `LinearRegression()` aus dem Paket **sklearn.linear_model**). Sie beschreibt die Beziehung durch eine Gerade, also durch eine lineare Funktion der Form $y = w_0 + w_1x_1 + w_2x_2 + \ldots + w_nx_n$ (y = abhängige Variable, w_0 = y-Achsenabschnitt, x_{1-n} = unabhängige Variablen, w_{1-n} = Gewichtungsfaktoren). Dabei werden die Parameter so gewählt, dass die Abweichung zwischen den vorhergesagten und den tatsächlichen Werten, etwa gemessen durch den sogenannten RMSE (Root Mean Squared Error), minimiert wird.

In der Praxis reicht eine lineare Beschreibung jedoch oft nicht aus, insbesondere wenn der Zusammenhang zwischen Eingabe- und Zielwert nicht-linear ist und von mehr als einer Einflussgröße abhängt. Hier kommt die **Polynomiale Regression** zum Einsatz. Sie erweitert das Modell um Potenzglieder höheren Grades, wie z. B. bei 2 unabhängigen Variablen und einem Polynom 2. Ordnung $y = w_0 + w_1x_1 + w_2x_2 + w_3x_1{}^2 + w_4x_2{}^2 + w_5x_1x_2$. Der Grad des Polynoms bestimmt dabei die Komplexität des Modells. Ein Grad-3-Polynom kann schon einfache Krümmungen abbilden, während ein Grad-12-Polynom auch kleinere Schwankungen in den Trainingsdaten erfassen kann. Diese Flexibilität ist Fluch und Segen zugleich. Ist das Modell zu einfach, gelingt es nicht, die Struktur der Daten zu erfassen, man spricht von **Underfitting**. Ist es dagegen zu komplex, passt es sich zu stark an die Trainingsdaten an, inklusive deren zufälliger Ausreißer, das nennt man **Overfitting**. Ein gutes Regressionsmodell liegt also irgendwo dazwischen: Es ist ausreichend komplex, um die Datenstruktur zu erfassen, aber nicht so flexibel, dass es beginnt, Rauschen zu modellieren.

Die folgende Tabelle gibt eine Übersicht über die zentralen Parameter der Polynomialen Regression (Funktion `PolynomialFeatures()` aus dem Paket **sklearn. preprocessing**) sowie deren Funktion und typische Wertebereiche (siehe Abb. 6.35).

Parameter	Funktion	Typische Werte
degree	Grad des Polynoms	z. B. 2 oder 3
interaction_only	Nur Wechselwirkungen, keine Potenzen	False (Standard); True = keine Quadrate
include_bias	Ob Bias-Term explizit als Feature enthalten sein soll	True (Standard); False = nur Transformation
order	Reihenfolge der generierten Features	"C" (lexikographisch), "F" (fortran-artig)

Abb. 6.35 Polynomiale Regression: Zentrale Parameter

Die Abb. 6.36, 6.37 und 6.38 zeigen diese Zusammenhänge. Es wird ersichtlich, dass zusätzliche Datenpunkte die Berechnung der Regressionsmodelle beeinflussen. Es wird sowohl ein lineares Modell sowie polynomiale Modelle 3. und 5. Grades einmal mit 7, 10 und 13 Datenpunkten verwendet. Zu jedem Modell wird der jeweilige RMSE berechnet. Bei wenigen Datenpunkten versagt das lineare Modell oft, während höhere Polynomgrade zwar perfekt durch alle Punkte verlaufen, aber mit starken Krümmungen und unrealistischen Auswüchsen reagieren, ein typischer Fall von Overfitting. Beim Machine Learning kann durch Parametertuning (siehe Abschn. 6.5.5) der Grad ermittelt werden, welcher zu dem geringsten Vorhersagefehler führt, der als RMSE messbar ist.

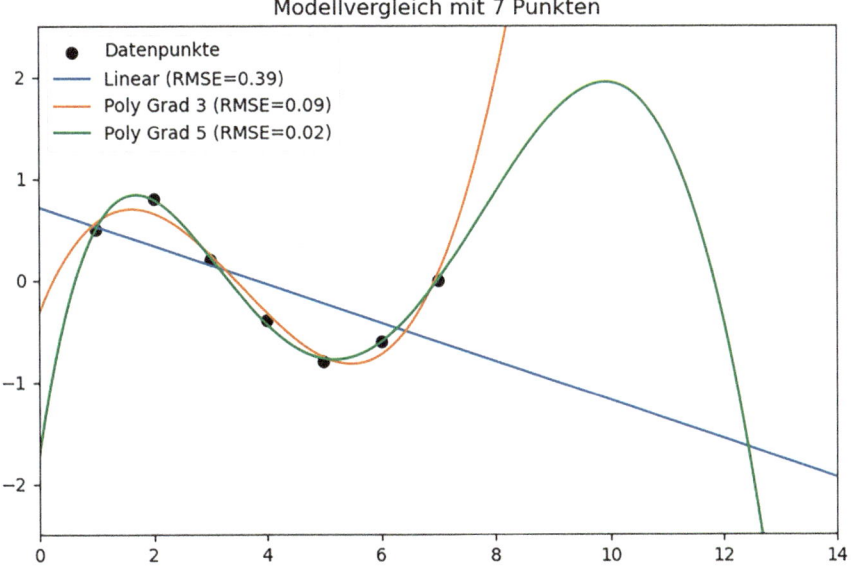

Abb. 6.36 Regression mit 7 Datenpunkten

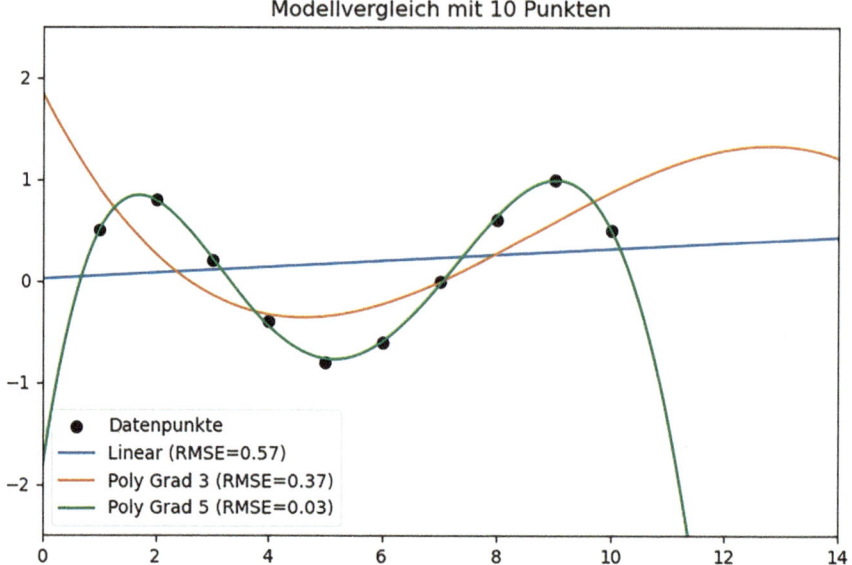

Abb. 6.37   Regression mit 10 Datenpunkten

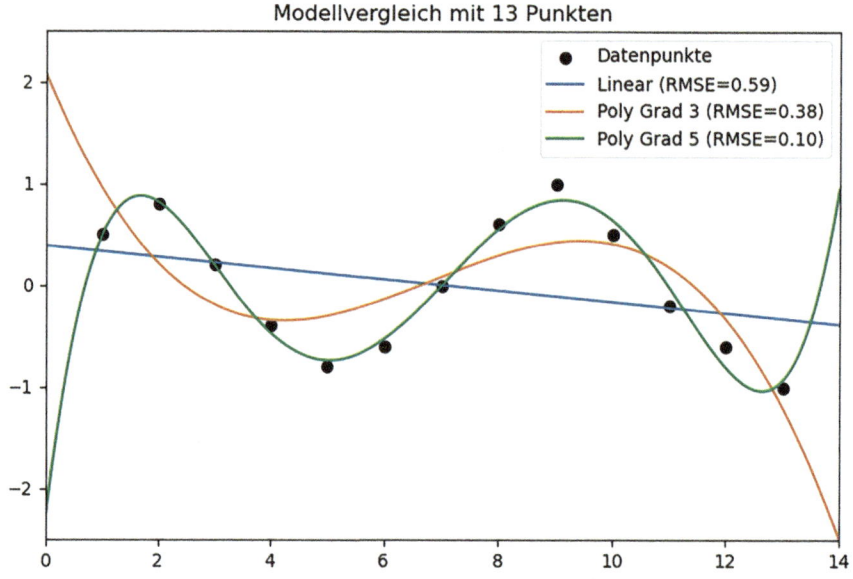

Abb. 6.38   Regression mit 13 Datenpunkten

6.5.2.2 Logistische Regression (LogR)

Die logistische Regression ist ein statistisches Verfahren zur Modellierung binärer Ziel-variablen (z. B. Kauf vs. Nicht-Kauf). Sie gehört zu den überwachten Lernverfahren und gibt die Wahrscheinlichkeit dafür an, dass ein Datenpunkt zu einer bestimmten Klasse gehört. Die Ausgabe der linearen Funktion wird dabei durch die **Sigmoid-Funktion** trans-formiert. Diese Funktion hat die Eigenschaft, dass sie beliebige Regressionswerte in den Wertebereich zwischen 0 und 1 transformiert, also in gültige Wahrscheinlichkeiten. Die mathematische Form der logistischen Funktion lautet:

- $P(y = 1 \mid x) = 1/(1 + e^{-(\beta_0 + \beta_1 x_1 + \beta_2 x_2 + \dots + \beta_n x_n)})$
- Dabei stehen:
  - $P(y = 1 \mid x)$ für die Wahrscheinlichkeit, dass das Ergebnis der positiven Klasse (z. B. „Kunde kauft") entspricht
  - $x_1, x_2, \dots, x_n$ für die Merkmale der Eingabe
  - $\beta_0, \beta_1, \dots, \beta_n$ für die gelernten Modellparameter
  - e ist die eulersche Zahl
  - Die Sigmoid-Funktion dient dazu, die Wahrscheinlichkeit vorherzusagen, dass ei-ne bestimmte Eingabe zu einer der beiden Klassen gehört, beispielsweise „Kunde kauft" oder „Kunde kauft nicht".

Die folgende Tabelle gibt eine Übersicht über die zentralen Parameter der Logistischen Regression (Funktion `LogisticRegression()` aus dem Paket **sklearn.linear_model**) sowie deren Funktion und typische Wertebereiche (siehe Abb. 6.39).

Die Logistische Regression kann z. B. zur Klassifikation von Textnachrichten als „Spam" oder „Ham" (Nicht-Spam) verwendet werden. Das Dataset aus dem UCI Ma-chine Learning Repository enthält 5574 englischsprachige SMS-Nachrichten, die manuell

Parameter	Funktion	Typische Werte
penalty	Regulierungstyp zur Vermeidung von Overfitting	"l2" (Standard), "l1", "elasticnet", "none"
C	Inverse der Regularisier-ungsstärke (kleiner = stärker)	1.0 (Standard), 0.01 – 10
solver	Algorithmus zur Optimierung der Koeffizienten	"liblinear", "lbfgs", "saga"
max_iter	Maximale Anzahl Iterationen für die Konvergenz	100 – 1000
class_weight	Ausgleich von Klassenungleichgewichten	"balanced" oder benutzerdefiniert
fit_intercept	Ob ein Bias-Term (y-Achsenab-schnitt) berechnet wird	True (Standard)

Abb. 6.39 Logistische Regression: Zentrale Parameter

mit einem Label (spam oder ham) versehen wurden. Bei der Modellierung wurde wie folgt vorgegangen:

1. Datenvorverarbeitung: Die Zielvariablen (ham und spam) wurden in binäre Werte umkodiert (0 für ham, 1 für spam). Die Textnachrichten wurden mithilfe des TF-IDF-Vektorisierungsverfahrens in numerische Merkmale umgewandelt. Dabei wurde eine Begrenzung auf die 1000 häufigsten Terme vorgenommen, um die Modellkomplexität zu kontrollieren.
2. Modelltraining: Zur Klassifikation wurde ein logistisches Regressionsmodell trainiert, wobei ein Train-Test-Split (80/20) verwendet wurde.
3. Klassifikationsbericht wurde für die Testdaten:

	Precision	recall	f1-score	support
0	0,98	1,00	0,99	966
1	1,00	0,85	0,92	149
accuracy	–	–	0,98	1115
macro avg	0,99	0,92	0,95	1115
weighted avg	0,98	0,98	0,98	1115

4. Evaluation: Die Ergebnisse zeigen eine sehr hohe Modellgüte. Die Klasse 0 (ham) weist eine Präzision von 98 % und einen Recall von 100 % auf. Das bedeutet, dass nahezu alle ham-Nachrichten korrekt erkannt wurden, ohne fälschlicherweise als spam klassifiziert zu werden. Für die Klasse 1 (spam) liegt die Präzision sogar bei 100 %, während der Recall bei 85 % liegt. Das bedeutet: Wenn das Modell einen Spam erkennt, ist es praktisch immer korrekt, allerdings werden etwa 15 % der tatsächlichen Spam-Nachrichten übersehen. Die Gesamtgenauigkeit des Modells liegt bei 98 %, was auf eine äußerst zuverlässige Klassifikation hinweist. Eine exakte Erklärung zur Evaluation findet sich im Abschn. 6.5.3.

6.5.2.3 Entscheidungsbäume (DT) und Random Forests (RF)

Entscheidungsbäume sind überwachte Lernverfahren zur Klassifikation und Regression. Sie modellieren Entscheidungsregeln in Form einer baumartigen Struktur, in der an jedem inneren Knoten ein Attribut getestet wird, Äste für mögliche Attributswerte stehen und Blätter eine Entscheidung oder einen Zielwert repräsentieren.

Das Modell teilt den Merkmalsraum rekursiv anhand von Bedingungen, sodass möglichst reine Teilmengen entstehen. Die Baumkonstruktion basiert auf Metriken wie dem Informationsgewinn (entropy) oder dem Gini-Index. Entscheidungsbäume sind leicht interpretierbar, aber **anfällig für Overfitting**. Die Entropie und der Gini-Index sind zwei zentrale Maße zur Bewertung der Reinheit eines Knotens in einem Entscheidungsbaum. Sie bestimmen, wie „gut" eine Aufteilung der Daten in Bezug auf die Zielvariable ist, und werden als sogenannte Split-Kriterien verwendet. Ziel ist es, durch die Auswahl des besten Merkmals mit dem optimalen Trennwert die Datensätze in möglichst homogene Teilgruppen zu unterteilen. Kriterien zur Aufspaltung von Knoten sind:

- **Entropie (Information Gain)**: Die Entropie stammt aus der Informationstheorie und misst die Unordnung oder Unreinheit in einer Menge von Daten. Ist die Entropie hoch, bedeutet dies, dass die Klassenverteilung sehr durchmischt ist. Eine reine Menge (nur eine Klasse) hat eine Entropie von 0. Je stärker eine Aufteilung die Entropie reduziert, desto größer ist der sogenannte Informationsgewinn (Information Gain), dieser Wert wird maximiert. Eine Entropie von 1 bedeutet eine Gleichverteilung, also maximale Unordnung.
- **Gini-Index**: Der Gini-Index ist ein alternatives Maß zur Bewertung der Unreinheit. Er wird häufig aufgrund seiner rechnerischen Einfachheit bevorzugt. Der Gini-Wert ist 0, wenn alle Elemente zu einer Klasse gehören, und erreicht sein Maximum bei einer Gleichverteilung.

Beim Aufbau eines Entscheidungsbaums prüft der Algorithmus für jede potenzielle Aufspaltung (Merkmal + Schwellenwert), wie stark sich Entropie oder Gini-Index durch die Trennung verringern. Die Kombination mit der größten Reinheitsverbesserung wird gewählt. Die Wahl zwischen Entropie und Gini hängt von Präferenz, Kontext oder Rechenaufwand ab, in der Praxis liefern beide oft vergleichbare Ergebnisse.

Die folgende Tabelle gibt eine Übersicht über die zentralen Parameter der Entscheidungsbaum-Methode (Funktion `DecisionTreeClassifier()` aus dem Paket **sklearn. tree**) sowie deren Funktion und typische Wertebereiche (siehe Abb. 6.40).

Der Entscheidungsbaum in Abb. 6.41 basiert auf künstlich erzeugten Daten und dient der Klassifikation von Antragstellenden hinsichtlich ihrer Kreditwürdigkeit. Grundlage der Entscheidung bilden die Merkmale Einkommen und Alter, wobei der Zielwert binär codiert ist: 1 für „kreditwürdig" und 0 für „nicht kreditwürdig". Die erste Aufspaltung erfolgt anhand des Einkommens. Antragstellende mit einem Einkommen von höchstens 38.792 € werden unmittelbar als nicht kreditwürdig klassifiziert, da alle ihnen zugeordneten Beobachtungen in dieser Gruppe dieser Kategorie entsprechen (Gini = 0, rein). Diese Entscheidung betrifft sieben Fälle. Liegt das Einkommen oberhalb dieses Schwellenwerts,

Parameter	Funktion	Typische Werte
criterion	Kriterium zur Aufspaltung von Knoten	"gini" (Standard) oder "entropy"
max_depth	Maximale Tiefe des Baums	3 – 20; None = unbegrenzt
min_samples_split	Minimale Anzahl an Samples, um einen Knoten zu teilen	2 – 10
min_samples_leaf	Minimale Anzahl an Samples in einem Blatt	1 – 5
max_features	Anzahl zu betrachtender Merkmale bei Splits	"auto", "sqrt", "log2", None

Abb. 6.40 Entscheidungsbaum-Methode: Zentrale Parameter

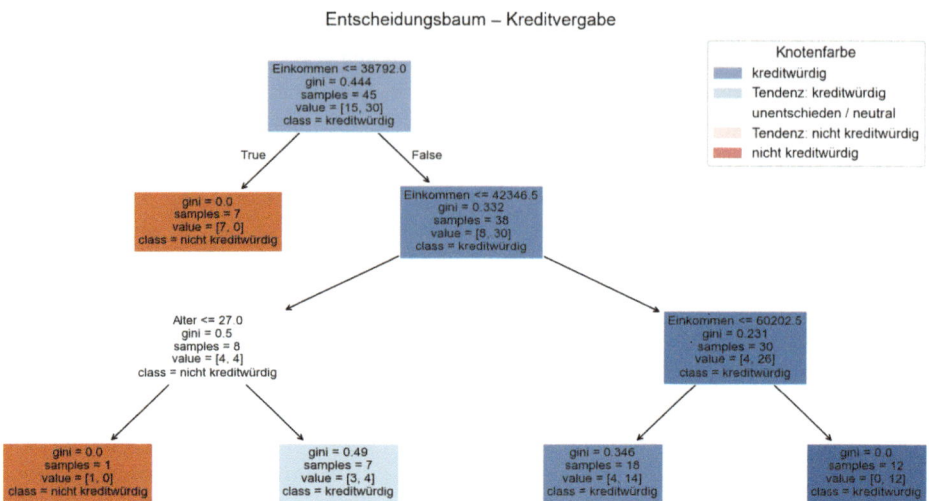

Abb. 6.41 Entscheidungsbaum zur Kreditvergabe

erfolgt eine weitere Differenzierung bei 42.346,50 €. Auch hier ist die überwiegende Mehrheit der Antragstellenden als kreditwürdig einzustufen (30 von 38 Fällen), der Gini-Koeffizient liegt bei 0,332. Die rechte Verzweigung dieses Knotens betrachtet Antragstellende mit einem Einkommen über 42.346,50 € und differenziert nochmals bei einem Einkommen von 60.202,50 €. Auch hier bestätigt sich die Tendenz: Höheres Einkommen geht mit höherer Wahrscheinlichkeit einer positiven Kreditentscheidung einher. Die endgültigen Blattknoten dieser Verzweigung weisen Gini-Werte von 0,346 (leicht gemischt) bzw. 0,0 (rein kreditwürdig) auf. Die linke Verzweigung des Knotens bei 42.346,50 € betrachtet Antragstellende mit moderatem Einkommen und unterteilt weiter nach dem Alter. Dabei liegt die Grenze bei 27 Jahren. Der Gini-Index von 0,5 besagt, dass eine gleichmäßige Verteilung von kreditwürdigen und nicht kreditwürdigen Personen hier betroffen sind. In einem der daraus entstehenden Blätter ergibt sich eine gemischte Klassifikation mit 4 kreditwürdigen und 3 nicht kreditwürdigen Fällen, also einer Kreditwürdigkeitswahrscheinlichkeit von ca. 57 %. Die eine Person unter 28 Jahren wird als nicht kreditwürdig klassifiziert.

Die Farbgebung der Knoten visualisiert die Reinheit der Entscheidung: Kräftige Farben (Blau für kreditwürdig, Rotbraun für nicht kreditwürdig) stehen für eindeutige Entscheidungen, während hellere Farben Tendenzen ausdrücken. Weiße Knoten repräsentieren neutrale Bereiche ohne klare Mehrheitsklasse (z. B. Gini = 0,5).

Random Forest ist ein **Ensemble-Lernverfahren**, das mehrere Entscheidungsbäume kombiniert, um eine robustere Vorhersage zu ermöglichen. Jeder Baum wird auf einem zufällig gezogenen Teil des Trainingsdatensatzes (mit Zurücklegen) und mit zufälliger Auswahl von Merkmalen bei jedem Split trainiert. Die finale Entscheidung erfolgt durch **Mehrheitsentscheid (Klassifikation)** oder **Mittelwertbildung (Regression)** der Einzel-

Parameter	Funktion	Typische Werte
n_estimators	Anzahl der Bäume im Wald	100 – 500
criterion	Kriterium zur Aufspaltung von Knoten	"gini" oder "entropy"
max_depth	Maximale Tiefe der Bäume	10 – 50 oder None
min_samples_split	Minimale Anzahl an Samples, um einen Knoten zu teilen	2 – 10
min_samples_leaf	Minimale Anzahl an Samples in einem Blatt	1 – 5
max_features	Anzahl Merkmale, die bei jedem Split berücksichtigt werden	"sqrt", "log2", None
bootstrap	Stichproben mit Zurücklegen (Bagging)	True (Standard)

Abb. 6.42 Random Forest: Zentrale Parameter

bäume. Durch die Kombination vieler schwacher Modelle (Entscheidungsbäume) entsteht ein leistungsstarkes, stabiles Modell mit hoher Generalisierbarkeit. Random Forest **reduziert Overfitting im Vergleich zu Einzelbäumen**.

Die folgende Tabelle gibt eine Übersicht über die zentralen Parameter der Random-Forest-Methode (Funktion `RandomForestClassifier()` aus dem Paket **sklearn.ensemble**) sowie deren Funktion und typische Wertebereiche (siehe Abb. 6.42).

Random Forest eignet sich für viele Anwendungsfälle und trägt gegenüber einem einzelnen Entscheidungsbaum in der Regel zu besseren Ergebnissen bei.

6.5.2.4 Support Vector Machines (SVM)

Support Vector Machines (SVM) eignen sich für Klassifikations- und Regressionsaufgaben. Das zentrale Ziel einer SVM besteht darin, eine **optimale Trennlinie (Hyperplane)** zwischen Klassen zu finden, die den größtmöglichen Abstand (Margin) zu den nächstgelegenen Trainingsdaten (Support-Vektoren) hat. Dies maximiert die Generalisierbarkeit für unbekannte Daten. SVMs sind besonders leistungsfähig bei nichtlinear separierbaren Problemen, da sie mithilfe sogenannter Kernel-Funktionen die Daten in höherdimensionale Räume transformieren, in denen eine lineare Trennung möglich ist. Dadurch können komplexe Entscheidungsgrenzen modelliert werden.

Die folgende Tabelle gibt eine Übersicht über die zentralen Parameter der Support-Vector-Machines-Methode (Funktion `SVC()` aus dem Paket **sklearn.svm**) sowie deren Funktion und typische Wertebereiche (siehe Abb. 6.43).

Die SVM-Methode trennt in Abb. 6.44 Autos in die Klassen geringer bzw. hoher Verbrauch.

Parameter	Funktion	Typische Werte
C	Regularisierungsparameter: Kompromiss zwischen maximaler Margin und Fehlklassifikationen	0.1 – 10
kernel	Kernel-Funktion für nichtlineare Trennung	"linear", "rbf", "poly", "sigmoid"
gamma	Einflussbereich einzelner Trainingsbeispiele bei rbf/poly/sigmoid	"scale", "auto" oder numerisch
degree	Grad des Polynoms (bei kernel="poly")	2 oder 3
coef0	Konstante in polynomiellen und sigmoid-Kernels	0.0
shrinking	Verwendung der heuristischen Schrumpfung	True (Standard)
probability	Gibt Wahrscheinlichkeiten statt harter Labels zurück	False (Standard); True = langsam

Abb. 6.43 Support Vector Machines: Zentrale Parameter

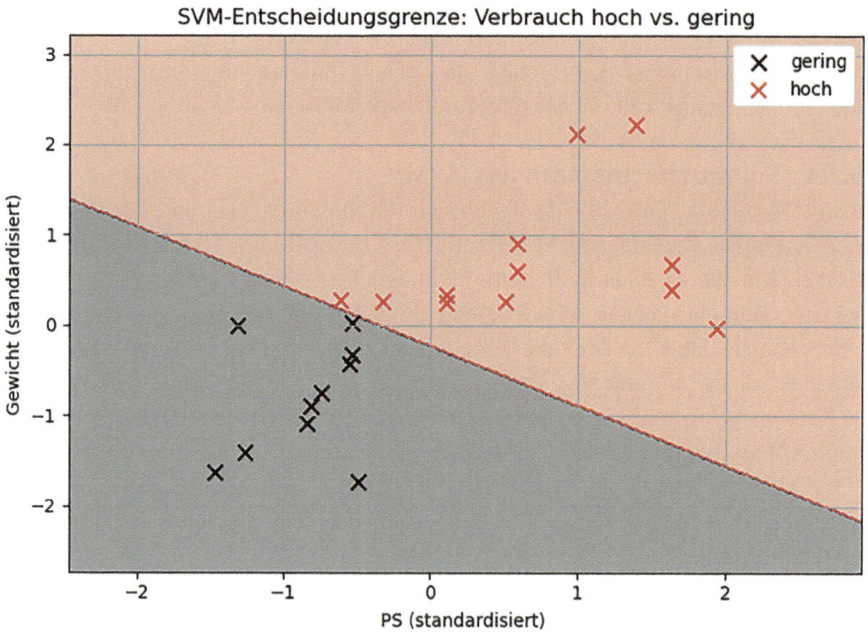

Abb. 6.44 Support Vector Machines Visualisierung

6.5.2.5 K-Nearest Neighbors (KNN)

Das K-Nearest Neighbors (KNN)-Verfahren ist ein einfaches, aber wirkungsvolles Klassifikations- und Regressionsverfahren. Es basiert auf dem Prinzip, dass ähnliche Datenpunkte sich in unmittelbarer Nachbarschaft im Merkmalsraum befinden. Bei der Vorhersage eines neuen Datenpunkts sucht KNN die **k nächsten Nachbarn in den Daten** und bestimmt deren **Mehrheit für Klassifikation** oder **Mittelwert für Regression** als Vorhersage. KNN ist ein sogenannter instanzbasierter Lernalgorithmus (**lazy learner**), da er kein explizites Trainingsmodell erzeugt, sondern alle Berechnungen der Vorhersage zur Laufzeit durchführt. Dadurch ist er speicherintensiv, aber flexibel.

Die Leistung von KNN hängt stark von der Wahl der Parameter sowie von der **Skalierung der Daten ab, da die Distanzmetriken empfindlich auf unterschiedliche Einheiten reagieren**.

Die folgende Tabelle gibt eine Übersicht über die zentralen Parameter der K-Nearest Neighbors-Methode (Funktion `KNeighborsClassifier()` aus dem Paket **sklearn.neighbors**) sowie deren Funktion und typische Wertebereiche (siehe Abb. 6.45).

Typische Einsatzgebiete sind die Mustererkennung, Empfehlungssysteme und Vorhersagen der Klassifikation und für numerische Werte. In Abb. 6.46 wurde ein Klassifikationsmodell auf Basis des Verfahrens der k-nächsten Nachbarn (K-Nearest Neighbors, KNN) zur Vorhersage des Verbleibs von Mitarbeitenden in einem Unternehmen entwickelt. Ziel war es, anhand ausgewählter Merkmale wie Alter, Gehalt und Arbeitszufriedenheit zu prognostizieren, ob ein Mitarbeiter mit hoher Wahrscheinlichkeit im Unternehmen verbleibt oder zur Kündigung neigt. Vor dem Modelltraining erfolgte eine Standardisierung der numerischen Merkmale mittels z-Transformation, um die verzerrende Wirkung

Parameter	Funktion	Typische Werte
n_neighbors	Anzahl der berücksichtigten Nachbarn (k)	z. B. 3, 5, 7
weights	Gewichtung der Nachbarn	"uniform" (gleichgewichtet), "distance" (nach Nähe)
algorithm	Algorithmus zur Nachbarschaftssuche	"auto", "ball_tree", "kd_tree", "brute"
p	Parameter der Minkowski-Distanz	1 = Manhattan, 2 = euklidisch
metric	Distanzmaß	"minkowski", "euclidean", "manhattan"
leaf_size	Größe der Blätter bei kd_tree oder ball-tree	z. B. 30

Abb. 6.45 K-Nearest Neighbors: Zentrale Parameter

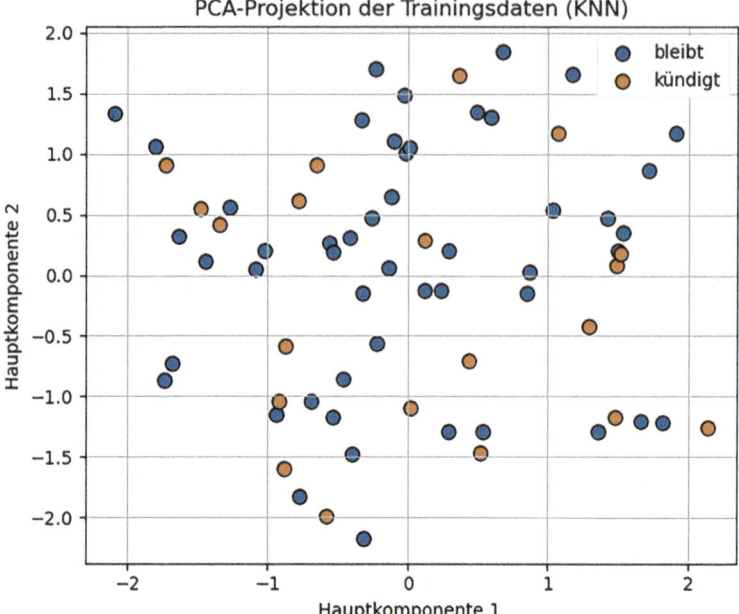

Abb. 6.46 K-Nearest Neighbors Visualisierung

unterschiedlich skalierter Variablen auf das Distanzmaß von KNN zu vermeiden. Anschließend wurde der Datensatz in Trainings- und Testdaten im Verhältnis 70 % zu 30 % aufgeteilt. Ergänzend wurde eine Hauptkomponentenanalyse (PCA) zur dimensionsreduzierten Darstellung der Trainingsdaten durchgeführt. Die Projektion der Beobachtungen in zwei Hauptkomponenten verdeutlicht die Positionierung der Klassen im Merkmalsraum und gibt visuelle Hinweise auf deren Trennbarkeit.

6.5.2.6 Neuronale Netze (NN)

Neuronale Netze sind eine Klasse von Machine-Learning-Modellen, die von der Funktionsweise des menschlichen Gehirns inspiriert sind. Sie bestehen aus Schichten (Layern) von künstlichen Neuronen, die über gewichtete Verbindungen miteinander verknüpft sind. Informationen werden durch das Netzwerk in Form numerischer Werte (Aktivierungen) weitergegeben und transformiert.

Ein typisches **Feedforward-Netzwerk** besteht aus einer Eingabeschicht (**Input Layer**), mehreren verdeckten Schichten (**Hidden Layers**) und einer Ausgabeschicht (**Output Layer**). In jeder Schicht werden gewichtete Summen berechnet, mit Aktivierungsfunktionen transformiert und an die nächste Schicht weitergegeben. Ziel ist es, durch Training mit Hilfe von **Backpropagation** und **Gradientenabstieg** die Gewichte so anzupassen, dass ein gewünschtes Ausgabeergebnis erzielt wird.

Parameter	Funktion	Typische Werte
input_shape	Form der Eingangsdaten	z. B. (10,) für 10 Eingabevariablen, also 10 Neuronen
hidden_layers	Anzahl und Größe der versteckten Schichten	z. B. [64, 32] für zwei Layer mit 64 und 32 Neuronen
activation	Aktivierungsfunktion (pro Schicht)	"relu", "sigmoid", "tanh", "softmax"
optimizer	Algorithmus zur Gewichtsoptimierung	"adam", "sgd", "rmsprop"
loss	Fehlermetrik zur Optimierung	"mse", "categorical_crossentropy", "binary_crossentropy"
epochs	Anzahl Trainingsdurchläufe über alle Daten	z. B. 10 – 100
batch_size	Anzahl der Datensätze je Trainingsschritt (Aufteilung eines Trainingsdurchlaufs in Batches)	z. B. 32, 64, 128
learning_rate	Lernrate für Gewichtsaktualisierungen	z. B. 0.001 – 0.01

Abb. 6.47 Neuronale Netze: Zentrale Parameter

Die folgende Tabelle gibt eine Übersicht über die zentralen Parameter der Neuronalen Netze (Funktion `MLPClassifier()` aus dem Paket **sklearn.neural_network**) sowie deren Funktion und typische Wertebereiche (siehe Abb. 6.47).

In Abb. 6.48 wird ein Feedforward-Neuronales Netz dargestellt. Bei einem solchen künstlichen neuronalen Netzwerk erfolgt die Informationsverarbeitung ausschließlich in eine Richtung, von den Eingangsvariablen (Input-Layer) über eine oder mehrere verdeckte Schichten (Hidden-Layer) bis hin zur Ausgabe (Output-Layer). Es gibt keine Rückkopplungen zwischen den Neuronen.

Die Eingangsvariablen x1, x2 (**Input-Layer**) repräsentieren die Merkmale des Datensatzes. Jeder Eingang wird über **gewichtete Verbindungen** G1 bis G8 an die Neuronen der nächsten Schicht weitergegeben. Die Gewichtung bestimmt, wie stark der jeweilige Input das nachfolgende Neuron beeinflusst.

Die Neuronen in der **Hidden-Layer**-Schicht summieren zunächst die gewichteten Eingänge und addieren einen Bias-Term b_h. Die Summation erfolgt nach der Formel: $z_{Hidden} = \sum (x_i \cdot G_i) + b\_h$. Anschließend wird eine **Aktivierungsfunktion** f angewendet, z. B. Sigmoid, ReLU oder tanh, um eine nichtlineare Transformation zu erreichen: $a_{Hidden} = f(z_{Hidden})$. Diese Schicht enthält in der Abbildung vier Neuronen mit den Summen $z_{Hidden1}$, $z_{Hidden2}$, $z_{Hidden3}$ und $z_{Hidden4}$ und den aktivierten Ausgaben $a_{Hidden1}$, $a_{Hidden2}$, $a_{Hidden3}$ und $a_{Hidden4}$.

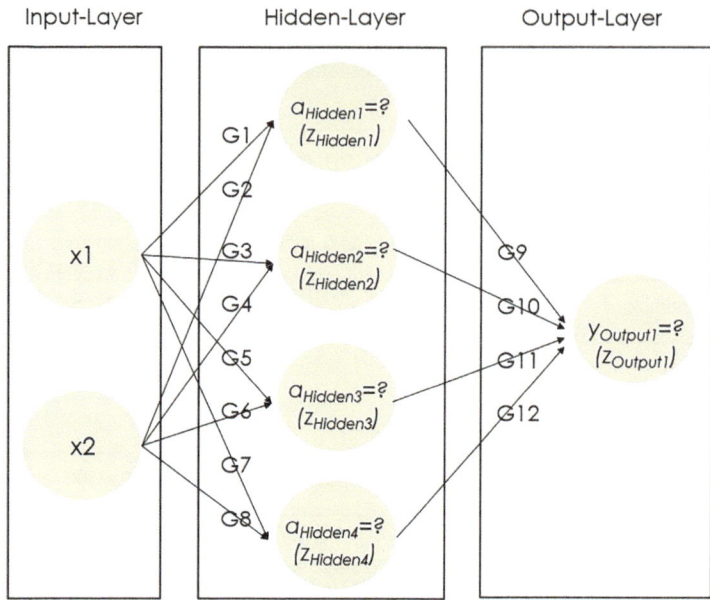

Abb. 6.48 Feed-Forward Neuronales Netz

Die aktivierten Werte der Hidden-Layer-Neuronen werden an das Ausgabeneuron (**Output-Layer**) weitergegeben. Auch hier erfolgt eine gewichtete Summe: $z_{Output1} = \sum(a_{Hidden\,i} \cdot G_i) + b\_o$. Die finale Ausgabe $y_{Output1}$ ergibt sich durch die Aktivierungsfunktion: $y_{Output1} = f(z_{Output1})$. Abhängig von der Aufgabe liefert das Ausgabeneuron entweder eine Regressionszahl oder eine Klassifikationswahrscheinlichkeit. In anderen Anwendungsfällen können auch mehrere Ausgabeneuronen im Output-Layer definiert sein.

Ein Feedforward-Netz wird durch den Algorithmus der **Backpropagation** trainiert. Dabei wird zunächst eine Vorwärtsrechnung (Feedforward) durchgeführt, um die Ausgabe y_{Output} für gegebene Eingaben zu bestimmen. Anschließend wird der **Vorhersagefehler** durch Vergleich mit dem tatsächlichen Zielwert berechnet. **Mithilfe der Kettenregel der Differentialrechnung werden die Gradienten der Fehlerfunktion in Bezug auf jedes Gewicht und jeden Bias im Netzwerk bestimmt.** Diese Gradienten geben an, wie stark eine kleine Änderung des jeweiligen Gewichts den Fehler beeinflussen würde. **Im letzten Schritt werden die Gewichte schrittweise angepasst (Gradientenabstieg), um den Fehler zu minimieren.** Dieser Prozess wird über viele **Epochen** (Parameter der Funktion) wiederholt, bis das Netz konvergiert und die Gewichte optimale Werte annehmen. Ein Feedforward-Neuronales Netz eignet sich, um komplexe nichtlineare Zusammenhänge zwischen Eingaben und Zielvariablen zu modellieren. Der **Feedforward-Prozess berechnet die Vorhersage,** während die **Backpropagation den Lernprozess steuert, indem sie die Gewichte und Bias-Werte zur Fehlerreduktion optimiert.**

Neben klassischen Feedforward-Neuronalen Netzen (FNNs) existieren zahlreiche weitere Neuronale Netzwerkarchitekturen, die je nach Anwendungsfall spezifische Vorteile bieten. Hier sind die wichtigsten Typen:

- **Feedforward Neural Networks (FNN)**
  Ein klassisches neuronales Netz, bei dem die Informationsverarbeitung nur in eine Richtung erfolgt: von den Eingangsvariablen über verdeckte Schichten bis zur Ausgabe. Eignet sich für allgemeine Klassifikations- und Regressionsaufgaben.
- **Convolutional Neural Networks (CNN)**
  Speziell für räumlich strukturierte Daten wie Bilder und Videos entwickelt. Verwendet Faltungsschichten (Convolutional Layers) und Pooling, um lokale Merkmale wie Kanten und Formen zu erkennen. Hauptanwendung: Bildklassifikation, Objekterkennung, medizinische Bildanalyse.
- **Recurrent Neural Networks (RNN)** mit **LSTM** und **GRU**
  Diese Netze verarbeiten Sequenzen, indem sie Informationen über vorherige Schritte speichern. LSTM (Long Short-Term Memory) und GRU (Gated Recurrent Units) lösen Probleme mit Langzeitabhängigkeiten. Anwendungen: Textverarbeitung, maschinelle Übersetzung, Zeitreihenprognosen.
- **Transformer-Modelle**
  Moderne Netzarchitekturen für die Verarbeitung von Sequenzdaten, insbesondere im Bereich Natural Language Processing (NLP). Nutzen Selbstaufmerksamkeit (Self-Attention), um Beziehungen zwischen allen Positionen einer Sequenz gleichzeitig zu modellieren. Beispiele: **BERT**, **GPT**-Modelle.
- **Autoencoder**
  Unüberwachte neuronale Netze, die Eingabedaten komprimieren und anschließend wieder rekonstruieren. Nützlich für Dimensionsreduktion, Feature-Extraktion und Anomalieerkennung. Varianten: Variational Autoencoder (VAE) für probabilistische Repräsentationen.
- **Generative Adversarial Networks (GAN)**
  Bestehen aus einem Generator, der neue Daten erzeugt, und einem Diskriminator, der echte von künstlichen Daten unterscheidet. Anwendungen: Bilderzeugung, Deepfakes, Datenaugmentation, Stiltransfer.
- **Radial Basis Function Networks (RBFN)**
  Verwenden Radialbasisfunktionen, typischerweise Gauß-Funktionen, zur Aktivierung. Eingesetzt in Funktionalapproximationen, Interpolation und Mustererkennung.
- **Spiking Neural Networks (SNN)**
  Biologisch inspirierte Netze, die Informationen durch zeitlich diskrete Impulse (Spikes) übertragen. Hauptanwendung: Neuromorphe Hardware, energieeffiziente KI-Systeme.
- **Graph Neural Networks (GNN)**
  Entwickelt für die Verarbeitung von Graphstrukturen wie soziale Netzwerke, Molekülstrukturen oder Transportnetzwerke. Berücksichtigen Knoten, Kanten und deren Beziehungen, um Vorhersagen auf Knoten- oder Graphenebene zu ermöglichen.

Zusammenfassend kann festgestellt werden, dass sich Neuronale Netze in viele Anwendungsszenarien erfolgreich einsetzen lassen.

6.5.2.7 Principal Component Analysis (PCA)

Die **Hauptkomponentenanalyse** (**Principal Component Analysis, PCA**) ist ein lineares Verfahren zur Dimensionsreduktion. Sie wird verwendet, um die Anzahl der Merkmale (Features) in einem Datensatz zu verringern, ohne dabei wesentliche Informationsverluste zu verursachen. PCA funktioniert, indem es die ursprünglichen Merkmale in eine neue Menge orthogonaler Variablen (**Hauptkomponenten**) transformiert, die die maximale Varianz der Daten in absteigender Reihenfolge erfassen. Die erste Hauptkomponente erklärt den größten Teil der Varianz, die zweite den zweitgrößten usw.

Die Methode ist besonders nützlich zur:

- Visualisierung hochdimensionaler Daten
- Datenkompression
- Vorbereitung von Daten für andere ML-Verfahren
- Identifikation redundanter Merkmale

Die folgende Tabelle gibt eine Übersicht über die zentralen Parameter der PCA-Analyse (Funktion PCA() aus dem Paket **sklearn.decomposition**) sowie deren Funktion und typische Wertebereiche (siehe Abb. 6.49).

In der vorliegenden Analyse (siehe Abb. 6.50) wurde die Hauptkomponentenanalyse (Principal Component Analysis, PCA) als Verfahren zur Dimensionsreduktion und Visualisierung eines Kundenverhaltensdatensatzes eingesetzt. Ziel war es, bei einer Vielzahl quantitativer und kategorial codierter Variablen zugrunde liegende Strukturen sichtbar zu machen, um mögliche Kundensegmente oder Muster im Verhalten zu erkennen. Die verwendeten Variablen umfassten unter anderem die Kaufhäufigkeit, den durchschnittlichen Warenkorbwert, die Rücksendequote, die Nutzungsdauer der Kundenbeziehung, die Kundenzufriedenheit sowie mehrere binär kodierte Kanalpräferenzen (Web, App, Telefon). Da diese Merkmale in unterschiedlichen Skalen vorlagen, erfolgte vor der Durchführung der PCA eine Standardisierung der Variablen durch z-Transformation. Dies gewährleistet, dass alle Merkmale gleichgewichtet in die Analyse eingehen und nicht durch größere Skalenbereiche dominiert werden.

Parameter	Funktion	Typische Werte
n_components	Anzahl der Hauptkomponenten oder zu erklärender Varianzanteil	2-5 oder 0.95 für 95 % Varianz
svd_solver	Algorithmus zur Berechnung der Singulärwertzerlegung	"auto", "full", "arpack", "randomized"
whiten	Normalisierung der Komponenten (Varianz = 1)	False (Standard)

Abb. 6.49 PCA-Analyse: Zentrale Parameter

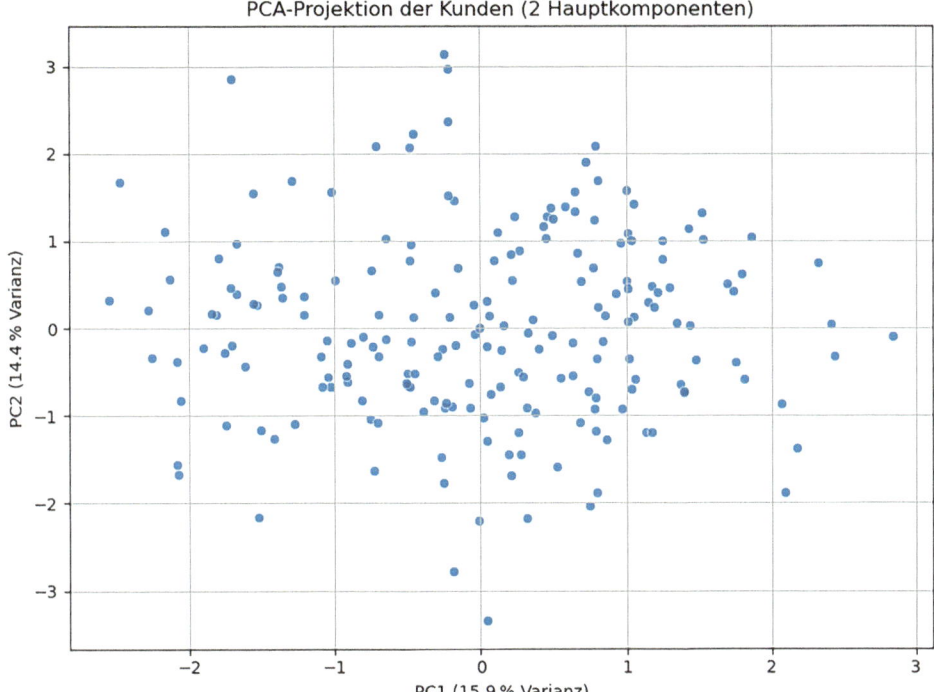

Abb. 6.50 PCA Streu-Diagramm

Anschließend wurde die PCA durchgeführt und auf zwei Hauptkomponenten reduziert. Die erste Hauptkomponente (PC1) und die zweite Hauptkomponente (PC2) repräsentieren jeweils eine gewichtete Kombination der ursprünglichen Variablen und erklären gemeinsam einen möglichst großen Teil der Gesamtvarianz. Die Transformation der hochdimensionalen Daten in diesen zweidimensionalen Raum ermöglichte eine grafische Darstellung der Kundenstruktur. Die Projektion der Beobachtungen im PC1/PC2-Raum wurde mittels Streudiagramm visualisiert. Diese Darstellung erlaubt es, potenzielle Kundengruppen oder Ausreißer zu identifizieren, selbst wenn diese in der ursprünglichen multidimensionalen Struktur schwer erkennbar waren. Zusätzlich kann über die Analyse der sogenannten **Ladungsmatrix** (loadings; siehe Abb. 6.51) nachvollzogen werden, welche Ursprungsvariablen maßgeblich zur Varianz der Hauptkomponenten beitragen, ein wichtiger Aspekt zur Interpretation der Ergebnisse.

Durch diese Methodik wurde eine Grundlage für weiterführende Analysen geschaffen, beispielsweise zur Kundensegmentierung mittels Clustering-Verfahren, zur Zielgruppenbestimmung im Marketing oder zur Identifikation von besonderen Verhaltensmustern in Subgruppen. Die PCA erweist sich somit als effizientes Werkzeug zur datengetriebenen Reduktion von Komplexität und zur Explorationsunterstützung in umfangreichen Kunden- oder Verhaltensdatensätzen.

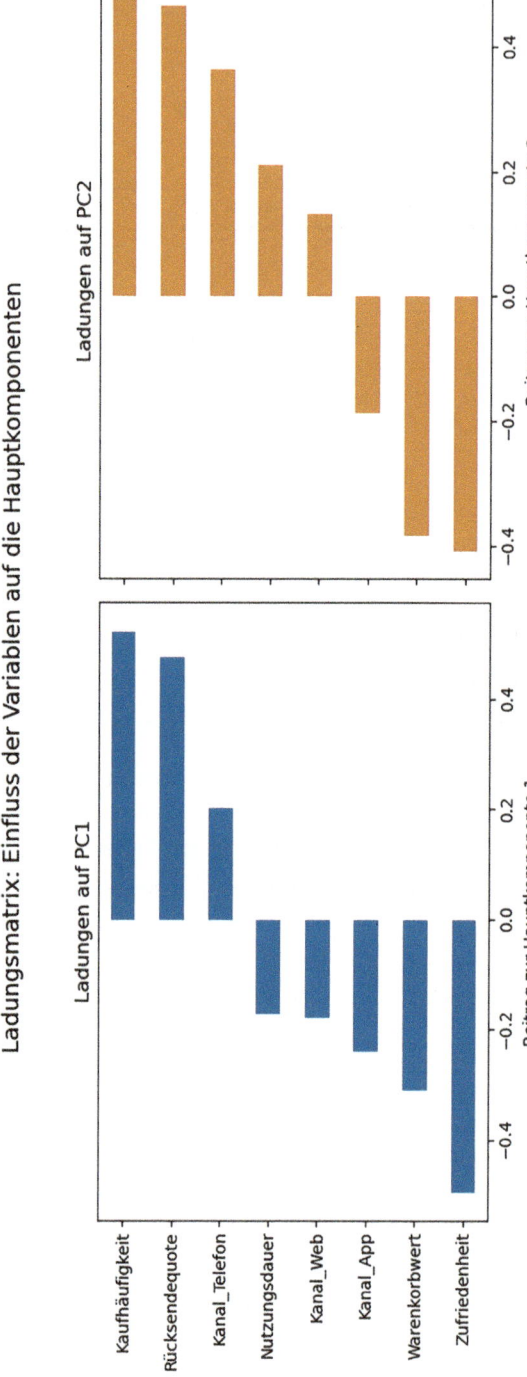

Abb. 6.51 PCA Ladungsmatrix

6.5.2.8 K-Means Clustering (KMeans)

Der K-Means-Algorithmus ist ein grundlegendes Verfahren des unüberwachten maschinellen Lernens, das dazu dient, eine Menge von Datenpunkten in eine vorgegebene Anzahl K von Clustern aufzuteilen. Ziel ist es, dass die Punkte innerhalb eines Clusters möglichst ähnlich zueinander sind, typischerweise gemessen anhand ihrer euklidischen Distanz zum jeweiligen **Clusterzentrum**. Der Algorithmus beginnt mit der Initialisierung von K Startzentren, meist zufällig gewählt. In jeder Iteration werden dann alle **Datenpunkte dem jeweils nächstgelegenen Zentrum zugewiesen**. Anschließend werden die **Zentren aktualisiert, indem der Mittelwert aller Punkte innerhalb eines Clusters berechnet wird**. Dieser Ablauf, Zuweisung und Zentren-Update, **wiederholt sich so lange, bis sich die Zuweisungen nicht mehr ändern oder eine vorgegebene maximale Anzahl an Iterationen erreicht ist. K-Means kann je nach Wahl der Startzentren zu unterschiedlichen Lösungen kommen**. Es ist empfehlenswert die Variablen vor Nutzung des Algorithmus zu standardisieren, damit alle Variablen gleich gewichtet berücksichtigt werden.

Die folgende Tabelle gibt eine Übersicht über die zentralen Parameter der K-Means-Methode (Funktion `KMeans()` aus dem Paket **sklearn.cluster**) sowie deren Funktion und typische Wertebereiche (siehe Abb. 6.52).

In dem nachfolgenden Beispiel wird in den Abbildungen der Verlauf des Algorithmus bei zwei genutzten Dimensionen und einer vorgegebenen Anzahl von 3 Clustern dargestellt (siehe Abb. 6.53, 6.54, 6.55). Mit jeder Iteration verändert sich die Gruppierung der Punkte, bis sich die Clusterzuweisungen stabilisieren. Die farblich codierten Datenpunkte und aktuellen Clusterzentren sowie die zugehörigen maximalen Clusterradien werden als Kreise visualisiert. Die Radiuskreise zeigen den maximalen Abstand der Punkte zum Zen-

Parameter	Funktion	Typische Werte
n_clusters	Anzahl der zu bildenden Cluster (k)	2 – 10
init	Methode zur Initialisierung der Clusterzentren	"k-means++" (Standard) oder "random"
n_init	Anzahl der Versuche mit verschiedenen Initialisierungen	10 (Standard)
max_iter	Maximale Anzahl von Iterationen	300 (Standard); bei Konvergenz früher beendet
tol	Toleranz für Konvergenzkriterium (Abbruchbedingung)	1e-4 (Standard); kleiner Wert ist präziser
algorithm	Algorithmus zur Berechnung	"lloyd" (Standard), "elkan" (schneller bei dichten Clustern)

Abb. 6.52 K-Means: Zentrale Parameter

K-Means Iteration 0

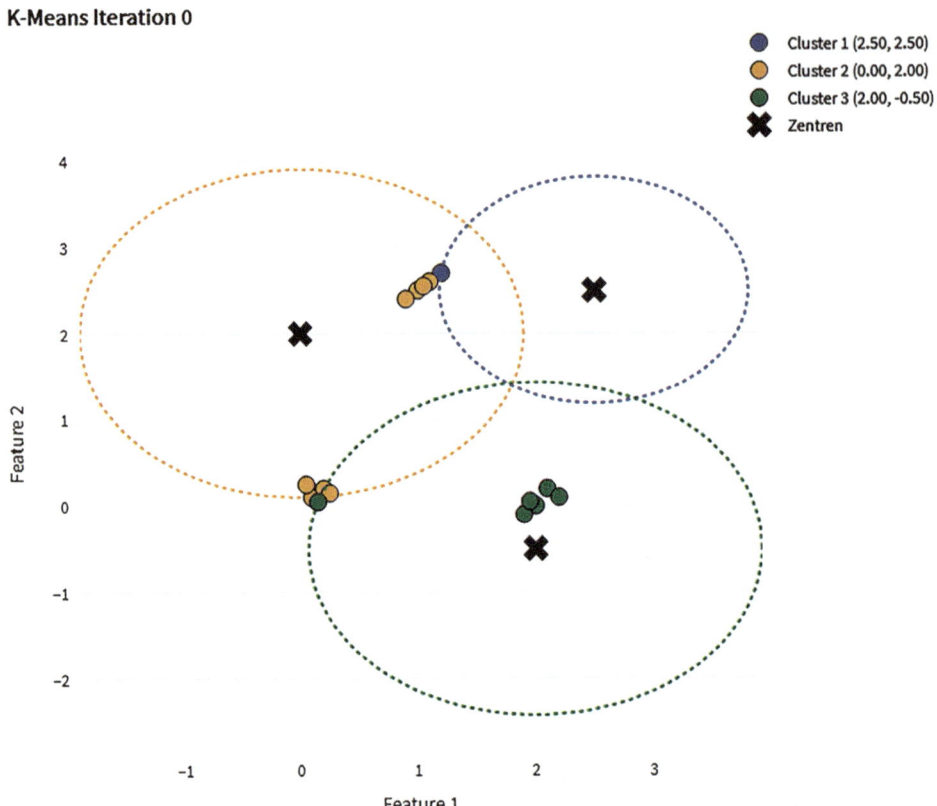

Abb. 6.53 K-Means: Iteration 0 – Anfang

trum im Cluster an. Anhand des Beispiels lässt sich der Konvergenzprozess des K-Means-Algorithmus Schritt für Schritt beobachten und verstehen.

Bei der Anwendung von K-Means-Clustering in der Datenanalyse stellt sich häufig die Frage, wie viele Cluster () für eine gegebene Datenmenge gewählt werden sollten. Eine falsche Wahl kann entweder zu einer **Übersegmentierung** (zu viele Cluster mit redundanten Gruppen) oder zu einer **Untersegmentierung** (heterogene Gruppen mit hohen inneren Varianzen) führen. Zur Bestimmung einer sinnvollen Clusteranzahl haben sich zwei Verfahren etabliert: die Elbow-Methode und der Silhouette-Score.

Die **Elbow-Methode** untersucht, wie gut die Datenpunkte an ihre Clusterzentren angepasst sind, abhängig von der gewählten Anzahl k. Das Kriterium hierfür ist die Summe der quadrierten Abstände der Punkte zu ihrem jeweiligen Clusterzentrum (**Trägheit** oder **Inertia**). Mathematisch lässt sich die Inertia wie folgt ausdrücken: **Inertia =** $\sum \| x_i - \mu\_c \|^2$. Dabei ist x_i ein Datenpunkt und μ_c das Zentrum des Clusters c, dem x_i zugeordnet ist. Die Inertia wird nach dem Training eines K-Means-Modells mit der Methode `kmeans.inertia_` berechnet. Die Inertia wird für verschiedene Werte von

K-Means Iteration 1

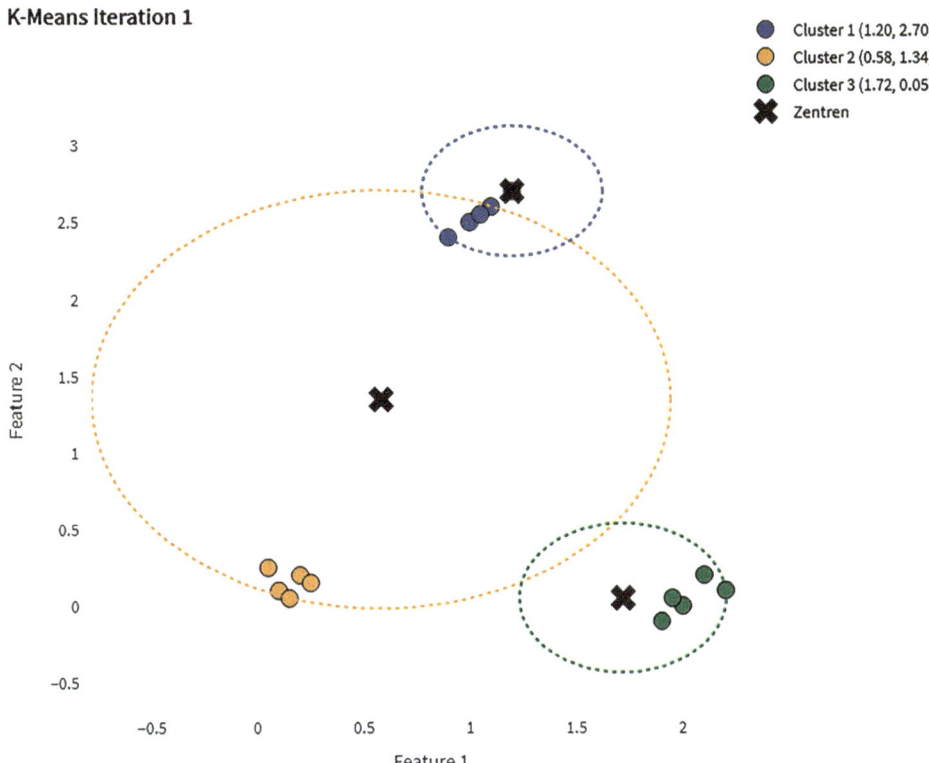

Abb. 6.54 K-Means: Iteration 1

k berechnet und grafisch aufgetragen. Der **Knickpunkt (Elbow)** in der Kurve markiert eine Stelle, ab der zusätzliche Cluster keine signifikante Verbesserung der Inertia mehr bringen.

Während die Elbow-Methode nur die interne Streuung innerhalb der Cluster betrachtet, berücksichtigt der **Silhouette-Score** zusätzlich die Trennung zwischen den Clustern. Der Score für jeden Datenpunkt wird wie folgt berechnet: $S = (b - a) \: / \: max(a, b)$. Dabei ist **a die mittlere Distanz zu allen anderen Punkten desselben Clusters (Kohäsion) und b die kleinste mittlere Distanz zu Punkten des nächstgelegenen anderen Clusters (Separation). Der Silhouette-Score liegt zwischen −1 und 1, wobei Werte nahe 1 auf gut getrennte Cluster hinweisen, Werte nahe 0 auf überlappende Cluster und Werte nahe −1 auf mögliche Fehlzuweisungen**. Die Funktion `silhouette_score()` aus dem Modul **sklearn.metrics** berechnet den Score, nachdem das K-Means-Modell trainiert wurde.

In der Praxis werden beide Verfahren kombiniert, um eine fundierte Entscheidung über die optimale Clusteranzahl zu treffen. Aus den Abbildungen (Abb. 6.56 und 6.57) lässt sich z. B. ablesen, dass 3 Cluster eine gute Wahl wäre.

K-Means Iteration 2

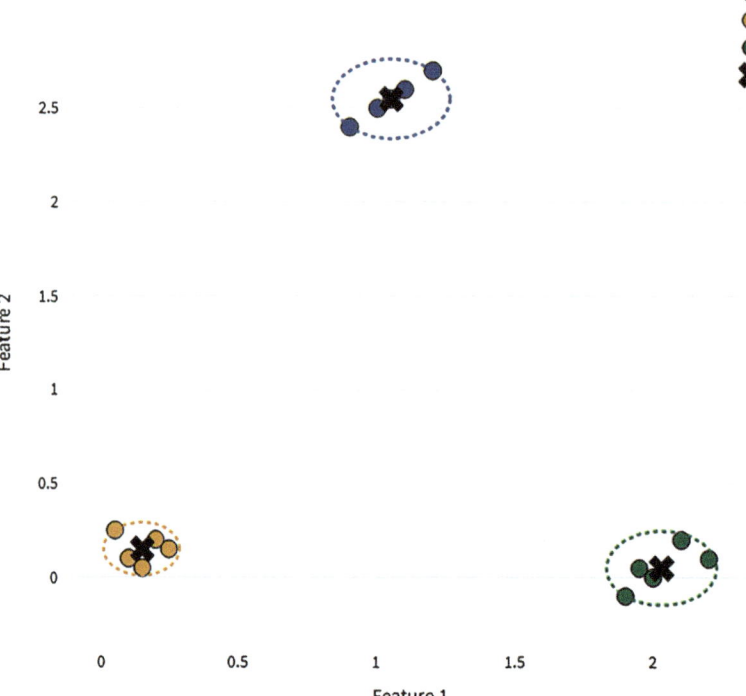

Abb. 6.55 K-Means: Iteration 2 – Ende

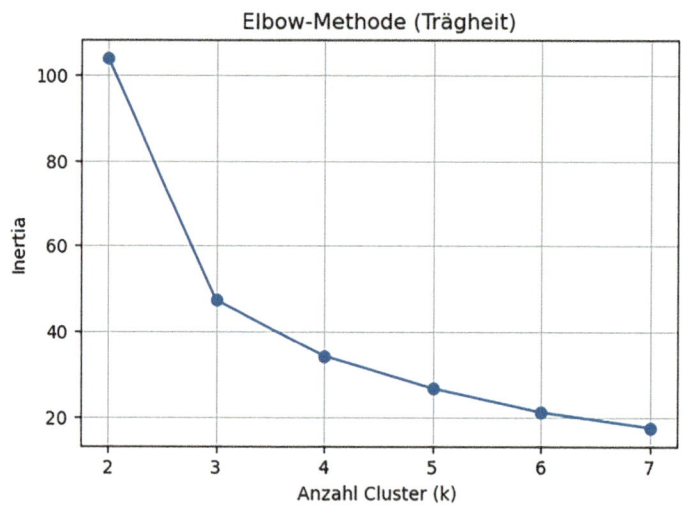

Abb. 6.56 Elbow-Methode

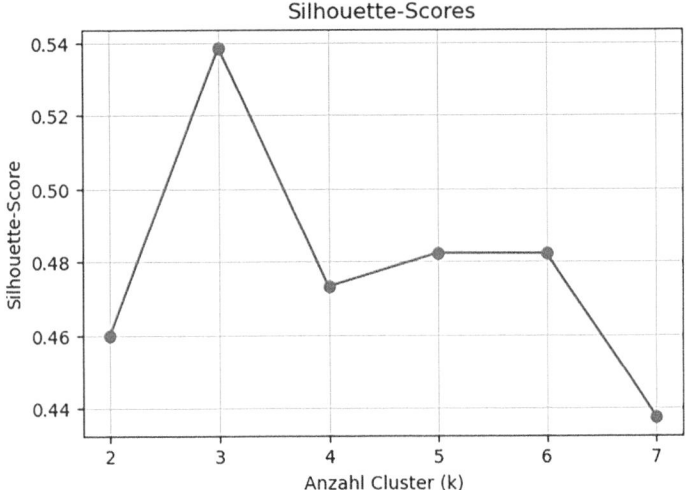

Abb. 6.57 Silhouette-Score

Neben dem K-Means-Algorithmus bieten sich zum Clustern aber auch der **DBSCAN-**Algorithmus oder die **Gaussian Mixture Models (GMM)** an.

6.5.2.9   Apriori-Algorithmus (Apriori)

Der Apriori-Algorithmus ist ein etabliertes Verfahren zur Entdeckung von Assoziationsregeln in Transaktionsdaten, insbesondere in der **Warenkorbanalyse (Market Basket Analysis)**. Ziel ist es, häufig gemeinsam gekaufte Artikel oder Merkmalskombinationen zu identifizieren. Der Algorithmus basiert auf der **Annahme („Apriori-Prinzip"), dass alle Teilmengen einer häufigen Itemmenge ebenfalls häufig sein müssen**.

Der Algorithmus arbeitet iterativ:

1. Zunächst werden alle häufigen Einzelartikel (1-Itemsets) bestimmt, die einen Mindestfrequenz (Support) überschreiten.
2. Anschließend werden daraus größere Itemsets (2er-, 3er-Kombinationen etc.) generiert und getestet, ob sie die Mindestfrequenz (Support) erfüllen.
3. Aus diesen häufigen Itemsets werden Regeln der Form „Wenn A, dann B" abgeleitet. Diese Regeln werden anhand von Metriken wie Support, Confidence und Lift bewertet.

Die folgende Tabelle gibt eine Übersicht über die zentralen Parameter des Apriori-Algorithmus (Funktion `apriori()` aus dem Paket **mlxtend.frequent_patterns**) sowie deren Funktion und typische Wertebereiche (siehe Abb. 6.58).

Ergänzend zu der Funktion `apriori()` wird auch die Funktion `association_rules()` aus dem Paket **mlxtend.frequent_patterns** genutzt. Der Apriori-Algorithmus wird

Parameter	Funktion	Typische Werte
Support	Anteil der Transaktionen im Warenkorb, in denen sowohl Itemset-A als auch Itemset-B vorkommen.	0.01 – 0.1
Confidence	Wahrscheinlichkeit, dass Itemset B enthalten ist, wenn Itemset-A enthalten ist.	0.5 – 0.9
Lift	Verhältnis von beobachteter zu erwarteter Wahrscheinlichkeit. Werte >1 deuten auf positive Korrelation von Itemset-A und Itemset-B hin.	>1 (positiv); ≈1 (unabhängig); <1 (negativ)
max_length	Maximale Länge der Itemsets (Anzahl Artikel)	2 oder 3
metric	Zu optimierende Metrik (z. B. "confidence", "lift", "support")	"confidence" (Standard)
min_threshold	Mindestwert der gewählten Metrik für die Regelaufnahme	z. B. 0.7 für 70 % Confidence

Abb. 6.58 Apriori-Algorithmus: Zentrale Parameter

typischerweise in Handelsunternehmen eingesetzt, um Cross-Selling-Potenziale, Produktempfehlungen und Sortimentsoptimierungen datenbasiert zu unterstützen.

6.5.2.10   Deep Q-Networks (DQN)

Die Trainingslogik basiert auf dem Konzept des **Experience Replay**: Erlebte Zustands-Übergänge werden in einem Speicher abgelegt, aus dem zufällige Stichproben entnommen werden, um die Korrelation aufeinanderfolgender Schritte zu reduzieren und die Trainingsstabilität zu erhöhen. Die **Lernrate (learning_rate)** bestimmt, in welchem Maß neue Q-Werte die bestehenden überschreiben. Der **Diskontfaktor γ** gewichtet zukünftige Belohnungen gegenüber der aktuellen. Eine hohe Wahl dieses Faktors fördert langfristig wirksame Preisstrategien. Die **Explorationsrate ε** zu Beginn ermöglicht es dem Agenten, durch zufällige Aktionen zunächst viele Reaktionen zu beobachten. Sie wird im Verlauf des Trainings schrittweise auf ein Minimum von **ε Min** reduziert, sodass das Modell zunehmend die besten bekannten Entscheidungen bevorzugt. Obwohl zukünftige Episoden im Training noch nicht ausgeführt wurden, kann das Deep-Q-Network zukünftige Rewards in seine Entscheidung einbeziehen, durch eine vorausschauende Schätzung mittels der sogenannten **Bellman-Gleichung**.

Die folgende Tabelle gibt eine Übersicht über die zentralen Parameter des Deep Q-Network-Modells (Funktion `DQNAgent()` aus dem Paket **keras-rl2** bzw. Funktion `DQN()` aus dem Paket **stable-baselines3**) sowie deren Funktion und typische Wertebereiche (siehe Abb. 6.59).

Parameter	Funktion	Typische Werte
α (Lernrate)	Gewichtet neue Erfahrungen gegenüber bereits gelernten Q-Werten.	0.001 – 0.01
γ (Diskontfaktor)	Bewertet zukünftige Belohnungen im Vergleich zu aktuellen.	0.8 – 0.99
ε (Explorationsrate)	Steuert das Verhältnis von Exploration zu Exploitation.	1.0 → 0.05
ε_min (Minimalwert ε)	Gibt an, wie explorativ das Modell mindestens bleiben soll.	0.05 – 0.1
ε_decay	Reduktionsrate von ε Bestimmt, wie schnell ε in Richtung ε_min abnimmt.	0.95 – 0.99
Batchgröße	Anzahl der Speicherbeispiele, die pro Trainingsschritt verwendet werden.	32 – 64
Anzahl Episoden	Gesamte Trainingsdurchläufe mit je mehreren Entscheidungen.	100 – 5000
Entscheidungen	Anzahl der simulierten Entscheidungen je Episode.	5 – 20

Abb. 6.59 Deep Q-Network: Zentrale Parameter

Folgende Parameter sind von besonderer Bedeutung:

- Die **Lernrate (α)** bestimmt, wie stark neue Informationen in die bestehende Q-Wert-Schätzung einfließen. Eine höhere Lernrate führt zu schnellerem Lernen, birgt aber das Risiko von Instabilität.
- Der **Diskontfaktor (γ)** definiert, wie stark zukünftige Belohnungen in der Entscheidungsfindung berücksichtigt werden. Ein hoher Wert fördert langfristig orientiertes Handeln.
- Das **explorative Verhalten (ε)** steuert, wie häufig das Modell zufällige Aktionen statt der aktuell besten Entscheidung wählt. Dies verhindert lokales Optimum und erlaubt breitere Strategieentwicklung.

Die Konfigurationsoptionen ermöglicht es dem DQN-Agenten, aus beobachteten Reaktionen, z. B. Kaufentscheidungen von Kunden, iterativ zu lernen, in welcher Situation welche eigene Entscheidung, z. B. Preis, die besten Ergebnisse erzielt.

6.5.3 Modell-Evaluation

Um die Qualität eines Machine-Learning-Modells einschätzen zu können, wird die Güte des Modells evaluiert. Für Regression und Klassifikation werden unterschiedliche Gütekriterien verwendet. Für die Evaluation von Modellen bietet sich im Falle einer numerischen Vorhersage als Kennzahl der **RMSE** (root mean squared error) und das Bestimmtheitsmaß (auch Determinationskoeffizient genannt oder als **R²** bezeichnet) an und im Falle einer Klassifikation die **Accuracy** (Genauigkeit) und die **ROC**-Kurve (Receiver Operating Characteristic-Kurve) inklusive der Area Under the Curve (**AUC**).

6.5.3.1 Regression

Regressionsmodelle dienen der Vorhersage kontinuierlicher Zielgrößen. Die folgenden Kennzahlen werden zur Bewertung ihrer Güte herangezogen:

- **RMSE (Root Mean Squared Error)**
  Der RMSE misst den durchschnittlichen Abstand zwischen den vorhergesagten Werten und den tatsächlichen Zielwerten. Er ist besonders intuitiv, da er in derselben Einheit wie die Zielvariable ausgedrückt wird.
  Formel: $\text{RMSE} = \sqrt{[(1/n) \cdot \sum (y_i - \hat{y}_i)^2]}$
- **R² (Bestimmtheitsmaß)**
  Das Bestimmtheitsmaß R^2 gibt an, welcher Anteil der Varianz der Zielgröße durch das Modell erklärt wird. Es liegt zwischen 0 (keine Erklärung) und 1 (perfekte Erklärung). Umso geringer die Abweichung der Vorhersagewerte von den realen Werten ist, umso mehr nähert sich das Bestimmtheitsmaß der 1. Ein R-Quadrat-Wert von mehr als 0,7 verdeutlicht eine hohe Korrelation zwischen den Daten, ein Wert von 0,4 bis 0,699 zeigt ein mittelmäßiges Verhältnis und ein Wert unter 0,4 wird als unerhebliche Korrelation erachtet.
  Formel: $R^2 = 1 - \left[\sum (y_i - \hat{y}_i)^2 / \sum (y_i - \bar{y})^2 \right]$

6.5.3.2 Klassifikation

Klassifikationsmodelle sagen kategoriale Zielgrößen voraus. Die wichtigsten Kennzahlen zur Modellbewertung sind:

- **Accuracy (Genauigkeit)**
  Die Accuracy gibt an, wie viele der Vorhersagen korrekt waren, bezogen auf die Gesamtzahl der Fälle.
  Formel: Accuracy = (Anzahl korrekter Vorhersagen) / (Gesamtanzahl der Fälle)
- **Precision (Positiver Vorhersagewert)**
  Precision misst, wie viele der als positiv vorhergesagten Fälle tatsächlich positiv sind.
  Formel: Precision = TP / (TP + FP)

- **Sensitivität (Richtig-Positiv-Rate, Recall)**
  Sensitivität misst, wie viele der tatsächlich positiven Fälle korrekt erkannt wurden.
  Formel: Sensitivität = TP / (TP + FN)
- **Spezifität (Richtig-Negativ-Rate)**
  Spezifität misst, wie viele der tatsächlich negativen Fälle korrekt erkannt wurden.
  Formel: Spezifität = TN / (TN + FP)
- **F1-Score**
  Der F1-Score ist das harmonische Mittel von Precision und Recall.
  Formel: F1 = 2 * (Precision * Recall) / (Precision + Recall)
- **AUC (Area Under the Curve)**
  Der AUC-Wert ist die Fläche unter der ROC-Kurve und misst die Trennschärfe des Modells. In einer ROC-Kurve wird die Sensitivität (Richtig-Positiv-Rate) auf der y-Achse und die Spezifität (Richtig-Negativ-Rate) auf der x-Achse dargestellt. Ein Wert nahe 1 bedeutet eine sehr gute Unterscheidung der Klassen. Ein AUC von 0,5 bedeutet, dass das Modell nicht besser ist als reines Raten. Es hat keinerlei Trennschärfe zwischen den Klassen und entscheidet praktisch zufällig. In einer ROC-Kurve entspricht dies der Diagonalen von (0,0) bis (1,1). Ein AUC kleiner als 0,5 bedeutet, dass das Modell systematisch falsch entscheidet.
  Formel: AUC = $\int$ ROC-Kurve

In der betrieblichen Praxis, etwa bei der automatisierten Kreditvergabe, ist es häufig erforderlich, eine binäre Klassifikation vorzunehmen. Das Modell entscheidet dann beispielsweise, ob eine Person kreditwürdig (**positiv**) oder nicht kreditwürdig (**negativ**) ist. Um die Qualität eines solchen Modells zu bewerten, vergleicht man für jede Beobachtung die Modellvorhersage mit dem tatsächlichen Ergebnis (z. B. Zahlungsausfall ja/nein). Dabei können vier typische Fälle auftreten, die sich in einer sogenannten **Konfusionsmatrix** abbilden lassen:

- **Richtig-Positiv (True Positive, TP)**: Die Person ist tatsächlich kreditwürdig, und das Modell hat dies korrekt vorhergesagt.
- **Falsch-Positiv (False Positive, FP)**: Die Person ist nicht kreditwürdig, wurde aber vom Modell fälschlich als kreditwürdig eingestuft (**Typ-1 Fehler**).
- **Falsch-Negativ (False Negative, FN)**: Die Person ist kreditwürdig, wurde aber vom Modell fälschlich als nicht kreditwürdig eingestuft (**Typ-2 Fehler**).
- **Richtig-Negativ (True Negative, TN)**: Die Person ist nicht kreditwürdig, und das Modell hat dies korrekt erkannt.

Diese vier Klassifikationsfälle machen deutlich, dass ein Modell nicht nur richtige Entscheidungen trifft. Insbesondere **Fehlklassifikationen** (**False Positives** und **False Negatives**) sind in vielen Anwendungsfällen mit negativen Auswirkungen verbunden. In der Statistik spricht man hier auch von **Typ-1 Fehler (falsch positiv)** und **Typ-2 Fehler (falsch negativ; siehe Abb. 6.60)**.

	kreditwürdig	nicht kreditwürdig
<u>Testergebnis</u>: Positiv (kreditwürdig)	Richtig	**Typ-1 Fehler**
<u>Testergebnis</u>: Negativ (nicht kreditwürdig)	**Typ-2 Fehler**	Richtig

Abb. 6.60 Fehlertypen

Wenn in einer Stichprobe von 1000 Kunden 900 tatsächlich kreditwürdig sind und das Modell eine **Sensitivität von 90 %** aufweist, werden 810 dieser 900 Kunden korrekt erkannt (True Positives), während 90 übersehen werden (False Negatives). Hat das Modell zudem eine **Spezifität von 95 %**, dann werden von den verbleibenden 100 nicht kreditwürdigen Personen 95 korrekt erkannt (True Negatives) und 5 fälschlich als kreditwürdig eingestuft (False Positives). Insgesamt ergibt sich damit, dass 185 Personen einen negativen Testbefund haben, der bei 90 von ihnen falsch ist, während 815 Personen einen positiven Testbefund haben, der bei 5 Personen falsch ist. Die Genauigkeit bzw. **Korrekt-klassifikationsrate** des Tests als Klassifikator beträgt basierend auf den Daten dann eine **Accuracy von 90,5 %** (905 von 1000 Personen wurden richtig klassifiziert).

6.5.4   Modell-Training

Nachfolgend wird das Modell-Training einmal an einem Beispiel der Regression und einem Beispiel der Klassifikation vorgestellt.

6.5.4.1   Regression

Das Modell-Training für eine Regression beginnt mit dem **Import der Daten** mittels der Funktion `joblib.load...()`, wobei ein vorkonfiguriertes Python-Objekt mit mehreren Datensätzen geladen wird. Anschließend wird der relevante Teil des Datensatzes über `ames = datasets["AmesHousing"]` extrahiert. Um im richtigen Verzeichnis zu arbeiten, wird das Arbeitsverzeichnis mit `os.chdir...()` angepasst.

Im nächsten Schritt erfolgt die **Merkmalsauswahl**. Zur Berechnung der linearen Zusammenhänge wird die Pearson-Korrelation verwendet. Diese wird mit `numeric_vars.corr(method="pearson")` ermittelt, wobei anschließend der Selbstbezug der Zielvariable mit `drop("SalePrice")` entfernt wird. Die resultierende Serie wird mit `sort_values(ascending=False)` nach Korrelationsstärke sortiert. Um nur die statistisch und praktisch relevanten Merkmale zu berücksichtigen, werden ausschließlich solche Variablen berücksichtigt, deren Korrelationskoeffizient größer als 0,55 ist. Die Selektion erfolgt über eine einfache Schwellenwertprüfung: `correlations_sorted[correlations_sorted > 0,55]`. Im Anschluss daran wird ein auf diese Merkmale reduzierter DataFrame erstellt. Alle Zeilen mit fehlenden Werten werden mit `dropna()` ausgeschlossen.

Die Daten werden dann in **Trainings- und Testdaten** aufgeteilt, um eine unabhängige Modellbewertung zu ermöglichen. Dies geschieht mit der Funktion `train_test_split...()`.

Da viele ML-Algorithmen empfindlich auf unterschiedliche Skalen reagieren, wird vor der linearen Regression eine **Standardisierung** der Prädiktoren durchgeführt. Hierfür wird `StandardScaler()` aus `sklearn.preprocessing` verwendet. Die Methoden `.fit_transform...()` und `.transform...()` passen die Trainingsdaten an und transformieren die Testdaten.

Zur Modellbildung werden zwei Modelle implementiert: ein einfaches **lineares Regressionsmodell** mit `LinearRegression().fit...()` sowie ein **Random-Forest-Regressor** mit `RandomForestRegressor...().fit...()`. Diese Modelle lernen auf Basis der Trainingsdaten die Beziehung zwischen Prädiktoren und Zielgröße.

Die **Modellvorhersage** erfolgt über `model.predict...()` für beide Modelle. Dabei wird der Zielwert für die Testdaten geschätzt. Die **Güte der Modelle** wird mit zwei zentralen Metriken bewertet: dem **Bestimmtheitsmaß R^2** über `r2_score...()` sowie dem **Root Mean Squared Error (RMSE)** über `np.sqrt(mean_squared_error...())`.

Zur anschaulichen **Visualisierung der Modellgüte** werden Vorhersagen und tatsächliche Werte in einem Scatterplot gegenübergestellt. Die benutzerdefinierte Funktion `ml_plot...()` übernimmt dabei die Visualisierung. Sie wird zweimal aufgerufen: einmal für das lineare Modell (`ml_plot...(, kind="scatter")`) und einmal für das Random-Forest-Modell. Dabei werden die Achsen entsprechend mit tatsächlichen Werten und Modellvorhersagen belegt. Die Werte der Vorhersage und die Zielwerte werden zur besseren Lesbarkeit durch 1000 geteilt (um Preisangaben in Tausend US-Dollar zu erhalten). Die Visualisierung erfolgt in zwei nebeneinander liegenden Achsen, erstellt mit `plt.subplots...()` zur Darstellung.

Die Bewertung der Modellgüte erfolgte anhand zweier zentraler Kennzahlen: dem Bestimmtheitsmaß R^2 und dem Root Mean Squared Error (RMSE). Diese beiden Metriken ermöglichen sowohl eine relative als auch eine absolute Einschätzung der Prognosequalität der getesteten Regressionsverfahren. Das Bestimmtheitsmaß R^2 gibt an, welcher Anteil der Varianz der Zielgröße durch das Modell erklärt werden kann. Für die lineare Regression ergab sich ein R^2 von 0,78, was bedeutet, dass rund 78 % der Schwankungen im Hauspreis durch die verwendeten Prädiktoren aufgeklärt werden. Dieses Ergebnis signalisiert eine solide, aber keineswegs optimale Modellanpassung. Im Vergleich dazu erzielte das Random-Forest-Modell ein R^2 von 0,91. Dieser Wert belegt, dass das Ensembleverfahren in der Lage ist, einen erheblich größeren Teil der Varianz zu erfassen, ein Hinweis darauf, dass komplexe, nichtlineare Zusammenhänge zwischen den Variablen bestehen, die durch das lineare Modell nicht adäquat abgebildet werden können.

Neben dem Erklärungsgrad ist auch die durchschnittliche Abweichung der Vorhersagen vom tatsächlichen Preis von zentraler Bedeutung. Der RMSE lag bei der linearen Regression bei etwa 42.131 US-Dollar, während das Random-Forest-Modell mit einem RMSE von nur 27.887 US-Dollar deutlich bessere Ergebnisse lieferte. Diese Differenz von über 14.000 $ pro Vorhersage stellt im wirtschaftlichen Kontext einen erheblichen Genauigkeitsgewinn dar.

Modell-Training Regression

```
## Modell-Training------------------------------------------------------------------
import joblib
import pandas as pd
import numpy as np
from sklearn.model_selection import train_test_split
from sklearn.linear_model import LinearRegression
from sklearn.ensemble import RandomForestRegressor
from sklearn.metrics import mean_squared_error, r2_score
from sklearn.preprocessing import StandardScaler
import matplotlib.pyplot as plt
import warnings
import os
# Arbeitsverzeichnis setzen
wd_neu = os.path.join("C:\\", "Users", "bernd", "Documents", "A-Python", "DateienKI"
)
os.chdir(wd_neu)
from ml_plot import ml_plot
# 1. Daten laden
datasets = joblib.load("datasets.joblib")
ames = datasets["AmesHousing"]
# 2. Numerische Variablen extrahieren
numeric_vars = ames.select_dtypes(include=[np.number])
# 3. Korrelation mit Zielvariable berechnen
correlations = numeric_vars.corr(method="pearson")["SalePrice"].drop("SalePrice")
correlations_sorted = correlations.sort_values(ascending=False)
print(correlations_sorted)
## Overall Qual      0.799262
## Gr Liv Area       0.706780
## Garage Cars       0.647877
## Garage Area       0.640401
## Total Bsmt SF     0.632280
## 1st Flr SF        0.621676
## Year Built        0.558426
## Full Bath         0.545604
## Year Remod/Add    0.532974
## Garage Yr Blt     0.526965
## Mas Vnr Area      0.508285
## TotRms AbvGrd     0.495474
## Fireplaces        0.474558
## BsmtFin SF 1      0.432914
## Lot Frontage      0.357318
## Wood Deck SF      0.327143
## Open Porch SF     0.312951
## Half Bath         0.285056
## Bsmt Full Bath    0.276050
## 2nd Flr SF        0.269373
## Lot Area          0.266549
## Bsmt Unf SF       0.182855
## Bedroom AbvGr     0.143913
## Screen Porch      0.112151
## Pool Area         0.068403
## Mo Sold           0.035259
## 3Ssn Porch        0.032225
## BsmtFin SF 2      0.005891
```

```
## Misc Val          -0.015691
## Yr Sold           -0.030569
## Order             -0.031408
## Bsmt Half Bath    -0.035835
## Low Qual Fin SF   -0.037660
## MS SubClass       -0.085092
## Overall Cond      -0.101697
## Kitchen AbvGr     -0.119814
## Enclosed Porch    -0.128787
## PID               -0.246521
## Name: SalePrice, dtype: float64
# 4. Auswahl aller Merkmale mit r > 0.55
selected_features = correlations_sorted[correlations_sorted > 0.55]
print("Korrelationsmatrix (r > 0.55) mit Zielvariable 'SalePrice':\n")
## Korrelationsmatrix (r > 0.55) mit Zielvariable 'SalePrice':
print(selected_features)
## Overall Qual     0.799262
## Gr Liv Area      0.706780
## Garage Cars      0.647877
## Garage Area      0.640401
## Total Bsmt SF    0.632280
## 1st Flr SF       0.621676
## Year Built       0.558426
## Name: SalePrice, dtype: float64
# 5. Daten vorbereiten
features = selected_features.index.tolist()
target = "SalePrice"
ames_clean = ames[features + [target]].dropna()
X = ames_clean[features]
y = ames_clean[target]
# 6. Daten splitten
X_train, X_test, y_train, y_test = train_test_split(X, y, test_size=0.2, random_stat
e=42)
# 7. Skalierung
scaler = StandardScaler()
X_train_scaled = scaler.fit_transform(X_train)
X_test_scaled = scaler.transform(X_test)
# 8. Modelltraining: Lineare Regression
lr_model = LinearRegression()
lr_model.fit(X_train_scaled, y_train)
## LinearRegression()
y_pred_lr = lr_model.predict(X_test_scaled)
# 9. Modelltraining: Random Forest
rf_model = RandomForestRegressor(random_state=42, n_estimators=100)
rf_model.fit(X_train, y_train)
## RandomForestRegressor(random_state=42)
y_pred_rf = rf_model.predict(X_test)
# 10. Evaluation
rmse_lr = np.sqrt(mean_squared_error(y_test, y_pred_lr))
rmse_rf = np.sqrt(mean_squared_error(y_test, y_pred_rf))
r2_lr = round(r2_score(y_test, y_pred_lr), 2)
r2_rf = round(r2_score(y_test, y_pred_rf), 2)
rmse_lr_fmt = f"{int(round(rmse_lr)):,}".replace(",", ".")
rmse_rf_fmt = f"{int(round(rmse_rf)):,}".replace(",", ".")
results = pd.DataFrame({
    "Modell": ["Lineare Regression", "Random Forest"],
    "R2": [r2_lr, r2_rf],
    "RMSE": [rmse_lr_fmt, rmse_rf_fmt]
})
print("\nModellbewertung:")
##
## Modellbewertung:
```

```
print(results)
##                     Modell      R2      RMSE
## 0  Lineare Regression  0.78    42.131
## 1        Random Forest  0.91    27.887
# Visualisierung der Vorhersagen
plot_df = pd.DataFrame({
    "Tatsächlicher_Preis_in_Tausend_US$": y_test / 1000,
    "LR_Vorhersage": y_pred_lr / 1000,
    "RF_Vorhersage": y_pred_rf / 1000
}).reset_index(drop=True)

fig, axes = plt.subplots(1, 2, figsize=(12, 5))
ml_plot(df=plot_df, column=("Tatsächlicher_Preis_in_Tausend_US$", "LR_Vorhersage"),
        kind="scatter",
        title=f"Lineare Regression (R2={r2_lr},RMSE={rmse_lr_fmt}): Real/Vorhersage"
,
        ax=axes[0])
ml_plot(df=plot_df, column=("Tatsächlicher_Preis_in_Tausend_US$", "RF_Vorhersage"),
        kind="scatter",
        title=f"Random Forest (R2={r2_rf},RMSE={rmse_rf_fmt}): Real/Vorhersage",
        ax=axes[1])
plt.tight_layout(); plt.show()
```

Die Auswahl geeigneter Modelle ist ein zentraler Aspekt jeder datengetriebenen Analyse. Die Leistungsfähigkeit eines Modells hängt maßgeblich davon ab, wie gut seine mathematische Struktur zur Art und Komplexität der zugrunde liegenden Daten passt. In der vorliegenden Untersuchung wurden exemplarisch zwei Modelltypen evaluiert, eine einfache lineare Regression und ein nichtlineares Random-Forest-Modell. Diese Auswahl erlaubt bereits einen ersten Vergleich zwischen einem leicht interpretierbaren Verfahren mit klarer Struktur und einem leistungsstarken Ensemble-Verfahren, das auch komplexe Zusammenhänge und Interaktionen erfassen kann.

Es sei jedoch betont, dass diese beiden Modelle nur einen kleinen Ausschnitt aus dem breiten Spektrum verfügbarer Methoden darstellen. In der Praxis ist es üblich und auch ratsam, eine Vielzahl unterschiedlicher Modellklassen zu testen und systematisch zu vergleichen. Jedes dieser Modelle hat spezifische Stärken und Schwächen hinsichtlich Vorhersagegüte, Interpretierbarkeit, Rechenaufwand und Robustheit gegenüber Ausreißern oder Multikollinearität. **Ein breiter Modellvergleich ermöglicht es, die für die jeweilige Datenstruktur und Problemstellung am besten geeignete Methode zu identifizieren.**

6.5.4.2 Klassifikation

Der nachfolgende Klassifikationsprozess zur Vorhersage der Kreditwürdigkeit verfolgt das Ziel aus synthetischen, soziodemografischen Merkmalen wie Alter, Einkommen und Studentenstatus ein binäres Klassifikationsmodell zu trainieren, das prognostiziert, ob eine Person als kreditwürdig eingestuft werden kann.

Zunächst erfolgt die **Datenerzeugung**. Mit der Funktion `np.random.randint...()` werden zufällige Alterswerte zwischen 18 und 64 generiert. Das monatliche Einkommen wird mit `np.random.normal...()` aus einer Normalverteilung gezogen, um eine realitätsnahe Streuung zu simulieren. Der Studentenstatus wird mit `np.random.choice...()` als binäre Variable erzeugt. Die Zielvariable `Kreditwürdig` wird mit einer benutzerdefinierten Regel (`kreditregel...()`) berechnet, die die abhängigen Bedingungen zur Kreditwürdigkeit abbildet. Die resultierenden Daten werden in einem Dataframe mit dem Namen `df` zusammengeführt.

Im nächsten Schritt erfolgt eine **explorative Datenanalyse (EDA)**. Mit der Funktion `ml_plot...()` und dem Plottyp `"hist"` bzw. `"bar"` werden die Verteilungen der Merkmale visuell untersucht. Dies ermöglicht eine erste qualitative Einschätzung der Variablenstruktur und möglicher Klassentrennungen.

Darauf folgt eine **Korrelationsanalyse**. Mit `df.select_dtypes(include=[np.number])` werden numerische Variablen ausgewählt, und mit `df.corr(method="pearson")` wird die Pearson-Korrelationsmatrix berechnet. Zur Visualisierung der Zusammenhänge zwischen Zielvariable und Prädiktoren wird `ml_plot...()` mit dem Typ `"cormatrix"` verwendet. Die Heatmap gibt Aufschluss über die Richtung und Stärke der linearen Beziehungen.

Anschließend werden die Prädiktoren (`x`) und die Zielvariable (`y`) definiert. Mit der Funktion `train_test_split...()` aus dem Paket **sklearn.model_selection** werden die Daten in Trainings- und Testsets aufgeteilt. Dabei sorgt der Parameter `stratify=y` für eine gleichmäßige Verteilung der Klassen im Trainings- und Testdatensatz.

Da viele Klassifikationsmodelle empfindlich auf unterschiedlich skalierte Variablen reagieren, erfolgt im nächsten Schritt eine **Standardisierung** der Daten mit dem `StandardScaler` aus dem Paket **sklearn.preprocessing**. Die Methoden `fit_transform...()` und `transform...()` sorgen dafür, dass alle Merkmale den gleichen Mittelwert (0) und dieselbe Standardabweichung (1) besitzen.

Das **Modelltraining** erfolgt mit dem `RandomForestClassifier` aus dem Paket **sklearn.ensemble**. Das Modell wird mit `rf.fit(X_train, y_train)` auf die standardisierten Trainingsdaten angepasst. Anschließend werden die Vorhersagen auf den Testdaten mit `rf.predict...()` sowie die Wahrscheinlichkeiten mit `rf.predict_proba...()` berechnet.

Die **Evaluation** des Modells erfolgt über mehrere Metriken. Der Klassifikationsbericht wird mit `classification_report...()` erzeugt und gibt Werte für Precision, Recall und F1-Score für jede Klasse aus. Die Gesamtgüte des Modells wird zusätzlich mit dem **AUC-Wert** (`roc_auc_score...()`) sowie der **Accuracy** (`accuracy_score...()`) gemessen.

Zur anschaulichen Darstellung der Modellleistung wird eine **ROC-Kurve** erstellt. Die benötigten True-Positive- und False-Positive-Raten werden mit `roc_curve...()` berechnet. Die Visualisierung erfolgt über den Plottyp `"auc"` in der Funktion `ml_plot...()`, die gleichzeitig AUC und Accuracy im Titel integriert ausweist.

Modell-Training Klassifikation

```
## Modell-Training----------------------------------------------------------
import sys
import os
import numpy as np
import pandas as pd
from sklearn.ensemble import RandomForestClassifier
from sklearn.model_selection import train_test_split
from sklearn.metrics import classification_report, confusion_matrix, roc_auc_score,
roc_curve, accuracy_score
from sklearn.preprocessing import StandardScaler
import matplotlib.pyplot as plt
import seaborn as sns
# Arbeitsverzeichnis setzen
wd_neu = os.path.join("C:\\", "Users", "bernd", "Documents", "A-Python", "DateienKI"
)
os.chdir(wd_neu)
from ml_plot import ml_plot, ml_colour_nom
# 1. Daten erzeugen
np.random.seed(42)
n = 1000
alter = np.random.randint(18, 65, size=n)
einkommen = np.random.normal(50000, 15000, size=n).astype(int)
student = np.random.choice([0, 1], size=n, p=[0.7, 0.3])
def kreditregel(a, e, s):
    if e < 40000 and s == 1:
        return 0
    elif e < 42000 and s == 0 and a < 30:
        return 0
    elif e > 60000:
        return 1
    elif s == 1 and e > 45000:
        return 1
    else:
        return np.random.choice([0, 1], p=[0.4, 0.6])
kreditwürdig = [kreditregel(a, e, s) for a, e, s in zip(alter, einkommen, student)]
df = pd.DataFrame({
    "Alter": alter,
    "Einkommen": einkommen,
    "Student": student,
    "Kreditwürdig": kreditwürdig
})
# 2. EDA: Histogramme
fig, axes = plt.subplots(1, 3, figsize=(15, 4))
ml_plot(df, column="Alter", kind="hist", title="Verteilung: Alter", ax=axes[0])
ml_plot(df, column="Einkommen", kind="hist", title="Verteilung: Einkommen", ax=axes[
1])
ml_plot(df, column="Student", kind="bar", title="Anteil Studierende", ax=axes[2])
plt.tight_layout(); plt.show()
```

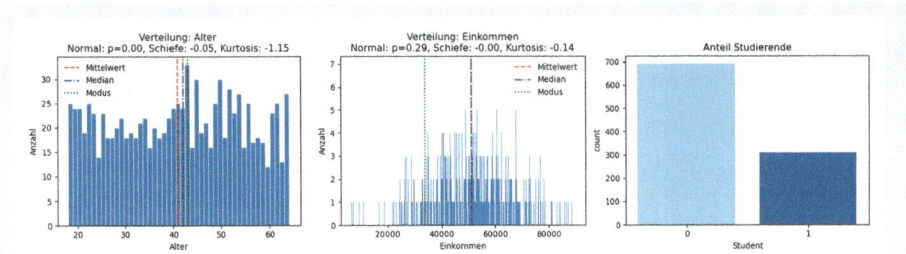

```
# 3. Korrelation mit Zielvariable berechnen
numeric_vars = df.select_dtypes(include=[np.number])
correlations = numeric_vars.corr(method="pearson")["Kreditwürdig"].drop("Kreditwürdi
g")
correlations_sorted = correlations.sort_values(ascending=False)
print(correlations_sorted)
## Einkommen     0.469775
## Alter         0.081106
## Student       0.054268
## Name: Kreditwürdig, dtype: float64
# Korrelationsmatrix
df_numeric = df[["Kreditwürdig", "Alter", "Einkommen", "Student"]]
ml_plot(df_numeric, column=df_numeric.columns.tolist(), kind="cormatrix",
        title="Korrelationsmatrix der Prädiktoren für Zielvariable: Kreditwürdig")
plt.tight_layout(); plt.show()
```

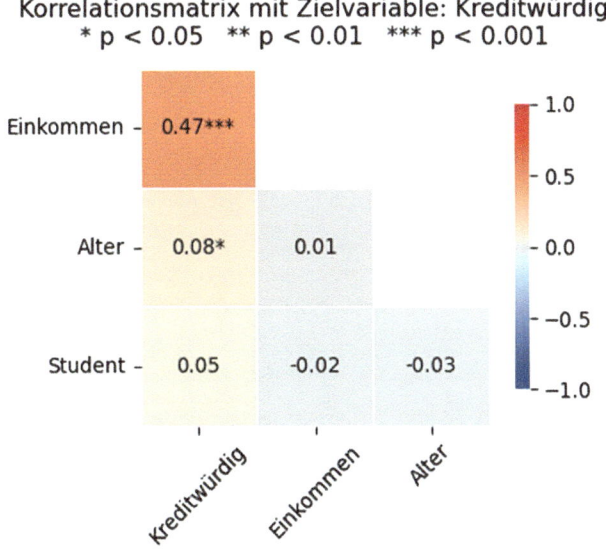

```
# 4. Daten splitten
X = df[["Alter", "Einkommen", "Student"]]
y = df["Kreditwürdig"]
```

```
X_train, X_test, y_train, y_test = train_test_split(X, y, train_size=0.7, stratify=y
, random_state=42)
# 5. Skalierung der Merkmale
scaler = StandardScaler()
X_train = scaler.fit_transform(X_train)
X_test = scaler.transform(X_test)
# 6. Modelltraining
rf = RandomForestClassifier(n_estimators=100, max_depth=5, random_state=42)
rf.fit(X_train, y_train)
## RandomForestClassifier(max_depth=5, random_state=42)
# 7. Vorhersagen
y_pred = rf.predict(X_test)
y_prob = rf.predict_proba(X_test)[:, 1]
# 8. Evaluation
accuracy = accuracy_score(y_test, y_pred)
print("\n📊 Klassifikationsbericht:")
##
## 📊 Klassifikationsbericht:
print(classification_report(y_test, y_pred))
##               precision    recall  f1-score   support
##
##           0      0.95      0.39      0.55        92
##           1      0.79      0.99      0.88       208
##
##    accuracy                          0.81       300
##   macro avg      0.87      0.69      0.72       300
## weighted avg     0.84      0.81      0.78       300
print("ROC-AUC: {:.2f}".format(roc_auc_score(y_test, y_prob)))
## ROC-AUC: 0.87
# Konfusionsmatrix
cm = confusion_matrix(y_test, y_pred)
print("\n🔎 Konfusionsmatrix:")
##
## 🔎 Konfusionsmatrix:
print(cm)
## [[ 36  56]
##  [  2 206]]
#[[ 36  56]   ← Klasse 0 (Negativ, z. B. „nicht kreditwürdig")
# [  2 206]]  ← Klasse 1 (Positiv, z. B. „kreditwürdig")
# True Negative (TN)  =  36
# False Positive (FP) =  56
# False Negative (FN) =   2
# True Positive (TP)  = 206
# Precision (für Positiv / Klasse 0) = TP/(TP+FP)=36/(36+2)   = 0.95
# Recall (für Positiv / Klasse 0)    = TP/(TP+FN)=36/(36+56)  = 0.39
# Precision (für Positiv / Klasse 1) = TP/(TP+FP)=206/(206+56)= 0.79
# Recall (für Positiv / Klasse 1)    = TP/(TP+FN)=206/(206+2) = 0.99
# Accuracy                           = (TP+TN)/(TP+TN+FP+FN)  = 0.81
plot_df = pd.DataFrame({"true": y_test,"pred": y_pred})
ml_plot(df=plot_df, column=("true", "pred"), kind="confmat",
        title=f"Konfusionsmatrix (Positiv=Kreditwürdig) Acc:{accuracy:.2f}")
plt.tight_layout(); plt.show()
```

Konfusionsmatrix (Positiv=Kreditwürdig) Acc:0.81

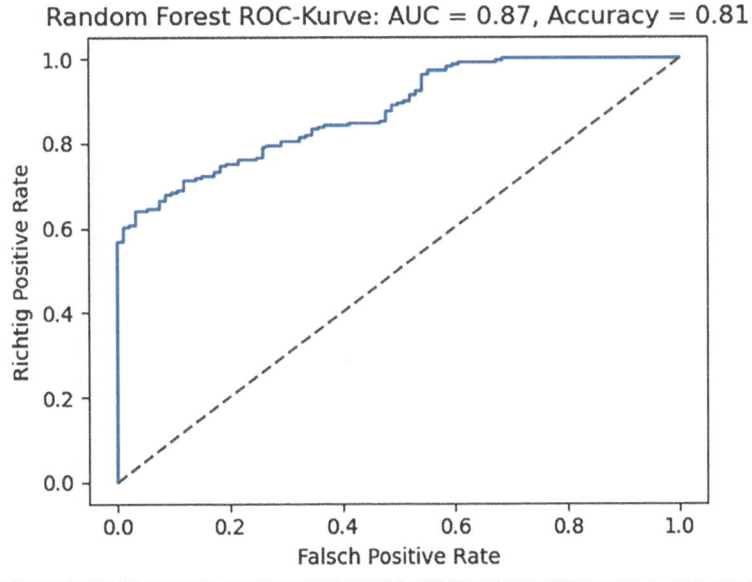

```
# ROC-Kurve
plot_df = pd.DataFrame({"true": y_test, "prob": y_prob})
ml_plot(df=plot_df, column=("true", "prob"), kind="auc", title="Random Forest")
plt.tight_layout(); plt.show()
```

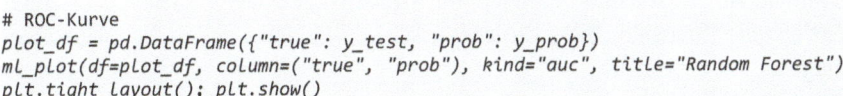

Die Evaluation des Klassifikationsmodells zur Vorhersage der Kreditwürdigkeit zeigt eine Gesamtleistung mit einer Accuracy von 0,81. Das bedeutet, dass 81 % der Testfälle korrekt vorhergesagt wurden.

Der AUC-Wert beträgt 0,87, was auf eine hohe Trennschärfe zwischen kreditwürdigen und nicht kreditwürdigen Personen hinweist. Besonders auffällig ist der hohe Recall von 0,99 für die Klasse „kreditwürdig" (Klasse 1), was bedeutet, dass nahezu alle tatsächlich kreditwürdigen Personen erkannt wurden. Dies ist aus wirtschaftlicher Sicht wünschenswert, da potenziell gute Kunden nicht unnötig abgelehnt werden.

Demgegenüber steht ein niedriger Recall von 0,39 für die Klasse „nicht kreditwürdig" (Klasse 0), was darauf hinweist, dass viele riskante Fälle vom Modell als unproblematisch eingestuft werden. Allerdings geht dies mit einer sehr hohen Precision von 0,95 für diese Klasse einher, was bedeutet, dass die wenigen erkannten Negativfälle fast immer korrekt sind.

Die F1-Scores betragen 0,55 für Klasse 0 und 0,88 für Klasse 1, was die Modellleistung bei der Erkennung kreditwürdiger Personen unterstreicht. Die ROC-Kurve bestätigt diese Einschätzung auch grafisch.

Insgesamt bietet das Modell eine gute Erkennungsrate für kreditwürdige Fälle bei eingeschränkter Genauigkeit in der Ablehnung. Es erscheint empfehlenswert zusätzliche Daten von nicht kreditwürdigen Personen für das Training zu verwenden, um die Schwäche zu eliminieren. Es ist damit besonders für Szenarien geeignet, in denen es wichtiger ist, potenziell gute Kunden nicht zu verlieren, etwa im Marketing oder in der Neukundengewinnung.

Insgesamt ergibt sich ein methodisch fundierter und praxisorientierter Klassifikationsprozess, der alle relevanten Schritte von der Datenanalyse über die Modellierung bis zur Bewertung umfasst. Auch hier gilt, dass ein Vergleich mehrerer Modelle sinnvoll ist und hier nur exemplarisch mit der Methode Random Forest gearbeitet wurde.

Im folgenden Abschnitt wird auch aufgezeigt, wie Modelle sich via Modell-Tuning verbessern lassen.

6.5.5 Modell-Tuning

Die **Hyperparameteroptimierung mittels Grid Search** ist eine systematische Methode zur Feinabstimmung und zum Modell-Tuning. Ziel ist es, durch gezielte Variation von Hyperparametern jene Kombination zu finden, die das Modell auf den gegebenen Daten am besten generalisieren lässt. Im Gegensatz zu den **Modellparametern**, die während des Trainings aus den Daten gelernt werden (z. B. Gewichtungen in einer linearen Regression), werden **Hyperparameter** im Vorfeld festgelegt und steuern das Verhalten des Lernverfahrens. Beispiele hierfür sind die Anzahl der Entscheidungsbäume (`n_estimators`) in einem Random Forest, die maximale Tiefe eines Baumes (`max_depth`) oder die Mindestanzahl an Samples für einen Split (`min_samples_split`).

Bei der **Grid Search** wird ein zuvor definierter Wertebereich für jeden relevanten Hyperparameter erstellt. Anschließend wird für jede mögliche Kombination aus diesen Werten ein Modell trainiert und validiert. Dabei kommt in der Regel eine **k-fache Kreuzvalidierung** zum Einsatz, um die Modellgüte robust zu bewerten und Überanpassung zu vermeiden. Jede Kombination durchläuft dabei mehrere Validierungsdurchläufe auf verschiedenen Teilmengen des Trainingsdatensatzes. Die konkrete Implementierung erfolgt mit der Funktion `GridSearchCV` aus dem Paket **sklearn.model_selection**. Die Funktion liefert am Ende das Modell mit der besten Parametereinstellung, gemessen an einem gewählten Bewertungskriterium, z. B. `accuracy`, `roc_auc` oder `f1`. Ein wesentlicher Vorteil dieser Methode besteht in ihrer Systematik: Sie durchsucht den gesamten Hyperparameterraum innerhalb der vorgegebenen Werte. **Allerdings kann dies bei großen Parameterbereichen oder komplexen Modellen mit hoher Laufzeit verbunden sein**.

Im nachfolgenden Code wird demonstriert, wie ein **neuronales Netz (Multi-Layer Perceptron, MLPClassifier)** mit Hilfe von **Grid Search** systematisch optimiert werden kann, um eine verbesserte Klassifikationsleistung zu erzielen. Die Aufgabe ist in einen klaren Ablauf gegliedert, der sowohl die **Erstellung des Modells** als auch die **Hyperparameteroptimierung** umfasst. Nachfolgend werden die Schritte, die verwendeten Funktionen sowie der konkrete Nutzen des Verfahrens erläutert.

Zunächst wird mit der Funktion `make_classification()` aus dem Paket **sklearn.datasets** ein synthetischer Klassifikationsdatensatz erstellt, der ein typisches Business-Szenario wie **Kundenabwanderung (Churn Prediction)** simuliert. Hierbei werden 1000 Kunden mit 20 Merkmalen erzeugt, wobei 30 % der Kunden als „positiv" (Abwanderer) klassifiziert sind. Die Funktion `train_test_split()` teilt die Daten anschließend in **Trainings- und Testdaten** (80 %/20 %) auf, wobei die Zielvariable `y` stratifiziert wird, um das Klassenverhältnis zu erhalten.

Da neuronale Netze empfindlich auf unterschiedlich skalierte Merkmale reagieren, wird mit der Funktion `StandardScaler()` eine **Standardisierung** durchgeführt. Die Methoden `fit_transform()` und `transform()` sorgen dafür, dass alle Merkmale den gleichen Mittelwert und die gleiche Standardabweichung besitzen, was die Konvergenz des Modells verbessert.

Als Ausgangspunkt für das Training wird ein einfaches neuronales Netz mit der Funktion `MLPClassifier()` aus dem Paket **sklearn.neural_network** definiert und mit `fit()` auf den Trainingsdaten trainiert. Die Voreinstellungen beinhalten:

- eine versteckte Schicht mit 10 Neuronen (`hidden_layer_sizes=(10,)`),
- Aktivierungsfunktion `"tanh"`,
- Optimierer `"adam"`,
- Lernrate `0.0001` und Regularisierung `alpha=0.01`.

Die Vorhersagen werden mit `predict()` erstellt. Mit den Funktionen `classification_report()`, `recall_score()` und `accuracy_score()` aus dem Paket **sklearn.metrics** wird die Modellqualität anhand **Recall** (Trefferquote der Positivklasse) und **Accuracy** (Gesamtgenauigkeit) gemessen. Diese Werte dienen als **Baseline**, mit der die später optimierte Version verglichen wird.

Im nächsten Schritt wird das Modell mit der Funktion `GridSearchCV()` systematisch optimiert. Dabei wird ein Parameter-Raster (`param_grid`) definiert, das verschiedene Netzarchitekturen (`hidden_layer_sizes`), Aktivierungsfunktionen (`activation`), Optimierer (`solver`), Regularisierungsstärken (`alpha`) und Lernraten (`learning_rate_init`) umfasst. Die Funktion `fit()` trainiert für jede Parameterkombination ein Modell mit **5-facher Kreuzvalidierung**, um Überanpassung zu vermeiden. Der Bewertungsmaßstab ist hier `scoring="accuracy"`. Alle getesteten Kombinationen und deren mittlerer Accuracy werden mit `pd.DataFrame(grid.cv_results_)` ausgegeben, was eine transparente Auswertung aller Modellvarianten erlaubt.

Das beste Modell wird automatisch über `grid.best_estimator_` ausgewählt und auf den Testdaten erneut evaluiert. Auch hier werden `classification_report()`, `recall_score()` und `accuracy_score()` verwendet, um die **Verbesserung gegenüber der Baseline** zu quantifizieren. Die Ergebnisse zeigen typischerweise, dass die Grid-Search-Optimierung eine **höhere Accuracy** und oft auch eine **höhere Recall-Rate** liefert. Die Differenz zwischen den Werten vor und nach der Optimierung wird am Ende berechnet und ausgegeben, um den Nutzen der Hyperparameteroptimierung klar zu belegen. Im nachfolgenden Beispiel werden 108 Kombinationen der Hyperparameter für das Training und die Evaluation verwendet.

Modell-Tuning

```
# Modell-Tuning----------------------------------------------------------------
import numpy as np
import pandas as pd
from sklearn.datasets import make_classification
from sklearn.model_selection import train_test_split, GridSearchCV
from sklearn.preprocessing import StandardScaler
from sklearn.neural_network import MLPClassifier
from sklearn.metrics import classification_report, recall_score, accuracy_score

# Dummy-Daten für Churn-Simulation (1000 Kunden, 20 Merkmale)
X, y = make_classification(n_samples=1000, n_features=20, n_informative=10,
                           n_redundant=5, n_classes=2, weights=[0.7, 0.3],
                           random_state=42)
# Split in Trainings- und Testdaten
X_train, X_test, y_train, y_test = train_test_split(X, y, stratify=y,
                                                    test_size=0.2,
```

```
                                                       random_state=42)
# Skalieren der Features
scaler = StandardScaler()
X_train_scaled = scaler.fit_transform(X_train)
X_test_scaled = scaler.transform(X_test)
# Baseline-Modell (ohne Optimierung)
baseline_mlp = MLPClassifier(max_iter=1000, hidden_layer_sizes=(10,),
                             activation="tanh", solver="adam",
                             learning_rate_init=0.0001, alpha=0.01,
                             random_state=42)
baseline_mlp.fit(X_train_scaled, y_train)
## C:\Users\bernd\ANACON~1\Lib\site-packages\sklearn\neural_network\_multilayer_perc
eptron.py:691: ConvergenceWarning: Stochastic Optimizer: Maximum iterations (1000) r
eached and the optimization hasn't converged yet.
##   warnings.warn(
## MLPClassifier(activation='tanh', alpha=0.01, hidden_layer_sizes=(10,),
##               learning_rate_init=0.0001, max_iter=1000, random_state=42)
y_pred_base = baseline_mlp.predict(X_test_scaled)

print("=== Baseline-Modell (MLP) ===")
## === Baseline-Modell (MLP) ===
print(classification_report(y_test, y_pred_base))
##               precision    recall  f1-score   support
##
##            0       0.87      0.91      0.89       139
##            1       0.76      0.69      0.72        61
##
##     accuracy                           0.84       200
##    macro avg       0.82      0.80      0.81       200
## weighted avg       0.84      0.84      0.84       200
baseline_recall = recall_score(y_test, y_pred_base)
baseline_accuracy = accuracy_score(y_test, y_pred_base)
print(f"Recall (Baseline): {baseline_recall:.2f}")
## Recall (Baseline): 0.69
print(f"Accuracy (Baseline): {baseline_accuracy:.2f}")
## Accuracy (Baseline): 0.84
# GridSearch zur Hyperparameteroptimierung
param_grid = {
    "hidden_layer_sizes": [(10,), (100,), (50,50)],
    "activation": ["relu", "tanh"],
    "solver": ["adam", "sgd"],
    "alpha": [0.0001, 0.001, 0.01],
    "learning_rate_init": [0.0001, 0.001, 0.01]
}
mlp = MLPClassifier(max_iter=1000, random_state=42)
grid = GridSearchCV(mlp, param_grid, cv=5, scoring="accuracy", n_jobs=-1)
grid.fit(X_train_scaled, y_train)
## GridSearchCV(cv=5, estimator=MLPClassifier(max_iter=1000, random_state=42),
##              n_jobs=-1,
##              param_grid={'activation': ['relu', 'tanh'],
##                          'alpha': [0.0001, 0.001, 0.01],
##                          'hidden_layer_sizes': [(10,), (100,), (50, 50)],
##                          'learning_rate_init': [0.0001, 0.001, 0.01],
##                          'solver': ['adam', 'sgd']},
##              scoring='accuracy')
# Alle getesteten Parameterkombinationen mit Accuracy
results_df = pd.DataFrame(grid.cv_results_)
results_table = results_df[[
    "param_hidden_layer_sizes",
    "param_activation",
```

```
      "param_solver",
      "param_alpha",
      "param_learning_rate_init",
      "mean_test_score"
]].sort_values(by="mean_test_score", ascending=False)
print("\n=== Übersicht aller getesteten Parameterkombinationen (Accuracy) ===")
##
## === Übersicht aller getesteten Parameterkombinationen (Accuracy) ===
print(results_table)
##     param_hidden_layer_sizes ... mean_test_score
## 98                    (100,) ...         0.95750
## 80                    (100,) ...         0.95625
## 46                    (100,) ...         0.95625
## 62                    (100,) ...         0.95625
## 10                    (100,) ...         0.95625
## ..                       ... ...             ...
## 37                     (10,) ...         0.77375
## 19                     (10,) ...         0.77375
## 55                     (10,) ...         0.76875
## 91                     (10,) ...         0.76875
## 73                     (10,) ...         0.76875
##
## [108 rows x 6 columns]
# Bestes Modell
best_model = grid.best_estimator_
y_pred_opt = best_model.predict(X_test_scaled)
print("\n=== Optimiertes MLP-Modell nach GridSearch ===")
##
## === Optimiertes MLP-Modell nach GridSearch ===
print("Beste Parameterkombination:", grid.best_params_)
## Beste Parameterkombination: {'activation': 'tanh', 'alpha': 0.01, 'hidden_layer_s
izes': (100,), 'learning_rate_init': 0.001, 'solver': 'adam'}
print(classification_report(y_test, y_pred_opt))
##                 precision    recall  f1-score   support
##
##            0         0.95      0.99      0.97       139
##            1         0.98      0.87      0.92        61
##
##     accuracy                            0.95       200
##    macro avg         0.96      0.93      0.95       200
## weighted avg         0.96      0.95      0.95       200
optimized_recall = recall_score(y_test, y_pred_opt)
print(f"Recall (Optimiert): {optimized_recall:.2f}")
## Recall (Optimiert): 0.87
optimized_accuracy = accuracy_score(y_test, y_pred_opt)
print(f"Accuracy (Optimiert): {optimized_accuracy:.2f}")
## Accuracy (Optimiert): 0.95
print("Verbesserung durch GridSearch")
## Verbesserung durch GridSearch
print(f"  Accuracy: {optimized_accuracy - baseline_accuracy:.2f}")
##   Accuracy: 0.11
print(f"  Recall: {optimized_recall - baseline_recall:.2f}")
##   Recall: 0.18
```

Das Training der 108 Modelldurchläufe ist dementsprechend resourcenintensiv (Rechenzeit). Unter allen Parameterkombination kann die beste Kombination die Accuracy von 84 % auf 95 % und den Recall von 69 % auf 87 % verbessern.

Zusammenfassend stellt Grid Search eine bewährte Strategie dar, um die Leistung eines Modells durch optimierte Hyperparameter zu steigern. Sie erhöht die Wahrscheinlichkeit, ein gut generalisierendes Modell zu finden, das sowohl auf Trainings- als auch auf bisher unbekannten Daten zuverlässige Vorhersagen liefert.

Literatur

Chen, D. (2012). *Online Retail Data Set. UCI Machine Learning Repository.* Abgerufen am 10. Mai 2025 von https://archive.ics.uci.edu/ml/datasets/online+retail

Cleff, T. (2019). *Angewandte Induktive Statistik und Statistische Testverfahren: Eine computergestützte Einführung mit Excel, SPSS und Stata.* Wiesbaden: Springer Gabler.

Dark_Raider. (2025). *Credit Risk Analysis [Data set].* https://doi.org/10.34740/KAGGLE/DSV/2327131

Data Science Dojo. (2025). *Titanic dataset [Data set]. GitHub.* Abgerufen am 10. Mai 2025 von https://github.com/datasciencedojo/datasets/blob/master/titanic.csv

De Cock, D. (2011). *Ames Housing Dataset.* Abgerufen am 10. Mai 2025 von https://www.kaggle.com/datasets/prevek18/ames-housing-dataset

Heesen, B. (2023). *Künstliche Intelligenz und Machine Learning mit R.* Wiesbaden: Springer Gabler.

Heesen, B. (2025). *GitHub: bheesen/pythonforbusiness.* Abgerufen am 22. Juli 2025 von https://github.com/bheesen/pythonforbusiness

IBM. (2020). *Telco Customer Churn.* Abgerufen am 10. Mai 2025 von https://www.kaggle.com/datasets/blastchar/telco-customer-churn

Moro, S., Cortez, P., & Rita, P. (2014). *A data-driven approach to predict the success of bank telemarketing. Decision Support Systems, 62, 22–31.* Abgerufen am 10. Mai 2025 von https://doi.org/10.1016/j.dss.2014.03.001

Wickham, H. (2017). *tidyverse/nycflights13.* Abgerufen am 06. March 2021 von https://github.com/hadley/nycflights13

Zusammenfassung

Dieses Kapitel zeigt, wie ML-Verfahren mit der Programmiersprache R umgesetzt werden können. Es beinhaltet Beispiele für Regression zur Preisschätzung, Klassifikation zur Risikominimierung, Clustering für Kundensegmente sowie Empfehlungsmaschinen und Reinforcement Learning für dynamische Preisgestaltung.

Machine Learning lässt sich in die drei in Abb. 7.1 dargestellten Arten unterteilen.

Nachfolgend werden Umsetzungen des Überwachten, des Unüberwachten Lernens und des Bestärkenden Lernens vorgestellt.

Überwachtes Lernen (Supervised Learning)
Zielvariable bekannt (z.B. Korrelation von zwei Variablen wie Preis und Kaufverhalten)

Unüberwachtes Lernen (Unsupervised Learning)
Zielvariable nicht vorgegeben (z.B. Clustering, Data Mining, Wer kauft das eine und das andere gemeinsam -> Kaufempfehlung)

Bestärkendes Lernen (Reinforcement Learning)
Auf Basis von **Versuch-und-Irrtum-Verfahren** (Trial-and-Error-Method) und **Belohnungssystem** (z.B. Preisänderung -> was führt zu mehr Umsatz und Gewinn)

Abb. 7.1 Machine-Learning-Methoden

© Der/die Autor(en), exklusiv lizenziert an Springer Fachmedien Wiesbaden GmbH, ein Teil von Springer Nature 2025
B. Heesen, *Künstliche Intelligenz im Business*,
https://doi.org/10.1007/978-3-658-49545-9_7

7.1 Überwachtes Lernen

Beim Überwachten Lernen sind die beiden wesentlichsten Anwendungen die Regression und die Klassifikation. Daher werden diese Anwendungsbereiche nachfolgend vorgestellt.

7.1.1 Regression zur Preisschätzung

Die Regressionsanalyse ist ein statistisches Analyseverfahren, das zum Ziel hat, Beziehungen zwischen einer **abhängigen Variablen** (oft auch erklärte Variable oder **Regressand** genannt) und einer oder mehreren **unabhängigen Variablen** (oft auch erklärende Variablen oder **Regressoren** genannt) zu modellieren. Die Durchführung einer Regression wird verwendet, um Zusammenhänge quantitativ zu beschreiben oder Werte der abhängigen Variable zu prognostizieren.

Nachfolgend soll am Beispiel des Ames Housing Datasets der Verkaufspreis von Immobilien auf Basis verschiedener Gebäudemerkmale möglichst präzise vorhergesagt werden. Dazu wurde ein systematischer, datengetriebener Ansatz gewählt, der die Auswahl relevanter Prädiktoren, die Modellierung mit unterschiedlichen Regressionsverfahren, die Hyperparameteroptimierung sowie die finale Modellbewertung umfasst.

Im ersten Schritt erfolgte eine korrelationsbasierte Merkmalsauswahl, um irrelevante oder schwach mit der Zielvariablen „SalePrice" korrelierte Variablen auszuschließen. Es wurden alle numerischen Features berücksichtigt, deren Korrelationskoeffizient $|r| \geq 0{,}40$ betrug. Diese Schwelle stellt einen Kompromiss zwischen Modellkomplexität und Erklärungsgehalt dar und reduziert gleichzeitig das Risiko von Overfitting durch Rauschen in den Daten.

Anschließend wurden die Daten in Trainings- und Testdatensätze (80/20-Split) aufgeteilt, wobei ein 10-faches Cross-Validation-Verfahren zur robusten Modellbewertung eingesetzt wurde. Für alle nicht-baumbasierten Verfahren (Lineare Regression, Polynomiale Regression, SVR, KNN, Neuronales Netz) erfolgte eine Standardisierung der Merkmale, um Skaleneffekte zu eliminieren. Die Modellierung testete sechs verschiedene Modelltypen:

- Lineare Regression (LinR)
- Polynomiale Regression (LogR)
- Random Forest Regressor (RF)
- Support Vector Regression (SVR)
- K-Nearest Neighbors (KNN)
- Neuronales Netz (NN)

Für jedes Modell wurden umfangreiche Hyperparameter-Suchräume definiert und mittels Grid Search bzw. Randomized Search optimiert, um eine bestmögliche Modellanpassung an die Trainingsdaten zu gewährleisten.

Die finale Leistungsbewertung erfolgte auf Basis des unabhängigen Testdatensatzes unter Verwendung der Kenngrößen Bestimmtheitsmaß (R^2) und Root Mean Squared Error (RMSE). Die beiden Modelle mit der höchsten Prognosegüte wurden zusätzlich visualisiert, indem die tatsächlichen Verkaufspreise den vorhergesagten Werten gegenübergestellt wurden.

Regression: Modellvergleich

```python
## Regression----------------------------------------------------------------
import joblib
import pandas as pd
import numpy as np
import matplotlib.pyplot as plt
import os
import warnings
from sklearn.model_selection import train_test_split, GridSearchCV, RandomizedSearchCV, KFold
from sklearn.linear_model import LinearRegression
from sklearn.preprocessing import StandardScaler, PolynomialFeatures
from sklearn.pipeline import Pipeline
from sklearn.ensemble import RandomForestRegressor
from sklearn.svm import SVR
from sklearn.neighbors import KNeighborsRegressor
from sklearn.neural_network import MLPRegressor
from sklearn.metrics import mean_squared_error, r2_score
warnings.filterwarnings("ignore")
# Arbeitsverzeichnis
wd_neu = os.path.join("C:\\", "Users", "bernd", "Documents", "A-Python", "DateienKI"
)
os.chdir(wd_neu)
from ml_plot import ml_plot
# 1. Daten Laden
datasets = joblib.load("datasets.joblib")
ames = datasets["AmesHousing"]
# 2. Feature-Auswahl mit r > 0.40
numeric_vars = ames.select_dtypes(include=[np.number])
correlations = numeric_vars.corr(method="pearson")["SalePrice"].drop("SalePrice")
selected_features = correlations[abs(correlations) > 0.40].index.tolist()
print(f"Verwendete Features (r > 0.40): {len(selected_features)}")
## Verwendete Features (r > 0.40): 14
X = ames[selected_features].dropna()
y = ames.loc[X.index, "SalePrice"]
# 3. Daten splitten
X_train, X_test, y_train, y_test = train_test_split(X, y, test_size=0.2, random_stat
e=42)
# 4. Skalierung für nicht-baumbasierte Modelle
scaler = StandardScaler()
X_train_scaled = scaler.fit_transform(X_train)
X_test_scaled = scaler.transform(X_test)
# 5. Cross-Validation
cv = KFold(n_splits=10, shuffle=True, random_state=42)
```

```python
# 6. Modelle und Parameter
models = {
    "LineareRegression": (LinearRegression(), {}),
    "PolynomialeRegression": (
        Pipeline([
            ("poly", PolynomialFeatures(include_bias=False)),
            ("scaler", StandardScaler()),
            ("linreg", LinearRegression())
        ]),
        {"poly__degree": [2, 3]}),
    "RandomForest": (
        RandomForestRegressor(random_state=42),
        {"n_estimators": [200, 500, 1000],
         "max_depth": [None, 20, 40],
         "min_samples_split": [2, 5, 10],
         "min_samples_leaf": [1, 2, 5],
         "max_features": ["sqrt", 0.5, 0.8]}),
    "SVR": (
        SVR(),
        {"C": [0.1, 1, 10, 100],
         "epsilon": [0.01, 0.1, 1],
         "gamma": ["scale", "auto"],
         "kernel": ["rbf", "linear"]}),
    "KNN": (
        KNeighborsRegressor(),
        {"n_neighbors": [3, 5, 10, 20, 50],
         "weights": ["uniform", "distance"],
         "p": [1, 2]}),
    "NeuronalesNetz": (
        MLPRegressor(max_iter=5000, solver='adam', random_state=42),
        {"hidden_layer_sizes": [(50,), (100,), (100,100), (200,100)],
         "activation": ["relu", "tanh"],
         "alpha": [0.0001, 0.001, 0.01],
         "learning_rate_init": [0.0001, 0.001, 0.01]})
}
results = []
predictions = {}
# 7. Training & Tuning
for name, (model, params) in models.items():
    print(f"\n🔧 Training Modell: {name}")
    # Wahl der Datenbasis
    X_train_use = X_train_scaled if name not in ["RandomForest"] else X_train
    X_test_use = X_test_scaled if name not in ["RandomForest"] else X_test
    # Grid oder Random Search
    if name == "NeuronalesNetz":
        search = RandomizedSearchCV(model, params, cv=cv, n_iter=20, scoring='neg_me
an_squared_error', n_jobs=-1, random_state=42)
    else:
        search = GridSearchCV(model, params, cv=cv, scoring='neg_mean_squared_error'
, n_jobs=-1)
    search.fit(X_train_use, y_train)
    best_model = search.best_estimator_
    y_pred = best_model.predict(X_test_use)
    rmse = np.sqrt(mean_squared_error(y_test, y_pred))
    r2 = r2_score(y_test, y_pred)
    results.append((name, search.best_params_, round(r2, 3), int(rmse)))
    predictions[name] = y_pred
```

```
##
## →  Training Modell: LineareRegression
## GridSearchCV(cv=KFold(n_splits=10, random_state=42, shuffle=True),
##              estimator=LinearRegression(), n_jobs=-1, param_grid={},
##              scoring='neg_mean_squared_error')
##
## →  Training Modell: PolynomialeRegression
## GridSearchCV(cv=KFold(n_splits=10, random_state=42, shuffle=True),
##              estimator=Pipeline(steps=[('poly',
##                                         PolynomialFeatures(include_bias=False)),
##                                        ('scaler', StandardScaler()),
##                                        ('linreg', LinearRegression())]),
##              n_jobs=-1, param_grid={'poly__degree': [2, 3]},
##              scoring='neg_mean_squared_error')
##
## →  Training Modell: RandomForest
## GridSearchCV(cv=KFold(n_splits=10, random_state=42, shuffle=True),
##              estimator=RandomForestRegressor(random_state=42), n_jobs=-1,
##              param_grid={'max_depth': [None, 20, 40],
##                          'max_features': ['sqrt', 0.5, 0.8],
##                          'min_samples_leaf': [1, 2, 5],
##                          'min_samples_split': [2, 5, 10],
##                          'n_estimators': [200, 500, 1000]},
##              scoring='neg_mean_squared_error')
##
## →  Training Modell: SVR
## GridSearchCV(cv=KFold(n_splits=10, random_state=42, shuffle=True),
##              estimator=SVR(), n_jobs=-1,
##              param_grid={'C': [0.1, 1, 10, 100], 'epsilon': [0.01, 0.1, 1],
##                          'gamma': ['scale', 'auto'],
##                          'kernel': ['rbf', 'linear']},
##              scoring='neg_mean_squared_error')
##
## →  Training Modell: KNN
## GridSearchCV(cv=KFold(n_splits=10, random_state=42, shuffle=True),
##              estimator=KNeighborsRegressor(), n_jobs=-1,
##              param_grid={'n_neighbors': [3, 5, 10, 20, 50], 'p': [1, 2],
##                          'weights': ['uniform', 'distance']},
##              scoring='neg_mean_squared_error')
##
## →  Training Modell: NeuronalesNetz
## RandomizedSearchCV(cv=KFold(n_splits=10, random_state=42, shuffle=True),
##                    estimator=MLPRegressor(max_iter=5000, random_state=42),
##                    n_iter=20, n_jobs=-1,
##                    param_distributions={'activation': ['relu', 'tanh'],
##                                         'alpha': [0.0001, 0.001, 0.01],
##                                         'hidden_layer_sizes': [(50,), (100,),
##                                                                (100, 100),
##                                                                (200, 100)],
##                                         'learning_rate_init': [0.0001, 0.001,
##                                                                0.01]},
##                    random_state=42, scoring='neg_mean_squared_error')
```

```
# 8. Ergebnisse
results_df = pd.DataFrame(results, columns=["Modell", "Beste Parameter", "R2", "RMSE
"])
results_df_sorted = results_df.sort_values(by="R2", ascending=False)
print("\n📊 Modellvergleich (10-Fold CV):")
##
## 📊 Modellvergleich (10-Fold CV):
print(results_df_sorted)
##                     Modell  ...   RMSE
## 2              RandomForest  ...  25372
## 1  PolynomialeRegression  ...  26352
## 4                       KNN  ...  27553
## 5             NeuronalesNetz  ...  28748
## 0           LineareRegression  ...  32722
## 3                       SVR  ...  34914
##
## [6 rows x 4 columns]
# 9. Beste zwei Modelle visualisieren
best_two = results_df_sorted.head(2)["Modell"].tolist()
plot_df = pd.DataFrame({"Tatsächlicher_Preis_in_Tsd": y_test.values / 1000})
for m in best_two:
    plot_df[m] = predictions[m] / 1000
fig, axes = plt.subplots(1, 2, figsize=(12, 5))
for i, model in enumerate(best_two):
    ml_plot(plot_df, column=("Tatsächlicher_Preis_in_Tsd", model),
            kind="scatter",
            title=f"{model} (R²={results_df_sorted.loc[results_df_sorted['Modell']==
model,'R2'].values[0]}, "
                  f"RMSE={results_df_sorted.loc[results_df_sorted['Modell']==model,'
RMSE'].values[0]}): Real vs. Vorhersage",
            ax=axes[i])
plt.tight_layout()
plt.show()
```

Die Ergebnisse zeigen, dass der Random Forest Regressor mit einem R^2 von 0,905 und einem RMSE von 25.372 USD die besten Vorhersagen liefert (siehe Abb. 7.2). Die Prognosegüte erklärt sich durch die Fähigkeit des Modells, nichtlineare Zusammenhänge und Interaktionen zwischen den Prädiktoren abzubilden, ohne eine explizite Transformation der Merkmale zu erfordern. An zweiter Stelle folgt die Polynomiale Regression mit einem R^2 von 0,898 und einem RMSE von 26.352 USD. Sie kann durch die Erweiterung der Merkmale um quadratische und kubische Terme ebenfalls nichtlineare Effekte mo-

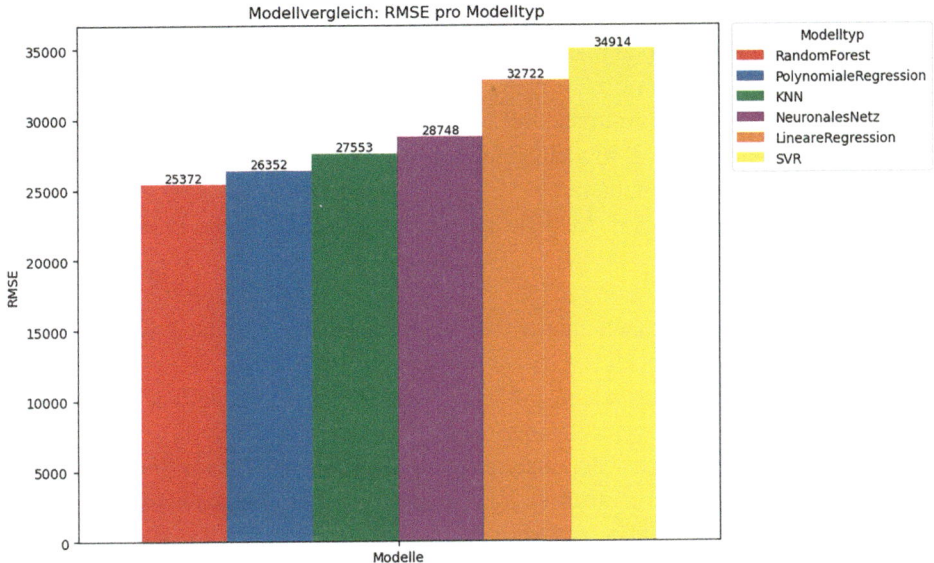

Abb. 7.2 Modellvergleich

dellieren, erreicht jedoch nicht ganz die Flexibilität und Genauigkeit des Random-Forest-Modells.

Die Visualisierung im Scatter-Plot unterstreicht die Anpassungsqualität beider Modelle: Die Streudiagramme zeigen eine deutliche Nähe der Vorhersagewerte zur 45°-Linie, was auf eine geringe systematische Verzerrung hindeutet. Dennoch sind Ausreißer erkennbar, insbesondere bei sehr hohen Immobilienpreisen (> 500 Tsd. USD), was auf eine eingeschränkte Modellgenauigkeit in Extrembereichen hinweist. Eine höhere Anzahl an Daten von hochpreisigen Immobilien für das Training der Modelle könnte hier Abhilfe schaffen.

Nachdem das Random-Forest-Modell sich für diese Daten als das Beste erwiesen hat, soll es nachfolgend noch einmal verwendet werden, um eine bestmögliche Auswahl der Prädiktoren und ein Tuning des Modells durchzuführen. Das Ziel ist es jetzt, ein leistungsfähiges Prognosemodell für Immobilienpreise auf Basis des Ames-Housing-Datensatzes zu entwickeln und dabei die Effizienz hinsichtlich der verwendeten Eingangsvariablen zu steigern. Hierzu werden vier verschiedene Modellvarianten eines Random-Forest-Regressors trainiert und verglichen, wobei unterschiedliche Strategien zur Auswahl der Prädiktoren angewendet werden. Die Analyse veranschaulicht, wie sich eine **gezielte Reduktion der Merkmalsanzahl** auf die Prognosegüte und Modellkomplexität auswirkt.

Zunächst werden im Rahmen der Datenvorverarbeitung sämtliche nicht-numerischen Variablen mittels One-Hot-Encoding in numerische Dummy-Variablen umgewandelt. Dies ist erforderlich, da der Random-Forest-Algorithmus nur numerische Eingaben verarbeiten kann. Durch die Umwandlung können auch kategoriale Merkmale wie Baustile, Gebäudetypen oder Heizungsarten berücksichtigt werden.

Die Trainingsfunktion `train_random_forest()` kapselt das Training des Modells. Sie verwendet einen RandomForestRegressor und optimiert die Hyperparameter (`n_esti-mators`, `max_depth`, `max_features`, `min_samples_split`, `min_samples_leaf`) mittels GridSearchCV in Kombination mit einer 10-fachen Cross-Validation (KFold). Dadurch wird ein robustes Modell gefunden, das Überanpassung reduziert und eine verlässliche Fehlerschätzung liefert.

Das Programm erstellt vier Modelle, die sich in der Auswahl der Prädiktoren unterscheiden:

- Variante 1: Alle verfügbaren numerischen und encodierten Variablen werden verwendet.
- Variante 2: Nur Variablen mit einer linearen Korrelation von mindestens 40 % mit dem Zielwert („SalePrice") werden einbezogen.
- Variante 3: Automatische Merkmalsselektion auf Basis der Feature-Importances des Random-Forest-Modells. Variablen mit einem Beitrag von weniger als 1 % an der Gesamtvorhersagekraft werden entfernt.
- Variante 4: Kombination aller Prädiktoren aus Variante 2 und 3.

Vorteile von Modellen mit weniger Prädiktoren:

1. **Anwendbarkeit**: Fehlt auch nur ein Prädiktor bei Daten, für welche man eine Vorhersage machen möchte, so lässt sich das Modell nicht nutzen. Weniger Prädiktoren erhöhen daher die Anwendbarkeit des Modells in der Praxis.
2. **Vermeidung von Overfitting**: Überflüssige oder schwach korrelierte Variablen erhöhen die Komplexität des Modells und können Rauschen anstatt echter Zusammenhänge lernen.
3. **Verbesserte Generalisierbarkeit**: Modelle mit wenigen, aber starken Prädiktoren haben häufig eine bessere Prognoseleistung auf unbekannten Daten.
4. **Interpretierbarkeit**: Eine reduzierte Anzahl von Merkmalen erleichtert es, die Einflüsse einzelner Variablen auf die Vorhersage nachzuvollziehen und geschäftlich zu interpretieren (z. B. welche Hausmerkmale den Preis besonders treiben).
5. **Effizienz**: Weniger Features führen zu geringeren Rechenzeiten beim Training und bei der Vorhersage, was bei großen Datensätzen entscheidend sein kann.
6. **Robustheit**: Der Ausschluss irrelevanter oder redundanter Variablen verringert die Gefahr instabiler Modellentscheidungen bei leicht veränderten Daten.

Regression: Optimierung

```python
## Regression Optimierung-----------------------------------------------------
import joblib
import pandas as pd
import numpy as np
import matplotlib.pyplot as plt
import os
import warnings
from sklearn.model_selection import train_test_split, GridSearchCV, KFold
from sklearn.ensemble import RandomForestRegressor
from sklearn.metrics import mean_squared_error, r2_score
warnings.filterwarnings("ignore")
# Arbeitsverzeichnis
wd_neu = os.path.join("C:\\", "Users", "bernd", "Documents", "A-Python", "DateienKI"
)
os.chdir(wd_neu)
from ml_plot import ml_plot

# 1. Daten laden
datasets = joblib.load("datasets.joblib")
ames = datasets["AmesHousing"]
# 2. Encoding aller nicht-numerischen Variablen
ames_encoded = pd.get_dummies(ames, drop_first=True)
# 3. Funktion: Random Forest trainieren
def train_random_forest(X, y):
    cv = KFold(n_splits=10, shuffle=True, random_state=42)
    params = {
        "n_estimators": [500],
        "max_depth": [None, 40],
        "min_samples_split": [2, 5],
        "min_samples_leaf": [1, 2],
        "max_features": ["sqrt", 0.5]
    }
    grid = GridSearchCV(RandomForestRegressor(random_state=42),
                    params, cv=cv, scoring='neg_mean_squared_error', n_jobs=-1)
    grid.fit(X, y)
    return grid.best_estimator_
results = []
# =====================
# VARIANTE 1: Alle Features
# =====================
X1 = ames_encoded.drop(columns=["SalePrice"]).dropna()
y1 = ames_encoded.loc[X1.index, "SalePrice"]
rf1 = train_random_forest(X1, y1)
X_train1, X_test1, y_train1, y_test1 = train_test_split(X1, y1, test_size=0.2, rando
m_state=42)
rf1.fit(X_train1, y_train1)
## RandomForestRegressor(max_features=0.5, n_estimators=500, random_state=42)
pred1 = rf1.predict(X_test1)
results.append(["Variante 1: Alle Prädiktoren", X1.shape[1],
                r2_score(y_test1, pred1),
                np.sqrt(mean_squared_error(y_test1, pred1))])
# =====================
# VARIANTE 2: Korrelation > 40 %
# =====================
numeric_vars = ames_encoded.select_dtypes(include=[np.number])
correlations = numeric_vars.corr(method="pearson")["SalePrice"].drop("SalePrice")
selected_features = correlations[abs(correlations) > 0.40].index.tolist()
X2 = ames_encoded[selected_features].dropna()
```

```
y2 = ames_encoded.loc[X2.index, "SalePrice"]
rf2 = train_random_forest(X2, y2)
X_train2, X_test2, y_train2, y_test2 = train_test_split(X2, y2, test_size=0.2, rando
m_state=42)
rf2.fit(X_train2, y_train2)
## RandomForestRegressor(max_features=0.5, n_estimators=500, random_state=42)
pred2 = rf2.predict(X_test2)
results.append(["Variante 2: Korrelation > 40%", X2.shape[1],
                r2_score(y_test2, pred2),
                np.sqrt(mean_squared_error(y_test2, pred2))])

# =====================
# VARIANTE 3: Automatische Selektion (>1% Importance)
# =====================
X3 = X1.copy()
y3 = y1.copy()
rf_full = train_random_forest(X3, y3)
importances = pd.Series(rf_full.feature_importances_, index=X3.columns)
selected_auto = importances[importances > 0.01].index.tolist()
X3_sel = X3[selected_auto]
rf3 = train_random_forest(X3_sel, y3)
X_train3, X_test3, y_train3, y_test3 = train_test_split(X3_sel, y3, test_size=0.2, r
andom_state=42)
rf3.fit(X_train3, y_train3)
## RandomForestRegressor(max_features=0.5, min_samples_split=5, n_estimators=500,
##                        random_state=42)
pred3 = rf3.predict(X_test3)
results.append(["Variante 3: Automatische Selektion", X3_sel.shape[1],
                r2_score(y_test3, pred3),
                np.sqrt(mean_squared_error(y_test3, pred3))])

# =====================
# VARIANTE 4: Kombination Variante 2 und 3
# =====================
combined_features = sorted(set(selected_features) | set(selected_auto))
X4 = ames_encoded[combined_features].dropna()
y4 = ames_encoded.loc[X4.index, "SalePrice"]
rf4 = train_random_forest(X4, y4)
X_train4, X_test4, y_train4, y_test4 = train_test_split(X4, y4, test_size=0.2, rando
m_state=42)
rf4.fit(X_train4, y_train4)
## RandomForestRegressor(max_features='sqrt', n_estimators=500, random_state=42)
pred4 = rf4.predict(X_test4)
results.append(["Variante 4: Kombination Var2+Var3", X4.shape[1],
                r2_score(y_test4, pred4),
                np.sqrt(mean_squared_error(y_test4, pred4))])

# =====================
# Ergebnis-Tabelle
# =====================
results_df = pd.DataFrame(results, columns=["Variante", "Anzahl_Features", "R2", "RM
SE"])
print("\n📊 Vergleich der Random Forest Varianten:")
##
## 📊 Vergleich der Random Forest Varianten:
print(results_df)
##                               Variante  Anzahl_Features        R2         RMSE
## 0         Variante 1: Alle Prädiktoren              262  0.893716  26815.310113
## 1           Variante 2: Korrelation > 40%            14  0.904386  25455.911656
## 2  Variante 3: Automatische Selektion              12  0.890949  27162.138543
## 3    Variante 4: Kombination Var2+Var3             17  0.907016  25103.374520
# =====================
# Feature-Matrix (Variante 2, 3 und 4)
```

```
# =====================
all_features = sorted(set(selected_features) | set(selected_auto) | set(combined_fea
tures))
feature_matrix = pd.DataFrame(index=all_features,
                              columns=["Variante 2: Korr>40%", "Variante 3: AutoSele
kt", "Variante 4: Kombiniert"])
for feat in all_features:
    feature_matrix.loc[feat, "Variante 2: Korr>40%"] = "X"
    if feat in selected_features else ""
    feature_matrix.loc[feat, "Variante 3: AutoSelekt"] = "X"
    if feat in selected_auto else ""
    feature_matrix.loc[feat, "Variante 4: Kombiniert"] = "X"
    if feat in combined_features else ""
print("\n📋 Feature-Auswahl Matrix:")
##
## 📋 Feature-Auswahl Matrix:
print(feature_matrix)
##               Variante 2 Variante 3 Variante 4
## 1st Flr SF             X          X          X
## 2nd Flr SF                        X          X
## BsmtFin SF 1           X          X          X
## Exter Qual_TA                     X          X
## Fireplaces             X                     X
## Full Bath              X          X          X
## Garage Area            X          X          X
## Garage Cars            X          X          X
## Garage Yr Blt          X                     X
## Gr Liv Area            X          X          X
## Lot Area                          X          X
## Mas Vnr Area           X                     X
## Overall Qual           X          X          X
## TotRms AbvGrd          X                     X
## Total Bsmt SF          X          X          X
## Year Built             X          X          X
## Year Remod/Add         X                     X
##
## [17 rows x 3 columns]
# =====================
# RMSE-Balkendiagramm mit Featureanzahl und R²
# =====================
plot_rmse = results_df[["Variante", "RMSE", "Anzahl_Features", "R2"]].copy()
plot_rmse.rename(columns={"Variante": "Modelltyp", "RMSE": "RMSE_Wert"}, inplace=Tru
e)
plot_rmse["Modell"] = "Modell"   # einheitliche Kategorie für X-Achse
fig, ax = plt.subplots(figsize=(10, 6))
ml_plot(df=plot_rmse,
        column=("Modell", "Modelltyp"),
        kpi="RMSE_Wert",
        kind="dodgecolumn",
        title="Random Forest Varianten: RMSE-Vergleich (inkl. Prädiktorenanzahl & R²
)",
        legend=True,
        ax=ax)
ax.set_xlabel("")  # Keine doppelte Beschriftung
ax.set_ylabel("RMSE")
# Werte beschriften (RMSE oben, Featureanzahl und R² mittig)
rmse_values = plot_rmse["RMSE_Wert"].values
feature_values = plot_rmse["Anzahl_Features"].values
r2_values = plot_rmse["R2"].values
bar_index = 0
```

```
for container in ax.containers:
    for bar in container:
        rmse_val = rmse_values[bar_index]
        feat_val = feature_values[bar_index]
        r2_val = r2_values[bar_index]

        ax.text(bar.get_x() + bar.get_width() / 2, rmse_val + 300,
                f"{int(rmse_val)}", ha='center', va='bottom', fontsize=9, fontweight
='bold')
        ax.text(bar.get_x() + bar.get_width() / 2, rmse_val / 2,
                f"{int(feat_val)} Feat.\nR²={r2_val:.3f}",
                ha='center', va='center',
                fontsize=9, color='white', fontweight='bold')
        bar_index += 1

plt.tight_layout()
plt.show()
```

Das Optimieren von Modellen lohnt sich. Ursprünglich hatte das Dataset 81 unabhängige Variablen. Nachdem die nicht numerischen Variablen encoded waren, ergaben sich 262 Prädiktoren. **Das Modell der Variante 1 mit allen 262 Prädiktoren hatte ein RMSE von 26.815 US\$. Die deutlich einfacheren Modelle der Variante 2 bis 4 mit 12 bis 17 Prädiktoren konnten deutlich bessere Ergebnisse mit einem RMSE von 25.103 US\$ erreichen.**

7.1.2 Klassifikation zur Kreditanalyse

Im nachfolgenden Beispiel soll eine Klassifikation von Daten vorgestellt werden. Bei den Daten handelt es sich um reale Daten zu 887.379 Krediten mit 74 Variablen (Dark_Raider 2025). Die Daten werden eingelesen und im Dataframe loans gespeichert.

Das Ziel dieser Analyse ist es, ein Vorhersagemodell zu entwickeln, das die Kreditqualität von Kreditnehmern auf Basis historischer Daten vorhersagen kann. Dabei soll zwischen ‚guten' und ‚schlechten' Krediten unterschieden werden, um das Kreditrisiko zu minimieren und Ausfälle besser vorherzusagen. Die Variable loan_status gibt bei den Daten an, welcher Klasse ein Kredit zugeordnet ist. Die Variable loan_status besitzt etliche Ausprägungen, die einer der beiden Kategorien „gut" oder „schlecht" zugewiesen werden können. Die Variable status wird neu geschaffen, um alle Kredite als „schlecht" zu kennzeichnen, die im loan_status „Charged Off", „Default", „Does not meet the credit policy. Stauts: Charged Off", „Late (16–30 days) = Considered delinquent" oder „Late (31–120) = Delinquent" sind. Alle anderen Fälle werden als „gut" kategorisiert. Anschließend kann die Variable loan_status gelöscht werden, da sie nicht zur Vorhersage verwendet werden soll. Von den Krediten sind **5,24 % schlechte Kredite. Eine Precision besser als 94,76 % wäre damit eine Verbesserung für das Kreditinstitut**.

Zunächst wurden die Rohdaten bereinigt: irrelevante ID-Spalten werden entfernt, fehlende Werte im Datensatz behandelt und Datumsspalten in numerische Werte umgewandelt. Seltene Kategorien werden zusammengefasst und hochkardinale Variablen reduziert, um die Modellkomplexität zu verringern.

Wenn das Modell mit einem einfachen **Entscheidungsbaum** trainiert wird, ergibt sich bereits eine **Precision von 97 %** mit dem Baum in Abb. 7.3.

Der Vergleich mehrerer Modelle kann hier jedoch eventuell zu einer weiteren Verbesserung beitragen, daher werden drei weitere Klassifikationsmodelle getestet: Logistische Regression, Random Forest und K-Nearest Neighbors (KNN). Für jedes Modell wurden optimale Hyperparameter mithilfe von GridSearchCV und einer 5-fachen Kreuzvalidierung bestimmt.

Klassifikation: Modellvergleich

```
## Klassifikation------------------------------------------------------------
## Klassifikation ------------------------------------------------------------
import joblib
import pandas as pd
import os
import warnings
import time
import dask.dataframe as dd
from sklearn.model_selection import train_test_split, GridSearchCV, KFold
from sklearn.preprocessing import StandardScaler
from sklearn.linear_model import LogisticRegression
from sklearn.ensemble import RandomForestClassifier
from sklearn.neighbors import KNeighborsClassifier
```

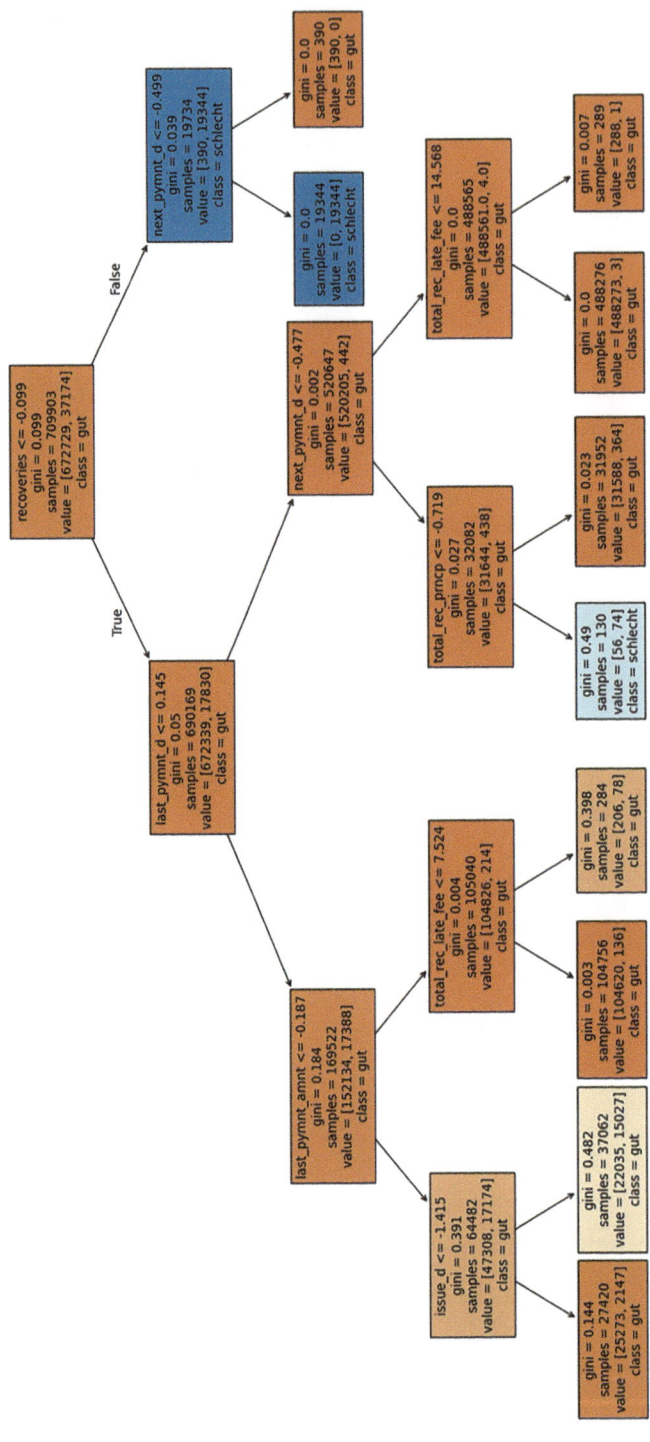

Abb. 7.3 Entscheidungsbaum Kreditrisiko

```python
from sklearn.metrics import accuracy_score, f1_score, roc_auc_score
from sklearn.metrics import precision_score, classification_report
from sklearn.impute import SimpleImputer
from scipy.stats import zscore
import matplotlib.pyplot as plt
warnings.filterwarnings("ignore")
# ================================================================
# Parameter
# ================================================================
high_cardinality_limit = 150
NUM_CORES = 32
# ================================================================
# Hilfsfunktionen
# ================================================================
def log_shape_and_memory(df, name="DataFrame"):
    mem_usage = df.memory_usage(deep=True).sum() / (1024 ** 2)
    print(f"ℹ️ {name}: Form={df.shape}, Speicher≈{mem_usage:.2f} MB")
def merge_rare_categories_dask(df, threshold=0.10, exclude_columns=None):
    if exclude_columns is None:
        exclude_columns = []
    start_time = time.perf_counter()
    ddf = dd.from_pandas(df, npartitions=NUM_CORES)
    cat_cols = [c for c in df.select_dtypes(include=['object', 'category']).columns
if c not in exclude_columns]
    for col in cat_cols:
        freqs = ddf[col].value_counts(normalize=True).compute()
        rare_categories = set(freqs[freqs < threshold].index.tolist())
        if rare_categories:
            ddf[col] = ddf[col].map(
                lambda x: "Other" if (pd.notna(x) and x in rare_categories) else x,
                meta=(col, 'object')
            )
            print(f"◆ Spalte '{col}': {len(rare_categories)} seltene Kategorien zus
ammengefasst (<{threshold*100:.0f}%).")
    result = ddf.compute()
    end_time = time.perf_counter()
    print(f"✅ Dauer merge_rare_categories_dask: {end_time - start_time:.2f} Sekund
en")
    log_shape_and_memory(result, "Nach Rare-Category-Merge")
    return result
# ================================================================
# 1. Daten Laden
# ================================================================
wd_neu = os.path.join("C:\\", "Users", "bernd", "Documents", "A-Python", "DateienKI"
)
os.chdir(wd_neu)
datasets = joblib.load("datasets.joblib")
credit = datasets["CreditRisk"]
print(f"✅ Datensatz geladen: {credit.shape[0]} Zeilen, {credit.shape[1]} Spalten")
## ✅ Datensatz geladen: 887379 Zeilen, 74 Spalten
log_shape_and_memory(credit, "Originaldaten")
## ℹ️ Originaldaten: Form=(887379, 74), Speicher≈1473.09 MB
# Spalten Löschen
for col in ["id", "member_id"]:
    if col in credit.columns:
        credit.drop(columns=col, inplace=True)
        print(f"◆ Spalte '{col}' gelöscht (nicht relevant).")
## ◆ Spalte 'id' gelöscht (nicht relevant).
## ◆ Spalte 'member_id' gelöscht (nicht relevant).
```

```
# Zielvariable erstellen
bad_status_values = [
    "Charged Off", "Default",
    "Does not meet the credit policy. Status: Charged Off",
    "Late (16-30 days) = Considered delinquent",
    "Late (31-120) = Delinquent"
]
credit["status"] = credit["loan_status"].apply(lambda x: "schlecht" if str(x) in bad
_status_values else "gut")
credit = credit.drop(columns=["loan_status"])
print("✅ Neue Zielvariable 'status' erstellt.")
## ✅ Neue Zielvariable 'status' erstellt.
log_shape_and_memory(credit, "Nach Zielvariablen-Erstellung")
## ⓘ Nach Zielvariablen-Erstellung: Form=(887379, 72), Speicher≈1455.32 MB
# ================================================================
# 3. Datenvorverarbeitung
# ================================================================
start_preproc = time.perf_counter()
# ZIP-Code numerisch
credit['zip_code_n'] = credit['zip_code'].astype(str).str[:3].replace(r'\D', '', reg
ex=True).astype('Int64')
credit.drop(columns='zip_code', inplace=True)
# Datumsspalten konvertieren
for col in ["issue_d", "earliest_cr_line", "last_pymnt_d", "next_pymnt_d", "last_cre
dit_pull_d"]:
    if col in credit.columns:
        credit[col] = pd.to_datetime(credit[col], format='%b-%y', errors='coerce')
# Zeitstempel numerisch machen
datetime_cols = credit.select_dtypes(include=['datetime64[ns]']).columns
for col in datetime_cols:
    credit[col] = credit[col].astype('int64') // 10**9
# Variablen mit >20% NA entfernen
missing_ratio = credit.isnull().mean()
cols_to_drop_na = missing_ratio[missing_ratio > 0.20].index.tolist()
for col in cols_to_drop_na:
    print(f"⚠ Spalte '{col}' entfernt (fehlende Werte > 20%).")
## ⚠ Spalte 'desc' entfernt (fehlende Werte > 20%).
## ⚠ Spalte 'mths_since_last_delinq' entfernt (fehlende Werte > 20%).
## ⚠ Spalte 'mths_since_last_record' entfernt (fehlende Werte > 20%).
## ⚠ Spalte 'mths_since_last_major_derog' entfernt (fehlende Werte > 20%).
## ⚠ Spalte 'annual_inc_joint' entfernt (fehlende Werte > 20%).
## ⚠ Spalte 'dti_joint' entfernt (fehlende Werte > 20%).
## ⚠ Spalte 'verification_status_joint' entfernt (fehlende Werte > 20%).
## ⚠ Spalte 'open_acc_6m' entfernt (fehlende Werte > 20%).
## ⚠ Spalte 'open_il_6m' entfernt (fehlende Werte > 20%).
## ⚠ Spalte 'open_il_12m' entfernt (fehlende Werte > 20%).
## ⚠ Spalte 'open_il_24m' entfernt (fehlende Werte > 20%).
## ⚠ Spalte 'mths_since_rcnt_il' entfernt (fehlende Werte > 20%).
## ⚠ Spalte 'total_bal_il' entfernt (fehlende Werte > 20%).
## ⚠ Spalte 'il_util' entfernt (fehlende Werte > 20%).
## ⚠ Spalte 'open_rv_12m' entfernt (fehlende Werte > 20%).
## ⚠ Spalte 'open_rv_24m' entfernt (fehlende Werte > 20%).
## ⚠ Spalte 'max_bal_bc' entfernt (fehlende Werte > 20%).
## ⚠ Spalte 'all_util' entfernt (fehlende Werte > 20%).
## ⚠ Spalte 'inq_fi' entfernt (fehlende Werte > 20%).
## ⚠ Spalte 'total_cu_tl' entfernt (fehlende Werte > 20%).
## ⚠ Spalte 'inq_last_12m' entfernt (fehlende Werte > 20%).
```

```
# Variablen mit nur einem Wert entfernen
categorical_cols = credit.select_dtypes(include=['object', 'category']).columns
cols_to_drop_single = [col for col in categorical_cols if credit[col].nunique() <= 1
]
for col in cols_to_drop_single:
    print(f"⚠ Spalte '{col}' entfernt (nur ein eindeutiger Wert).")
cols_to_drop = list(set(cols_to_drop_na + cols_to_drop_single))
credit_clean = credit.drop(columns=cols_to_drop)
log_shape_and_memory(credit_clean, "Nach Spaltenbereinigung")
## ℹ Nach Spaltenbereinigung: Form=(887379, 51), Speicher≈1010.52 MB
# Rare Category Merge
credit_clean = merge_rare_categories_dask(credit_clean, threshold=0.10, exclude_colu
mns=["status"])
## ◆ Spalte 'grade': 3 seltene Kategorien zusammengefasst (<10%).
## ◆ Spalte 'sub_grade': 35 seltene Kategorien zusammengefasst (<10%).
## ◆ Spalte 'emp_title': 299269 seltene Kategorien zusammengefasst (<10%).
## ◆ Spalte 'emp_length': 10 seltene Kategorien zusammengefasst (<10%).
## ◆ Spalte 'home_ownership': 4 seltene Kategorien zusammengefasst (<10%).
## ◆ Spalte 'pymnt_plan': 1 seltene Kategorien zusammengefasst (<10%).
## ◆ Spalte 'url': 887379 seltene Kategorien zusammengefasst (<10%).
## ◆ Spalte 'purpose': 12 seltene Kategorien zusammengefasst (<10%).
## ◆ Spalte 'title': 63127 seltene Kategorien zusammengefasst (<10%).
## ◆ Spalte 'addr_state': 50 seltene Kategorien zusammengefasst (<10%).
## ◆ Spalte 'application_type': 1 seltene Kategorien zusammengefasst (<10%).
## ✅ Dauer merge_rare_categories_dask: 55.95 Sekunden
## ℹ Nach Rare-Category-Merge: Form=(887379, 51), Speicher≈873.94 MB
# Zielvariable Y speichern und aus Features entfernen
y = credit_clean["status"].map({"gut": 0, "schlecht": 1})
credit_features = credit_clean.drop(columns=["status"])
# High-Cardinality-Spalten entfernen
high_card_cols = [col for col in credit_features.select_dtypes(include=['object', 'c
ategory']).columns
                  if credit_features[col].nunique() > high_cardinality_limit]
if high_card_cols:
    print("⚠ Hohe Kardinalität erkannt:")
    for col in high_card_cols:
        print(f"- {col}: {credit_features[col].nunique()} eindeutige Werte")
    credit_features = credit_features.drop(columns=high_card_cols)
## ⚠ Hohe Kardinalität erkannt:
## - emp_title: 299269 eindeutige Werte
## - url: 887379 eindeutige Werte
## - title: 63129 eindeutige Werte
log_shape_and_memory(credit_features, "Nach High-Cardinality-Filter")
## ℹ Nach High-Cardinality-Filter: Form=(887379, 47), Speicher≈653.66 MB
# One-Hot-Encoding (ohne Status)
credit_encoded = pd.get_dummies(credit_features, drop_first=True)
log_shape_and_memory(credit_encoded, "Nach One-Hot-Encoding")
## ℹ Nach One-Hot-Encoding: Form=(887379, 160), Speicher≈352.89 MB
# Mittelwert-Imputation
imputer = SimpleImputer(strategy='mean')
credit_imputed_array = imputer.fit_transform(credit_encoded)
credit_imputed = pd.DataFrame(credit_imputed_array, columns=credit_encoded.columns,
index=credit_encoded.index)
print(f"✅ Fehlende Werte nach Mean-Imputation: {credit_imputed.isnull().sum().sum(
)} (sollte 0 sein)")
## ✅ Fehlende Werte nach Mean-Imputation: 0 (sollte 0 sein)
log_shape_and_memory(credit_imputed, "Nach Imputation")
```

```
## [i] Nach Imputation: Form=(887379, 160), Speicher≈1083.23 MB
# Ausreißeranalyse
numeric_cols = credit_imputed.select_dtypes(include=['float64', 'int64']).columns
z_scores = pd.DataFrame(zscore(credit_imputed[numeric_cols]), columns=numeric_cols,
index=credit_imputed.index)
# Tabelle Ausreißer
outliers_z2 = (abs(z_scores) > 2).sum()
outliers_z3 = (abs(z_scores) > 3).sum()
outlier_table = pd.DataFrame({
    'Anzahl_Ausreißer_z>2': outliers_z2,
    'Anzahl_Ausreißer_z>3': outliers_z3
}).sort_values(by='Anzahl_Ausreißer_z>2', ascending=False)
print("\n📊 Anzahl der Ausreißer je Variable (Top 20):")
##
## 📊 Anzahl der Ausreißer je Variable (Top 20):
print(outlier_table.head(20))
##                          Anzahl_Ausreißer_z>2  Anzahl_Ausreißer_z>3
## grade_D                             139542                     0
## addr_state_CA                       129517                     0
## home_ownership_OWN                   87470                 87470
## emp_length_2 years                   78870                 78870
## addr_state_NY                        74086                 74086
## addr_state_TX                        71138                 71138
## grade_E                              70705                 70705
## emp_length_< 1 year                  70605                 70605
## emp_length_3 years                   70026                 70026
## addr_state_FL                        60935                 60935
## sub_grade_B3                         56323                 56323
## emp_length_5 years                   55704                 55704
## sub_grade_B4                         55626                 55626
## inq_last_6mths                       53834                 16436
## sub_grade_C1                         53387                 53387
## total_rec_prncp                      53364                 18378
## emp_length_4 years                   52529                 52529
## sub_grade_C2                         52236                 52236
## purpose_home_improvement             51829                 51829
## last_pymnt_amnt                      51654                 27339
end_preproc = time.perf_counter()
print(f"⏱ Dauer Datenvorverarbeitung: {end_preproc - start_preproc:.2f} Sekunden")
## ⏱ Dauer Datenvorverarbeitung: 85.32 Sekunden
# Features & Zielvariable
X = credit_imputed
log_shape_and_memory(X, "Finales Feature-Set")
## [i] Finales Feature-Set: Form=(887379, 160), Speicher≈1083.23 MB
# Skalierung
scaler = StandardScaler()
X_scaled = scaler.fit_transform(X)
print("✅ Features standardisiert.")
## ✅ Features standardisiert.
# Train-Test-Split
X_train, X_test, y_train, y_test = train_test_split(X_scaled, y, test_size=0.2, rand
om_state=42, stratify=y)
print("✅ Train-Test-Split durchgeführt.")
## ✅ Train-Test-Split durchgeführt.
# ================================================================
# Modelle (LogReg, RF, KNN)
# ================================================================
models = {
    "Logistische Regression": (LogisticRegression(max_iter=1000, n_jobs=NUM_CORES),
```

```
                                {"C": [0.01, 0.1, 1, 10]}),
    "Random Forest": (RandomForestClassifier(random_state=42, n_jobs=NUM_CORES),
                        {"n_estimators": [100, 300],
                          "max_depth": [None, 10, 20]}),
    "KNN": (KNeighborsClassifier(n_jobs=NUM_CORES),
            {"n_neighbors": [3, 5, 10],
              "weights": ["uniform", "distance"]})
}
results = []
predictions = {}
cv = KFold(n_splits=5, shuffle=True, random_state=42)
# Training
start_training = time.perf_counter()
for name, (model, params) in models.items():
    print(f"\n🚀 Training startet: {name}")
    grid = GridSearchCV(model, params, cv=cv, scoring='roc_auc', n_jobs=1)
    grid.fit(X_train, y_train)
    best_model = grid.best_estimator_
    y_pred = best_model.predict(X_test)
    y_proba = best_model.predict_proba(X_test)[:, 1]
    acc = accuracy_score(y_test, y_pred)
    f1 = f1_score(y_test, y_pred)
    auc = roc_auc_score(y_test, y_proba)
    print(f"✅ {name}: Accuracy={acc:.3f}, F1={f1:.3f}, ROC-AUC={auc:.3f}, Beste Pa
rameter={grid.best_params_}")
    results.append([name, round(acc, 3), round(f1, 3), round(auc, 3), grid.best_para
ms_])
    predictions[name] = y_pred
##
## 🚀 Training startet: Logistische Regression
## GridSearchCV(cv=KFold(n_splits=5, random_state=42, shuffle=True),
##              estimator=LogisticRegression(max_iter=1000, n_jobs=32), n_jobs=1,
##              param_grid={'C': [0.01, 0.1, 1, 10]}, scoring='roc_auc')
## ✅ Logistische Regression: Accuracy=0.997, F1=0.967, ROC-AUC=0.990, Beste Parame
ter={'C': 10}
##
## 🚀 Training startet: Random Forest
## GridSearchCV(cv=KFold(n_splits=5, random_state=42, shuffle=True),
##              estimator=RandomForestClassifier(n_jobs=32, random_state=42),
##              n_jobs=1,
##              param_grid={'max_depth': [None, 10, 20],
##                          'n_estimators': [100, 300]},
##              scoring='roc_auc')
## ✅ Random Forest: Accuracy=0.999, F1=0.988, ROC-AUC=1.000, Beste Parameter={'max
_depth': None, 'n_estimators': 300}
##
## 🚀 Training startet: KNN
## GridSearchCV(cv=KFold(n_splits=5, random_state=42, shuffle=True),
##              estimator=KNeighborsClassifier(n_jobs=32), n_jobs=1,
##              param_grid={'n_neighbors': [3, 5, 10],
##                          'weights': ['uniform', 'distance']},
##              scoring='roc_auc')
## ✅ KNN: Accuracy=0.958, F1=0.330, ROC-AUC=0.851, Beste Parameter={'n_neighbors':
  10, 'weights': 'distance'}
end_training = time.perf_counter()
print(f"\n⏱ Dauer Modelltraining: {end_training - start_training:.2f} Sekunden")
##
## ⏱ Dauer Modelltraining: 7581.44 Sekunden
# Ergebnisse
```

```
results_with_params = []
for model_name, acc, f1, auc, params in results:
    y_pred_temp = predictions[model_name]
    precision = precision_score(y_test, y_pred_temp)
    # Modellname + Parameter in einer Spalte
    model_with_params = f"{model_name} | Params: {params}"
    results_with_params.append([
        model_with_params,
        round(acc, 3),
        round(f1, 3),
        round(auc, 3),
        round(precision, 3)
    ])
results_df = pd.DataFrame(results_with_params, columns=["Modell + Parameter", "Accur
acy", "F1-Score", "ROC-AUC", "Precision"])
print("\n📊 Vergleich der Klassifikationsmodelle:\n")
##
## 📊 Vergleich der Klassifikationsmodelle:
print(f"{'Modell':<25}{'Accuracy':<10}{'F1-Score':<10}{'ROC-AUC':<10}{'Precision':<1
0}")
## Modell                   Accuracy  F1-Score  ROC-AUC   Precision
print("-"*65)
## -----------------------------------------------------------------
for model_name, acc, f1, auc, params in results:
    # Precision berechnen
    y_pred_temp = predictions[model_name]
    precision = precision_score(y_test, y_pred_temp)
    # Hauptzeile mit Metriken
    print(f"{model_name:<25}{acc:<10}{f1:<10}{auc:<10}{round(precision, 3):<10}")
    # Parameter-Zeile
    print(f"{'':4}→ Beste Parameter: {params}")
## Logistische Regression   0.997     0.967     0.99      0.995
##     → Beste Parameter: {'C': 10}
## Random Forest            0.999     0.988     1.0       1.0
##     → Beste Parameter: {'max_depth': None, 'n_estimators': 300}
## KNN                      0.958     0.33      0.851     0.97
##     → Beste Parameter: {'n_neighbors': 10, 'weights': 'distance'}
```

Die Modelle wurden anhand von Accuracy, F1-Score, ROC-AUC und Precision bewertet. Die Abb. 7.4 zeigt die Ergebnisse:

Das **Random Forest Modell** liefert mit **99,9 % Genauigkeit** und einer ROC-AUC von 1,0 die besten Ergebnisse, gefolgt von der Logistischen Regression. Das KNN-Modell erreicht zwar eine hohe Präzision, zeigt aber einen deutlich niedrigeren F1-Score, was auf weniger stabile Ergebnisse hindeutet. Die Analyse belegt, dass der Random Forest in diesem Anwendungsfall die höchste Vorhersagegenauigkeit liefert. Aufgrund seiner Ro-

Modell	Accuracy	F1-Score	ROC-AUC	Precision
Logistische Regression	0.997	0.967	0.990	0.995
Random Forest	0.999	0.988	1.000	1.000
KNN	0.958	0.330	0.851	0.970

Abb. 7.4 Modellvergleich

bustheit gegenüber Ausreißern und der Fähigkeit, komplexe Zusammenhänge abzubilden, wird empfohlen, diesen Ansatz in weiteren Analysen und in der praktischen Anwendung einzusetzen.

Bei einer Kreditausfallwahrscheinlichkeit größer als 5 % können bei Anwendung dieses Modells deutlich mehr der schlechten Kredite vermieden werden. Der entsprechende monetäre Vorteil lässt sich durch Multiplikation mit dem Kreditvolumen abschätzen.

Nachdem jetzt die Regression und die Klassifikation als Anwendungen des Überwachten Lernens vorgestellt wurden, folgen nun auch Anwendungen des Unüberwachten Lernens.

7.2 Unüberwachtes Lernen

Zwei der wesentlichsten Anwendungen des Unüberwachten Lernens sind das Clustering und die Warenkorbanalyse (Market-Basket-Analyse). Diese beiden Anwendungen werden daher nachfolgend vorgestellt. Im Gegensatz zu dem Überwachten Lernen existiert beim Unüberwachten Lernen keine Zielvariable, die für das Training genutzt werden kann. Das Unüberwachte Lernen versucht komplett neue Zusammenhänge in den Daten zu erkennen.

7.2.1 Clustering zur Kundensegmentierung

Die Kundensegmentierung ermöglicht es Unternehmen, Kunden in Gruppen mit ähnlichen Eigenschaften und Verhaltensmustern zu unterteilen. Dies erlaubt eine gezielte Ansprache unterschiedlicher Kundensegmente, eine effizientere Ressourcenallokation und die Entwicklung maßgeschneiderter Marketingstrategien. Das Clustering kann besonders dabei helfen, umsatzstarke Kunden zu identifizieren und Potenziale bei weniger aktiven Kunden zu erkennen.

In der nachfolgenden Analyse wird das **K-Means-Clustering** für die Analyse von synthetischen Kundendaten eingesetzt. Das Vorgehen umfasst folgende Schritte:

1. Datensammlung: Erstellung eines Datensatzes mit den Merkmalen ,Einkommen' und ,Jahresumsatz'.
2. Standardisierung: Transformation der Daten, um sicherzustellen, dass alle Merkmale gleich gewichtet sind.
3. Bestimmung der optimalen Clusteranzahl: Analyse mit der **Elbow-Methode (Trägheit)** und dem **Silhouette-Score** zur Identifikation des besten Werts für k. Hier wird $k = 3$ gewählt.
4. Iterative K-Means-Berechnung: Berechnung und Anpassung der Clusterzentren bis zu stabilen Zuweisungen.
5. Visualisierung: Darstellung der Trennung der Cluster durch **Voronoi-Diagramme** sowie Auswertung der Clustergrößen und durchschnittlichen Werte je Gruppe

Clustering

```
## Clustering----------------------------------------------------------------
import os
import warnings
import numpy as np
import pandas as pd
import matplotlib.pyplot as plt
from sklearn.cluster import KMeans
from sklearn.preprocessing import StandardScaler
from sklearn.metrics import silhouette_score
from matplotlib.colors import ListedColormap
# Arbeitsverzeichnis
wd_neu = os.path.join("C:\\", "Users", "bernd", "Documents", "A-Python", "DateienKI"
)
os.chdir(wd_neu)
from ml_plot import ml_plot
# ----------------------------
# 1. Daten generieren
# ----------------------------
np.random.seed(42)
n_kunden = 80
einkommen = np.random.randint(20000, 100000, n_kunden)
kaufhaeufigkeit = np.random.choice([1, 2, 3, 4, 5, 10, 12], size=n_kunden,
                           p=[0.15, 0.2, 0.2, 0.15, 0.1, 0.1, 0.1])
jahresumsatz = (einkommen * np.random.uniform(0.05, 0.2, size=n_kunden) * (kaufhaeuf
igkeit / 5)
               + np.random.randint(-2000, 2000, n_kunden)).astype(int)
jahresumsatz = np.clip(jahresumsatz, 500, None)

df = pd.DataFrame({'Einkommen': einkommen, 'Jahresumsatz': jahresumsatz})
print("📋 Erste 5 Zeilen der Daten:")
## 📋 Erste 5 Zeilen der Daten:
print(df.head())
##    Einkommen  Jahresumsatz
## 0      35795           500
## 1      20860          1979
## 2      96820         24229
## 3      74886         15742
## 4      26265          1225
# ----------------------------
# 2. Normalisierung
# ----------------------------
scaler = StandardScaler()
X_scaled = scaler.fit_transform(df[['Einkommen', 'Jahresumsatz']])
# ----------------------------
# 3. Elbow und Silhouette-Methode
# ----------------------------
range_k = range(2, 11)
inertias = []
silhouette_scores = []
for k in range_k:
    kmeans = KMeans(n_clusters=k, init='k-means++', n_init=10, random_state=42)
    kmeans.fit(X_scaled)
    inertias.append(kmeans.inertia_)
    silhouette_scores.append(silhouette_score(X_scaled, kmeans.labels_))
plt.figure(figsize=(6, 4))
plt.plot(range_k, inertias, marker='o')
plt.title("Elbow-Methode (Trägheit)")
plt.xlabel("Clusteranzahl k")
plt.ylabel("Inertia")
plt.grid(True)
plt.show(block=True)
```

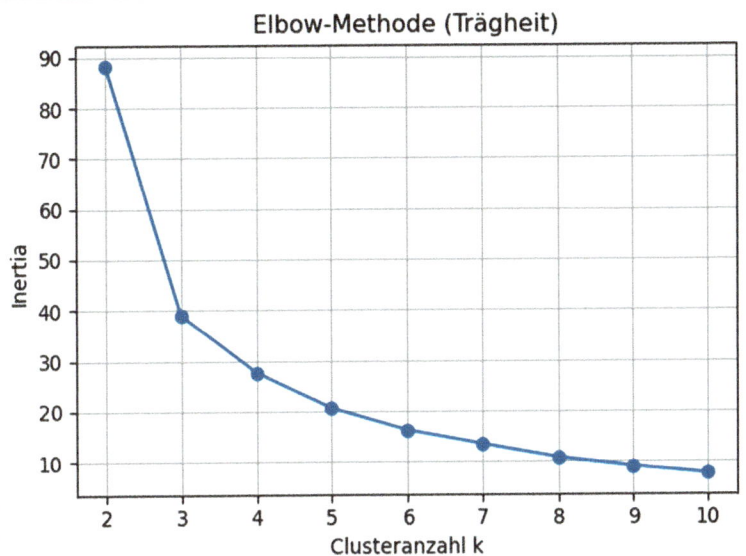

```
plt.figure(figsize=(6, 4))
plt.plot(range_k, silhouette_scores, marker='o', color='green')
plt.title("Silhouette-Score")
plt.xlabel("Clusteranzahl k")
plt.ylabel("Score")
plt.grid(True)
plt.show(block=True)
```

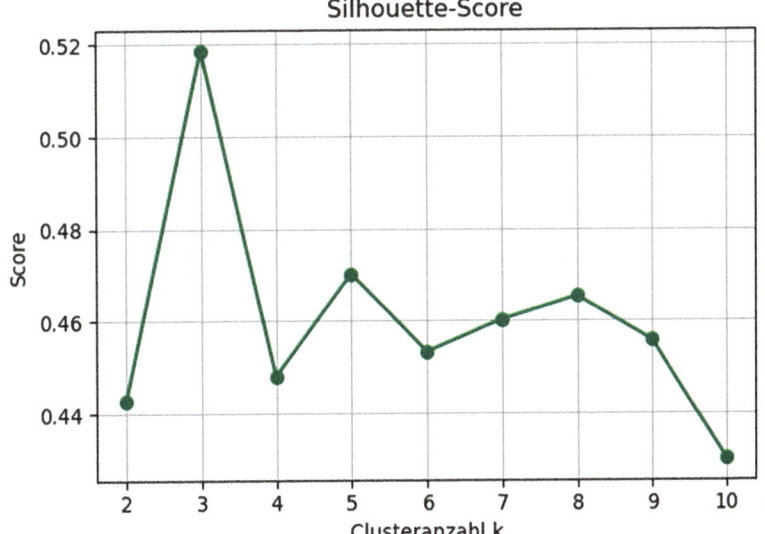

```python
print("💡 Hinweis: Wählen Sie k anhand des 'Knickpunkts' oder des höchsten Silhouett
e-Scores.")
## 💡 Hinweis: Wählen Sie k anhand des 'Knickpunkts' oder des höchsten Silhouette-Sc
ores.
# ----------------------------
# 4. Auswahl von k
# ----------------------------
k_selected = 3
# ----------------------------
# 5. K-Means Ausführung mit Voronoi-Diagrammen
# ----------------------------
max_iterationen = 50
zentren = None
labels = None
for iteration in range(max_iterationen):
    kmeans = KMeans(n_clusters=k_selected, init='k-means++' if iteration == 0 else z
entren,
                    n_init=1, max_iter=1, random_state=42)
    kmeans.fit(X_scaled)
    zentren = kmeans.cluster_centers_
    new_labels = kmeans.labels_
    # Voronoi-Diagramm
    x_min, x_max = X_scaled[:, 0].min() - 0.5, X_scaled[:, 0].max() + 0.5
    y_min, y_max = X_scaled[:, 1].min() - 0.5, X_scaled[:, 1].max() + 0.5
    xx, yy = np.meshgrid(np.linspace(x_min, x_max, 500),
                         np.linspace(y_min, y_max, 500))
    Z = kmeans.predict(np.c_[xx.ravel(), yy.ravel()]).reshape(xx.shape)
    colors = ['#FFAAAA', '#AAFFAA', '#AAAAFF', '#FFFFAA', '#FFC0CB', '#E6E6FA', '#FF
D580', '#90EE90', '#FFB6C1']
    cmap_bg = ListedColormap(colors[:k_selected])
    cmap_pts = ListedColormap(['#FF0000', '#00AA00', '#0000FF', '#999900', '#FF69B4'
, '#8A2BE2', '#FFD700', '#008080', '#DC143C'])
    plt.figure(figsize=(7, 5))
    plt.contourf(xx, yy, Z, cmap=cmap_bg, alpha=0.3)
    scatter = plt.scatter(X_scaled[:, 0], X_scaled[:, 1], c=new_labels, cmap=cmap_pt
s, s=80, edgecolors='k')
    plt.scatter(zentren[:, 0], zentren[:, 1], c='black', marker='X', s=200, label='Z
entren')
    # Cluster-Nummern anzeigen (beginnend mit 1)
    for i, (x, y) in enumerate(zentren, start=1):
        plt.text(x, y, str(i), fontsize=12, weight='bold', color='black',
                 ha='center', va='center', bbox=dict(facecolor='white', alpha=0.6, e
dgecolor='black'))

    plt.title(f"K-Means – Iteration {iteration+1} (k={k_selected})")
    plt.xlabel("Einkommen (skaliert)")
    plt.ylabel("Jahresumsatz (skaliert)")
    plt.legend()
    plt.show(block=True)
    # Abbruchbedingung
    if labels is not None and np.array_equal(new_labels, labels):
        print(f"✅ Stabile Clusterzuweisungen nach {iteration+1} Iterationen erreic
ht.")
        break
    labels = new_labels
```

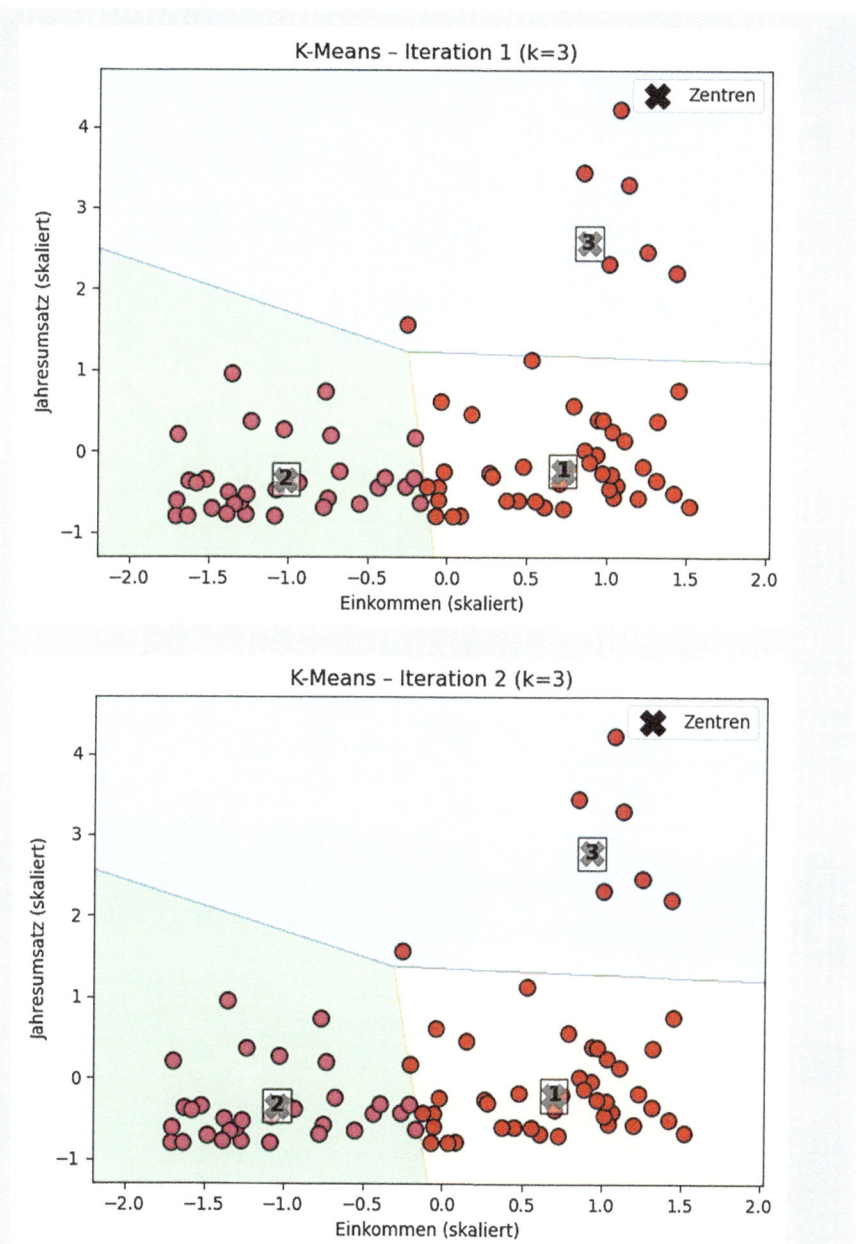

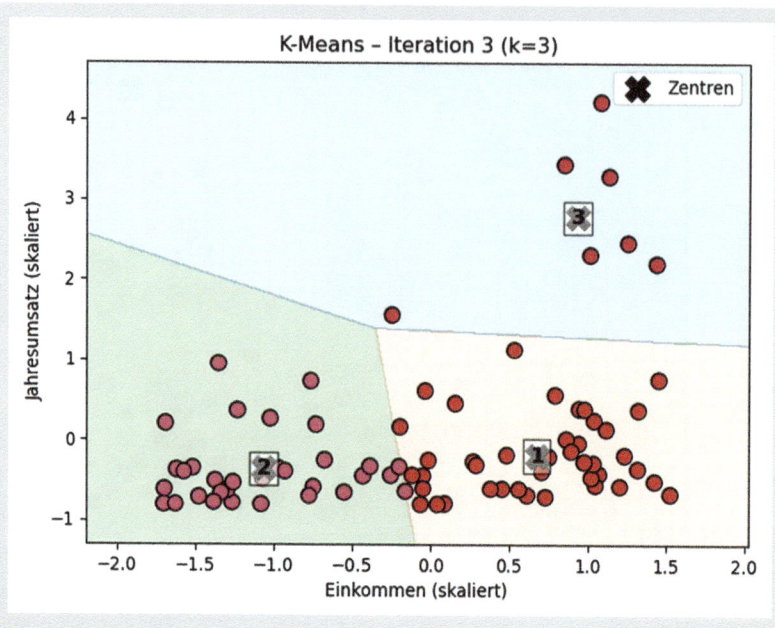

```
# -----------------------------
# 6. Cluster-Zusammenfassung
# -----------------------------
# Cluster-Nummern beginnend mit 1
df['Cluster'] = labels + 1
cluster_summary = df.groupby('Cluster').agg(
    Anzahl_Kunden=('Cluster', 'count'),
    Durchschnitt_Einkommen=('Einkommen', 'mean'),
    Durchschnitt_Jahresumsatz=('Jahresumsatz', 'mean')
).round(2)
print("\n Cluster-Zusammenfassung:")
##
##  Cluster-Zusammenfassung:
print(cluster_summary)
##          Anzahl_Kunden  Durchschnitt_Einkommen  Durchschnitt_Jahresumsatz
## Cluster
## 1                   41                78398.51                     5294.32
## 2                   32                36145.97                     3970.03
## 3                    7                84560.71                    28812.14
# -----------------------------
# 7. ml_plot Diagramme
# -----------------------------
# Clustergrößen
plot_df1 = cluster_summary.reset_index()[['Cluster', 'Anzahl_Kunden']]
plot_df1["Kategorie"] = "Clustergröße"
fig, ax = plt.subplots(figsize=(6, 4))
ml_plot(df=plot_df1,
        column=("Kategorie", "Cluster"),
        kpi="Anzahl_Kunden",
        kind="dodgecolumn",
        title="Clustergrößen (Anzahl Kunden pro Cluster)",
        legend=False,
        ax=ax)
plt.tight_layout()
plt.show(block=True)
```

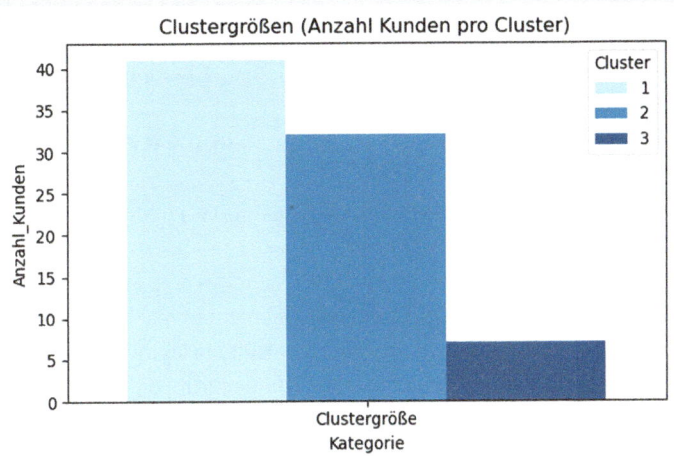

```
# Durchschnittlicher Jahresumsatz
plot_df2 = cluster_summary.reset_index()[['Cluster', 'Durchschnitt_Jahresumsatz']]
plot_df2["Kategorie"] = "Cluster-Umsatz"

fig, ax = plt.subplots(figsize=(6, 4))
ml_plot(df=plot_df2,
        column=("Kategorie", "Cluster"),
        kpi="Durchschnitt_Jahresumsatz",
        kind="dodgecolumn",
        title="Durchschnittlicher Jahresumsatz pro Cluster",
        legend=False,
        ax=ax)
plt.tight_layout()
plt.show(block=True)
```

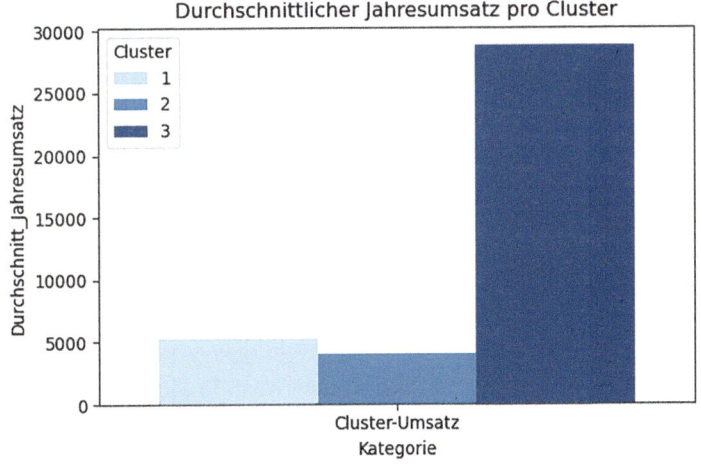

Das K-Means-Verfahren identifizierte drei unterschiedliche Kundengruppen:

- **Cluster 1**: 41 Kunden mit hohem durchschnittlichem Einkommen ($\sim$78.400 €) und moderatem Jahresumsatz ($\sim$5300 €).
- **Cluster 2**: 32 Kunden mit mittlerem Einkommen ($\sim$36.100 €) und niedrigem Jahresumsatz ($\sim$3970 €).
- **Cluster 3**: 7 Kunden mit hohem Einkommen ($\sim$84.500 €) und sehr hohem Jahresumsatz ($\sim$28.800 €).

Die Ergebnisse zeigen klar abgegrenzte Kundensegmente und machen es möglich, zielgerichtete Maßnahmen pro Cluster zu entwickeln. Die Kundensegmentierung mit K-Means ermöglicht eine klare Abgrenzung verschiedener Kundengruppen. Unternehmen können diese Ergebnisse nutzen, um ihre Marketingstrategien zu verfeinern, gezielte Angebote für umsatzstarke Kunden zu entwickeln und Maßnahmen zur Steigerung der Aktivität in einkommensstarken, umsatzschwachen Segmenten umzusetzen.

7.2.2 Empfehlungsmaschine für Cross-Selling

Empfehlungsmaschinen nutzen den **Apriori**-Algorithmus, um Assoziationsregeln zu finden. **Assoziationsregeln** beschreiben die Beziehung zwischen Variablen, z. B. welche Produkte oft gemeinsam gekauft werden, welche Faktoren zu geringeren Maschinenausfallzeiten beitragen oder welche Symptome bzw. Komplikationen oft mit einer Therapie oder Medikation einhergehen.

Die Assoziationsregeln werden nicht in erster Linie für eine Vorhersage genutzt, sondern um bislang unbekannte Zusammenhänge zu entdecken. Sie lassen sich jedoch auch nutzen, um Vorhersagen zu machen, z. B. welches Produkt ein Kunde wahrscheinlich kauft, wenn er zuvor ein anderes Produkt gekauft hat. Das neu erworbene Wissen der Beziehungen kann dann genutzt werden, um Kunden mit Hilfe von **Empfehlungsmaschinen** Produkte anzubieten, die andere Kunden erworben haben, welche zuvor ähnliche Produkte angesehen oder gekauft haben. Dieses sogenannte Cross-Selling dient der Umsatzsteigerung. Wenn die Transaktionsdaten speziellen Kunden zugeordnet werden können, dann können auf Basis der Käufe im Laufe der Zeit auch Kundenprofile erstellt werden, welche die Empfehlungsmaschinen noch erfolgreicher machen. Die Assoziationsregeln werden auch zur Produktplatzierung in Läden und auf Webseiten verwendet und eignen sich ebenfalls als Grundlage von Marketingkampagnen. Wenn Produkt A oft zum Kauf von Produkt B führt, dann sollten diese nicht gleichzeitig beworben werden, da es bereits ausreichend ist das Produkt A zu bewerben. Die Assoziationsregeln können auch zur Klassifikation von Produkten genutzt werden, welche besonders zum Umsatz beitragen (ABC-Klassifikation).

Um die Assoziationsregeln zu ermitteln, wird in der Regel der **Apriori**-Algorithmus aus dem Jahr 1994 verwendet (Agrawal und Srikant 1994). Da die Ermittlung der Assoziationsregeln zu den Methoden des Unüberwachten Lernens zählt, muss der Algorithmus nicht trainiert werden. Die Daten werden daher auch nicht in Trainings- und Testdaten getrennt. Der Nachteil an dieser Methode ist allerdings, dass die Assoziationsregeln nicht in gleichem Maße via Testdaten validierbar sind. Es verbleibt der Prüfung und Interpretation durch Menschen, deren Qualität zu beurteilen. Ein Vorteil der Methode liegt in der schieren Fähigkeit große Mengen an Daten zu analysieren und Zusammenhänge darin erkennen zu können, die einem Menschen verborgen geblieben wären.

Ein schon lange etablierter Einsatzbereich für Assoziationsregeln ist die **Warenkorbanalyse**. Deren Basis stellen die Transaktionsdaten der Verkäufe dar, welche zu einer Transaktion die einzelnen Positionen der Transaktion mit den erworbenen Produkten beinhaltet. Ohne im Vorfeld bereits Kenntnisse über Zusammenhänge der Transaktionen zu besitzen, erlaubt die Warenkorbanalyse auf Basis der Transaktionsdaten Kombinationen von häufig gemeinsam gekauften Produkten zu erkennen.

Die Datenbasis der Transaktionen liegt in der Regel in einer de-normalisierten Datenbanktabelle vor, welche für jedes mögliche Objekt (**Item**) eine Spalte besitzt, einer sogenannten **Sparse Matrix**. Die Zeilen stellen jeweils eine Transaktion dar, wobei in der Transaktion enthaltene Items mit einer 1, nicht enthaltene mit einer 0 gekennzeichnet werden.

Der Apriori-Algorithmus aus dem Paket **mlxtend.frequent_patterns** dient der Identifikation sogenannter frequenter **Itemsets** (Objektmengen) in Transaktionsdaten. Dabei wird eine binäre Matrix als Eingabe verwendet, in der jede Zeile eine Transaktion darstellt und jede Spalte ein Item. Ein Eintrag ist True oder 1, wenn das entsprechende Item in der Transaktion enthalten ist, andernfalls False oder 0. Der wichtigste Parameter des Algorithmus ist `min_support`, der angibt, wie häufig ein Itemset mindestens in den Transaktionen vorkommen muss, um als „frequent" zu gelten und in die Sparse Matrix aufgenommen zu werden. Der Support ist dabei der Anteil der Transaktionen, in denen das Itemset enthalten ist. Wird der Parameter `use_colnames` auf True gesetzt, gibt der Algorithmus die tatsächlichen Namen der Items zurück (z. B. „Milch", „Brot"), statt ihrer Spaltenindizes. Optional kann man mit `max_len` auch die maximale Anzahl an Items pro Itemset begrenzen, etwa um nur Einzel-, Paar- oder Dreierkombinationen zu betrachten. Intern verwendet der Algorithmus eine schrittweise Erweiterung von Itemsets: Zunächst werden alle Einzel-Items betrachtet, dann Kombinationen von zwei Items, dann von drei usw., jedoch nur, wenn die kleineren Teilmengen bereits als häufig vorkommend erkannt wurden. Diese Eigenschaft, nur erfolgversprechende Kombinationen weiter zu prüfen, macht den Algorithmus effizient. Die Ausgabe ist ein DataFrame mit den häufig vorkommenden Itemsets und ihrem jeweiligen Support. Dieser dient oft als Grundlage für weiterführende Analysen wie der Bestimmung von Assoziationsregeln.

Die Zusammenhänge zwischen **Itemsets** werden in den sogenannten **Assoziationsregeln** hinterlegt, welche die Beziehung zwischen Itemsets beschreiben, z. B. dass Kunden, die Marmelade und Honig (Objektmenge: Marmelade + Honig) mit einer x-prozentigen Wahrscheinlichkeit auch Brot (Objekt: Brot) kaufen.

Je nach Anzahl der Items kann es eine sehr große Anzahl an Assoziationsregeln geben, die zu ermitteln, selbst für einen Computer eine mächtige Aufgabe darstellen kann.

Bei einer Anzahl von k Objekten ist es möglich 2^k Objektmengen (Itemsets) zu bilden, welche die Grundlage für eine Assoziationsregel sein können. Da viele der Kombinationen jedoch keine oder eine geringe Bedeutung haben, lässt sich die Analyse mit Hilfe des Apriori-Algorithmus auf die Fälle beschränken, die mit einer bestimmten Wahrscheinlichkeit auftreten. Seltene Fälle werden dadurch von der Analyse ignoriert. Dies ist auch die Prämisse (das Apriori) des Algorithmus, dass nur häufig vorkommende Itemsets von Interesse sind. Auf diese Art kann nach einer Ermittlung der häufig vorkommenden Objekte dann die Suche auf Itemsets beschränkt werden, welche diese Objekte beinhalten. Die Suche nach häufigen Sets startet mit 1-elementigen Itemsets und wird iterativ mit n-elementigen Itemsets fortgeführt, bis keine Itemsets mehr gefunden werden, die häufig vorkommen und der Algorithmus die Suche einstellt und alle relevanten Itemsets ermittelt hat. Im zweiten Schritt des Apriori-Algorithmus wird für jedes der relevanten Itemsets nach Assoziationsregeln gesucht. Dabei wird mit möglichst kurzen (1-elementigen) Konklusionen begonnen, welche iterativ vergrößert werden.

Die Funktion `association_rules()` aus dem Paket **mlxtend.frequent_patterns** wird verwendet, um Assoziationsregeln aus den zuvor gefundenen frequenten Itemsets abzuleiten. Die wesentlichen Parameter der Funktion werden in Abb. 7.5 gezeigt und die zugehörigen Metriken in Abb. 7.6.

Die Anweisung `rules = association_rules(frequent_itemsets, metric= "lift", min_threshold=1.0)` gibt nur Assoziationsregeln mit positiver Korrelation der Itemsets zurück. Jede Zeile des Dataframes bringt darin zum Ausdruck: „Wenn A gekauft wurde, wird B wahrscheinlich auch gekauft." Die Variablen des Dataframes werden in Abb. 7.7 gezeigt.

Die Qualität einer untersuchten Assoziationsregel wird u. a. durch folgende statistische Kennzahlen beschrieben, den Support, die Konfidenz und den Lift. Der **Support** berechnet sich als die Häufigkeit einer Objektkombination unter den Transaktionen geteilt durch die Anzahl aller Transaktionen, also die Wahrscheinlichkeit, dass diese Itemmenge in einer Transaktion vorkommt. Die **Konfidenz** berechnet sich als die Häufigkeit einer Objekt-

Parameter	Typ	Beschreibung
frequent_itemsets	DataFrame	DataFrame mit häufigen Itemsets, z. B. das Ergebnis von apriori(); muss die Spalte "support" enthalten.
metric	str	Metrik zur Bewertung der Regelstärke. Mögliche Werte: "support", "confidence", "lift", "leverage", "conviction".
min_threshold	float	Minimaler Schwellenwert für die gewählte Metrik. Regeln mit einem kleineren Wert werden verworfen.

Abb. 7.5 Parameter der Funktion association_rules()

Metrik	Bedeutung
support	Anteil der Transaktionen, in denen sowohl Antezedent als auch Konsequent vorkommen.
confidence	Wahrscheinlichkeit, dass der Konsequent eintritt, wenn der Antezedent bereits vorliegt.
lift	Verhältnis von beobachteter zu erwarteter Wahrschein-lichkeit. Werte >1 deuten auf positive Korrelation hin.
leverage	Unterschied zwischen beobachtetem und erwartetem ge-meinsamen Auftreten (Support).
conviction	Gibt an, wie stark das Fehlen des Konsequent das Fehlen des Antezedent impliziert.

Abb. 7.6 Verfügbare Metriken in association_rules()

Spalte	Beschreibung
antecedents	Linke Seite der Regel: Set von Artikeln, die ge-meinsam auftreten müssen (z. B. {A})
consequents	Rechte Seite der Regel: Artikel, die mit dem Antezedent assoziiert sind (z. B. {B})
antecedent support	Häufigkeit (Support) des Antezedent im gesamten Datensatz (z. B. {A} allein)
consequent support	Häufigkeit (Support) des Konsequent im Daten-satz (z. B. {B} allein)
support	Gemeinsame Häufigkeit von Antezedent und Konsequent (z. B. {A,B} in einer Transaktion)
confidence	Wahrscheinlichkeit, dass der Konsequent auftritt, wenn der Antezedent bereits vorliegt
lift	Verhältnis von beobachteter zu erwarteter Wahr-scheinlichkeit: Werte > 1 deuten auf Korrelation hin
leverage	Differenz zwischen tatsächlichem und erwartetem Support — je höher, desto bedeutungsvoller die Regel
conviction	Wie stark das Fehlen des Konsequent das Feh-len des Antezedent beeinflusst

Abb. 7.7 Spalten im rules-DataFrame

kombination unter den Transaktionen geteilt durch die Häufigkeit des Vorkommens des untersuchten Objektes. Die Konfidenz misst für welchen Anteil der Transaktionen, in denen X vorkommt, auch Y vorkommt. Die Konfidenz einer Assoziationsregel gibt deren Genauigkeit oder Vorhersagekraft an, dass die Präsenz von Item-Set X in einer Transaktion die Vorhersage erlaubt, dass auch Item-Set Y in der Transaktion enthalten sein wird. Der **Lift** berechnet sich als Support der Objektkombination geteilt durch den Support jedes einzelnen Objektes der Objektkombination. Lift gibt an, um wie viel wahrscheinlicher Item-Set Y gekauft wird, wenn auch Item-Set X in der Transaktion beinhaltet ist. Anders als bei der Konfidenz gilt dies reziprok, also Lift $\{X\} \Rightarrow \{Y\}$ ist identisch mit Lift $\{Y\} \Rightarrow \{X\}$. Ein Lift $\{X\} \Rightarrow \{Y\}$ von 1 bedeutet, dass die Wahrscheinlichkeit, dass Y gekauft wird, nicht größer ist als es per Zufall wäre, nur weil X gekauft wurde. Wenn dagegen der Wert von Lift größer als 1 ist, dann besagt dies, dass die Wahrscheinlichkeit höher ist als es per Zufall wäre. Ein Lift von 3 bedeutet z. B., dass die Wahrscheinlichkeit 3x höher ist als per Zufall.

Die Formeln zur Berechnung der Kennzahlen sind:

- Der **Support** misst, wie häufig die Regel in der gesamten Datenbasis vorkommt. Er gibt also an, wie hoch der Anteil der Transaktionen ist, in denen sowohl A als auch B enthalten sind.
  - Support(A $\Rightarrow$ B) = Anzahl der Transaktionen mit A $\cup$ B / Gesamtanzahl der Transaktionen
- Die **Konfidenz** (confidence) einer Regel beschreibt, wie oft B tatsächlich eintritt, wenn A eintritt. Es handelt sich dabei um die bedingte Wahrscheinlichkeit P(B | A).
  - Konfidenz(A $\Rightarrow$ B) = Support(A $\cup$ B) / Support(A)
- Der **Lift** quantifiziert, wie stark A und B gemeinsam auftreten, verglichen mit dem Fall, dass A und B unabhängig voneinander wären. Ein Lift-Wert größer als 1 zeigt eine positive Korrelation zwischen A und B, ein Wert kleiner als 1 eine negative.
  - Lift(A $\Rightarrow$ B) = Konfidenz(A $\Rightarrow$ B) / Support(B) = Support(A $\cup$ B) / (Support(A) * Support(B))

Im nachfolgenden Codebeispiel wird gezeigt, wie die Anzahl der gefundenen Regeln durch die Wahl des minimalen Schwellenwerts (`min_threshold`) für die gewählte Metrik beeinflusst wird. Bei einer niedrigen Confidence-Schwelle von 10 % (`min_threshold=0.1`) wird eine sehr große Menge an Regeln gefunden. Diese beinhalten auch schwache, potenziell zufällige Zusammenhänge. Mit steigender Confidence-Schwelle auf 50 % oder 95 % reduziert sich die Anzahl der Regeln deutlich, da nur noch Regeln mit starker empirischer Zuverlässigkeit erhalten bleiben. Ein Wechsel der Metrik von confidence zu lift mit einer Schwelle > 1 erlaubt zusätzlich, nicht nur häufige, sondern auch überzufällig starke Zusammenhänge zu identifizieren, also solche, bei denen das gleichzeitige Auftreten signifikant höher ist, als es zufällig zu erwarten wäre.

Insgesamt zeigt sich, dass die Reduktion der Regelmenge durch die gezielte Auswahl von Metrik und Mindestschwelle ein effektives Mittel ist, um relevante, interpretierbare Regeln aus einer potenziell sehr großen Datenbasis herauszufiltern. Das ist besonders wichtig, um sich in der Praxis auf qualitativ aussagekräftige Zusammenhänge zu konzentrieren.

Die Analyse zeigt mehrere Assoziationsregeln mit einem extrem hohen Lift-Wert von 84,6, was auf einen außergewöhnlich starken Zusammenhang zwischen den Produktgruppen hinweist. Die Konfidenz 1,0 bedeutet, dass immer, wenn Itemset X gekauft wurden, auch Itemset Y gekauft wurde, ohne Ausnahme innerhalb der Datenbasis.

Wenn Kunden gleichzeitig die Artikel „CHILDRENS CUTLERY DOLLY GIRL", „SPACEBOY CHILDRENS BOWL" und „DOLLY GIRL CHILDRENS CUP" kaufen, folgt mit absoluter Sicherheit auch der Kauf von „CHILDRENS CUTLERY SPACEBOY" und „DOLLY GIRL CHILDRENS BOWL". Das zeigt nicht nur, dass diese Produkte oft zusammen gekauft werden, sondern dass diese Kombination nahezu als Set funktioniert. Ebenso lassen sich sehr starke bidirektionale Beziehungen erkennen, z. B. zwischen „SET/6 COLLAGE PAPER CUPS" und „SET/6 COLLAGE PAPER PLATES". Beide Regeln tauchen wechselseitig auf, was in der Praxis nahelegt, dass diese Artikel zusammen verkauft oder verwendet werden (z. B. als Partyzubehör). Auch hier liegt der Lift bei 84,6 und die Konfidenz bei 1,0, was auf einen strukturell verankerten Kaufzusammenhang hindeutet.

Die Regeln mit den höchsten Lift-Werten belegen stark strukturierte Kaufmuster. In einem praktischen Kontext können diese Regeln genutzt werden, um Cross-Selling-Kampagnen, Produktplatzierung im Online-Shop oder Bundle-Angebote gezielt zu planen.

Es kann auch sinnvoll sein nach Regeln zu suchen, die ein gewisses Item beinhalten, z. B. das Geschenkpapier „Wrap Circus Parade". In der nachfolgenden Analyse wurde gezielt nach Regeln gesucht, in denen das Produkt „WRAP CIRCUS PARADE" beteiligt ist. Das Ziel ist es, herauszufinden, welche weiteren Produkte häufig zusammen mit diesem Artikel gekauft werden. Die Analyse liefert eine einzelne Regel mit den folgenden Kennzahlen:

- Support: 0.011: Das bedeutet, dass 1,1 % aller Transaktionen im betrachteten Datensatz sowohl „WRAP CIRCUS PARADE" als auch „POSTAGE" enthalten.
- Confidence: 1,0: Immer, wenn „WRAP CIRCUS PARADE" gekauft wurde, wurde auch „POSTAGE" gekauft – ohne Ausnahme innerhalb der analysierten Transaktionen.
- Lift: 1255: Der Lift-Wert zeigt, dass die Wahrscheinlichkeit für den gemeinsamen Kauf etwas höher ist, als es bei Unabhängigkeit der Fall wäre (da Lift > 1). Der Zusammenhang ist somit leicht überzufällig, aber nicht stark ausgeprägt.

Inhaltlich bedeutet diese Regel, dass Kunden, die das Geschenkpapier „WRAP CIRCUS PARADE" kaufen in jedem dieser Fälle auch den Artikel „POSTAGE" in den Warenkorb legen.

Eine Visualisierung der Assoziationsregeln ist als Scatterplot hilfreich, das die Assoziationsregeln anhand ihrer wichtigsten Qualitätsmetriken darstellt. Es dient dazu, einen schnellen visuellen Überblick über die Stärke und Relevanz der ermittelten Regeln zu gewinnen:

- X-Achse für Support: Der Supportwert einer Regel gibt an, wie häufig die Regel im gesamten Datensatz vorkommt. Ein höherer Support bedeutet, dass die Regel auf vielen Transaktionen basiert und daher potenziell robuster ist.
- Y-Achse für Confidence: Die Confidence beschreibt die Zuverlässigkeit der Regel, also mit welcher Wahrscheinlichkeit das Itemset Y eintritt, wenn das Itemset X beobachtet wurde. Werte nahe 1 (oder 100 %) stehen für sehr starke Regeln.
- Farbskala für Lift: Die Farbintensität (z. B. von hellgelb bis dunkelviolett) gibt den Lift-Wert an. Ein Lift größer als 1 weist auf eine positive Korrelation zwischen Itemset X und Itemset Y hin.

Das Streudiagramm ist eine kompakte, visuelle Methode, um viele Assoziationsregeln gleichzeitig zu bewerten. Es unterstützt dabei, qualitativ hochwertige Regeln zu identifizieren, die sowohl häufig vorkommen, verlässlich sind und überzufällige Zusammenhänge aufweisen. Damit eignet es sich für explorative Analysen und zur Regel-Selektion.

Warenkorbanalyse

```
#- Transaktionsdaten laden -------------------------------------------------
import pandas as pd
import matplotlib.pyplot as plt
import networkx as nx
from mlxtend.frequent_patterns import apriori, association_rules
import os
from joblib import load

wd_neu=os.path.join('C:\\','Users','bernd','Documents','A-Python','DateienKI')
os.chdir(wd_neu)                 # Arbeitsverzeichnis ändern
datasets = load('datasets.joblib')
df = datasets['OnlineRetail']

# Selektion für bessere Übersicht: Nur 3 Länder
df = df[df['Country'].isin(['France', 'Germany'])]
df['Country'].value_counts()
## Country
## Germany   9495
## France    8557
## Name: count, dtype: int64
#    Germany 9495
#    France 8557
```

```
# Datenvorbereitung
df.shape[0]                        # Anzahl Datensätze: 18052
## 18052
# Anzahl Datensätze mit fehlenden Werten: 66 Datensätze
df.isnull().sum()
## InvoiceNo       0
## StockCode       0
## Description     0
## Quantity        0
## InvoiceDate     0
## UnitPrice       0
## CustomerID     66
## Country         0
## dtype: int64
# Löschen der Datensätze mit fehlenden Werten
df = df.dropna()
df.isnull().sum()
## InvoiceNo       0
## StockCode       0
## Description     0
## Quantity        0
## InvoiceDate     0
## UnitPrice       0
## CustomerID      0
## Country         0
## dtype: int64
df.shape[0]                        # Anzahl Datensätze: 17986
## 17986
# Anzahl Datensätze mit negativen Quantitäten (Rücksendungen): 602
df[df['Quantity'] <= 0].shape[0]
## 602
# Filter, so dass nur Käufe (keine Rücksendungen)
df = df[df['Quantity'] > 0]
df.shape[0]                        # Anzahl Datensätze: 17384
## 17384
print(df.columns.tolist())
## ['InvoiceNo', 'StockCode', 'Description', 'Quantity', 'InvoiceDate', 'UnitPrice',
##  'CustomerID', 'Country']
pd.set_option('display.max_colwidth', 25)
df.head(5)
##     InvoiceNo StockCode           Description ... UnitPrice CustomerID  Coun
try
## 26     536370     22728 ALARM CLOCK BAKELIKE ... ...      3.75    12583.0   Fra
nce
## 27     536370     22727 ALARM CLOCK BAKELIKE ... ...      3.75    12583.0   Fra
nce
## 28     536370     22726 ALARM CLOCK BAKELIKE ... ...      3.75    12583.0   Fra
nce
## 29     536370     21724 PANDA AND BUNNIES STI... ...      0.85    12583.0   Fra
nce
## 30     536370     21883      STARS GIFT TAPE    ...      0.65    12583.0   Fra
nce
##
## [5 rows x 8 columns]
# Horizontales Balkendiagramm mit Top-Items je Land
for country in ['Germany', 'France']:
    df_country = df[df['Country'] == country]
```

```
# Top 10 Produkte nach verkaufter Menge
top_items = (
    df_country.groupby('Description')['Quantity']
    .sum()
    .sort_values(ascending=False)
    .head(10)
)
plt.figure(figsize=(10, 6))
top_items.sort_values().plot(kind='barh')  # umgedreht für Top → oben
plt.title(f'Top 10 meistverkaufte Produkte in {country}')
plt.xlabel('Verkaufte Menge')
plt.ylabel('Produkt')
plt.tight_layout()
plt.show()
```

```python
# Sparse-Matrix der Transaktionen mit Anzahl (Quantity) erstellen
sparse_matrix_quantities = (df
        .groupby(['InvoiceNo', 'Description'])['Quantity']
        .sum().unstack().fillna(0))
# Umwandlung der Anzahl in binäres Format (1/True = gekauft, 0/False = nicht gekauft
)
def encode_units(x):
    return True if x >= 1 else False
sparse_matrix = sparse_matrix_quantities.applymap(encode_units)
## <string>:1: FutureWarning: DataFrame.applymap has been deprecated. Use DataFrame.
map instead.
# Häufige Itemsets mit Apriori finden
frequent_itemsets = apriori(sparse_matrix, min_support=0.01, use_colnames=True)
# Top 5 Itemsets mit Länge 1, 2, 3 ausgeben
pd.set_option('display.max_colwidth', 65)
for length in [1, 2, 3]:
    sets = frequent_itemsets[frequent_itemsets['itemsets'].apply(lambda x: Len(x) ==
 length)]
    top_sets = sets.sort_values(by='support', ascending=False).head(5)

    print(f"\nTop 5 Itemsets der Länge {length}:")
    for _, row in top_sets.iterrows():
        print(f"Itemset: {', '.join(row['itemsets'])}")
        print(f"Support: {round(row['support'], 4)}")
        print("-" * 30)  # Trenner zwischen den Einträgen
##
## Top 5 Itemsets der Länge 1:
## Itemset: POSTAGE
## Support: 0.7967
## ------------------------------
## Itemset: ROUND SNACK BOXES SET OF4 WOODLAND
## Support: 0.2057
## ------------------------------
## Itemset: PLASTERS IN TIN WOODLAND ANIMALS
## Support: 0.1537
## ------------------------------
## Itemset: PLASTERS IN TIN CIRCUS PARADE
## Support: 0.1407
## ------------------------------
## Itemset: ROUND SNACK BOXES SET OF 4 FRUITS
## Support: 0.1348
## ------------------------------
##
## Top 5 Itemsets der Länge 2:
## Itemset: ROUND SNACK BOXES SET OF4 WOODLAND , POSTAGE
## Support: 0.1903
## ------------------------------
## Itemset: PLASTERS IN TIN WOODLAND ANIMALS, POSTAGE
## Support: 0.1277
## ------------------------------
## Itemset: ROUND SNACK BOXES SET OF 4 FRUITS , POSTAGE
## Support: 0.1253
## ------------------------------
## Itemset: PLASTERS IN TIN CIRCUS PARADE , POSTAGE
## Support: 0.1229
## ------------------------------
## Itemset: POSTAGE, RED TOADSTOOL LED NIGHT LIGHT
## Support: 0.117
## ------------------------------
##
```

```
## Top 5 Itemsets der Länge 3:
## Itemset: ROUND SNACK BOXES SET OF4 WOODLAND , ROUND SNACK BOXES SET OF 4 FRUITS ,
 POSTAGE
## Support: 0.0946
## -----------------------------
## Itemset: PLASTERS IN TIN WOODLAND ANIMALS, PLASTERS IN TIN CIRCUS PARADE , POSTAG
E
## Support: 0.0686
## -----------------------------
## Itemset: PLASTERS IN TIN WOODLAND ANIMALS, PLASTERS IN TIN SPACEBOY, POSTAGE
## Support: 0.0686
## -----------------------------
## Itemset: SET/6 RED SPOTTY PAPER PLATES, SET/6 RED SPOTTY PAPER CUPS, POSTAGE
## Support: 0.0626
## -----------------------------
## Itemset: PLASTERS IN TIN CIRCUS PARADE , PLASTERS IN TIN SPACEBOY, POSTAGE
## Support: 0.0591
## -----------------------------
# Assoziationsregeln ermitteln
rules = association_rules(frequent_itemsets, metric="confidence", min_threshold=0.1)
print(f"Anzahl der ermittelten Assoziationsregeln mit confidence > 10%: {len(rules)}
")
## Anzahl der ermittelten Assoziationsregeln mit confidence > 10%: 25669
rules = association_rules(frequent_itemsets, metric="confidence", min_threshold=0.5)
print(f"Anzahl der ermittelten Assoziationsregeln mit confidence > 50%: {len(rules)}
")
## Anzahl der ermittelten Assoziationsregeln mit confidence > 50%: 9718
rules = association_rules(frequent_itemsets, metric="confidence", min_threshold=0.95
)
print(f"Anzahl der ermittelten Assoziationsregeln mit confidence > 95%: {len(rules)}
")
## Anzahl der ermittelten Assoziationsregeln mit confidence > 95%: 963
rules = association_rules(frequent_itemsets, metric="lift", min_threshold=1.0)
print(f"Anzahl der ermittelten Assoziationsregeln mit lift > 1: {len(rules)}")
## Anzahl der ermittelten Assoziationsregeln mit lift > 1: 29512
# Gesamtanzahl der Items in der Regel (Antezedens + Konsequens) in df rules hinzufüg
en
rules['rule_length'] = rules['antecedents'].apply(len) + rules['consequents'].apply(
len)

# Regeln mit bestem Lift und 2 bzw. 3 Items
top_rules_by_length = []
for length in [2, 3]:
    top = rules[rules['rule_length'] == length].sort_values(by='lift', ascending=Fal
se).head(5)
    for _, row in top.iterrows():
        print(f"\nLänge: {length}")
        print(f"Support: {round(row['support'], 3)}")
        print(f"Confidence: {round(row['confidence'], 3)}")
        print(f"Lift: {round(row['lift'], 3)}")
        print("Antezedents:", ', '.join(row['antecedents']))
        print("Konsequents:", ', '.join(row['consequents']))
# Regeln mit bestem Lift
    top_lift = rules.sort_values(by='lift', ascending=False).head(5)
    for _, row in top_lift.iterrows():
        print(f"\nLift: {round(row['lift'], 3)}")
        print(f"Support: {round(row['support'], 3)}")
        print(f"Confidence: {round(row['confidence'], 3)}")
        print("Antezedents:", ', '.join(row['antecedents']))
        print("Konsequents:", ', '.join(row['consequents']))
```

```
# Regeln mit bester Confidence
    top_conf = rules.sort_values(by='confidence', ascending=False).head(5)
    for _, row in top_conf.iterrows():
        print(f"\nConfidence: {round(row['confidence'], 3)}")
        print(f"Support: {round(row['support'], 3)}")
        print(f"Lift: {round(row['lift'], 3)}")
        print("Antezedents:", ', '.join(row['antecedents']))
        print("Konsequents:", ', '.join(row['consequents']))
##
## Länge: 2
## Support: 0.012
## Confidence: 1.0
## Lift: 84.6
## Antezedents: SET/6 COLLAGE PAPER CUPS
## Konsequents: SET/6 COLLAGE PAPER PLATES
##
## Länge: 2
## Support: 0.012
## Confidence: 1.0
## Lift: 84.6
## Antezedents: SET/6 COLLAGE PAPER PLATES
## Konsequents: SET/6 COLLAGE PAPER CUPS
##
## Länge: 2
## Support: 0.011
## Confidence: 0.9
## Lift: 63.45
## Antezedents: SET/6 FRUIT SALAD  PAPER PLATES
## Konsequents: SET/6 FRUIT SALAD PAPER CUPS
##
## Länge: 2
## Support: 0.011
## Confidence: 0.75
## Lift: 63.45
## Antezedents: SET/6 FRUIT SALAD PAPER CUPS
## Konsequents: SET/6 FRUIT SALAD  PAPER PLATES
##
## Länge: 2
## Support: 0.011
## Confidence: 0.818
## Lift: 53.245
## Antezedents: HEART WREATH DECORATION WITH BELL
## Konsequents: STAR WREATH DECORATION WITH BELL
##
## Lift: 84.6
## Support: 0.011
## Confidence: 0.9
## Antezedents: DOLLY GIRL CHILDRENS CUP, CHILDRENS CUTLERY SPACEBOY
## Konsequents: CHILDRENS CUTLERY DOLLY GIRL , SPACEBOY CHILDRENS BOWL, DOLLY GIRL C
HILDRENS BOWL
##
## Lift: 84.6
## Support: 0.011
## Confidence: 1.0
## Antezedents: DOLLY GIRL CHILDRENS CUP, SPACEBOY CHILDRENS BOWL, CHILDRENS CUTLERY
 DOLLY GIRL
## Konsequents: DOLLY GIRL CHILDRENS BOWL, CHILDRENS CUTLERY SPACEBOY
##
```

```
## Lift: 84.6
## Support: 0.011
## Confidence: 0.9
## Antezedents: DOLLY GIRL CHILDRENS BOWL, CHILDRENS CUTLERY SPACEBOY
## Konsequents: DOLLY GIRL CHILDRENS CUP, SPACEBOY CHILDRENS BOWL, CHILDRENS CUTLERY
 DOLLY GIRL
##
## Lift: 84.6
## Support: 0.012
## Confidence: 1.0
## Antezedents: SET/6 COLLAGE PAPER CUPS
## Konsequents: SET/6 COLLAGE PAPER PLATES
##
## Lift: 84.6
## Support: 0.012
## Confidence: 1.0
## Antezedents: SET/6 COLLAGE PAPER PLATES
## Konsequents: SET/6 COLLAGE PAPER CUPS
##
## Confidence: 1.0
## Support: 0.011
## Lift: 31.333
## Antezedents: SPACEBOY CHILDRENS BOWL, DOLLY GIRL CHILDRENS BOWL, CHILDRENS CUTLER
Y SPACEBOY
## Konsequents: DOLLY GIRL CHILDRENS CUP
##
## Confidence: 1.0
## Support: 0.011
## Lift: 19.674
## Antezedents: BLUE POLKADOT CUP, RED RETROSPOT BOWL
## Konsequents: RED RETROSPOT CUP, POSTAGE
##
## Confidence: 1.0
## Support: 0.011
## Lift: 24.882
## Antezedents: BLUE POLKADOT PLATE , PINK  POLKADOT CUP, RED RETROSPOT CUP
## Konsequents: RED RETROSPOT PLATE
##
## Confidence: 1.0
## Support: 0.011
## Lift: 16.588
## Antezedents: BLUE POLKADOT PLATE , PINK  POLKADOT CUP, RED RETROSPOT PLATE
## Konsequents: RED RETROSPOT CUP
##
## Confidence: 1.0
## Support: 0.011
## Lift: 1.255
## Antezedents: BLUE POLKADOT CUP, ROUND SNACK BOXES SET OF4 WOODLAND , RED RETROSPO
T CUP
## Konsequents: POSTAGE
##
## Länge: 3
## Support: 0.011
## Confidence: 0.75
## Lift: 63.45
## Antezedents: SET/6 FRUIT SALAD PAPER CUPS
## Konsequents: SET/6 FRUIT SALAD  PAPER PLATES, POSTAGE
##
```

```
## Länge: 3
## Support: 0.011
## Confidence: 0.75
## Lift: 63.45
## Antezedents: SET/6 FRUIT SALAD PAPER CUPS, POSTAGE
## Konsequents: SET/6 FRUIT SALAD  PAPER PLATES
##
## Länge: 3
## Support: 0.011
## Confidence: 0.9
## Lift: 63.45
## Antezedents: SET/6 FRUIT SALAD  PAPER PLATES, POSTAGE
## Konsequents: SET/6 FRUIT SALAD PAPER CUPS
##
## Länge: 3
## Support: 0.011
## Confidence: 0.9
## Lift: 63.45
## Antezedents: SET/6 FRUIT SALAD  PAPER PLATES
## Konsequents: SET/6 FRUIT SALAD PAPER CUPS, POSTAGE
##
## Länge: 3
## Support: 0.011
## Confidence: 0.9
## Lift: 44.788
## Antezedents: BLUE SPOT CERAMIC DRAWER KNOB, WHITE SPOT RED CERAMIC DRAWER KNOB
## Konsequents: RED SPOT CERAMIC DRAWER KNOB
##
## Lift: 84.6
## Support: 0.011
## Confidence: 0.9
## Antezedents: DOLLY GIRL CHILDRENS CUP, CHILDRENS CUTLERY SPACEBOY
## Konsequents: CHILDRENS CUTLERY DOLLY GIRL , SPACEBOY CHILDRENS BOWL, DOLLY GIRL C
HILDRENS BOWL
##
## Lift: 84.6
## Support: 0.011
## Confidence: 1.0
## Antezedents: DOLLY GIRL CHILDRENS CUP, SPACEBOY CHILDRENS BOWL, CHILDRENS CUTLERY
 DOLLY GIRL
## Konsequents: DOLLY GIRL CHILDRENS BOWL, CHILDRENS CUTLERY SPACEBOY
##
## Lift: 84.6
## Support: 0.011
## Confidence: 0.9
## Antezedents: DOLLY GIRL CHILDRENS BOWL, CHILDRENS CUTLERY SPACEBOY
## Konsequents: DOLLY GIRL CHILDRENS CUP, SPACEBOY CHILDRENS BOWL, CHILDRENS CUTLERY
 DOLLY GIRL
##
## Lift: 84.6
## Support: 0.012
## Confidence: 1.0
## Antezedents: SET/6 COLLAGE PAPER CUPS
## Konsequents: SET/6 COLLAGE PAPER PLATES
##
## Lift: 84.6
## Support: 0.012
## Confidence: 1.0
## Antezedents: SET/6 COLLAGE PAPER PLATES
## Konsequents: SET/6 COLLAGE PAPER CUPS
##
```

```
## Confidence: 1.0
## Support: 0.011
## Lift: 31.333
## Antezedents: SPACEBOY CHILDRENS BOWL, DOLLY GIRL CHILDRENS BOWL, CHILDRENS CUTLER
Y SPACEBOY
## Konsequents: DOLLY GIRL CHILDRENS CUP
##
## Confidence: 1.0
## Support: 0.011
## Lift: 19.674
## Antezedents: BLUE POLKADOT CUP, RED RETROSPOT BOWL
## Konsequents: RED RETROSPOT CUP, POSTAGE
##
## Confidence: 1.0
## Support: 0.011
## Lift: 24.882
## Antezedents: BLUE POLKADOT PLATE , PINK  POLKADOT CUP, RED RETROSPOT CUP
## Konsequents: RED RETROSPOT PLATE
##
## Confidence: 1.0
## Support: 0.011
## Lift: 16.588
## Antezedents: BLUE POLKADOT PLATE , PINK  POLKADOT CUP, RED RETROSPOT PLATE
## Konsequents: RED RETROSPOT CUP
##
## Confidence: 1.0
## Support: 0.011
## Lift: 1.255
## Antezedents: BLUE POLKADOT CUP, ROUND SNACK BOXES SET OF4 WOODLAND , RED RETROSPO
T CUP
## Konsequents: POSTAGE

# Transaktionen mit "WRAP CIRCUS PARADE" (StockCode = 22992)
df[df['StockCode'] == 22711]
##         InvoiceNo StockCode       Description ...  UnitPrice CustomerID  Countr
y
## 48045     540458      22711  WRAP CIRCUS PARADE ...      0.42    12501.0  German
y
## 69160     541965      22711  WRAP CIRCUS PARADE ...      0.42    12625.0  German
y
## 81338     543121      22711  WRAP CIRCUS PARADE ...      0.42    12662.0  German
y
## 89345     543900      22711  WRAP CIRCUS PARADE ...      0.42    12621.0  German
y
## 125042    547005      22711  WRAP CIRCUS PARADE ...      0.42    12474.0  German
y
## 180696    552337      22711  WRAP CIRCUS PARADE ...      0.42    12621.0  German
y
## 221613    556259      22711  WRAP CIRCUS PARADE ...      0.42    12721.0   Franc
e
## 406667    571824      22711  WRAP CIRCUS PARADE ...      0.42    12472.0  German
y
## 541791    581578      22711  WRAP CIRCUS PARADE ...      0.42    12713.0  German
y
##
## [9 rows x 8 columns]
```

```
# Nur Regeln mit StockCode '22711' in Antezedens oder Konsequens
target_code = 'WRAP CIRCUS PARADE'
filtered_rules = rules[
    rules['antecedents'].apply(lambda x: target_code in x) |
    rules['consequents'].apply(lambda x: target_code in x)
]
for _, row in filtered_rules.iterrows():
    print(f"\nSupport: {round(row['support'], 3)}")
    print(f"Confidence: {round(row['confidence'], 3)}")
    print(f"Lift: {round(row['lift'], 3)}")
    print("Antezedents:", ', '.join(row['antecedents']))
    print("Konsequents:", ', '.join(row['consequents']))
##
## Support: 0.011
## Confidence: 1.0
## Lift: 1.255
## Antezedents: WRAP CIRCUS PARADE
## Konsequents: POSTAGE
##
## Support: 0.011
## Confidence: 0.013
## Lift: 1.255
## Antezedents: POSTAGE
## Konsequents: WRAP CIRCUS PARADE
# Visualisierung Scatterplot
plt.figure(figsize=(8, 6))
## <Figure size 800x600 with 0 Axes>
plt.scatter(rules['support'], rules['confidence'], c=rules['lift'], cmap='viridis',
alpha=0.7)
## <matplotlib.collections.PathCollection object at 0x0000028B384FB830>
plt.colorbar(label='Lift')
## <matplotlib.colorbar.Colorbar object at 0x0000028B32B154F0>
plt.xlabel('Support')
## Text(0.5, 0, 'Support')
plt.ylabel('Confidence')
## Text(0, 0.5, 'Confidence')
plt.title('Assoziationsregeln: Support vs. Confidence (Farbe = Lift)')
## Text(0.5, 1.0, 'Assoziationsregeln: Support vs. Confidence (Farbe = Lift)')
plt.grid(True)
plt.show()
```

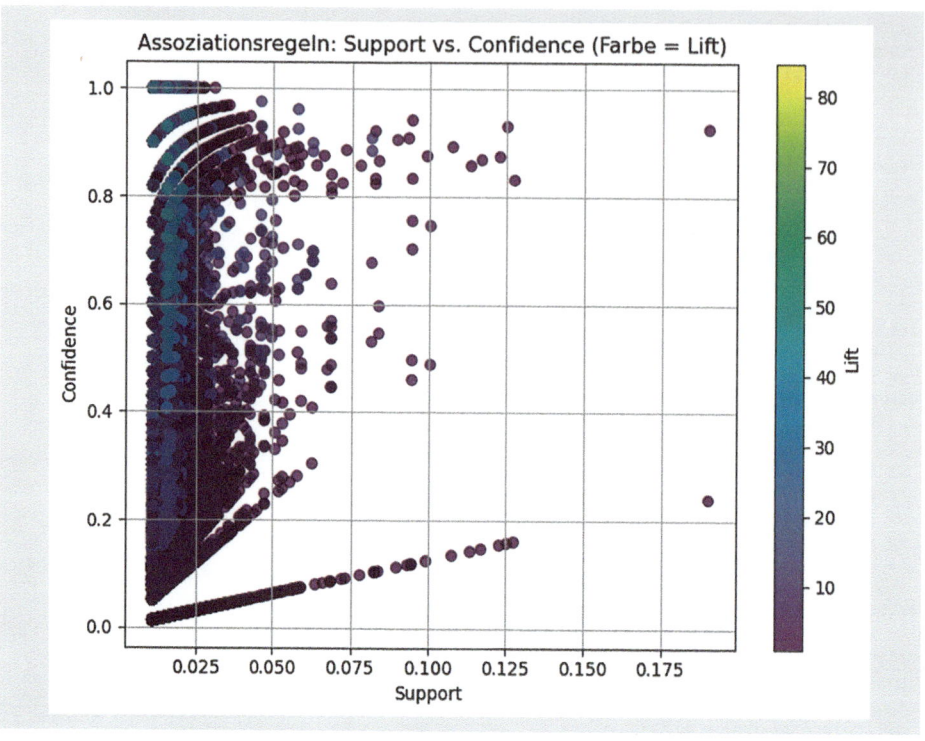

Die so ermittelten Assoziationsregeln und Erkenntnisse können dann für das Cross-Selling in Läden ebenso wie Online-Shops genutzt werden.

7.3 Bestärkendes Lernen für Dynamic Pricing

In dem nachfolgenden Beispiel wird die Methode Deep Q-Networks eingesetzt, um **dynamische Preisentscheidungen** in einem simulierten E-Commerce-Kontext zu optimieren. Bei Deep Q-Networks (DQN) wird die Q-Funktion nicht explizit in einer Tabelle gespeichert, sondern durch ein **tiefes neuronales Netz** approximiert. Dies ermöglicht es, Entscheidungsprozesse auch bei komplexen oder kontinuierlichen Zuständen und Aktionen effizient zu modellieren.

Das Ziel besteht in diesem Beispiel darin, in Abhängigkeit vom Nachfragelevel und der Tageszeit jenen Preis auszuwählen, der mit größter Wahrscheinlichkeit zu einem Umsatz führt. Der **Agent** beobachtet Zustände wie „hohe Nachfrage am Abend" oder „niedrige Nachfrage am Morgen" und wählt eine Preisstrategie aus einer vordefinierten Menge (z. B. 10 €, 12 €, 14 €, 16 €). Nach jeder **Aktion** erhält der Agent eine **Belohnung** in Form des tatsächlichen Umsatzes, also des Preises, falls ein Kauf zustande kam. Die Kaufwahrscheinlichkeit ist dabei stochastisch modelliert und hängt negativ vom Preis, positiv vom Nachfragelevel und leicht positiv von der Tageszeit ab. Das Deep-Q-Network-Simulationsmodell in diesem Beispiel basiert auf einer **heuristisch festgelegten Kaufwahrscheinlichkeit**. Diese bildet die Grundlage dafür, wie das System auf bestimmte Preisentscheidungen unter verschiedenen Marktbedingungen reagiert. Die Wahrscheinlichkeit eines Kaufs hängt dabei von drei Faktoren ab: dem **Nachfragelevel**, der **Tageszeit** und dem gesetzten **Preis**.

Folgende Formel wird in diesem Beispiel verwendet, um die Kaufwahrscheinlichkeit zu berechnen:

- Kaufwahrscheinlichkeit = base_prob × time_modifier × price_penalty
- Dabei gelten:
  - **base_prob**: Grundwahrscheinlichkeit abhängig vom Nachfragelevel (0,2 bei niedriger, 0,5 bei mittlerer, 0,8 bei hoher Nachfrage)
  - **time_modifier**: Multiplikator je nach Tageszeit (1,0 morgens, 1,1 abends)
  - **price_penalty**: lineare Abwertung bei höherem Preis: (20-Preis)/10

Diese Formel sorgt dafür, dass die Kaufwahrscheinlichkeit bei hoher Nachfrage und niedrigen Preisen steigt und bei hohen Preisen bzw. geringer Nachfrage sinkt. Der Einfluss der Tageszeit ist moderat positiv. Die folgende Tabelle zeigt die resultierenden Wahrscheinlichkeiten für verschiedene Kombinationen aus Nachfragelevel, Tageszeit und Preis (siehe Abb. 7.8).

Das zugrunde liegende Modell ist ein sequenzielles neuronales Netz mit drei Schichten. Die Architektur Im Deep-Q-Network-Modell für Dynamic Pricing beginnt mit einer **Input-Schicht mit 6 Neuronen**, die sich aus der Kombination von zwei diskreten Merkmalen ergeben: dem Nachfragelevel (niedrig, mittel, hoch) und der Tageszeit (morgens, abends). Jede mögliche Kombination dieser beiden Merkmale stellt einen eindeutigen Zustand dar. Da es drei Nachfragelevel und zwei Tageszeiten gibt, ergeben sich $3 \times 2 =$

Nachfragelevel	Tageszeit	Preis (€)	Kaufwahrscheinlichkeit
Low	Morgens	10	0.2
Low	Morgens	12	0.16
Low	Morgens	14	0.12
Low	Morgens	16	0.08
Low	Abends	10	0.22
Low	Abends	12	0.176
Low	Abends	14	0.132
Low	Abends	16	0.088
Medium	Morgens	10	0.5
Medium	Morgens	12	0.4
Medium	Morgens	14	0.3
Medium	Morgens	16	0.2
Medium	Abends	10	0.55
Medium	Abends	12	0.44
Medium	Abends	14	0.33
Medium	Abends	16	0.22
High	Morgens	10	0.8
High	Morgens	12	0.64
High	Morgens	14	0.48
High	Morgens	16	0.32
High	Abends	10	0.88
High	Abends	12	0.704
High	Abends	14	0.528
High	Abends	16	0.352

Abb. 7.8 Kaufwahrscheinlichkeit des Modells

6 eindeutige Zustände. Zur Eingabe in das neuronale Netz wird jeder Zustand als ein One-Hot-encodierter Vektor mit sechs Positionen dargestellt. Daraus folgt, dass der Input-Layer des Modells sechs Neuronen besitzt, je eines für jeden möglichen Zustand (siehe Abb. 7.9).

Es folgen zwei **vollverbundene Hidden-Layer mit jeweils 24 Neuronen** und ReLU-Aktivierungsfunktion. Diese dienen der nichtlinearen Transformation des Zustandsraums und erlauben es dem Modell, komplexe Zusammenhänge zwischen Zuständen und Belohnungen zu lernen.

Die finale **Ausgabe-Schicht mit 4 Neuronen** besteht aus so vielen Neuronen wie Preisoptionen. Das Modell sieht vier Preisstufen vor: 10 €, 12 €, 14 € und 16 €. Für jede dieser Preisoptionen gibt es im Output-Layer ein separates Neuron. Jedes dieser Neuro-

Index	Nachfragelevel	Tageszeit	One-Hot-Encoded Input-Vektor
0	Low	Morgens	[1, 0, 0, 0, 0, 0]
1	Low	Abends	[0, 1, 0, 0, 0, 0]
2	Medium	Morgens	[0, 0, 1, 0, 0, 0]
3	Medium	Abends	[0, 0, 0, 1, 0, 0]
4	High	Morgens	[0, 0, 0, 0, 1, 0]
5	High	Abends	[0, 0, 0, 0, 0, 1]

Abb. 7.9 Input Vektoren

nen repräsentiert den geschätzten Q-Wert für die entsprechende Preisaktion im aktuellen Zustand. Der Q-Wert steht dabei für den erwarteten kumulierten Reward (Umsatz), der sich aus der Wahl dieser Preisoption im gegebenen Zustand ergibt.

Im vorliegenden DQN-Modell wird ein dynamisches Preissetzungsverhalten simuliert. Ziel ist es, in jeder Entscheidungssituation, basierend auf Nachfragelevel und Tageszeit, den optimalen Preis zu wählen, um den erwarteten Umsatz zu maximieren. In jeder **Episode** trifft das Modell zehn Entscheidungen, wobei jede Entscheidung einem einzelnen Kundenkontakt entspricht. Für jede dieser zehn Situationen wird ein neuer Zustand (bestehend aus einer Kombination von Nachfrage und Tageszeit) zufällig generiert. Das Modell wählt daraufhin situativ einen Preis aus den vier vorgegebenen Preisstufen (10 €, 12 €, 14 €, 16 €) aus und erhält als Belohnung (Reward) den Preis, falls der Verkauf erfolgreich simuliert wird.

Das Training des Modells erfolgt in drei Varianten:

1. Das erste Training wird mit den Ursprungsparametern durchgeführt: **600 Episoden, 10 Entscheidungen pro Episode**, mit einer **Lernrate (α) von 0,001**, einem **Diskontfaktor (γ) von 0,9** und einem **explorativen Verhalten (ε) von 1,0, das sich schrittweise auf 0,1** reduziert. Diese Parameter entsprechen einem konservativen Lernverhalten mit starker anfänglicher Exploration und mäßiger Berücksichtigung zukünftiger Belohnungen.
2. Im zweiten Trainingslauf werden die Parameter optimiert: Es bleiben ebenfalls **600 Episoden, 10 Entscheidungen pro Episode**, jedoch mit einer erhöhten **Lernrate von 0,0015**, einem höheren **Diskontfaktor von 0,99** und einem stärker explorativen Verhalten mit ε_min von 0,1 und ε_decay = 0,995. Diese Einstellungen fördern eine schnellere Anpassung an erfolgversprechende Strategien und führen zu einem stärkeren Fokus auf langfristige Belohnungen.
3. Im dritten Training wird die optimierte Parametrisierung beibehalten, aber die Anzahl der Episoden auf **1200 Episoden** erhöht. Ziel ist es, durch die verlängerte Trainingsdauer ein stabileres und robusteres Preisverhalten zu erlernen, das sich auch unter variablen Bedingungen bewährt.

Insgesamt ermöglicht dieses mehrstufige Trainingssetup eine fundierte Analyse des Lern-
verhaltens unter verschiedenen Parametereinstellungen und Trainingsumfängen. Die Abbildung im nachfolgenden Coding zeigt den Lernverlauf eines Deep-Q-Network (DQN)
anhand des durchschnittlichen Rewards je 50 Episoden für drei verschiedene Trainings-
konfigurationen. Dabei sind sowohl Streudiagramme der Belohnungen als auch Regressi-
onslinien (Trendlinien) mit Korrelationskoeffizienten (r) und Steigungen (m) dargestellt.
Es kann beobachtet werden:

1. Alle drei Varianten zeigen eine positive Entwicklung (r > 0), d. h. das Modell lernt mit
   zunehmender Anzahl an Episoden.
2. Die Steigungen aller Trendlinien sind identisch (m = 0,01) – der durchschnittliche Reward steigt gleichmäßig, aber langsam.
3. Das optimierte Modell mit 1000 Episoden zeigt eine vergleichbare Anstiegsrate wie
   das Standardmodell, jedoch auf einem höheren Reward-Niveau.
4. Die Varianz der Rewards ist hoch, insbesondere bei optimierten Trainings. Das lässt
   darauf schließen, dass einzelne Preisentscheidungen stark ins Gewicht fallen und der
   Lernprozess noch nicht vollständig stabil ist.
5. Die Optimierung der Hyperparameter führt hier nicht zwingend zu einer steileren Lern-
   kurve, sondern zu robusterem Verhalten.

Deep-Q-Networks zur optimalen Preisermittlung

```
#- Deep-Q-Networks------------------------------------------------------
import pandas as pd
import numpy as np
import random
import tensorflow as tf
from tensorflow.keras import models, layers, optimizers
import matplotlib.pyplot as plt
from scipy.stats import linregress
import os
import time

random.seed(471)
# Logging reduzieren
os.environ['TF_CPP_MIN_LOG_LEVEL'] = '2'
# --- TensorFlow CPU-Optimierung ---
tf.config.threading.set_intra_op_parallelism_threads(4)
tf.config.threading.set_inter_op_parallelism_threads(4)

#- Basisparameter------------------------------------------------------
states = [(d, t) for d in [0, 1, 2] for t in [0, 1]]
actions = [10, 12, 14, 16]
state_size = len(states)
action_size = len(actions)
state_to_index = {s: i for i, s in enumerate(states)}
```

```python
#- Kaufwahrscheinlichkeit --------------------------------------------------------
def get_purchase_probability(demand, time, price):
    base_prob = [0.2, 0.5, 0.8][demand]
    time_modifier = 1.0 if time == 0 else 1.1
    price_penalty = (20 - price) / 10
    return np.clip(base_prob * time_modifier * price_penalty, 0, 1)


def get_reward(state, action):
    demand, time = state
    prob = get_purchase_probability(demand, time, action)
    return action if random.random() < prob else 0


#- DQN-Agent ---------------------------------------------------------------------
class DQNAgent:
    def __init__(self, epsilon=1.0, epsilon_min=0.1, epsilon_decay=0.995, learning_r
ate=0.001, gamma=0.9):
        self.memory = []
        self.gamma = gamma
        self.epsilon = epsilon
        self.epsilon_min = epsilon_min
        self.epsilon_decay = epsilon_decay
        self.learning_rate = learning_rate
        self.batch_size = 64
        self.model = self.build_model()

    def build_model(self):
        model = models.Sequential()
        model.add(layers.Input(shape=(state_size,)))
        model.add(layers.Dense(24, activation='relu'))
        model.add(layers.Dense(24, activation='relu'))
        model.add(layers.Dense(action_size, activation='linear'))
        model.compile(loss='mse', optimizer=optimizers.Adam(learning_rate=self.learn
ing_rate))
        return model

    def remember(self, state_idx, action_idx, reward, next_state_idx):
        self.memory.append((state_idx, action_idx, reward, next_state_idx))
        if len(self.memory) > 2000:
            self.memory.pop(0)

    def act(self, state_idx):
        if np.random.rand() <= self.epsilon:
            return random.randrange(action_size)
        state_onehot = np.eye(state_size)[state_idx]
        act_values = self.model.predict(state_onehot.reshape(1, -1), verbose=0)
        return np.argmax(act_values[0])

    def replay(self):
        if len(self.memory) < self.batch_size:
            return
        minibatch = random.sample(self.memory, self.batch_size)
        states_batch = np.eye(state_size)[[s[0] for s in minibatch]]
        next_states_batch = np.eye(state_size)[[s[3] for s in minibatch]]
        targets = self.model.predict(states_batch, verbose=0)
        targets_next = self.model.predict(next_states_batch, verbose=0)
        for i, (s, a, r, s_next) in enumerate(minibatch):
            targets[i][a] = r + self.gamma * np.amax(targets_next[i])
        self.model.fit(states_batch, targets, epochs=1, verbose=0)
        if self.epsilon > self.epsilon_min:
            self.epsilon *= self.epsilon_decay
```

```python
# --- Trainingsfunktion ---
def train_agent(episodes, epsilon, epsilon_min, epsilon_decay, learning_rate, gamma)
:
    start_time = time.time()
    agent = DQNAgent(epsilon, epsilon_min, epsilon_decay, learning_rate, gamma)
    rewards_per_episode = []
    for e in range(episodes):
        state = random.choice(states)
        state_idx = state_to_index[state]
        total_reward = 0
        for _ in range(10):                        # 10 Entscheidungen pro Episode
            action_idx = agent.act(state_idx) # wähle Aktion (Preis) für aktuellen Z
ustand
            action = actions[action_idx]       # Preisoption: 10, 12, 14, 16
            reward = get_reward(state, action)# berechne Umsatz (Reward)
            total_reward += reward             # Kumuliere Rewards per Episode
            next_state = random.choice(states)# simuliere neuen Kundenstatus
            next_state_idx = state_to_index[next_state]
            agent.remember(state_idx, action_idx, reward, next_state_idx)
            state_idx = next_state_idx
        agent.replay()
        rewards_per_episode.append(total_reward)
    runtime = time.time() - start_time
    return rewards_per_episode, runtime
#- Trainingsdurchläufe ------------------------------------------------------------
episoden_1 = 600
episoden_2 = 600
episoden_3 = 1000
print(f"Training 1: Ursprungsparameter, {episoden_1} Episoden")
rewards_1, runtime_1 = train_agent(
    episodes=episoden_1,
    epsilon=1.0,              # Startwert für Exploration
    epsilon_min=0.1,          # Minimalwert für ε
    epsilon_decay=0.995,      # Reduktionsrate von ε pro Episode
                              # ε-neu = ε * epsilon_decay (solange > ε-min)
    learning_rate=0.001,      # Lernrate
    gamma=0.9                 # Diskontfaktor
)
print(f"Training 2: Optimierte Parameter, {episoden_2} Episoden")
rewards_2, runtime_2 = train_agent(
    episodes=episoden_2,
    epsilon=1.0,
    epsilon_min=0.1,
    epsilon_decay=0.995,
    learning_rate=0.0015,
    gamma=0.99
)
print(f"Training 3: Optimierte Parameter, {episoden_3} Episoden")
rewards_3, runtime_3 = train_agent(
    episodes=episoden_3,
    epsilon=1.0,
    epsilon_min=0.1,
    epsilon_decay=0.995,
    learning_rate=0.0015,
    gamma=0.99
)
#- Plot der Rewards----------------------------------------------------------------
def smooth(y, window=20):
    return pd.Series(y).rolling(window=window).mean()
```

```
# --- Plot erstellen ---
plt.figure(figsize=(10, 6))
plt.plot(smooth(rewards_1), label=f"Standard  {episoden_1} Episoden - {runtime_1/60:
.1f} min")
plt.plot(smooth(rewards_2), label=f"Optimiert {episoden_2} Episoden - {runtime_2/60:
.1f} min")
plt.plot(smooth(rewards_3), label=f"Optimiert {episoden_3} Episoden - {runtime_3/60:
.1f} min")
plt.title("Vergleich des Lernfortschritts im Dynamic Pricing mit DQN")
plt.xlabel("Episode")
plt.ylabel("Gesamter Reward (Umsatz)")
plt.legend()
plt.grid(True)
plt.tight_layout()
plt.show()
```

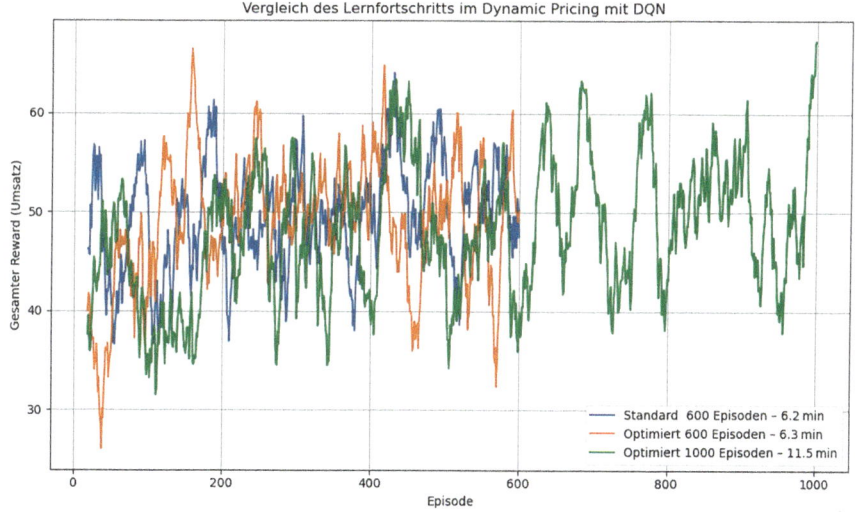

```
#- Plot der Mittelwertbildung je 50 Episoden -----------------------------------
def aggregate_rewards(rewards, step=50):
    return [np.mean(rewards[i:i+step]) for i in range(0, len(rewards), step)]
agg_1 = aggregate_rewards(rewards_1)
agg_2 = aggregate_rewards(rewards_2)
agg_3 = aggregate_rewards(rewards_3)
plt.figure(figsize=(10, 6))
def plot_regression(y, label, color):
    x = np.arange(len(y)) * 50
    slope, intercept, r_value, _, _ = linregress(x, y)
    plt.scatter(x, y, label=f"{label} (r={r_value:.2f}, m={slope:.2f})", alpha=0.7,
color=color)
    plt.plot(x, intercept + slope * x, linestyle='--', color=color)
plot_regression(agg_1, f"Standard  {episoden_1} Episoden", "blue")
plot_regression(agg_2, f"Optimiert {episoden_2} Episoden", "orange")
plot_regression(agg_3, f"Optimiert {episoden_3} Episoden", "green")
plt.title("DQN-Lernverlauf: Durchschnittlicher Reward je 50 Episoden")
plt.xlabel("Episode")
plt.ylabel("Durchschnittlicher Reward")
plt.legend()
plt.grid(True)
plt.tight_layout()
```

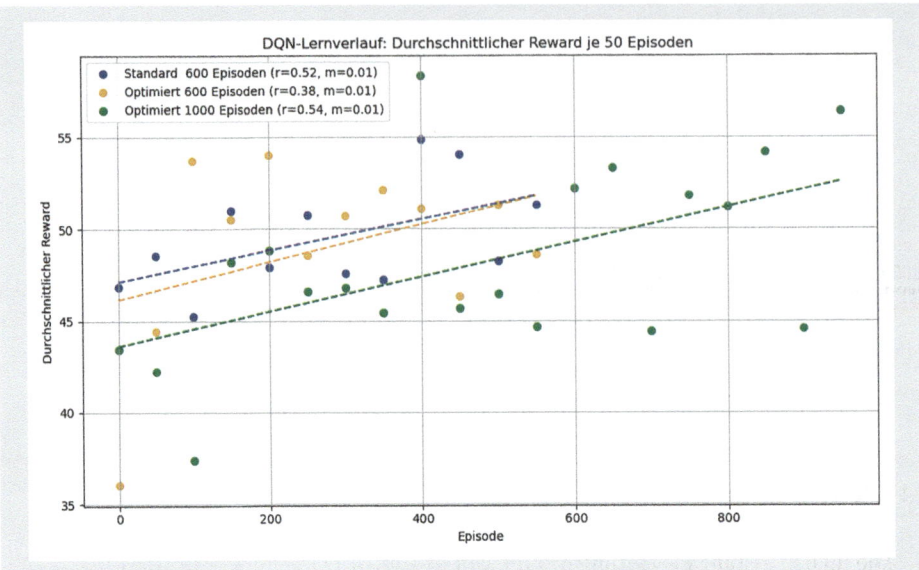

Die Rewards (Umsätze) sind von anfänglich 44 € (Durchschnitt für 50 Episoden) nach 1000 Episoden mit 10 Kundenentscheidungen auf 53 € (Durchschnitt für 50 Episoden) angestiegen. Diese **Verbesserung des Umsatzes** wurde erreicht, indem das DQN-Modell sich bei jeder der 10 Situation pro Episode durch Lernen immer besser für den der vier Preise entschieden hat (10 €, 12 €, 14 €, 16 €), der am wahrscheinlichsten zu einem Kauf des Kunden führte.

Weitere Verbesserungen wären zu erwarten, wenn neben den beiden Variablen Nachfragelevel und Tageszeit weitere Kundenspezifische Variablen als Input für die Dynamische Preisermittlung zur Verfügung gestellt werden können.

Literatur

Agrawal, R., & Srikant, R. (1994). *Fast Algorithms for mining association rules.* Abgerufen am 04. Januar 2023 von http://rakesh.agrawal-family.com/papers/vldb94apriori.pdf

Dark_Raider. (2025). *Credit Risk Analysis [Data set].* https://doi.org/10.34740/KAGGLE/DSV/2327131

Ausblick

8

Zusammenfassung

Das letzte Kapitel gibt einen Überblick über zukünftige Entwicklungen im Bereich KI und ML. Diskutiert werden Trends wie Automatisierung von Modellwahl und -tuning, zunehmende Integration von KI in Geschäftsprozesse und ethische Herausforderungen der Technologie.

In den vorangehenden Abschnitten wurde vorgestellt, wie Machine Learning funktioniert und dass es für Vorhersagen, Analysen und vieles mehr sehr wertvoll sein kann.

Ich möchte nun noch einmal aufzeigen, wie limitiert Machine Learning (**Grenzen des Machine Learnings**) sein kann. Nehmen wir die Angst vor dem Sterben. Angenommen ich erhalte eine Datenbasis mit vielen Millionen an Datensätzen, welche folgende Information von gestorbenen Menschen beinhaltet: Vorname, Alter, Nationalität, Datum des Sterbens, Uhrzeit des Sterbens, Alter beim Sterben, Aufenthalt in Land beim Sterben, Aufenthalt in nächster Stadt beim Sterben, detaillierter Ort des Sterbens (z. B. Straße, Flugzeug, Panzer, Sportplatz, Wald, Feld, Meer, See, Stuhl, Bett ...). Diese Information nutze ich zum Training eines Modells mit möglichst hoher Vorhersagegüte. Da die meisten Menschen im Bett sterben, wird die Empfehlung des Machine-Learning-Modells sein, kein Bett aufzusuchen. Das ist Unsinn, aber die Daten waren unzureichend. Es braucht einen Menschen, um die Ergebnisse von Machine-Learning-Modellen zu validieren, wenn es um neu generiertes Wissen geht. KI ist daher nur begrenzt einsetzbar. Die Automatisierung von Entscheidungen ist dementsprechend von Fall zu Fall abzuwägen.

Wenn dagegen viele Millionen Datensätze mit einer umfassenden Anzahl relevanter Variablen als Basis des Machine Learnings verwendet werden, um z. B. den idealen Preis zu ermitteln, um den Gewinn in Online-Stores zu optimieren, dann funktioniert dies sehr gut und ein Mensch wäre nicht in der Lage die Daten gleichwertig schnell und gut zu analysieren (**Chancen des Machine Learnings**). Machine Learning und KI sind perfekt

B. Heesen, *Künstliche Intelligenz im Business*,
https://doi.org/10.1007/978-3-658-49545-9_8

einsetzbar, wenn die Machine-Learning-Modelle ausreichend validiert wurden und sich im Einsatz bewährt haben. Die Automatisierung von Entscheidungen ist in diesen Situationen oft vorteilhaft.

Als Fazit lässt sich daraus ableiten, dass Machine Learning und KI sich in erprobten Anwendungsfällen schnell und verlässlich einsetzen lässt, dass sich jedoch in neuen Anwendungsfällen oder mit anderen Daten deren Anwendbarkeit ändern kann. Auch etablierte Machine-Learning-Modelle sollten daher in angemessenen Intervallen erneut validiert werden.

Bezüglich Machine Learning und KI gibt es sowohl Zweifler als auch Begeisterte. Beide Gruppen äußern ihre Meinungen oft sehr emotionsgeladen und teilweise mit wenig Verständnis für die jeweils andere Gruppierung, das Thema polarisiert. Ich möchte dies gerne am Beispiel des Chatbots **ChatGPT** (GPT = Generative Pre-Trained Transfomer) festmachen, der im November 2022 kostenlos von OpenAI für die Allgemeinheit verfügbar gemacht wurde (Hoffmann 2023). Innerhalb weniger Tage hatte der Chatbot 1 Mio. Nutzer:innen erreicht. Begeisterte Anwender betrachteten die Innovation als fundamental, denn das trainierte Machine-Learning-Modell für Natural Language Processing bewies, dass es in der Lage ist teilweise komplexe Aufgaben zu lösen. Das Problem war auch hier, die Daten, mit denen das Modell trainiert wurde, sind entscheidend für die Eignung des Ergebnisses. Das Modell wurde offenbar in Themenbereichen wie Programmierung und Algorithmen umfassend trainiert und konnte daher beeindruckende Ergebnisse erzeugen. Als ich dem System dann aber die Frage stellte, welche Studiengänge die Hochschule Ansbach anbietet, da hatte der Chatbot keine bessere Antwort zu bieten, als mich auf die Webseite der Hochschule zu verweisen und dort nachzusehen. Gleiches galt für eine aktuelle Rangliste der besten Tennisspieler des Deutschen Tennisbundes. Das Modell wurde eben nicht mit diesen Daten trainiert. Der beste Algorithmus und das leistungsfähigste Computersystem können also in einer Situation wertvollste und in einer anderen Situation wertlose Ergebnisse erzeugen. Seit damals ist viel Zeit vergangen und neue Versionen von Chat-GPT sind verfügbar, die wesentlich bessere Ergebnisse liefern. Davon unbenommen bleibt, dass die Qualität weiterhin von den Trainingsdaten abhängt und daher auch weiterhin fehleranfällig bleibt.

Insofern gilt es die Chancen und Risiken von Machine Learning und KI situations- und kontextabhängig zu beurteilen und sich Anwendungsbereiche auszuwählen, die sich für diese Innovationen eignen.

In jedem Fall gibt es unzweifelhaft viele wunderbare Anwendungsbereiche wie die Krebsfrüherkennung, Spamfilter, Navigationsgeräte und vieles mehr. Als gegenwärtige und künftige **Anwendungsfelder** von besonderer Bedeutung hat IDG (IDG 2021) folgende Bereiche ermittelt: Spracherkennung, Bilderkennung und -analyse, Textanalyse, Gesichtserkennung, Maschinelle Übersetzung, Optische Zeichenerkennung, Klassifikation, Assistenzsysteme, Autonome Systeme, Big Data Analytics, Robotics und Verhaltensmustererkennung. Als größte **Herausforderungen** zur Nutzung von ML und KI wird auch in der Studie von IDG das Verstehen der Daten, die Datenbereinigung und die Auswahl der Daten betrachtet. Darüber hinaus stellen auch die Auswahl geeigneter Machine-Learning-

Modelle und die Überführung der Anwendungen in den Produktivbetrieb eine Herausforderung dar. Die Abb. 8.1 zeigt, wie vielfältige Datentypen als Input und Output genutzt werden können, dass Statistik, Algorithmen und Modelle ebenfalls eine Grundlage des Machine Learnings darstellen und nur im Zusammenspiel auch die gewünschten Resultate erreicht werden können.

Ermutigend ist die Tatsache, dass es immer leistungsfähigere Computer (Hardware lokal), virtuelle Computerleistung (Cloud) und geeignete Softwarewerkzeuge gibt, die immer einfacher zur Anwendung von Machine Learning und KI nutzbar sind (**Rahmenbedingungen**). Python als kostenloses Werkzeug ist hierfür ein Beispiel.

Auch die Integration der Open-Source-Werkzeuge in Management-Informationssystemen zeigt, dass ihre Akzeptanz und Nutzung zunehmen. Microsoft bietet z. B. in seinem Produkt PowerBI (Microsoft 2025) die Integration von Python-Code an. Microsoft Power BI ist entsprechend dem Magic Quadrant für Analytics and Business Intelligence Platforms (Stretch Qonnect 2025) die führende Business Intelligence Software. In der Abb. 8.2 erkennen sie vielleicht die mit Python erzeugten Abbildungen aus Abschn. 7.2.1 wieder.

Gerade die Integration und gemeinsame Nutzung mehrerer innovativer Softwarelösung folgt dem **Best-of-breed-Ansatz**, bei dem für die jeweilige Funktion die bestgeeignete Software zum Einsatz kommt. Dieses Konzept verringert die Abhängigkeit von einem Softwarehersteller.

Nun, dann kann es ja an die Umsetzung und Nutzung von Machine Learning und KI gehen, oder? Grundsätzlich ist die Antwort auf diese Frage wohl mit JA zu beantworten. Organisationen sehen dabei jedoch Herausforderungen auf sich zukommen. Als die wesentlichsten **Hürden** werden von Unternehmen folgende Themen benannt (IDG 2021): Fehlendes Fachpersonal, nicht ausreichende Programmierkenntnisse, fehlende mathematische und statistische Grundlagen, Unverständlichkeit der Machine-Learning-Algorithmen und mangelnde Datenqualität.

Der **Turing-Test**, benannt nach dem britischen Mathematiker und Informatiker Alan Turing, ist ein klassisches Verfahren zur Bestimmung der Fähigkeit einer Maschine, intelligentes Verhalten zu zeigen, das von dem eines Menschen nicht zu unterscheiden ist. In seinem einflussreichen Aufsatz „Computing Machinery and Intelligence" (1950) stellte Turing die Frage „Can machines think?" und schlug als pragmatische Alternative zur schwer fassbaren Definition von „Denken" einen Test vor: **Wenn eine Maschine in der Lage ist, einen menschlichen Gesprächspartner in einem textbasierten Dialog so zu täuschen, dass dieser nicht sicher sagen kann, ob er mit einem Menschen oder einer Maschine kommuniziert, dann kann man der Maschine Intelligenz zuschreiben**. Der Turing-Test basiert auf der Idee der funktionalen Äquivalenz: Intelligenz wird nicht an inneren Prozessen gemessen, sondern an beobachtbarem Verhalten. Damit verschiebt der Test die Diskussion von philosophischen Fragen über Bewusstsein und Intentionalität hin zu praktischen Aspekten maschineller Kommunikation.

Obwohl der Test heute in der KI-Forschung eher als historischer Meilenstein, denn als praktikabler Maßstab gilt, hat er wesentlich zur Debatte über künstliche Intelligenz, maschinelles Lernen und die Mensch-Maschine-Interaktion beigetragen. Der Turing-Test

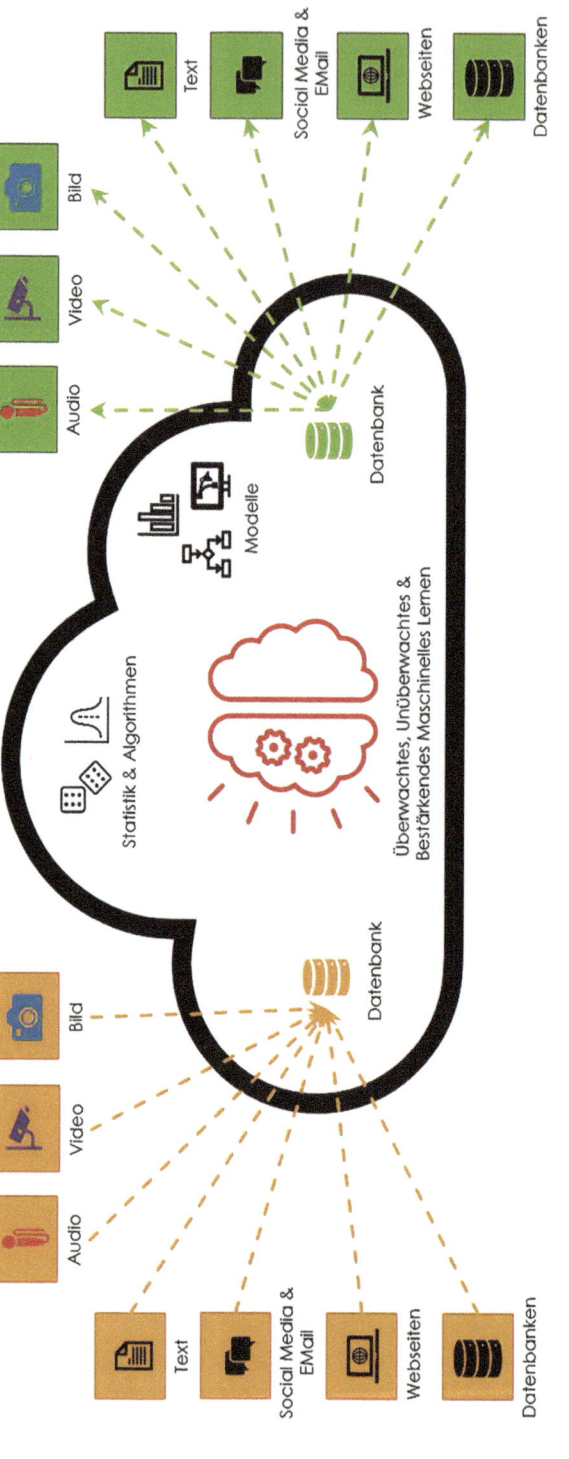

Abb. 8.1 Machine Learning

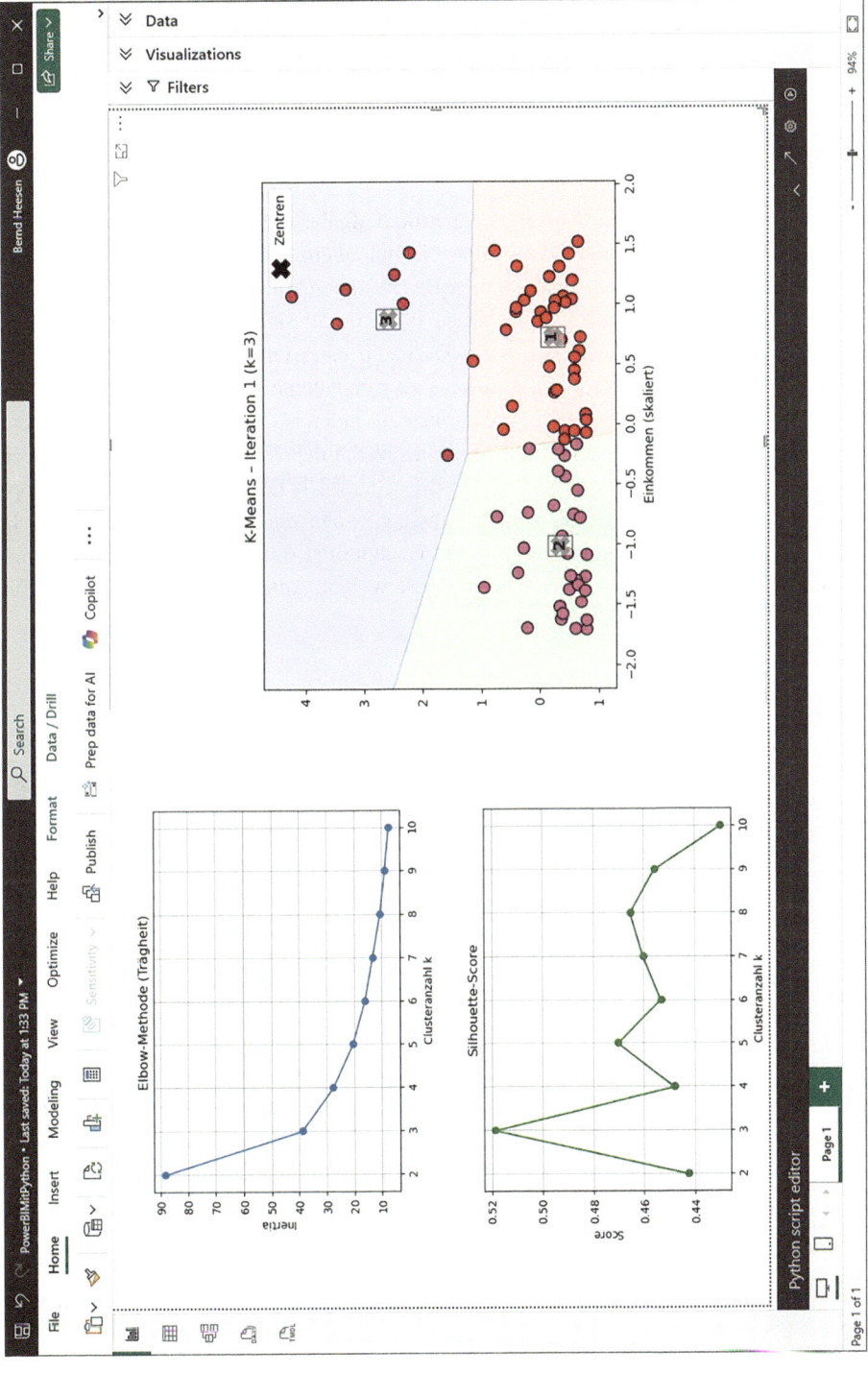

Abb. 8.2 Power BI mit Python-Integration

bleibt ein bedeutendes Denkmodell, das zentrale Fragen der KI-Ethik, der maschinellen Autonomie und der Grenzen algorithmischer Systeme aufwirft.

Es gibt reichlich Chancen diese Innovationen zu nutzen. Let's do it!

Literatur

Hoffmann, L. (20. Januar 2023). *ChatGPT im Hochschulkontext.* Abgerufen am 24. Januar 2023 von https://hochschulforumdigitalisierung.de/de/blog/chatgpt-im-hochschulkontext-kommentierte-linksammlung#Was%20ist?

IDG. (2021). *Studie Machine Learning 2021.* Abgerufen am 24. Januar 2023 von https://www.lufthansa-industry-solutions.com/de-de/studien/idg-studie-machine-learning-2021?gclid=EAIaIQobChMIwMCC9_-D9QIViPhRCh3E3wFTEAAYASAAEgLRkfD_BwE

Microsoft. (2025). *Microsoft Power BI.* Abgerufen am 2. Juli 2025 von https://powerbi.microsoft.com/

Stretch Qonnect. (2025). *2025 Gartner Magic Quadrant for Analytics and Business Intelligence Platforms.* Abgerufen am 2. August 2025 von https://stretchqonnect.com/solutions/gartner-magic-quadrant-2025/

Turing, A. M. (1950). Computing Machinery and Intelligence. *Philosophical Magazine Series 2, 7*(43), 433–460

GPSR Compliance

*The European Union's (EU) General Product Safety Regulation (GPSR)
is a set of rules that requires consumer products to be safe and our
obligations to ensure this.*

*If you have any concerns about our products, you can contact us on
ProductSafety@springernature.com*

In case Publisher is established outside the EU, the EU authorized
representative is:

Springer Nature Customer Service Center GmbH
Europaplatz 3
69115 Heidelberg, Germany

Batch number: 09508068

Printed by Printforce, the Netherlands